Christian Immler

Dein Samsung Galaxy S9 und S9+

Einfach alles können

Markt+Technik

ISBN 978-3-95982-128-5

Espenpark 1a
90559 Burgthann

Produktmanagement Christian Braun, Burkhardt Lühr
Lektorat, Herstellung Jutta Brunemann
Covergestaltung David Haberkamp
Coverfoto © Samsung Electronics GmbH
Satz inpunkt[w]o, Haiger (www.inpunktwo.de)
Druck Himmer GmbH Druckerei & Verlag
Printed in Germany

Inhaltsverzeichnis

1. Samsung Galaxy S9 – Kamera oder Handy? 11

Daten und Fakten zum S9 und S9+ 12
Smartphone oder Handy – und was ist Android? 15
Android und Samsung Experience 15

2. Alltag mit dem Samsung Galaxy S9 17

Die wichtigsten Fingergesten zur Touchscreen-Steuerung 17
Die Ersteinrichtung des Samsung Galaxy S9 19
Akku kabellos aufladen 19
SIM-Karte und microSD-Karte einstecken 20
Dual-SIM-Technik 21
Samsung Galaxy S9 erstmals einschalten 22
WLAN als schneller Internetzugang zu Hause 22
Das Google-Konto 24
Daten eines alten Smartphones übernehmen 26
Sicherheitssperre einrichten 27
PIN oder Passwort 28
Sperrmuster 28
Intelligenter Scan 28
Gesichtserkennung 30
Fingerabdruck als Sicherheitsmerkmal 31
Iriserkennung 32
Google-Dienste einrichten 33
Google Assistant einrichten 34
Weitere Apps installieren 34
Das Samsung-Konto 36
Samsung-Geräteeinstellungen vornehmen 37
SIM-Karten auswählen 38
Neues Google-Konto anlegen 38
Google-Konto auf dem PC nutzen 40
Samsung Experience – die Benutzeroberfläche des Samsung Galaxy S9 41
Startbildschirm und Apps 43
Ordner für Apps 46
Die Schnellstartleiste für wichtige Apps 48
Startbildschirmseiten anordnen 49
Die Tasten auf dem Samsung Galaxy S9 50
Die Touch-Symbole am unteren Bildschirmrand 50

Der Sperrbildschirm 54
Wetter auf dem Startbildschirm 54
Die Benachrichtigungsleiste 56
Die Schnelleinstellungen 58
Schnelleinstellungen anpassen 62
Alle Einstellungen schnell zugänglich 63
Datum und Uhrzeit richtig einstellen 64
Das Always On Display 66
Die Benachrichtigungen 68
Einstellungen für Benachrichtigungen 70
Ruhe vor dem Handy – Bitte nicht stören 73
Telefonieren mit dem Samsung Galaxy S9 75
Kurzwahl für Lieblingskontakte 77
Eigene Telefonnummer herausfinden 78
Das Telefon klingelt 78
Funktionen während des Gesprächs 78
Entgangene Anrufe 80
Klingelton auswählen 81
Automatische SMS bei unpassenden Anrufen 83
Rufumleitungen einrichten 85
Unerwünschte Anrufer blockieren 86
Rufnummernunterdrückung 87
Tipps zur Wahl eines Tarifs für Android-Smartphones 87
Die EU-Roamingverordnung 91
Datenverbrauch ermitteln 93
Datenverbrauch reduzieren 94
Adressbuch – Kontakte 95
Kontakte sortieren 97
Neue Adresse eintragen 98
Adresse bearbeiten 99
Anrufer in Adressbuch übernehmen 99
Kontakte verknüpfen 101
Kontaktfotos 102
Eigenes Profil einrichten 104
Kontaktgruppen 105
ICE-Notfallkontakte 106
App-Shortcuts 107
Visitenkarten drahtlos übertragen 107
Visitenkarten scannen 109
Adressbuch auf dem PC bearbeiten 110
Der Terminkalender auf dem Samsung Galaxy S9 112
Neuen Termin im Kalender eintragen 113
Termine suchen 116
App-Shortcuts 117

Bixby zeigt Termine an ... 117
Wichtige Kalendereinstellungen ... 118
Kalender und Termine importieren ... 119
Zu Terminen einladen ... 120
Termine mit dem Google Assistant ... 121
Tipps zur Bildschirmtastatur ... 122
Hoch- und Querformat ... 124
Anpassbare Symbolleiste auf der Tastatur ... 125
Die neuen Emojis ... 126
Sticker und GIFs ... 127
Spracheingabe ... 127
Wischen statt tippen ... 128
Einfachere Cursorsteuerung zum Markieren ... 129
Einhändige Tastatur ... 129
Handy-Tastatur wie früher ... 130
Uhr und Wecker ... 131
Uhr ... 131
Wecker ... 132
Uhren für den Startbildschirm ... 134

3. Apps finden und installieren ... 137

Der Google Play Store ... 137
Apps auf dem Smartphone installieren ... 139
App-Berechtigungen einschränken ... 140
Automatische App-Updates ... 142
So kann man Apps kaufen ... 144
Der Google Play Store auf dem PC ... 145
Nicht mehr benötigte Apps deinstallieren ... 147
Deinstallieren über den Anwendungsmanager ... 148
Apps per QR-Code installieren ... 149
Alternativen zum Google Play Store ... 151
Samsung Galaxy Apps statt Bloatware ... 153
Apps einfach finden ... 155

4. Online mit dem Samsung Galaxy S9 ... 157

Tipps zum Samsung-Browser ... 157
Lesezeichen im Browser ... 160
Mehrere Webseiten gleichzeitig anzeigen ... 161
Desktop-Darstellung von Webseiten auf dem Smartphone ... 161
Seiten zum Offlinelesen speichern ... 163
Begriffe im Wörterbuch nachschlagen ... 164
QR-Code-Scanner im Samsung-Browser ... 165

Google Chrome ... 166
Surfen in mehreren Tabs ... 167
Vereinfachte Ansicht ... 168
Intelligente Textauswahl ... 169
Seitenlinks weitergeben ... 170
Downloads und Offline-Webseiten ... 171
Anonym surfen ... 172
Durch Kompression Daten sparen ... 174
Chrome als Standardbrowser einrichten ... 175
Suchen mit Google ... 176
Google-Bildersuche ... 177
Google-Sprachsuche und Sprachsteuerung ... 178
In persönlichen Daten suchen ... 180
Firefox ... 181
Firefox Sync ... 182
Firefox Add-ons ... 182
Wikipedia ... 183
WLAN optimieren ... 185
Wifi Analyzer ... 186
Öffentliche WLANs nutzen ... 187

5. Kommunikation mit dem Smartphone ... 191

Google Mail – Gmail ... 191
E-Mails lesen ... 192
E-Mails beantworten ... 193
E-Mails schreiben ... 194
E-Mail an mehrere Personen schreiben ... 196
App-Shortcuts ... 196
Fotos per E-Mail senden ... 197
Nicht jede E-Mail muss aufs Smartphone ... 198
Andere E-Mail-Konten einrichten und nutzen ... 199
Zugriff für E-Mail-Apps bei GMX und WEB.DE freischalten ... 201
Tipps zur Gmail-App ... 201
E-Mail-Konten verknüpfen ... 203
E-Mail-Konto manuell einrichten ... 205
E-Mail-Konto auf dem Smartphone löschen ... 207
Die andere E-Mail-App auf dem Samsung Galaxy S9 ... 208
Microsoft Outlook ... 209
Soziale Netzwerke mit dem Samsung Galaxy S9 ... 210
Facebook ... 210
Twitter ... 215
SMS ... 219

Kapitel 1

Samsung Galaxy S9 – Kamera oder Handy?

Die offizielle Vorstellung des Samsung Galaxy S9 sah aus wie die Präsentation einer hochwertigen Kamera mit zahlreichen innovativen Funktionen. Tatsächlich sind die Kamera und die damit verbundenen neuen Anwendungen die größten Innovationen unter den Smartphone-Neuerscheinungen in diesem Jahr.

»Die Kamera. Weiter gedacht.« – Der Werbeslogan für das Samsung Galaxy S9.

AnTuTu-Benchmark

In dem bekannten AnTuTu-Benchmark (*www.antutu.com/en*) erreicht unser Samsung Galaxy S9 Testgerät 248.691 Punkte und ist damit im März 2018 das leistungsfähigste Smartphone der Welt. Zum Vergleich: In einem internen Test erreichte das Samsung Galaxy S8 seinerzeit als erstes Smartphone über 200.000 Punkte, unser Testgerät schaffte immerhin 174.516 Punkte. Das Samsung Galaxy S7 erreichte 128.000 Punkte, das Samsung Galaxy S6 67.125 Punkte, das Samsung Galaxy S5 schaffte nur 35.827 Punkte und das Samsung Galaxy S4 sogar nur 29.090 Punkte.

Dass das Samsung Galaxy S9 das weltweit leistungsfähigste Smartphone ist und man damit »sogar telefonieren« kann, erschien bei der Präsentation schon fast als nebensächliches Detail.

Daten und Fakten zum S9 und S9+

Das Samsung Galaxy S9 ist – wie schon das Samsung Galaxy S8 – in zwei unterschiedlichen Varianten erschienen: das »normale« Samsung Galaxy S9 und das Samsung Galaxy S9+ mit einem etwas größeren Bildschirm.

Samsung Galaxy S9 und Samsung Galaxy S9+ im Vergleich (Foto: Samsung).

Beiden Geräten gleich ist, wie schon beim Samsung Galaxy S8, das schmale Bildschirmformat, das dazu beiträgt, dass man auch ein großes Smartphone mit über 6 Zoll Bildschirmdiagonale noch bequem in einer Hand halten und auch bedienen kann. Die Bildschirmauflösung ist übrigens bei beiden Modellen exakt gleich: 2.960 x 1.440 Pixel, WQHD+. Die Pixel des Samsung Galaxy S9+ sind nur etwas größer.

Hohe Bildschirmauflösung verbraucht viel Strom

Da die volle Bildschirmauflösung WQHD+ sehr viel Strom verbraucht, läuft das Samsung Galaxy S9 in den Werkseinstellungen »nur« mit der Bildschirmauflösung DHD+ (2.220 x 1.080 Pixel). In den Einstellungen unter *Anzeige/Bildschirmauflösung* können Sie auf die volle Auflösung umschalten.

Die Frontscheibe beider Modelle ist auf beiden Längsseiten nach hinten gewölbt, wie auch schon beim Samsung Galaxy S8. Das sieht nicht nur gut aus, sondern bietet zudem interessante Zusatzfunktionen, da die Seitenbildschirme auch sichtbar sind, wenn das Gerät mit der Bildschirmseite auf dem Tisch liegt. Sie zeigen in auffälliger Farbe an, wenn eine als VIP gespeicherte Person anruft, sind aber auch für andere Anzeigen nutzbar.

Samsung verzichtet wie schon beim Vorgängermodell auf die ehemals typische Taste unterhalb des Bildschirms auf der Vorderseite, sodass auch der untere Rand sehr schmal ausfällt. Obwohl sie nicht zu sehen ist, ist diese Taste aber weiterhin als druckempfindliche Taste vorhanden. Drückt man unten in der Mitte etwas fester auf den Bildschirm, kommt man wie gewohnt zum Startbildschirm. Ist der Bildschirm aus, lässt sich das Samsung Galaxy S9 mit dieser Taste auch einschalten.

Das Samsung Galaxy S9 definiert wieder einmal eine neue Topklasse für Smartphones. Die technischen Daten liegen am oberen Rand dessen, was Smartphones zurzeit bieten können.

Parameter	Samsung Galaxy S9	Samsung Galaxy S9+
Größe	147,7 x 68,7 x 8,5 mm	158,1 x 73,8 x 8,5 mm
Bildschirmdiagonale	5,8"/147 mm	6,2"/158 mm
Gewicht	163 g	189 g
Akkukapazität	3.000 mAh	3.500 mAh
Arbeitsspeicher	4 GByte	6 GByte
Interner Speicher	64 GByte	64 GByte oder 256 GByte
Hauptkamera	12 Megapixel	2 x 12 Megapixel

Die weiteren technischen Daten sind für beide Modellvarianten gleich. Beide Modelle verfügen über einen Kartensteckplatz für eine microSD-Speicherkarte bis 400 GByte, der alternativ für eine zweite SIM-Karte nutzbar ist. Mit (theoretisch) bis zu 1,2 Gbit/s Download im LTE-Netz (Cat 18) sowie HSDPA, UMTS, EDGE und GPRS werden alle Mobilfunkstandards für Internet in schnellster Übertragungsrate unterstützt.

Für den Zugang zu Hause oder in öffentlichen WLANs bieten die Geräte neben den bekannten Standards 802.11a, b, g, n auch den neusten über 6 Gbit/s schnellen Standard 802.11ac. Auch bei der drahtlosen Datenübertragung unabhängig vom Internet setzt das Samsung Galaxy S9 gegenüber anderen Smartphones Maßstäbe mit WiFi Direct, DLNA, Miracast, NFC und Bluetooth 5.0. Die Frontkameras beider Modelle haben eine Auflösung von 8 Megapixeln.

Dieses Zubehör wird mitgeliefert

Ladegerät, Lade-/Datenkabel (USB Typ C), OTG-USB-Adapter, Micro-USB-Adapter zum Aufladen, Headset, Steckplatzwerkzeug.

Zum Aufladen des Akkus und zum Datenaustausch mit dem PC ist wie bei vielen modernen Smartphones ein USB-Typ-C-Anschluss verbaut. Die extrem schnelle Ladefunktion sorgt in Minuten für mehrere Nutzungsstunden. Micro-USB-Typ-C-Stecker sind symmetrisch, lassen sich also in beiden Richtungen einstecken.

Zusätzlich wird noch ein Adapter auf den klassischen Micro-USB-Stecker mitgeliefert, um das Gerät z. B. an einem Autoladegerät oder einer Powerbank aufzuladen. Dieser Adapter unterstützt keine Datenübertragung nach OTG-Standard. Weiterhin kann das Samsung Galaxy S9 drahtlos über eine spezielle Ladestation aufgeladen werden.

Der Fingerabdruckscanner auf der Rückseite wurde in eine ergonomisch günstigere Position verlegt und ist damit gegenüber dem Samsung Galaxy S8 besser erreichbar, wenn man das Smartphone in einer Hand hält. Als zweite Methode zur sicheren biometrischen Anmeldung ist ein Iris-Scanner oberhalb des Bildschirms eingebaut.

Wie schon das Samsung Galaxy S7 und Samsung Galaxy S8 verfügt auch das Samsung Galaxy S9 über ein staub- und wasserdichtes Gehäuse nach IP68.

IP68-Zertifizierung

Die internationale Zertifizierung IP68 steht für Schutz gegen Staub und dauerndes Untertauchen in Wasser. Dabei bezieht sich IP68 ausdrücklich nur auf klares, kaltes Wasser. Das Samsung Galaxy S9 sollte also nicht in säurehaltige Flüssigkeiten wie Cola oder Kaffee, in Waschlauge, heißes Wasser, Alkohol und auch nicht in Meerwasser getaucht werden. Das Gehäuse ist außerdem nicht druckfest gegen Tauchen in größeren Tiefen.

Dieses Buch zeigt Ihnen, was das Samsung Galaxy S9 bietet, und liefert auch nützliche Tipps zu zusätzlichen Apps, um sich den Smartphone-Alltag noch weiter zu erleichtern und natürlich auch Spaß damit zu haben.

Das Upgrade-Programm Samsung Up

Samsung bringt einmal im Jahr ein neues Smartphone der Galaxy-S-Serie heraus. Das Samsung-Upgrade-Programm bietet die Möglichkeit, automatisch immer das aktuellste Modell zu bekommen. Dies setzt eine Ratenzahlungsvereinbarung voraus. Wenn das Nachfolgemodell erschienen ist, erhält man dies gegen Rücksendung des bisherigen Smartphones. Die Ratenzahlung läuft dann für das neue Gerät weiter. Die zurückgenommenen Geräte werden professionell gelöscht und wiederaufbereitet.

Smartphone oder Handy – und was ist Android?

Das Samsung Galaxy S9 ist weit mehr als nur ein Telefon. Aktuelle Smartphones sind eher moderne und wirklich mobile Nachfolger von Computern als von Telefonen. Klassische Handys gibt es so gut wie gar nicht mehr. Der typische Smartphone-Nutzer verwendet nur etwa 10 % der Gerätezeit zum Telefonieren. Andere Anwendungen sind mittlerweile deutlich wichtiger geworden.

Ende des Jahres 2017 gab es auf der Welt 3,8 Milliarden Internetnutzer insgesamt, was annähernd 50 % der Weltbevölkerung entspricht. 3,4 Milliarden, etwa 46 % der Weltbevölkerung, nutzen das Internet aktiv auf mobilen Geräten wie Smartphones und Tablets. Die Bedeutung des PCs als Zugang zum Internet geht also deutlich zurück zugunsten von Smartphones und Tablets.

Am 5. November 2007 präsentierte Google erstmals eines seiner für die Zukunft wichtigsten Produkte: Android, das im Laufe der Jahre zum bekanntesten Betriebssystem für Smartphones und andere mobile Geräte wurde. Android läuft nicht nur auf Smartphones und Tablets, sondern auch auf Armbanduhren, Fernsehern und Bordcomputern in Autos. Alle Android-Versionen sind in alphabetischer Folge nach Süßigkeiten benannt. Auf dem Samsung Galaxy S9 läuft die aktuelle Version Android 8 Oreo.

INFO: Jeden Tag werden etwa 3.000.000 neue Android-Smartphones auf der Welt neu aktiviert – fast achtmal so viel, wie an einem Tag Menschen auf der Welt geboren werden. Bereits im Jahr 2014 wurden erstmals weltweit über eine Milliarde Android-Geräte verkauft, 2017 waren es bereits 1,3 Milliarden. Nach aktuellen Studien hält Android mit einem Marktanteil von 87,7 % die Spitze unter den Smartphone-Betriebssystemen weltweit – Tendenz steigend. Apple hat mit iOS nur noch 12,1 %. Damit verfügen diese beiden Hersteller über eine Marktpräsenz von 99,8 %. Windows Mobile, Tizen, BlackBerry sowie Nokias Symbian-Plattform, ehemaliger Marktführer, sind mittlerweile völlig bedeutungslos. Etwa jedes vierte weltweit verkaufte Android-Smartphone stammt aus dem Hause Samsung.

Android und Samsung Experience

Android ist mehr als nur eine elegante Oberfläche für Touchscreen-Smartphones, sondern ein echtes Betriebssystem wie auf einem PC, mit dem man das Smartphone für noch viel mehr als nur zum Telefonieren nutzen kann.

Google gibt Softwareentwicklern wie auch Geräteherstellern viele Freiheiten – deutlich mehr als die Hersteller der anderen Plattformen, sodass sehr schnell jede Menge Apps entstanden sind, der größte Teil davon für den Nutzer kostenlos.

Samsung hat an der Benutzeroberfläche von Android so viele Anpassungen vorgenommen, um die Bedienung noch leichter und intuitiver zu gestalten, dass von der originalen Android-Optik kaum noch etwas übrig geblieben ist. Alle Screenshots und Tipps in diesem Buch beziehen sich auf Samsungs Benutzeroberfläche **Samsung Experience** in der aktuellen Version, die auf dem Samsung Galaxy S9 vorinstalliert ist. Auf anderen Android-Smartphones sehen die meisten Systemfunktionen und Apps anders aus. Besonders im Bereich der Einstellungen wurden auch gegenüber den Vorgängermodellen deutliche Veränderungen vorgenommen.

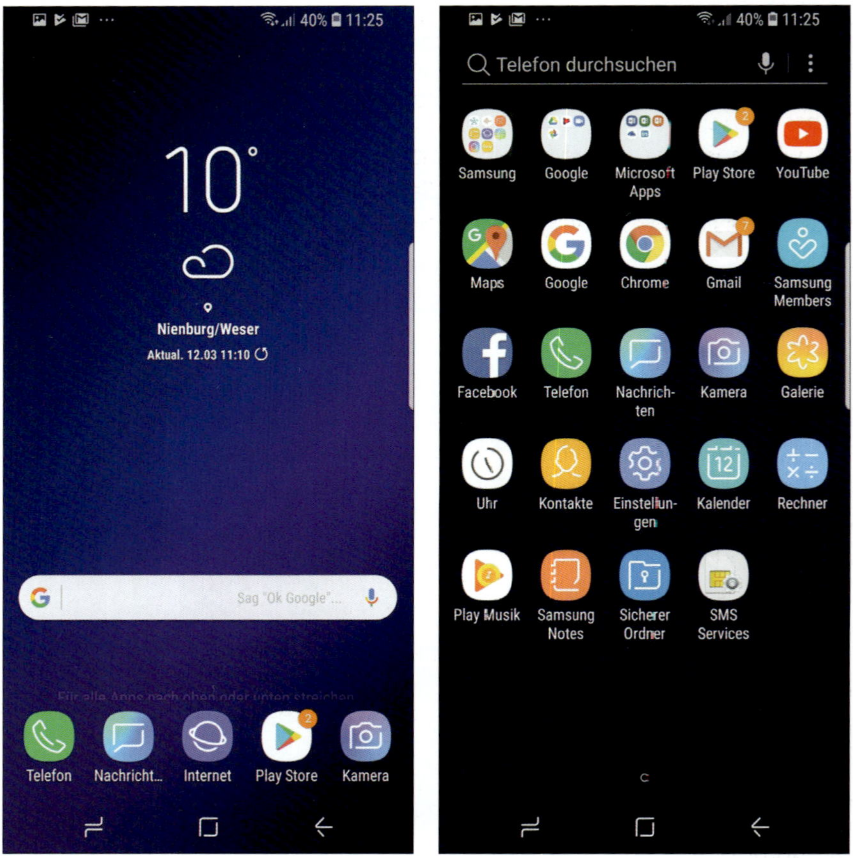

Die neuste Samsung-Benutzeroberfläche Samsung Experience auf dem Samsung Galaxy S9.

KAPITEL 2

Alltag mit dem Samsung Galaxy S9

In diesem Kapitel werden die wichtigsten Grundlagen der Bedienung des Samsung Galaxy S9 erklärt, die Sie in den folgenden Kapiteln sicher gebrauchen werden.

Selbst wer schon einige Zeit mit einem Android-Smartphone herumgespielt hat, wird noch das ein oder andere Interessante finden, besonders was die Samsung-eigene Benutzeroberfläche Samsung Experience betrifft, die in der neusten Version wieder einmal überarbeitet wurde.

Die wichtigsten Fingergesten zur Touchscreen-Steuerung

Um den Touchscreen fehlerfrei zu bedienen, noch ein wenig technischer Hintergrund: Fast alle Android-Smartphones verwenden kapazitive Touchscreens, die auf das Energiefeld der Hand reagieren und nicht auf mechanischen Druck wie ältere Handys. Ein moderner Touchscreen lässt sich ausschließlich mit dem Finger bedienen, Stifte oder andere mechanische Hilfsmittel sowie auch Handschuhe sind wirkungslos. Wassertropfen auf dem Bildschirm beeinträchtigen ebenfalls die Funktion.

Berühren Sie den Touchscreen am besten nur mit einem Finger. Die anderen Finger der Hand können, selbst wenn sie das Glas nicht direkt berühren, schon eine ungewollte Reaktion auslösen. Nur ganz wenige Gesten, etwa das Zoomen sowie Spezialgesten bei Google Earth, benötigen zwei Finger.

Die grundlegenden Fingergesten auf dem Bildschirm werden im Buch mit Handsymbolen in den jeweiligen Abbildungen erklärt, sodass Sie sofort sehen, wohin Sie tippen oder von wo nach wo Sie mit dem Finger über den Bildschirm streichen, um eine bestimmte Aktion auszulösen.

Einfaches Antippen – Tippen Sie mit einem Finger kurz auf die angegebene Stelle auf dem Bildschirm.

Halten/Langes Antippen – Halten Sie einen Finger länger auf die angegebene Stelle auf dem Bildschirm. Das angetippte Bildschirmelement zeigt eine Reaktion, z. B. leuchtet auf oder lässt sich auf dem Bildschirm verschieben. Beim Loslassen erscheint oft ein Auswahlmenü.

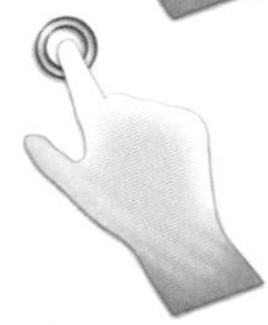

Fingerstrich – Streichen Sie mit dem Finger über den Bildschirm – in die Richtung, die der Pfeil angibt. Das bedeutet: Berühren Sie den Bildschirm am Fußpunkt des Pfeils und streichen Sie mit dem Finger, ohne loszulassen, zur Spitze des Pfeils, erst dort lassen Sie los.

Wischen – Beim Wischen oder Scrollen streichen Sie mit dem Finger vertikal oder horizontal über den Bildschirm, ohne eine genaue Position beachten zu müssen. Damit verschieben Sie den gesamten Bildschirminhalt nach oben oder unten bzw. nach links oder rechts. Fotos, Landkarten und auch einige Webseiten lassen sich auch in andere Richtungen über den Bildschirm verschieben.

Benachrichtigungsleiste nach unten ziehen – Erscheinen Benachrichtigungen über neue E-Mails, entgangene Anrufe oder heruntergeladene Apps in der Benachrichtigungsleiste am oberen Bildschirmrand, können Sie diese anzeigen lassen, indem Sie die Benachrichtigungsleiste nach unten ziehen. Tippen Sie dazu an den oberen Bildschirmrand und streichen Sie mit dem Finger, ohne loszulassen, bis zum unteren Rand.

Zoom – Berühren Sie den Bildschirm mit zwei Fingern dicht nebeneinander und spreizen Sie dann die Finger, ohne den Bildschirm loszulassen, auseinander. Damit zoomen Sie in ein Foto, eine Landkarte oder eine Webseite hinein. Die umgekehrte Bewegung zoomt wieder zurück. Die genaue Position, an der Sie dazu den Bildschirm berühren, spielt keine Rolle.

Drehen – Berühren Sie den Bildschirm mit zwei Fingern und führen Sie dann, ohne den Bildschirm loszulassen, eine bogenförmige Bewegung aus. Damit drehen Sie ein Foto oder eine Landkarte. Die genaue Position, an der Sie dazu den Bildschirm berühren, spielt keine Rolle.

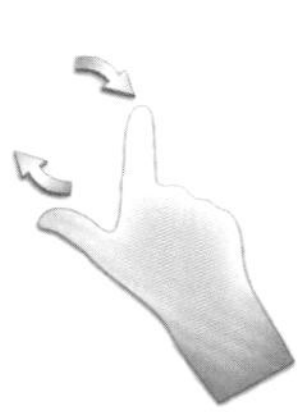

Die Ersteinrichtung des Samsung Galaxy S9

Zuerst müssen Sie die SIM-Karte und bei Bedarf noch eine microSD-Karte in das Samsung Galaxy S9 einbauen. Aufgrund internationaler Sicherheitsvorschriften dürfen Akkus im Gerät nicht in vollgeladenem Zustand verschickt werden. Der Akku des Samsung Galaxy S9 ist bei Auslieferung nur zu etwa 50 % aufgeladen, was aber ausreicht, um das Gerät sofort in Betrieb nehmen und einrichten zu können. Im Gegensatz zu vielen anderen Smartphones kann der Akku wie schon beim Samsung Galaxy S8 nicht herausgenommen werden.

Akku laden

Das Samsung Galaxy S9 verwendet wie die meisten aktuellen Android-Smartphones ein USB-Ladegerät. Diese sind beliebig zwischen den Smartphones austauschbar. Wer mehrere Geräte nutzt, braucht nicht immer verschiedene Ladegeräte mit sich herumzutragen. Allerdings benötigen Sie für das Samsung Galaxy S9 das mitgelieferte Ladekabel, das auf der Seite zum Ladegerät einen klassischen USB-Stecker hat, auf der Seite zum Smartphone aber einen USB-Typ-C-Stecker.

Zum Aufladen des Samsung Galaxy S9 sollte nach Möglichkeit trotzdem das mitgelieferte Ladegerät verwendet werden, da dieses die Schnellladefunktion unterstützt. Alternativ können Sie auch ein Quick-Charge-2.0-kompatibles Ladegerät verwenden. Bereits nach zehn Minuten ist ein zuvor komplett leerer Akku so weit aufgeladen, dass sich das Smartphone einige Stunden lang nutzen lässt. Nach etwa 1,5 Stunden ist der Akku dann komplett geladen.

Das alte Gerücht, ein Akku sollte vor jedem Aufladen erst komplett leer sein, gilt bei modernen Akkus nicht mehr. Sorgen Sie im Gegenteil lieber dafür, dass der Akku nie ganz leer ist, sondern laden Sie ihn schon spätestens bei 30 % Kapazität wieder auf. Kurze Ladevorgänge – über den Tag verteilt – verlängern die Lebensdauer des Akkus. Im Gegensatz dazu schadet es dem Akku, wenn er regelmäßig komplett entladen wird oder das Gerät längere Zeit mit vollgeladenem Akku am Ladegerät hängt.

Akku kabellos aufladen

Das Samsung Galaxy S9 unterstützt das kabellose Aufladen mit einem speziellen induktiven Ladegerät. Das Smartphone muss mit dem Bildschirm nach oben auf das Ladegerät gelegt werden. Eine ungültige Ladeposition erkennt man daran, dass die LED des Ladegerätes blinkt. Durch die schräge Position lässt es sich während des Ladens weiterhin verwenden.

ACHTUNG: Das kabellose Ladegerät erzeugt ein induktives Feld, das magnetische Datenträger wie z. B. Kreditkarten beschädigen kann. Legen Sie diese also nicht auf oder direkt neben das Ladegerät. Weiterhin beeinträchtigt dieses Feld den Mobilfunkempfang. Wenn Sie sich an einem Ort aufhalten, an dem die Mobilfunknetzqualität ohnehin schwach ist, kann der Empfang während des kabellosen Aufladens ganz ausfallen.

SIM-Karte und microSD-Karte einstecken

Das Samsung Galaxy S9 verwendet eine Nano-SIM-Karte und nicht, wie derzeit noch viele Android-Smartphones, die typischen Micro-SIM-Karten. Wer sein Samsung Galaxy S9 nicht direkt mit einem Mobilfunkvertrag kauft, muss also darauf achten, von seinem Provider eine Nano-SIM-Karte zu bekommen. Viele Netzbetreiber und Mobilfunkdiscounter bieten inzwischen sogenannte Kombi-SIM-Karten an: Mehrere Stanzlinien ermöglichen es, den SIM-Chip in unterschiedlichen SIM-Kartenformen aus dem Kartenträger herauszudrücken. Die Nano-SIM-Karten sind einfach nur kleiner, die Kontakte aber gleich angeordnet und elektronisch voll kompatibel zu Mini-SIM- und Micro-SIM-Karten.

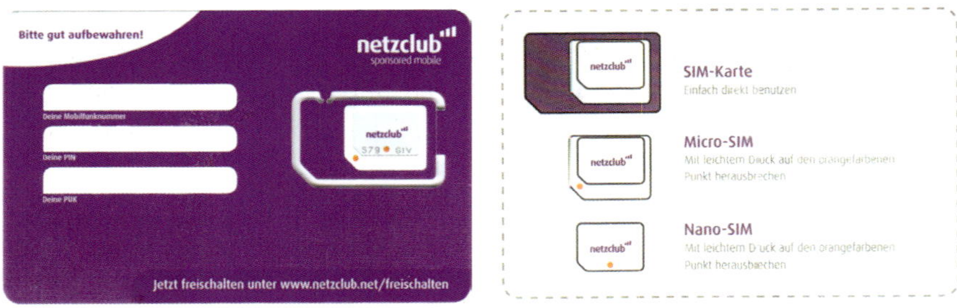

Kombi-SIM-Karte mit Bedienungsanleitung (Foto: netzclub SIM-Karte).

Micro-SIM und Nano-SIM selbst basteln

Obwohl dies offiziell nicht empfohlen wird, findet man im Internet Anleitungen und Schneidevorlagen, um normale Mini-SIM-Karten auf die Größe einer Micro-SIM oder Nano-SIM zurechtzustutzen. Der eigentliche Chip in den SIM-Karten liegt genau unter der Kontaktfläche und kann, sofern man mit einem scharfen Messer sauber schneidet und die SIM-Karte dabei nicht zerspringt, nicht beschädigt werden. Also am besten einmal mit einer abgelaufenen oder einer kostenlosen Promo-SIM-Karte üben, bevor man das Messer an der echten SIM-Karte ansetzt. Für weniger Mutige gibt es im Zubehörhandel einfache Stanzmaschinen für unter 10 Euro (z. B. *amzn.to/1M1hSjR*), mit denen man kaum etwas falsch machen kann.

Der Steckplatz für die SIM-Karte ist beim Samsung Galaxy S9 von außen an der oberen Geräteseite zugänglich. Im Gegensatz zu vielen anderen Smartphones braucht man nicht den Akku herauszunehmen, was beim Samsung Galaxy S9 auch gar nicht geht.

1. Drücken Sie das mitgelieferte Werkzeug vorsichtig in das runde Loch des SIM-Kartenträgers. Dieser rutscht dann wegen der Gummidichtung zur Wasserdichtigkeit nur langsam automatisch heraus.
2. Legen Sie die Nano-SIM-Karte mit den Kontaktflächen nach unten in das mit *SIM1* bezeichnete kleinere Fach des SIM-Kartenträgers.
3. Legen Sie bei Bedarf auch noch eine microSD-Karte oder eine zweite SIM-Karte in das dafür vorgesehene größere Fach des SIM-Kartenträgers.
4. Schieben Sie dann den SIM-Kartenträger in das Smartphone zurück.

Dual-SIM-Technik

Es gibt viele Gründe, zwei SIM-Karten zu verwenden. Dafür aber immer zwei Smartphones mit sich herumzutragen, kann schnell lästig werden. Dual-SIM-Smartphones bieten eine Lösung, die Tarifvorteile von zwei SIM-Karten zu nutzen und so z. B. eine Telefon-Flatrate bei einem billigen E-Netz-Anbieter mit einem Internettarif im deutlich besser ausgebauten D-Netz zu kombinieren. Außerdem braucht man statt eines beruflichen und eines privaten Smartphones nur noch ein Gerät. Im Urlaub oder nachts schaltet man die berufliche SIM-Karte einfach aus. In grenznahen Gebieten lassen sich mit Dual-SIM-Smartphones Roamingkosten vermeiden, wenn das Mobilfunknetz des Nachbarlandes einmal stärker ist. Stecken Sie einfach SIM-Karten beider Länder ins Smartphone. Das Samsung Galaxy S9 Duos bietet die Möglichkeit, zwei SIM-Karten einzustecken. Allerdings wird einer der Steckplätze alternativ für die microSD-Karte benutzt. Bei Verwendung von zwei SIM-Karten kann also keine Speicherkarte eingesteckt werden.

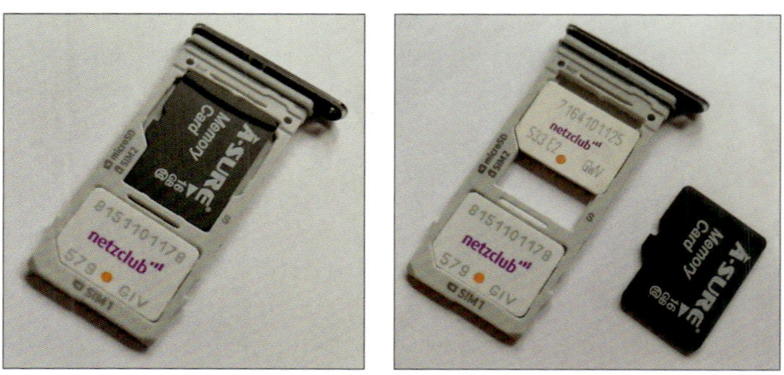

microSD-Karte oder zwei SIM-Karten im SIM-Kartenträger.

Samsung Galaxy S9 erstmals einschalten

Das Samsung Galaxy S9 zeigt wie alle Android-Smartphones beim ersten Start einen Einrichtungsassistenten, der die Ersteinrichtung des Gerätes in wenigen Schritten erledigt. Samsung hat diese Ersteinrichtung optisch verändert und gegenüber dem Standard-Android noch um einige Schritte ergänzt.

1. Drücken Sie zum Erststart länger (etwa eine Sekunde) auf den Einschalter auf der rechten Seite des Samsung Galaxy S9. Der Bildschirm wird leicht heller, und nach kurzer Zeit erscheint ein Samsung-Logo.
2. Nach dem Einschalten müssen Sie als Erstes wie bei jedem Smartphone die PIN Ihrer SIM-Karte eingeben. Ist die PIN-Abfrage auf der SIM-Karte deaktiviert, entfällt dieser Schritt natürlich.
3. Die meisten Funktionen von Android-Smartphones lassen sich im WLAN auch ohne SIM-Karte nutzen. Ist keine SIM-Karte eingelegt, wird die PIN-Eingabe übersprungen. Anhand der SIM-Karte wird bei der Ersteinrichtung automatisch auch ein Internetzugang über diese SIM-Karte eingerichtet, der allein durch Hintergrunddienste schon Kosten verursachen kann. Wenn Sie keinen Internettarif auf Ihrer SIM-Karte haben oder sich nicht sicher sind, führen Sie die Erstinstallation am besten per WLAN durch und stecken dazu keine SIM-Karte in das Gerät.
4. Wählen Sie im nächsten Schritt als Sprache *Deutsch* aus. So bekommen Sie sämtliche Menüs und Systemdialoge in deutscher Sprache angezeigt.
5. Tippen Sie nach der Sprachauswahl auf das Symbol *Starten*, um Ihr WLAN auszuwählen.

ACHTUNG: Immer wieder behaupten besonders schlaue Nutzer in Internetforen, moderne Elektronik ließe sich nur auf Englisch richtig bedienen und manche Funktionen blieben in der deutschen Oberfläche verborgen. Das ist natürlich völliger Quatsch und galt vielleicht vor 20 Jahren. Heute ist der deutsche Markt einer der wichtigsten Märkte für Elektronikhersteller weltweit. Das Samsung Galaxy S9 ist in allen verfügbaren Sprachen gleichermaßen nutzbar.

WLAN als schneller Internetzugang zu Hause

Zu Hause bietet das eigene WLAN eine schnelle, zuverlässige Internetverbindung auch für Smartphones. Hinzu kommt, dass dieser Internetzugang kostenlos ist, das übertragene Datenvolumen also nicht auf das wertvolle Datenvolumen der Mobilfunkflatrate angerechnet wird. Aus diesen Gründen bietet das Samsung Galaxy S9 gleich bei der Ersteinrichtung – noch vor der datenintensiven Synchronisation mit dem Google-Konto – an, eine WLAN-Verbindung einzurichten.

WLAN oder WiFi?

Wi-Fi ist die englische Bezeichnung für WLAN. Der in Deutschland gebräuchliche Begriff WLAN (**W**ireless **L**ocal **A**rea **N**etwork) für drahtloses Netzwerk ist nur ein deutscher Anglizismus und wird von englischen oder amerikanischen Muttersprachlern nie verwendet. Diese sprechen immer von Wi-Fi.

1. Automatisch erscheint ein Bildschirm für die WLAN-Einstellungen. Wählen Sie in der Liste das Netzwerk aus, mit dem Sie sich verbinden möchten. Ist dieses WLAN verschlüsselt, wird es in der Liste mit einem Schloss-Symbol dargestellt und Sie müssen bei der ersten Verbindung den Schlüssel eingeben. Das Samsung Galaxy S9 unterstützt alle gängigen Verschlüsselungsverfahren. Diese Symbole zeigen auch die ungefähre Signalstärke der WLANs.

2. Aktivieren Sie den Schalter *Passwort anzeigen*. Damit verhindern Sie, dass Sie sich auf der zunächst ungewohnten Tastatur des neuen Smartphones vertippen. *Automatisch erneut verbinden* sollte ebenfalls eingeschaltet sein, damit sich das Samsung Galaxy S9 automatisch wieder verbindet, wenn zwischenzeitlich die Reichweite des WLANs verlassen wurde. Dazu wird diese Verbindung gespeichert, es ist keine weitere Schlüsseleingabe mehr nötig.

WPS statt WLAN-Schlüssel

Haben Sie einen Router mit einer WPS-Taste, können Sie die Verbindung mit einem Knopfdruck einrichten. Tippen Sie dazu oben rechts auf *Erweitert* und dann auf *WPS-Taste drücken*. Drücken Sie dann einfach, wenn auf dem Smartphone die entsprechende Meldung erscheint, die WPS-Taste auf dem Router.

WPS-Taste am Router.

3. Tippen Sie anschließend auf *Verbinden*.

4. Eine aktive WLAN-Verbindung wird mit einem Symbol in der Systemleiste am oberen Bildschirmrand angezeigt.

5. Nachdem die Verbindung erfolgreich hergestellt wurde, tippen Sie auf *Weiter*, um mit der Ersteinrichtung des Smartphones fortzufahren. Jetzt müssen Sie noch die AGB von Samsung sowie den Lizenzvertrag von Google bestätigen. Die Marketinginformationen können Sie problemlos abschalten. Die weitere Installation funktioniert trotzdem.

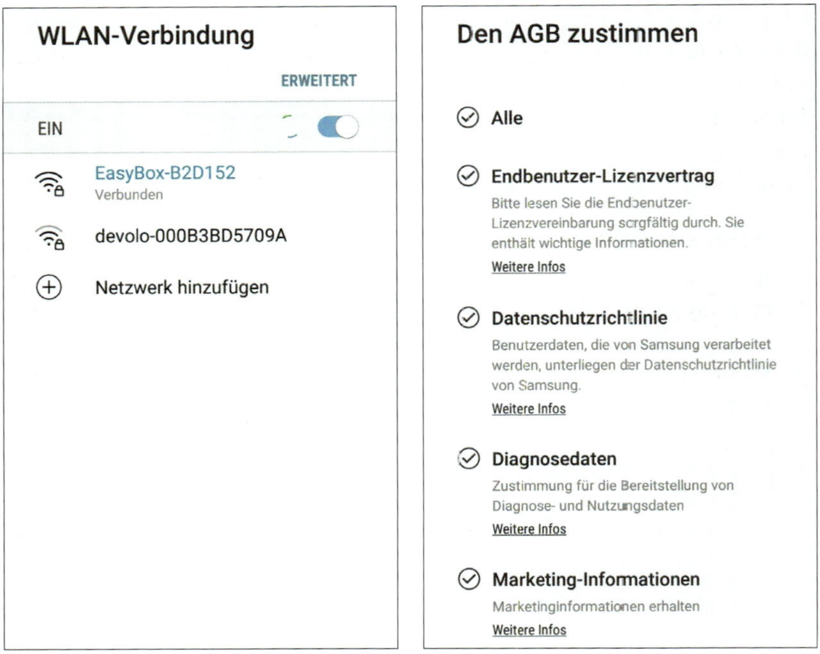

WLAN bei der Ersteinrichtung des Samsung Galaxy S9 einrichten.

Im nächsten Schritt möchte das Samsung Galaxy S9 wie alle Android-Smartphones ein Google-Konto einrichten.

Das Google-Konto

Wer seine Adressen, E-Mails und andere Daten online speichert, kann sie mit jedem neuen Computer, Smartphone oder Tablet synchronisieren, ohne Adressbücher zu importieren oder gar Daten abzutippen.

Google bietet dazu jedem Anwender kostenlos ein persönliches Google-Konto an, in dem man seine Daten speichern kann. Diese Daten stehen dann auf jedem internetfähigen Gerät, das mit Google-Diensten synchronisiert werden kann, zur Verfügung. Welche Daten man bei Google ablegt, bleibt jedem selbst überlassen. Besonders beliebt ist es, seinen Kalender, das Adressbuch sowie die persönliche Lesezeichensammlung bei Google abzulegen, um sie automatisch auf jedem PC, Smartphone oder Tablet zur Verfügung zu haben.

Android-Smartphones sind sehr eng mit Google-Konten verbunden, viele Funktionen können aber auch ohne diese – mit Einschränkungen – verwendet werden. Zur Nutzung des Google Play Store ist ein Google-Konto allerdings zwingend nötig.

Wer bereits ein Google-Konto hat, wird dieses natürlich auch auf dem Smartphone weiternutzen. Wer noch kein Google-Konto besitzt, kann jetzt eines anlegen. Es ist auch möglich, das Samsung Galaxy S9 mit mehreren Google-Konten zu synchronisieren oder den Schritt ganz zu überspringen und das Smartphone zunächst ohne Google-Konto zu betreiben, wobei allerdings zahlreiche Funktionen und Apps nicht zur Verfügung stehen. Alle Beschreibungen in diesem Buch gehen davon aus, dass ein Google-Konto eingerichtet ist.

1. Wählen Sie im ersten Schritt des Assistenten, ob Sie ein neues Google-Konto auf dem Smartphone anlegen oder sich mit einem vorhandenen Google-Konto anmelden möchten.

2. Wenn Sie bereits ein Google-Konto haben, geben Sie Ihre E-Mail-Adresse und das Passwort ein.

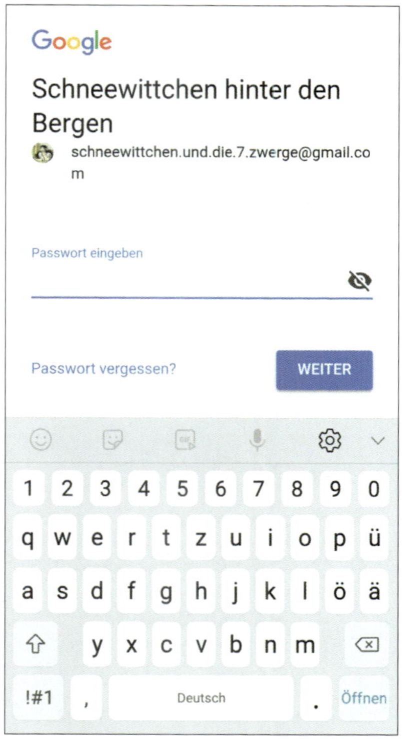

Die ersten Schritte bei der Anmeldung mit einem vorhandenen Google-Konto auf dem Samsung Galaxy S9.

Daten eines alten Smartphones übernehmen

Jeder hat auf seinem Smartphone eine Vielzahl persönlicher Daten, Telefonnummern, Adressen, Fotos und Musik. Früher war es mühsam, diese Daten vom alten Handy auf ein neues zu übernehmen. Heute bietet Android bequeme Lösungen zur Datenübertragung an.

Daten, die im Google-Konto gespeichert sind – z. B. von einem früheren Smartphone – stehen automatisch auch auf jedem neuen Smartphone zur Verfügung – je nach Geschwindigkeit der Netzwerkverbindung erst nach ein paar Minuten.

1. Die einfachste Methode ist, Daten aus einer Cloud-Sicherung bei Google Drive zurückzuspielen, wenn das vorher genutzte Smartphone so eingestellt ist, dass es regelmäßig eine Sicherung anlegt. Diese Sicherung enthält neben den ohnehin im Google-Konto gespeicherten Kontakten, Terminen, Fotos und Browserlesezeichen auch installierte Apps, App-Daten, WLAN-Passwörter, Anruflisten, SMS, Hintergrundbild und Anordnung der Apps auf dem Startbildschirm. Sie können das neue Smartphone also bis auf Kleinigkeiten nahtlos weiterverwenden.

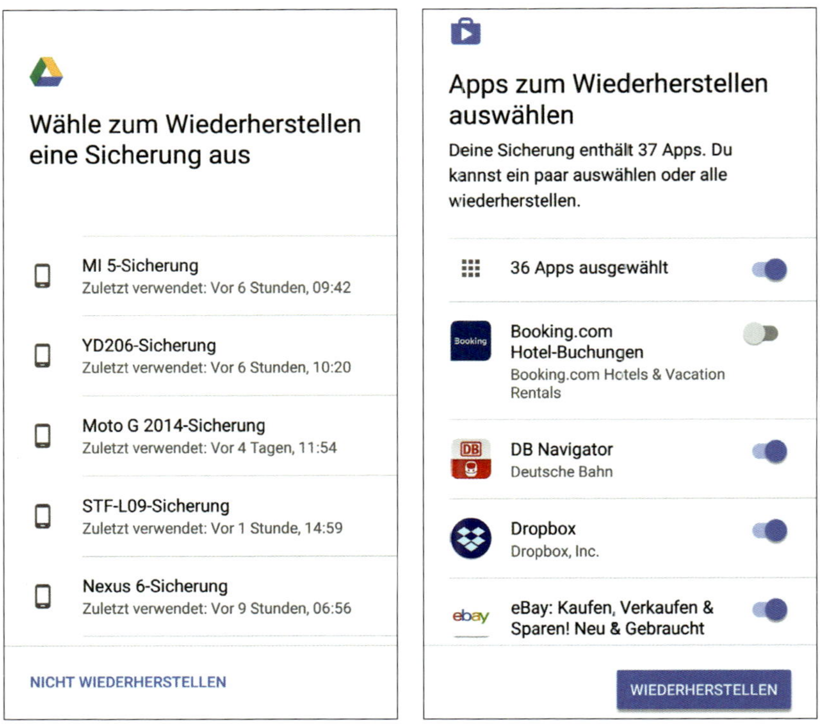

Apps und Daten von einem anderen Smartphone mit dem eigenen Google-Konto übernehmen.

2. Haben Sie mehrere Smartphones mit dem demselben Google-Konto verknüpft, können Sie auswählen, von welchem frühere Daten übernommen werden sollen. Wählen Sie anschließend, welche Apps aus der Sicherung auf dem Samsung Galaxy S9 wieder installiert werden sollen.
3. Alternativ richten Sie das Samsung Galaxy S9 als neues Gerät ein, indem Sie ganz unten auf *Nicht wiederherstellen* tippen. Es werden keine Apps installiert, Kontakte und Termine aus dem Google-Konto stehen aber trotzdem zur Verfügung.

Hinweise zur Übernahme von Daten von einem alten Smartphone, die nicht im Google-Konto gespeichert sind, finden Sie in Kapitel 9 im Abschnitt »Samsung Smart Switch«.

Sicherheitssperre einrichten

Der Sperrbildschirm dient nicht nur als Schutz vor versehentlichem Berühren, er kann auch als Zugangssperre eingesetzt werden, um Fremden die Nutzung des Smartphones zu verweigern. Der Einrichtungsassistent fragt nach der Einrichtung des Google-Kontos, ob Sie eine Sicherheitssperre zum Schutz Ihres Smartphones einrichten möchten. Dieser Schritt kann natürlich auch übersprungen werden.

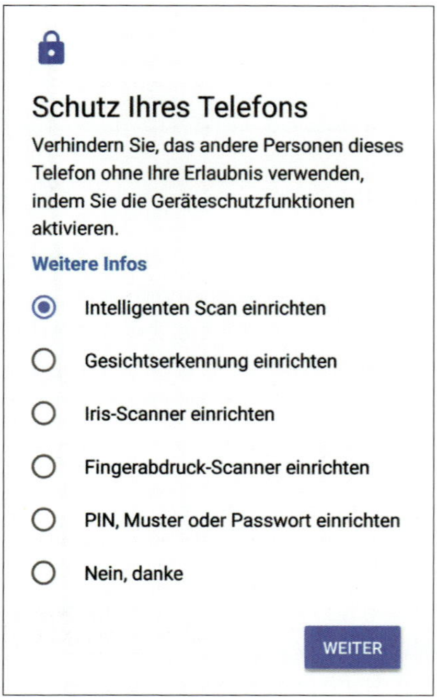

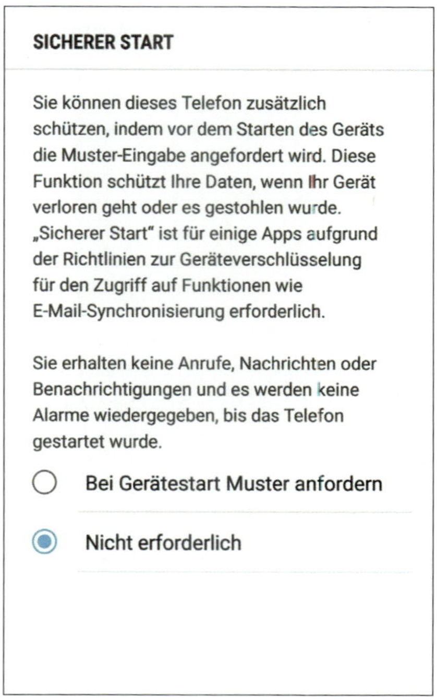

Unterschiedliche Sicherheitssperren auswählen.

Bei jeder Sicherheitseinstellung erscheint danach noch eine Frage, ob Sie zur zusätzlichen Sicherheit bereits vor dem Start der ersten Apps beim Neustart das Muster oder die PIN eingeben möchten.

Möchten Sie später wieder auf eine andere Methode der Bildschirmsperre umschalten, muss aus Sicherheitsgründen die festgelegte PIN oder das Sperrmuster noch einmal eingegeben werden. Auch bei Verwendung der Iriserkennung oder des Fingerabdruckscanners müssen Sie ein Sperrmuster, eine PIN oder ein Passwort festlegen, um bei Versagen der anderen Erkennungsmerkmale Ihr Smartphone freischalten zu können.

PIN oder Passwort

Wer es vom PC gewohnt ist, bei jedem Einschalten ein Passwort oder eine PIN einzugeben, kann dies auch auf dem Smartphone tun. Beim Festlegen der PIN oder des Passworts muss diese/dieses zweimal eingegeben werden, um Tippfehler zu vermeiden. Zusätzlich können Sie noch festlegen, ob die PIN nach der letzten Ziffer automatisch das Smartphone freischaltet oder ob man erst noch auf *OK* tippen muss. Auf dem Sperrbildschirm erscheint nach dem gewohnten Wischen nach oben auf dem Sperrbildschirm ein Eingabefeld für die PIN.

INFO: Eine PIN (persönliche Identifikationsnummer) ist eine Zahlenkombination, ein Passwort kann aus beliebigen Zeichen bestehen. Android unterscheidet diese beiden Verfahren, um bei einer PIN-Eingabe eine Zifferntastatur mit deutlich größeren Tasten einzublenden, als sie die Buchstabentastatur für die Passworteingabe hat.

Sperrmuster

Viel eleganter und einfacher als die Eingabe eines Passworts ist ein grafisches Sperrmuster. Hier muss man Rasterpunkte auf dem Bildschirm mit einer Linie verbinden. Um Fehler zu vermeiden, muss auch dieses Muster beim Einrichten zweimal gezeichnet werden. Auf dem Sperrbildschirm erscheint dann ein Punktraster, auf dem man das zuvor definierte Muster zeichnen muss, um die Bildschirmsperre zu lösen.

Intelligenter Scan

Der sogenannte intelligente Scan, der als Standardsicherheitssperre auf dem Samsung Galaxy S9 vorgeschlagen wird, ist eine Kombination aus Gesichtserkennung und Iris-Scan. Beide Merkmale müssen dazu einmal registriert werden. Zusätzlich ist ein sicherer Sperrbildschirm mit Entsperrmuster, PIN oder Passwort nötig.

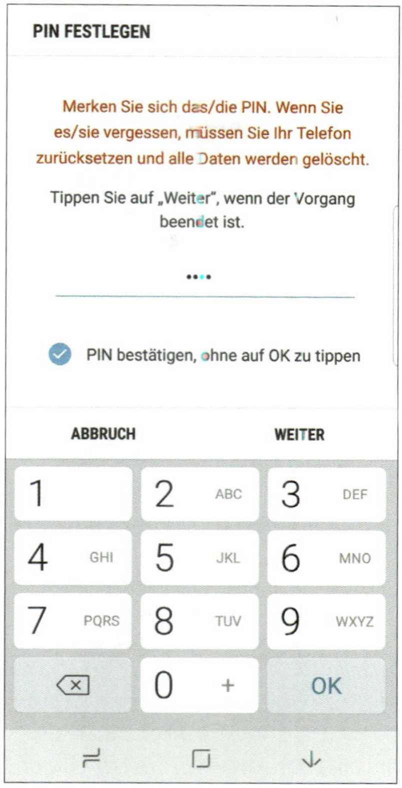

Muster oder PIN als Bildschirmsperre.

Intelligenten Scan als Sicherheitssperre einrichten.

Gesichtserkennung

Sie können das Samsung Galaxy S9 entsperren, indem Sie es einfach nur ansehen. Die Frontkamera kann ein gespeichertes Gesicht erkennen und genau dieser Person Zugriff auf das Smartphone gewähren und anderen nicht. Die Gesichtserkennung funktioniert erstaunlich zuverlässig.

1. Nach einem Hinweisbildschirm mit Erklärungen, wie Sie klar erkennbare Gesichtsfotos machen, erscheint das Bild der Frontkamera. Halten Sie das Gerät so, dass Ihr Gesicht innerhalb des Rahmens liegt.
2. Die Gesichtserkennung startet, was an einer farbigen Markierung entlang des Kreises mit dem Bild zu erkennen ist. Wenn das Gesicht erkannt wurde, erscheint eine entsprechende Meldung.
3. Am Ende kann eine schnelle Erkennung aktiviert werden, die das Gesicht deutlich schneller erkennt, in Einzelfällen aber durch ein Foto oder Video getäuscht werden kann.

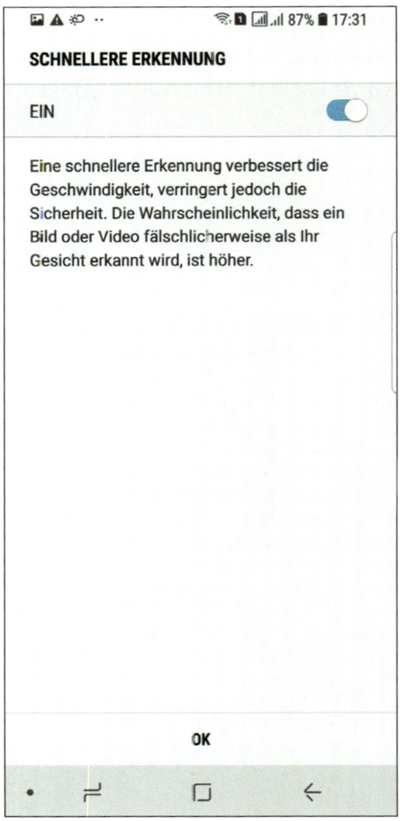

Gesichtserkennung als Sicherheitssperre einrichten.

Beim nächsten Einschalten erscheint auf dem Sperrbildschirm ein Augensymbol. Blicken Sie dorthin, wird das Smartphone sofort entsperrt. Konnte einige Sekunden kein gültiges Gesicht erkannt werden, können Sie die alternative Entsperrmethode verwenden.

Fingerabdruck als Sicherheitsmerkmal

Das Samsung Galaxy S9 kann auch einen Fingerabdruck zum Entsperren verwenden. Auf der Geräterückseite unterhalb der Kamera ist dazu ein Fingerabdruckscanner eingebaut, der gegenüber dem Samsung Galaxy S8 in eine ergonomisch günstigere Position gebracht wurde. Der Fingerabdruck kann zusätzlich auch zur Anmeldung beim Samsung-Konto genutzt werden.

Legen Sie vor der Registrierung des Fingerabdrucks ein alternatives Sicherungspasswort oder ein Sperrmuster fest, mit dem Sie das Smartphone entsperren können, wenn die Erkennung des Fingerabdrucks versagt. Legen Sie dann den Finger, den Sie zum Entsperren verwenden möchten, auf den Fingerabdruckscanner und streichen Sie nach unten. Heben Sie den Finger dann wieder an. Dieses Verfahren müssen Sie so oft durchführen, wie die Fingerabdruckerkennung Sie dazu auffordert, bis der Fingerabdruck erkannt wurde. Wichtig ist natürlich, dass Sie immer denselben Finger verwenden.

Fingerabdruck als Sicherheitsmerkmal hinzufügen.

Anschließend können Sie weitere Fingerabdrücke hinzufügen, die ebenfalls das Smartphone entsperren, wie zum Beispiel Finger der anderen Hand.

Jetzt können Sie die Fingerabdrucksperre aktivieren. Auf dem Sperrbildschirm erscheint eine Meldung, die den Benutzer darauf hinweist, seinen Fingerabdruck zu scannen. Danach wird das Smartphone entsperrt. Alternativ kann man auch das Sicherungspasswort oder Sperrmuster eingeben. Bei mehreren Fehlversuchen mit dem Fingerabdruckscanner erscheint automatisch die Passwortabfrage. Die Fingerabdrucksperre funktioniert nur, wenn zusätzlich ein Muster, eine PIN oder ein Passwort eingerichtet ist. Wird der Sperrbildschirm einfach durch eine Streichgeste entsperrt, ist kein Fingerabdruck nötig.

Iriserkennung

Die Iris im Auge ist genauso eindeutig wie ein Fingerabdruck. Das Samsung Galaxy S9 verfügt zusätzlich zum Fingerabdruckscanner auch über einen Iris-Scanner. Statt mit dem Finger auf der Rückseite den Fingerabdrucksensor zu finden, reicht es auch, dem Iris-Scanner in die Augen zu sehen.

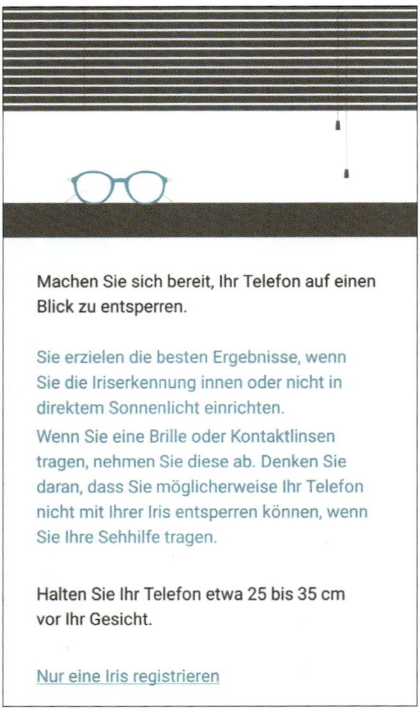

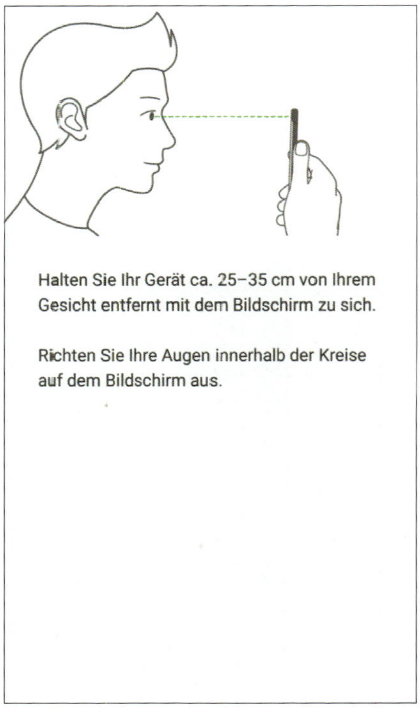

Iriserkennung einrichten.

Der Iris-Scanner funktioniert auch mit Handschuhen und lässt sich im Gegensatz zur Gesichtserkennung nicht mit einem Foto täuschen. Allerdings funktioniert die Iriserkennung nur eingeschränkt mit Brillen und Kontaktlinsen und ist zudem deutlich langsamer als der Fingerabdruckscanner. Ähnlich wie bei Fingerabdrücken registriert man einmal seine Iris und kann später durch einen Blick in die beiden Kreise oberhalb des Sperrbildschirms das Samsung Galaxy S9 entsperren. Zusätzlich muss ein Sperrmuster, eine PIN oder ein Passwort festgelegt werden, falls die Iriserkennung durch ungünstige Lichtverhältnisse versagt.

Google-Dienste einrichten

Nach dem Abschluss der Schutzeinstellungen werden auf der Seite *Google-Dienste* verschiedene Dienste angeboten, die Sie nutzen können oder auch nicht.

1. *Sichere deine Gerätedaten* sollten Sie auf jeden Fall eingeschaltet lassen. So werden Ihre Apps und Einstellungen im Google-Konto gesichert und lassen sich im Notfall oder bei einem Hard-Reset leicht wiederherstellen. Mit dieser Einstellung können Sie in einem späteren Schritt auch Daten von früheren Android-Smartphones, die im Google-Konto gesichert wurden, auf dem neuen Galaxy S9 wiederherstellen.

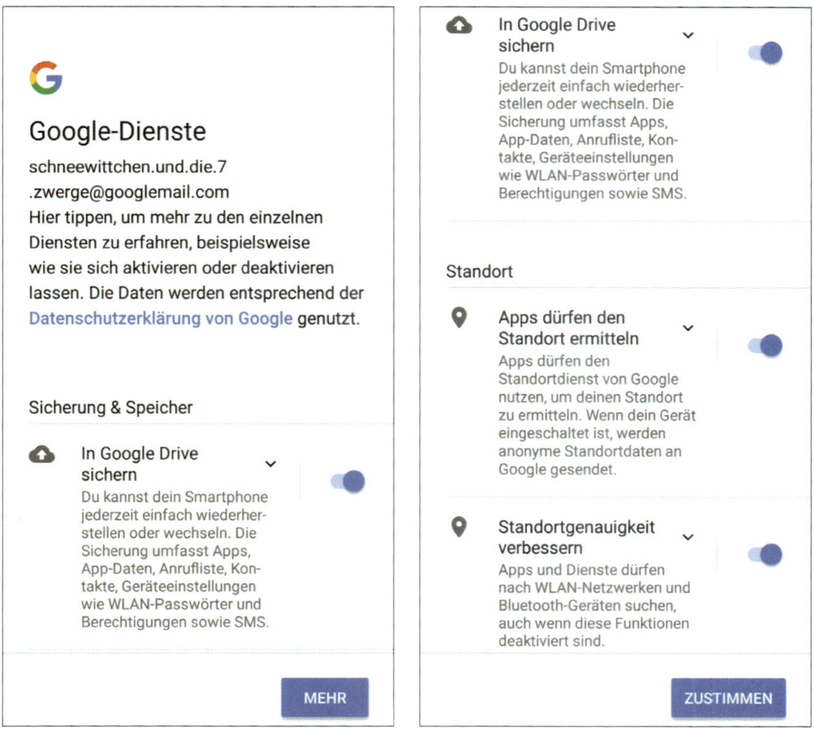

Google-Dienste aktivieren.

2. Nutzen Sie den Standortdienst von Google, da viele Apps erst dadurch sinnvoll werden, dass Informationen aus der näheren Umgebung angezeigt werden können. Wer sich unbedingt verstecken möchte und dafür bereit ist, diverse Einschränkungen bei Apps in Kauf zu nehmen, kann die Standorterfassung hier abschalten. Die Einstellung kann später jederzeit wieder geändert werden. Das Gleiche gilt für die *Standortgenauigkeit*, mit der der eigene Standort auch ohne GPS-Empfang, z. B. in Gebäuden, ermittelt werden kann. Alle Beschreibungen in diesem Buch gehen davon aus, dass die Google-Standortdienste eingeschaltet sind.

3. Lassen Sie auch die automatischen Updates eingeschaltet, um Ihr Smartphone immer auf dem neusten Stand zu halten.

Google Assistant einrichten

Der Google Assistant kann auf dem Smartphone Fragen beantworten und Aufgaben erledigen. Abhängig vom aktuellen Bildschirminhalt versucht der Assistent, den aktuellen Sinn einer Frage zu erkennen und möglichst relevante Antworten zu liefern.

1. Der Google Assistant wird im nächsten Schritt der Ersteinrichtung konfiguriert. Dazu muss der Standortverlauf aktiviert werden.

2. Weitere Optionen zur Einrichtung des Google Assistant, die auf anderen Android-Smartphones erscheinen, hat Samsung in der Ersteinrichtung ausgeblendet, da das Samsung Galaxy S9 seinen eigenen Sprachassistenten Bixby verwendet, der allerdings bis jetzt (April 2018) noch nicht auf Deutsch verfügbar ist.

Weitere Apps installieren

Auf früheren Geräten der Samsung-Galaxy-Serie waren zahlreiche Apps von Samsung vorinstalliert. Auf dem Samsung Galaxy S9 erscheint jetzt eine Liste, in der Sie auswählen können, welche der Samsung-Apps Sie automatisch herunterladen und installieren möchten.

- **Samsung Calculator** – ein einfacher Taschenrechner mit Einheitenkonverter.
- **Samsung Email** – die klassische E-Mail-App auf Samsung-Smartphones ist heute in den meisten Fällen nicht mehr nötig, da die vorinstallierte Gmail-App auch andere Mailkonten nutzen kann.

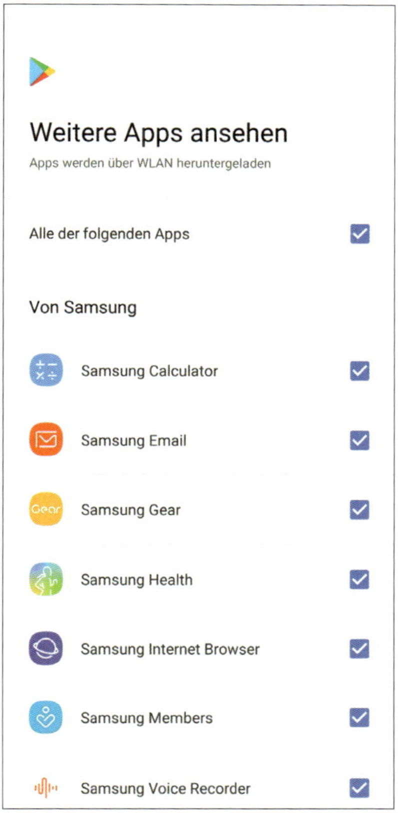

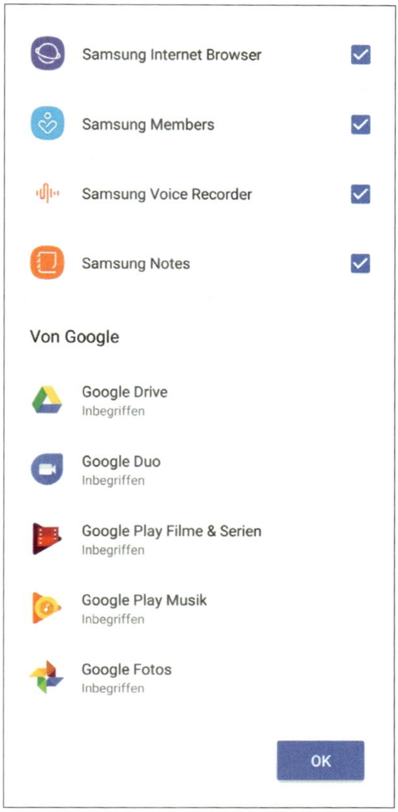

Vorgeschlagene Samsung-Apps installieren.

- **Samsung Gear** – eine App zur Kommunikation mit der Samsung-Smartwatch Gear.
- **Samsung Health** – eine Fitness-Tracker-App, die sportliche Aktivitäten aufzeichnet und Fitnesstipps liefert.
- **Samsung Internet Browser** – der klassische Browser auf Samsung-Smartphones ist heute nicht mehr nötig, da wie auf jedem Android-Smartphone Google Chrome vorinstalliert ist.
- **Samsung Members** – eine Werbe-App von Samsung, die zusätzlich auch Diagnosefunktionen für das Smartphone enthält.
- **Samsung Voice Recorder** – eine App zur Aufnahme kurzer Sprachnotizen.
- **Samsung Notes** – ein einfacher Notizblock auf dem Smartphone.

Die Google-Apps weiter unten in dieser Liste sind zum sinnvollen Betrieb des Smartphones erforderlich und werden automatisch installiert.

Das Samsung-Konto

Nach der Einrichtung des Google-Kontos fordert Sie das Samsung Galaxy S9 – wie alle Samsung-Smartphones – auf, bei der Ersteinrichtung ein Samsung-Konto einzurichten. Diesen Schritt können Sie überspringen, dann stehen aber die auf dem Info-Bildschirm aufgelisteten Funktionen nicht zur Verfügung.

Samsung bietet einige spezielle Dienste an, unter anderem eine Onlinedatensicherung sowie die Möglichkeit, ein verlorenes oder gestohlenes Smartphone zu orten. Dafür ist ein Samsung-Konto erforderlich. Außerdem gibt es von Zeit zu Zeit speziell für Nutzer von Galaxy-Smartphones Apps kostenlos, die im Google Play Store kostenpflichtig sind.

1. Wenn Sie bereits ein Samsung-Konto haben, weil Sie früher schon ein Samsung-Smartphone genutzt haben, tippen Sie auf *Anmelden* und geben Ihre Benutzerdaten ein.

2. Haben Sie noch kein Samsung-Konto, tippen Sie auf *Konto erstellen*. Danach sind einige persönliche Daten einzugeben. Alternativ können Sie sich auch mit Ihrem Google-Konto registrieren. Sie müssen dann nur noch ein eigenes Passwort für das Samsung-Konto festlegen.

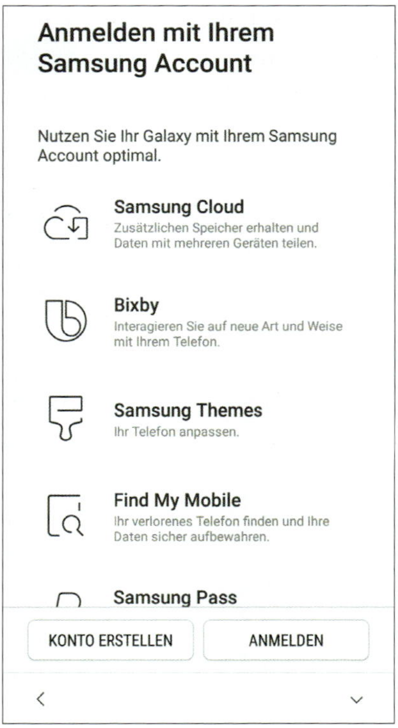

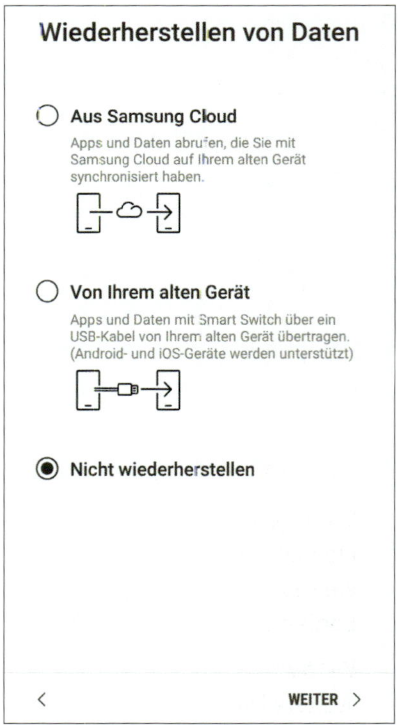

Samsung-Konto anmelden und Daten vom alten Smartphone übertragen.

3. Sollten Sie Daten eines früheren Samsung-Smartphones in der Samsung Cloud gespeichert haben, können Sie diese auf dem Samsung Galaxy S9 auf dem nächsten Einrichtungsbildschirm wiederherstellen. Wählen Sie dazu das alte Gerät und die wiederherzustellenden Sicherungsdaten aus.

4. Alternativ können Sie auch Daten aus einem alten Gerät über eine USB-Kabelverbindung wiederherstellen. Samsung liefert dazu mit dem Samsung Galaxy S9 einen speziellen Adapter mit, mit dem sich das Ladekabel als Verbindungskabel zwischen zwei Smartphones verwenden lässt. Weitere Hinweise dazu finden Sie in Kapitel 9 im Abschnitt »Samsung Smart Switch«.

5. Danach erscheint der Startbildschirm und Sie können Ihr neu eingerichtetes Smartphone nutzen. Die Benachrichtigungen diverser Apps, die beim Erststart ebenfalls auftauchen, können Sie zunächst mal ignorieren. Hier erscheint unter anderem nochmals eine Benachrichtigung von *Samsung Smart Switch Mobile*, um weitere Daten von einem alten Smartphone zu übernehmen.

Samsung-Geräteeinstellungen vornehmen

Im nächsten Schritt schlägt der Einrichtungsassistent ein paar nützliche Gerätefunktionen vor, die Sie einstellen können. Dabei handelt es sich um spezielle Funktionen des Samsung Galaxy S9, die nicht zum Android-Standard gehören. In den meisten Fällen sind die vorgegebenen Grundeinstellungen bereits optimal.

- *Akkulaufzeit verlängern* – verlängert die Akkulaufzeit, indem Apps, die drei Tage lang nicht verwendet wurden, abgeschaltet werden. Sie laufen dann nicht mehr im Hintergrund und empfangen auch keine Hintergrunddaten. Starten Sie eine so abgeschaltete App einmal, läuft sie wieder ganz normal. Weitere Hinweise zum Thema Akku sparen finden Sie in Kapitel 9 »Insidertipps zur Bedienung«.
- *Schützen Sie Ihre Daten* – legt einen sicheren Ordner für persönliche Daten an. Weitere Hinweise dazu finden Sie in Kapitel 10 »Die Sicherheitsproblematik bei Android«.
- *Schriftgröße und Bildschirmzoom* – ermöglicht es, die Größe von Bildschirmelementen anzupassen, falls diese schwer erkennbar sind. Weitere Hinweise zum Thema Bildschirmzoom finden Sie in Kapitel 9 »Insidertipps zur Bedienung«.
- *Wettervorhersagen* – richtet die Wetter-App von Samsung Experience ein. Weitere Hinweise dazu finden Sie weiter unten in diesem Kapitel.

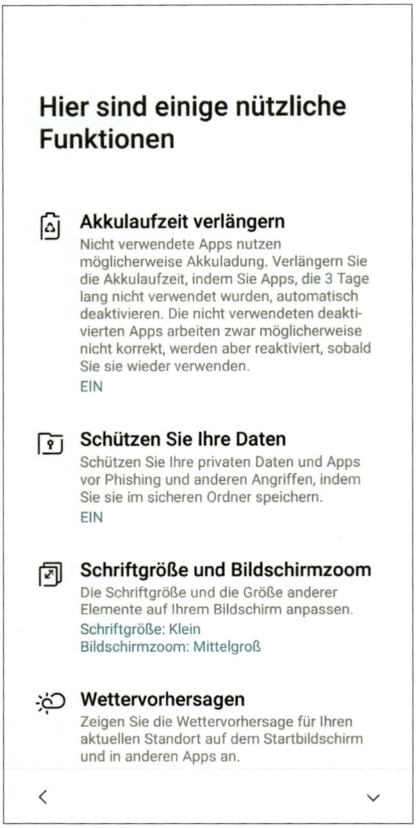

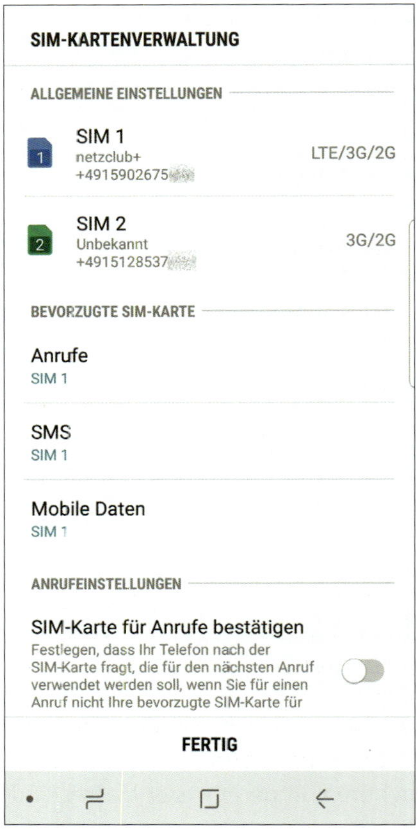

Samsung-Geräteeinstellungen und Dual-SIM-Einstellungen.

SIM-Karten auswählen

Im nächsten Schritt legen Sie fest, welche der eingelegten SIM-Karten zum Telefonieren, welche für SMS und welche für die Internetverbindung (*Mobile Daten*) genutzt werden soll. Wenn Sie eine Nummer wählen, haben Sie immer die Auswahl zwischen beiden SIM-Karten.

Neues Google-Konto anlegen

Haben Sie noch kein Google-Konto, können Sie es direkt auf dem Smartphone auch ohne PC einrichten, wie es im Folgenden beschrieben wird. Alternativ können Sie das Google-Konto auf dem PC anlegen. Klicken Sie dazu auf einer beliebigen Google-Seite oben rechts auf *Anmelden*. Auf der Anmeldeseite finden Sie den Link *Erstellen Sie ein kostenloses Konto*. Dieses Verfahren ist komfortabler, da Sie eine echte Tastatur zur Eingabe der diversen Daten nutzen können. Das Konto können Sie dann sofort auch auf dem Samsung Galaxy S9 verwenden.

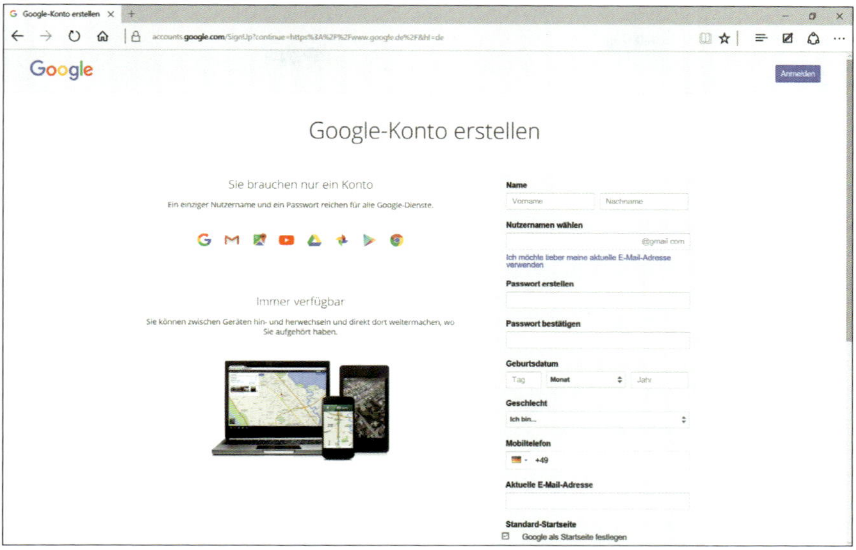

Google-Konto auf dem PC erstellen.

1. Wenn Sie während der Einrichtung auf dem Samsung Galaxy S9 die Option auswählen, ein neues Google-Konto zu erstellen, erscheinen weitere Bildschirmseiten, auf denen Sie zuerst Ihren Namen und danach die gewünschte E-Mail-Adresse für das neue Google-Konto angeben müssen.

INFO: Bei gängigen Namen wird die E-Mail-Adresse *vorname.nachname@gmail.com* möglicherweise nicht mehr verfügbar sein. Bei Google sind weltweit über 1 Milliarde Nutzer regelmäßig aktiv, registriert sind noch mehr. Sollte die Adresse bereits vergeben sein, werden automatisch Alternativvorschläge angezeigt. Hier können Sie einen auswählen oder sich auch eine ganz andere E-Mail-Adresse ausdenken.

2. Legen Sie im nächsten Schritt ein Passwort fest. Um sicherzustellen, dass Sie sich nicht vertippt haben, muss dieses Passwort ein zweites Mal eingegeben werden. Tippen Sie auf das Augensymbol neben dem Passworteingabefeld, wird das Passwort im Klartext statt nur als Punkte angezeigt. Das verringert die Gefahr, sich zu vertippen.

3. Sollten Sie Ihr Passwort vergessen, können Sie es wiedererlangen, indem Sie sich an eine Mobilfunknummer einen Wiederherstellungscode schicken lassen. Geben Sie dazu die entsprechenden Daten an. Die Telefonnummer der SIM-Karte im Smartphone wird automatisch vorgeschlagen.

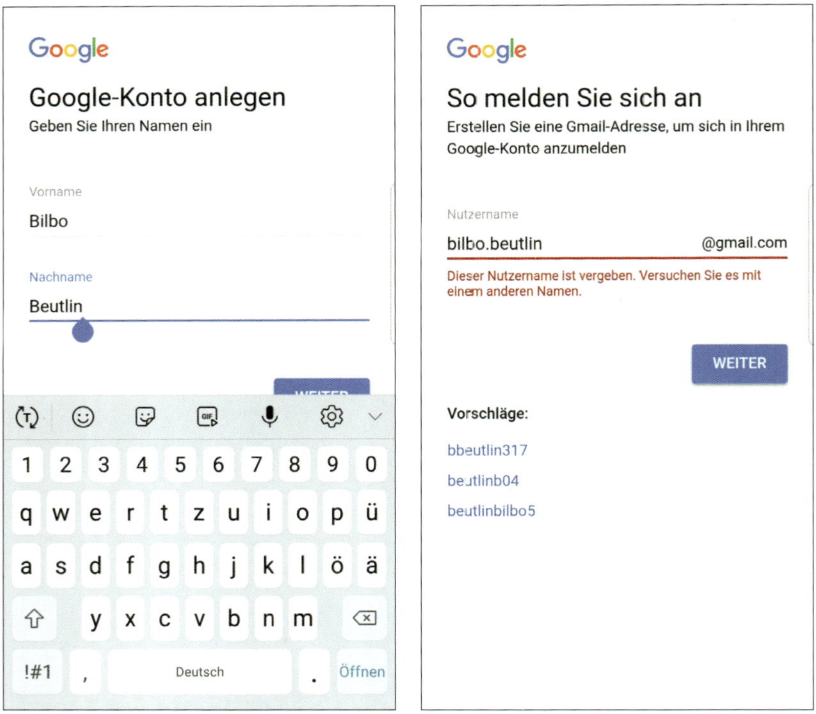

Die ersten Schritte beim Anlegen eines neuen Google-Kontos.

4. Mit einer einmaligen SMS wird diese Nummer überprüft. Sie erhalten einen Bestätigungscode, den Sie anschließend eingeben müssen.

5. Zur endgültigen Einrichtung des Google-Kontos müssen Sie noch die Nutzungsbedingungen und die Datenschutzerklärung bestätigen.

6. Zum Abschluss meldet sich das neue Google-Konto auf dem Smartphone an. Jetzt dauert es nur noch wenige Sekunden, dann ist das Samsung Galaxy S9 mit dem neuen Google-Konto einsatzbereit.

Google-Konto auf dem PC nutzen

Mit denselben Kontodaten können Sie sich auch auf dem PC bei Google anmelden, um Gmail, Google Kalender, Google-Fotoalben, persönliche Webeinstellungen oder ein eigenes YouTube-Profil zu nutzen. Klicken Sie dazu auf einer beliebigen Google-Seite oben rechts auf *Anmelden*.

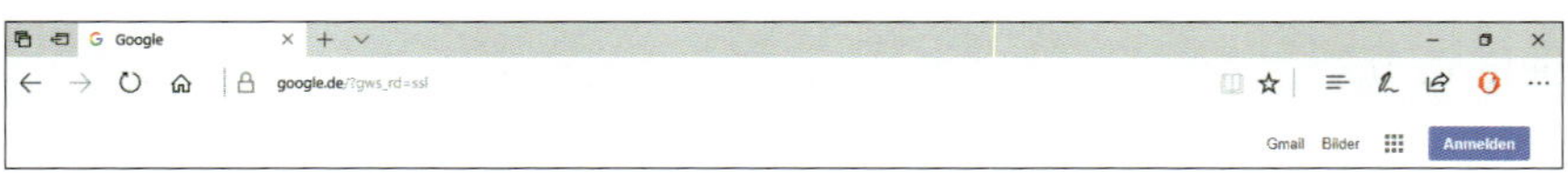

Anmelden auf einer Google-Seite.

Hier erscheint ein Anmeldeformular, in dem Sie Ihre Gmail-Adresse und das Passwort eingeben müssen.

In den Kontoeinstellungen des Google-Kontos auf dem PC können Sie jederzeit das Passwort und die Wiederherstellungsoptionen ändern. Hier lassen sich auch weitere mit dem Konto verknüpfte E-Mail- sowie Datenschutzeinstellungen festlegen.

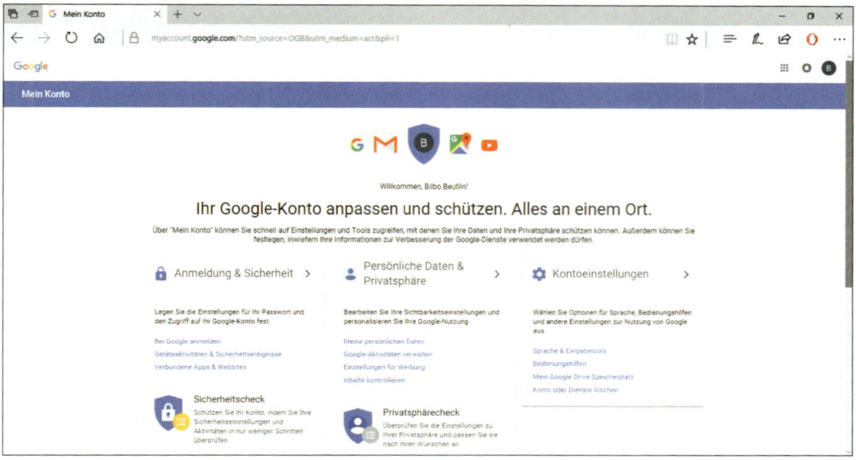

Kontoeinstellungen des eigenen Google-Kontos.

Geänderte Einstellungen werden automatisch auch auf dem Smartphone übernommen. Wenn Sie das Passwort des Google-Kontos am PC ändern, müssen Sie dieses natürlich auf dem Smartphone neu eingeben.

Samsung Experience – die Benutzeroberfläche des Samsung Galaxy S9

Nachdem Sie den letzten Schritt der Ersteinrichtung durchlaufen haben, zeigt das Samsung Galaxy S9 seinen Startbildschirm, der in Zukunft die alltägliche Oberfläche Ihres neuen Smartphones sein wird. Samsung hat diesen Startbildschirm gegenüber dem Standard-Android und auch gegenüber früheren Samsung-Smartphone-Modellen erweitert und mit zusätzlichen Funktionen ausgestattet.

Die Benutzeroberfläche von Android-Smartphones wird über den Touchscreen bedient und zeigt für jede Funktion wie auch für jede App klare Symbole an, sodass Sie sich nicht wie auf dem PC unter Windows durch verschachtelte Menüs klicken müssen.

Samsung verwendet eine eigene Android-Oberfläche **Samsung Experience** auf allen aktuellen Smartphones der Galaxy-Serie. Diese wurde auf dem Samsung Galaxy S9 gegenüber dem Samsung Galaxy S8, bei dem sie komplett überarbeitet wurde, nur geringfügig erweitert. Sie unterscheidet sich aber immer noch deutlich vom Android-Standard.

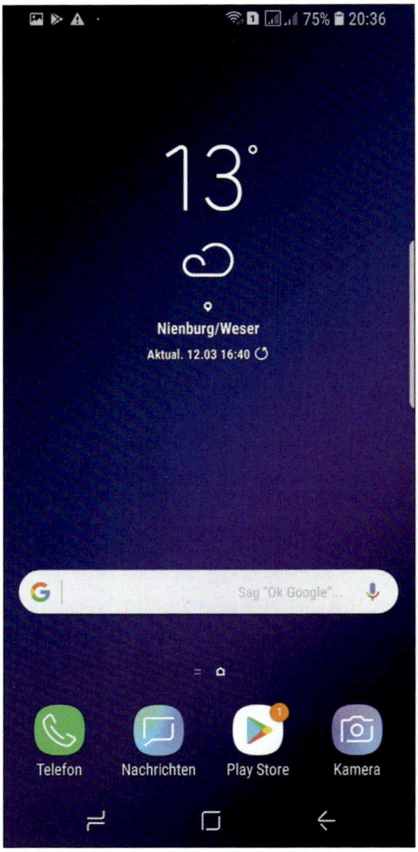

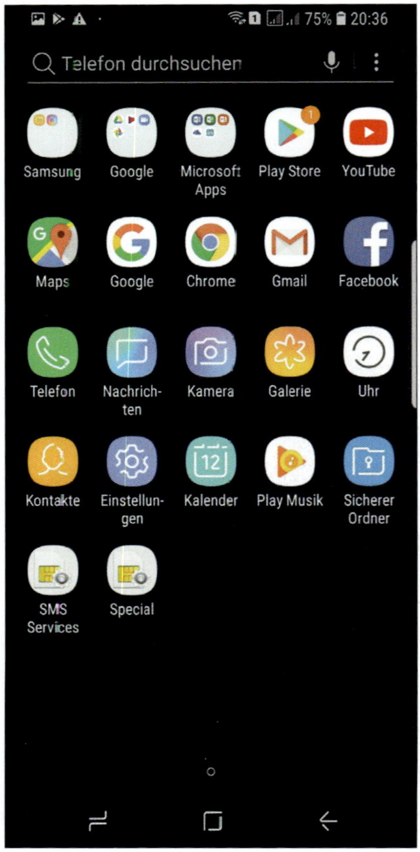

Startbildschirm und App-Liste auf dem Samsung Galaxy S9 im Auslieferungszustand.

Automatisches Update beim ersten Start

Bereits direkt nach dem Start meldet das Samsung Galaxy S9, dass Updates zur Verfügung stehen. Dabei handelt es sich um einige Google-Apps, die inzwischen in einer neueren Version angeboten werden als der, mit der die Geräte im Herstellerwerk vorkonfiguriert wurden.

Die Meldung brauchen Sie nicht weiter zu beachten, da diese Updates in der Standardeinstellung über WLAN automatisch aktualisiert werden.

Startbildschirm und Apps

In der Grundeinstellung zeigt der Startbildschirm das Wetter, ein Google-Suchfeld und ein paar vordefinierte App-Symbole an. Als Benutzer kann man seine wichtigsten Apps und Widgets auf dem Startbildschirm zum schnellen Zugriff ablegen.

Der Startbildschirm auf dem Samsung Galaxy S9 besteht aus mehreren Bildschirmseiten, die persönlich konfigurierbar sind. Zwischen diesen können Sie mit einer horizontalen Fingerbewegung auf dem Touchscreen hin- und herschalten. Auf welchem der Bildschirme man sich gerade befindet, zeigt der leuchtende Punkt in der Reihe im unteren Bildschirmbereich. Das kleine Haussymbol bezeichnet den Standard-Startbildschirm. Am Anfang ist nur die erste Startbildschirmseite mit Apps belegt.

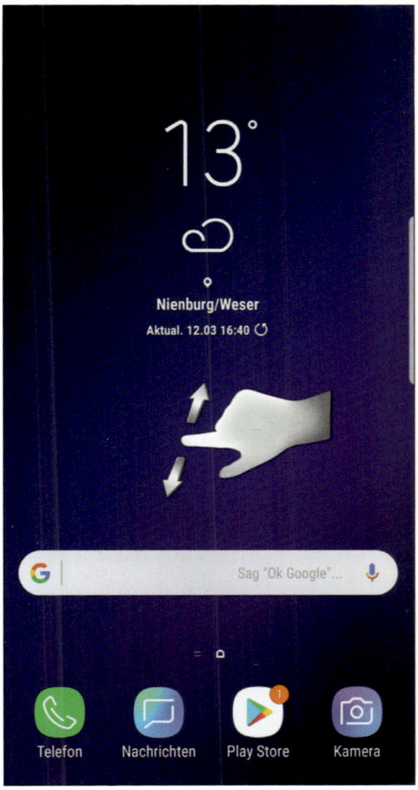

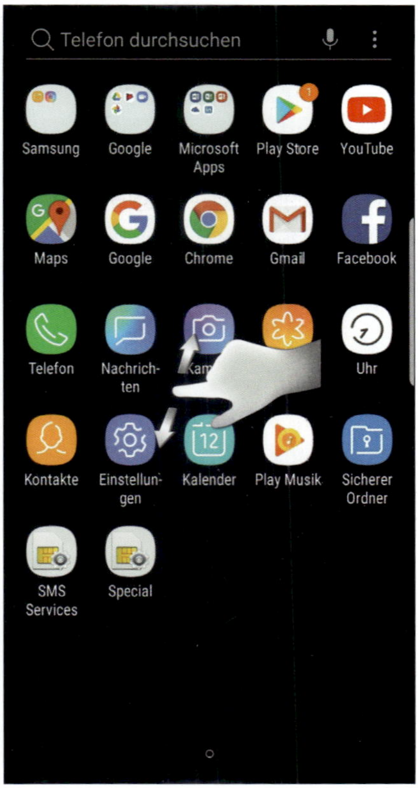

Eine vertikale Wischgeste öffnet vom Startbildschirm aus die App-Liste und umgekehrt.

Wischen Sie auf dem Startbildschirm von unten nach oben, öffnet sich eine Liste aller installierten Apps. Von hier aus lässt sich jede App durch Antippen ihres Symbols starten. Mit der gleichen Geste kommen Sie auch wieder zurück zum Startbildschirm. Füllt die App-Liste mehr als einen Bildschirm, kann man wie auf dem Startbildschirm mit einer horizontalen Fingerbewegung zwischen mehreren Seiten wechseln.

App-Liste sortieren

Standardmäßig werden neu installierte Apps am Ende der App-Liste angehängt, was nicht gerade zur Übersichtlichkeit beiträgt. Über das Menü mit den drei Punkten rechts oben können Sie die App-Liste alphabetisch sortieren.

Apps, die Sie häufig benötigen, können Sie direkt auf dem Startbildschirm ablegen. Halten Sie dazu den Finger länger auf einer App in der Liste. Es erscheint ein kleines Menü. Tippen Sie hier auf *Zu Start hinzufügen*.

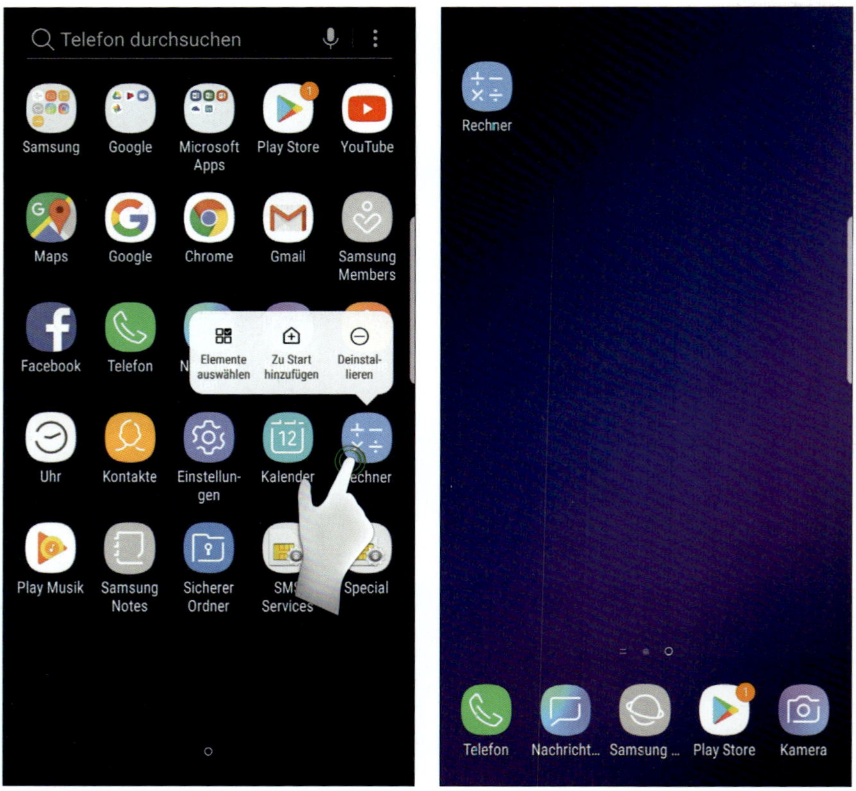

App auf dem Startbildschirm ablegen.

Neu hinzugefügte Apps erscheinen standardmäßig nicht auf der ersten Startbildschirmseite, sondern auf einer neuen. Zwischen beiden Seiten wechseln Sie mit einer horizontalen Wischbewegung hin und her. Sie können Apps auf eine andere Position oder eine andere Bildschirmseite auf dem Startbildschirm ziehen. Tippen Sie länger auf die zu verschiebende App. Auf dem Startbildschirm erscheint ein Punktraster zur Anordnung der Apps. Schieben Sie das App-Symbol an die gewünschte Position und lassen Sie es dort wieder los.

App verschieben oder vom Startbildschirm entfernen.

Am linken Bildschirmrand der neuen Startbildschirmseite erscheint der angedeutete Rand der ersten Startbildschirmseite. Schieben Sie ein App-Symbol über den Rand hinaus, wird sie auf die erste Seite verschoben. Genauso können Sie eine App nach rechts über den Rand schieben. Dann wird eine neue Startbildschirmseite angelegt, auf der Sie diese App platzieren können. Es ist auch möglich, eine App direkt aus der App-Liste an die gewünschte Position auf dem Startbildschirm zu ziehen.

Um eine App vom Startbildschirm wieder zu entfernen, halten Sie den Finger länger darauf, bis ein Menü erscheint. Tippen Sie auf *Von Start entfernen*, wird die App vom Startbildschirm gelöscht, aber nicht deinstalliert. In der Liste der Apps bleibt sie weiterhin verfügbar und kann auch jederzeit wieder auf den Startbildschirm geholt werden.

Über das Symbol *Deinstallieren* deinstallieren Sie die App komplett vom Smartphone. Dieser Menüpunkt steht bei Startbildschirmverknüpfungen und auch in der App-Liste zur Verfügung.

Ordner für Apps

Bei vielen installierten Apps verliert man schnell die Übersicht auf dem Startbildschirm. Ordner für Apps bringen Ordnung auf den Startbildschirm und in die App-Liste. Diese Ordner sind Symbole mit den automatisch darin gestapelten Symbolen der Apps, die in dem Ordner liegen. Ordner mit *Samsung, Google* und *Microsoft Apps* sind in der App-Liste auf dem Samsung Galaxy S9 bereits vorinstalliert.

1. Platzieren Sie zunächst zwei Apps auf den Startbildschirm.
2. Ziehen Sie die eine App auf das vorhandene Symbol der anderen App, wird automatisch ein Ordner erstellt. Der Ordner wird geöffnet und Sie können ihm einen aussagekräftigen Namen geben.
3. Tippen Sie auf das Farbsymbol oben rechts neben dem Ordnernamen, um dem Ordnersymbol eine Hintergrundfarbe zuzuweisen.

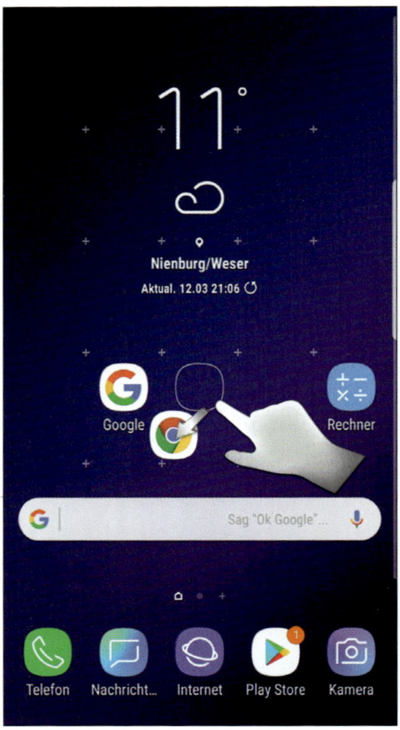

Ordner anlegen und bearbeiten.

4. Tippen Sie auf einen Ordner, werden die darin enthaltenen Apps angezeigt und können durch Antippen gestartet werden.

5. Tippen Sie im Ordner auf *Apps hinzufügen*, um aus einer alphabetischen Liste mehrere Apps auszuwählen und dem Ordner hinzuzufügen. Weitere Apps können auch einfach auf das Ordnersymbol gezogen und dann im Ordner an eine beliebige Position geschoben werden.

Ordner können mehr Apps aufnehmen, als auf eine Bildschirmseite passen. Weitere Apps erreichen Sie mit einer senkrechten Wischbewegung im Ordner. Die Anordnung der Apps im Ordner lässt sich durch Ziehen der App-Symbole verändern.

Mehrere Apps zu einem Ordner hinzufügen und Ordner löschen.

Um den Ordner vom Startbildschirm zu entfernen, halten Sie den Finger länger darauf und wählen im Menü *Ordner löschen*. Nach einer Sicherheitsabfrage wird der Ordner dann entfernt. Die Apps bleiben installiert. Wenn Sie die vorinstallierten Ordner in der App-Liste stören, können Sie diese auf die gleiche Weise löschen. Die Apps bleiben erhalten und erscheinen dann direkt in der App-Liste.

Um einzelne Apps aus einem Ordner herausnehmen, halten Sie den Finger länger auf dem App-Symbol im Ordner und ziehen es nach oben aus dem Ordner heraus. Das App-Symbol wird aus dem Ordner auf eine freie Fläche des Startbildschirms verschoben. Wenn sich nur noch eine App im Ordner befindet, wird der Ordner automatisch aufgelöst und die App erscheint ohne Ordner auf dem Startbildschirm.

Die Schnellstartleiste für wichtige Apps

Fünf besonders wichtige Apps sind in der sogenannten Schnellstartleiste auf jeder Seite des Startbildschirms am unteren Rand immer zu sehen. In der Grundeinstellung sind das die Apps *Telefon*, *Nachrichten* (SMS), *Internet* (Browser), *Play Store* und *Kamera*.

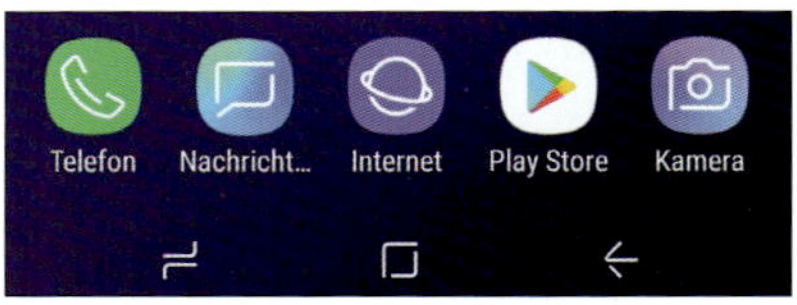

Die vorinstallierte Schnellstartleiste mit fünf wichtigen Apps.

Auf den vorhandenen Positionen können Sie statt der vorgegebenen Apps auch andere platzieren, die Sie häufig benötigen. Verwenden Sie z. B. lieber den gewohnten Browser Google Chrome, der deutlich mehr Möglichkeiten bietet als der einfache Samsung-Browser, ersetzen Sie das *Internet*-Symbol einfach:

1. Tippen Sie länger auf die nicht mehr benötigte App in der Schnellstartleiste und wählen Sie im Menü *Von Start entfernen*.
2. Öffnen Sie mit einer vertikalen Wischbewegung die App-Liste. Halten Sie dann den Finger länger auf einer App und ziehen Sie sie nach unten aus der App-Liste heraus auf die freie Position in der Schnellstartleiste. Eine fünfte App können Sie einfach zwischen zwei Symbole ziehen. Die vorhandenen Symbole rutschen automatisch etwas zusammen und geben Platz frei. So lassen sich wieder fünf Apps in der Schnellstartleiste anzeigen.

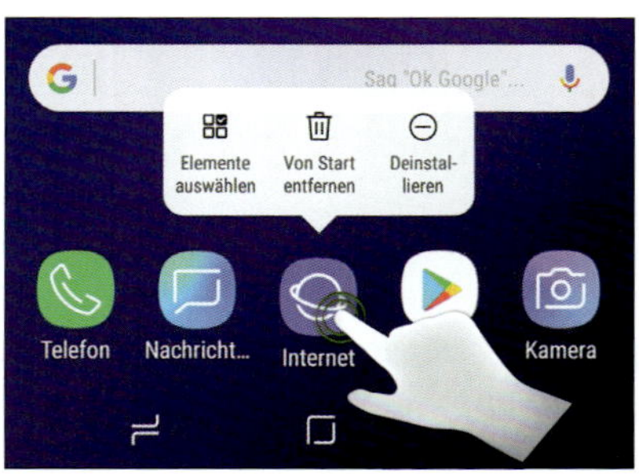

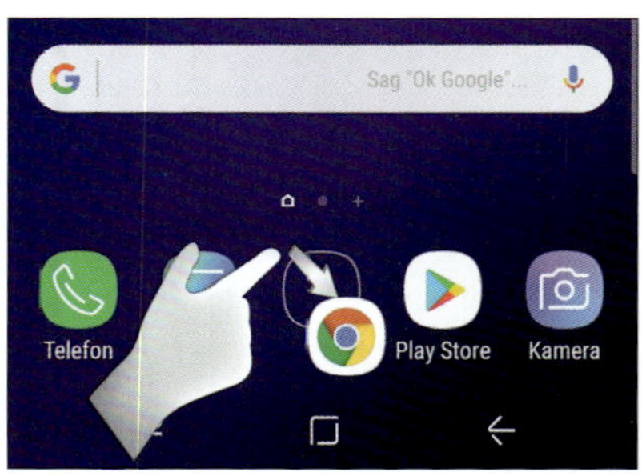

App in der Schnellstartleiste austauschen.

Startbildschirmseiten anordnen

Haben Sie für Ihre Apps mehrere Startbildschirmseiten angelegt, lassen diese sich frei anordnen.

Halten Sie den Finger länger auf eine freie Stelle auf dem Startbildschirm, um in den Bearbeitungsmodus zu gelangen. Hier können Sie die Seiten in die gewünschte Reihenfolge ziehen.

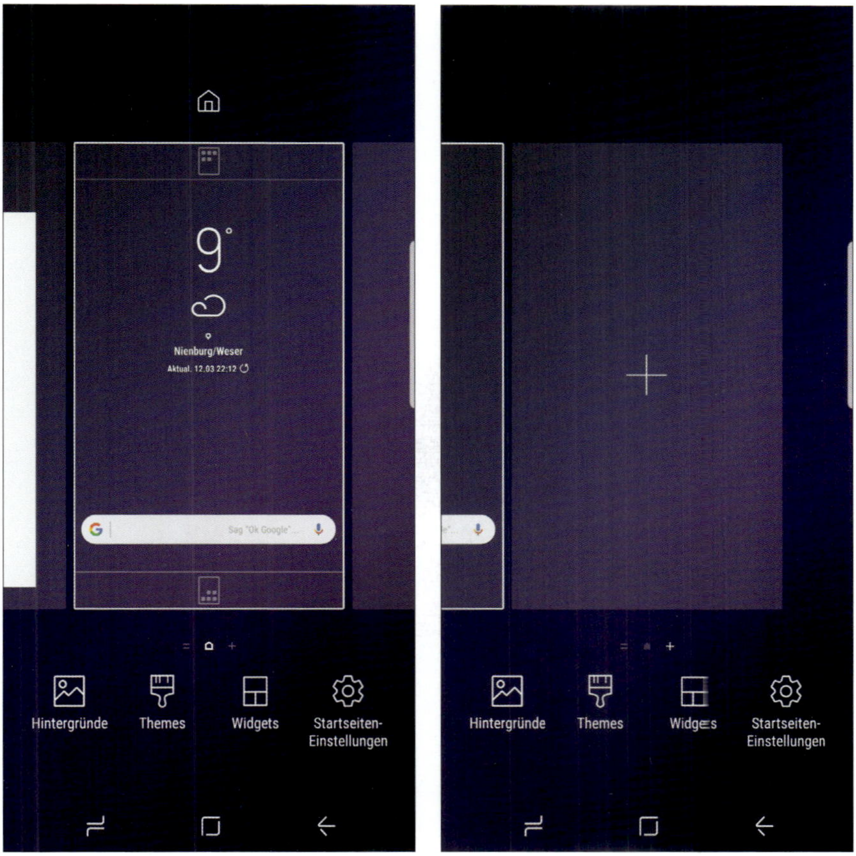

Startbildschirmseiten verschieben und neu anlegen.

Um eine Startbildschirmseite zu löschen, tippen Sie auf das Papierkorbsymbol oben rechts. Um eine neue Seite anzulegen, tippen Sie auf das Vorschaubild der Seite ganz rechts außen mit dem Pluszeichen.

Tippen Sie in einer Seitenvorschau oben auf das Haussymbol, um diese Seite als Startseite festzulegen, die aufgerufen wird, wenn Sie die Home-Taste drücken.

Die Tasten auf dem Samsung Galaxy S9

Das Samsung Galaxy S9 verfügt über insgesamt fünf mechanische Tasten, obwohl in den meisten Fällen die Bedienung ausschließlich über den Touchscreen erfolgt.

1. Der obere Teil der Lautstärketaste schaltet den Klingelton oder laufende Musik lauter.
2. Der untere Teil der Lautstärketaste schaltet den Klingelton oder laufende Musik leiser.
3. Die Bixby-Taste ruft den Samsung-Sprachassistenten Bixby auf, der zurzeit (April 2018) noch keine deutsche Sprache versteht. Die Taste zeigt bis jetzt den Bixby-Home-Bildschirm mit aktuellen News, Terminen und viel Werbung an.
4. Der Ein-/Ausschalter schaltet den Bildschirm ein oder aus. Das Samsung Galaxy S9 bleibt weiterhin aktiv, um eingehende Anrufe oder Nachrichten anzunehmen. Bei langem Drücken des Ausschalters erscheinen Symbole, um das Gerät neu zu starten oder wirklich ganz auszuschalten.

Die Tasten auf dem Samsung Galaxy S9.

5. Die sogenannte Home-Taste früherer Samsung-Smartphones ist jetzt unter dem Bildschirm eingebaut, als Drucktaste aber immer noch vorhanden. Über diese Taste lässt sich das Samsung Galaxy S9 wieder aktivieren, wenn der Bildschirm ausgeschaltet ist.

Die Touch-Symbole am unteren Bildschirmrand

Auf allen Android-Smartphones wird am unteren Bildschirmrand eine Navigationsleiste mit drei Symbolen eingeblendet, die allerdings auf dem Samsung Galaxy S9 anders aussehen und auch anders angeordnet sind.

Navigationsleiste am unteren Bildschirmrand.

Der Punkt links wird nur in Apps, aber nicht auf dem Startbildschirm angezeigt. Tippen Sie doppelt darauf, wird die Navigationsleiste ausgeblendet und die App im Vollbildmodus angezeigt. Beim Wischen von unten in Richtung Bildschirmmitte erscheint die Leiste wieder. Tippen Sie dann doppelt auf den Punkt, wird die Navigationsleiste wieder dauerhaft angezeigt.

Symbole auf Android-Standard setzen

Wer von einem anderen Android-Smartphone auf ein Samsung Galaxy S9 umgestiegen ist, wird oft auf das falsche Symbol tippen, da sich Samsung hier nicht an den Standard von Android hält. Auf klassischen Android-Smartphones befindet sich die Zurück-Taste links und die App-Übersicht rechts. In den Einstellungen unter *Anzeige/Navigationsleiste/Schaltflächen-Layout* können Sie die Anordnung der drei Symbole vom Samsung-Layout auf den Android-Standard umstellen.

Home-Taste (Mitte)

Die Home-Taste führt immer zurück zum Startbildschirm, egal, in welcher App man gerade ist. Ist die Taste nicht zu sehen, drücken Sie an dieser Stelle etwas kräftiger auf den Bildschirm. Unter dem Bildschirm ist die drucksensitive Taste eingebaut, die die gleiche Funktion erfüllt wie bei den älteren Modellen die »richtige« Taste.

Erste Schritte, um den Google Assistant einzurichten.

Drückt man länger auf die Home-Taste, erscheint der Google Assistant, die neue Sprachsteuerung von Google für Android-Smartphones. Beim ersten Aufruf müssen Sie ein paar Berechtigungen erteilen, damit der Google Assistant seine Arbeit leisten kann. Danach sprechen Sie dreimal die Wörter »Ok Google«, damit der Google Assistant Ihre Stimme erkennt.

Später lässt sich der Google Assistant durch langes Drücken der Home-Taste aufrufen oder Sie sprechen einfach »Ok Google«.

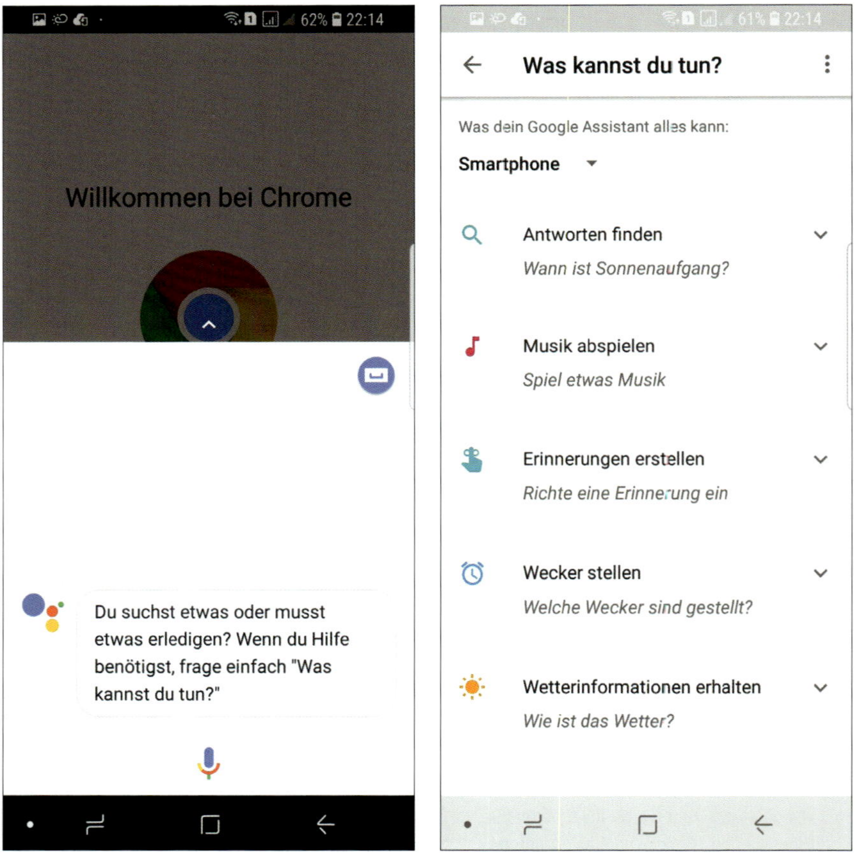

Der Google Assistant erscheint bei langem Druck auf die Home-Taste.

App-Übersicht (links)

Das Symbol unten links hat auf dem Samsung Galaxy S9 die Funktion *App-Übersicht*. Hier wird eine Liste der zuletzt verwendeten Apps eingeblendet. Auf diesem Weg können Sie schnell zu einer der angezeigten Apps wechseln, indem Sie durch die Liste scrollen. Der 3D-Effekt zeigt die zuletzt verwendeten Apps ganz oben auf dem Stapel.

Tippen Sie auf das *x*-Symbol im Titelbalken einer der angezeigten Apps, wird diese geschlossen und aus der Liste entfernt. Tippen Sie unten auf *Alle schließen*, um alle Apps zu schließen.

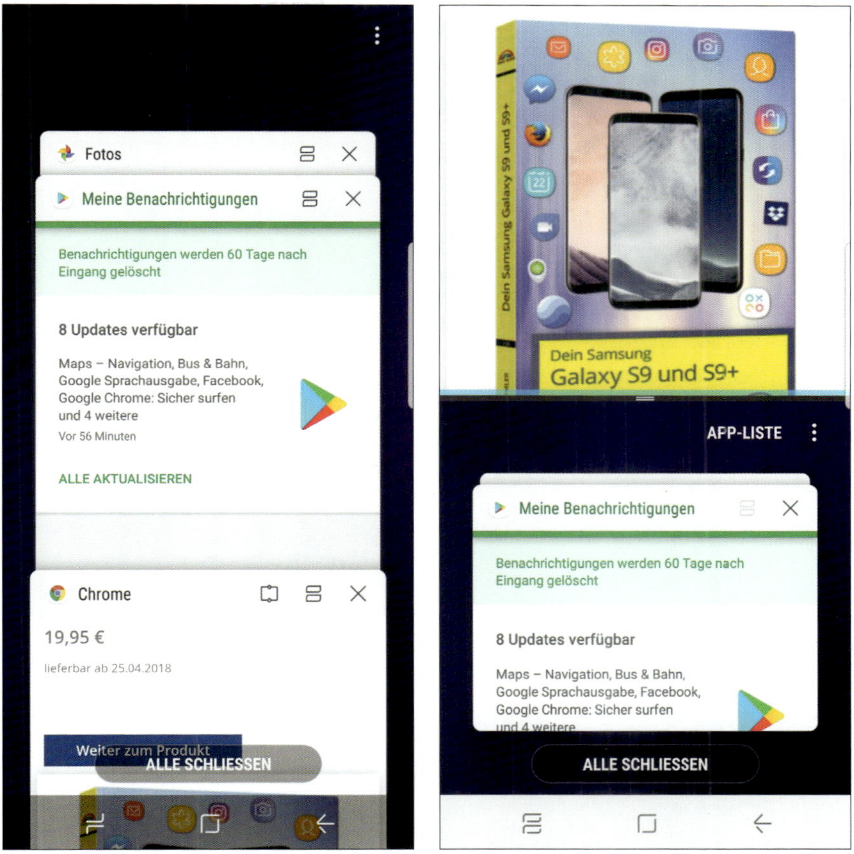

Die Liste aktuell verwendeter Apps und Bildschirmteilung.

Das Symbol mit dem geteilten Bildschirm im Titelbalken einer App zeigt diese in der oberen Bildschirmhälfte. In der unteren Hälfte können Sie dann eine weitere App auswählen. Leider funktioniert dies nicht mit allen Apps.

Zurück (rechts)

Mit der Zurück-Taste geht man immer einen Schritt zurück. Die meisten Apps unterstützen diese Taste auf eigene Weise. So gelangt man zum Beispiel im Browser zur zuletzt angezeigten Webseite zurück. In einigen Dateimanagern kommt man damit eine Ordnerebene nach oben. Langes Drücken der Zurück-Taste kann ebenfalls von jeder App anders genutzt werden. Das entscheiden die App-Entwickler, hier gibt es keinen Standard.

Der Sperrbildschirm

Um ein versehentliches Aktivieren durch Berührung zu verhindern, wird beim Drücken der Einschalttaste oder bei langem Drücken der Home-Taste im gesperrten Zustand zunächst der Sperrbildschirm eingeblendet. Dieser zeigt Uhrzeit, Datum, Wetter und Akkuladestand sowie eventuelle Benachrichtigungen über eingegangene E-Mails und andere Nachrichten an.

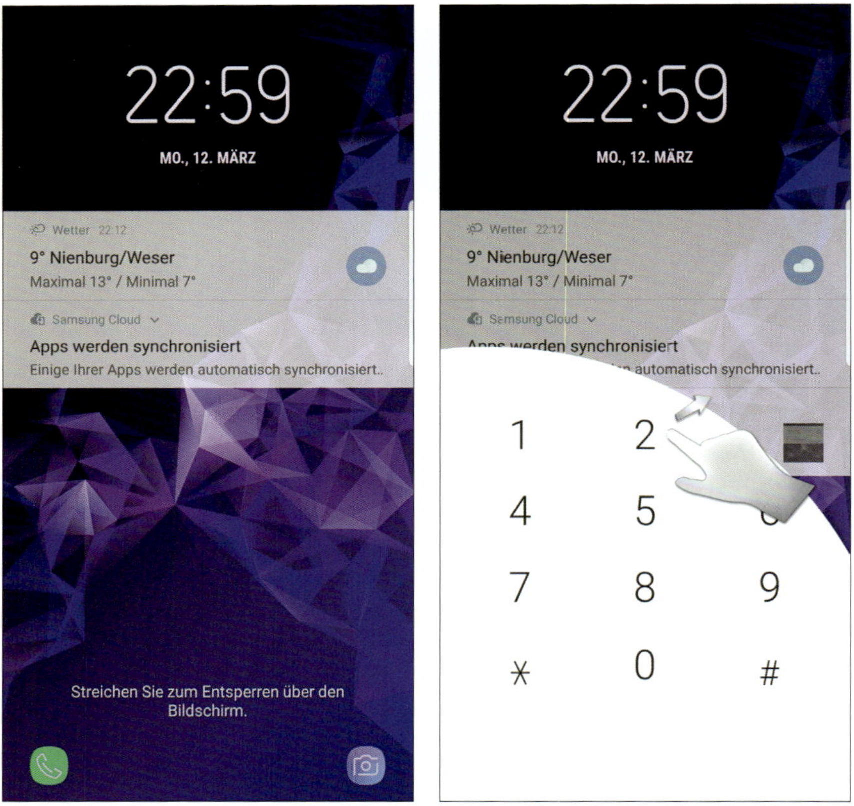

Sperrbildschirm freigeben oder Telefon starten.

Um den Bildschirm freizugeben und das Smartphone normal benutzen zu können, wischen Sie auf dem Sperrbildschirm mit dem Finger. Wischen Sie auf dem Sperrbildschirm von links unten nach rechts, öffnet sich die Telefon-App. Wischen Sie von rechts unten nach links, öffnet sich die Kamera.

Wetter auf dem Startbildschirm

Auf dem Startbildschirm des Samsung Galaxy S9 ist in der Grundeinstellung in der Mitte ein großes Wettersymbol zu sehen, das Wetterdaten zum aktuellen Standort anzeigt. Tippen Sie darauf, um eine detaillierte Wettervorhersage für den jeweiligen Ort zu sehen.

Detaillierte Wettervorhersage beim Antippen des Wetter-Widgets auf dem Startbildschirm.

Das *Hinzufügen*-Symbol oben in dieser Detailansicht ermöglicht es, neben dem aktuellen Standort auch persönliche Lieblingsorte hinzuzufügen, die dann in der Liste der Wetter-App mit angezeigt werden. Eine senkrechte Wischbewegung auf dem Wettersymbol auf dem Startbildschirm wechselt dort zwischen den voreingestellten Orten.

In den Einstellungen der Wetter-App, die Sie über das Menüsymbol mit den drei Punkten oben rechts erreichen, stellen Sie unter anderem das Aktualisierungsintervall für die Wetterdaten ein, das standardmäßig nur auf sechs Stunden steht und so kaum zu gebrauchen ist.

Weiterhin legen Sie fest, ob das Widget immer das Wetter des aktuellen Standorts oder beim senkrechten Wischen darüber alle Orte der persönlichen Liste anzeigt.

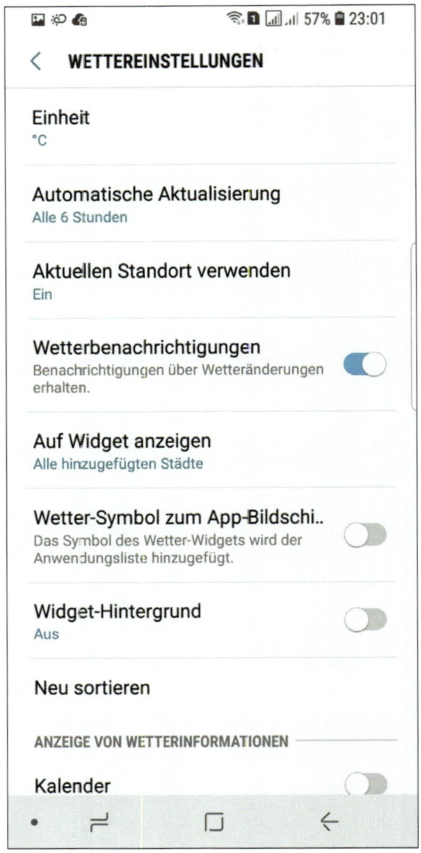

Orte hinzufügen und Einstellungen der Wetter-App.

Die Benachrichtigungsleiste

Kommt eine E-Mail oder eine SMS an oder möchte der Kalender an einen Termin erinnern, geschieht dies über die Benachrichtigungsleiste am oberen Bildschirmrand, ohne dass Meldungen mitten auf dem Bildschirm die Nutzung des Smartphones einschränken. In den meisten Fällen ertönt zusätzlich ein Signalton. Auch wenn eine Datei aus dem Internet heruntergeladen oder eine App aus Google Play installiert wurde, wird dies in der Benachrichtigungsleiste angezeigt. Am oberen Bildschirmrand links erscheinen entsprechende Benachrichtigungssymbole.

Die Leiste oben bleibt immer eingeblendet, egal, in welcher App man sich gerade befindet. Nur die Kamera und Apps oder Spiele im Vollbildmodus blenden diese Leiste aus.

Tippen Sie auf den oberen Bildschirmrand und ziehen Sie die Benachrichtigungsleiste nach unten, um die einzelnen Benachrichtigungen zu sehen. Eine umgekehrte Wischbewegung nach oben klappt die Benachrichtigungsleiste wieder zu.

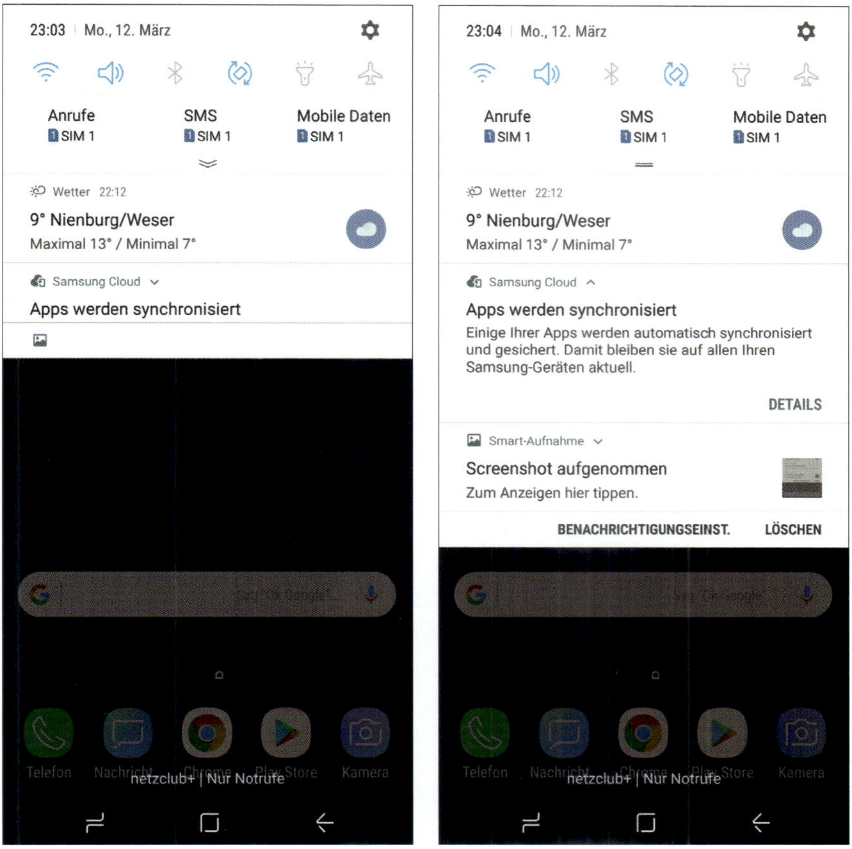

Benachrichtigungsleiste nach unten ziehen.

Jetzt können Sie einzelne Benachrichtigungen direkt antippen, um zum Beispiel eine E-Mail zu lesen oder eine heruntergeladene Datei zu öffnen. Möchten Sie einzelne Benachrichtigungen entfernen, ohne die entsprechende App zu öffnen, halten Sie den Finger darauf und ziehen die Benachrichtigung nach links oder rechts aus dem Bildschirm heraus.

Möchten Sie einzelne Benachrichtigungen entfernen, ohne die zugehörige App zu öffnen, halten Sie den Finger darauf und ziehen die Benachrichtigung nach links oder rechts aus dem Bildschirm heraus. Tippen Sie auf *Löschen*, um alle Benachrichtigungen auf einmal zu entfernen. Dies gilt nur für die Benachrichtigungen, die zugehörigen E-Mails, Nachrichten oder heruntergeladene Dateien werden nicht gelöscht.

Benachrichtigungsleiste einfacher öffnen

Um die Benachrichtigungsleiste zu öffnen, müssen Sie sie von ganz weit oben auf dem Bildschirm herunterziehen. Nur zu leicht öffnet sich dabei die App-Liste. Schalten Sie in den *Einstellungen* unter *Anzeige/Startbildschirm* den Schalter *Benachr.-Feld schnell öffnen* ein. Jetzt öffnet eine vertikale Wischgeste von oben nach unten auf dem Startbildschirm – egal an welcher Stelle – die Benachrichtigungen.

Die Schnelleinstellungen

Die Statusleiste, der rechte Teil der Benachrichtigungsleiste am oberen Bildschirmrand, zeigt Informationen zur WLAN- und Mobilfunk-Signalstärke, den Akkuladestand sowie die aktuelle Uhrzeit an. In den Einstellungen auf dem Samsung Galaxy S9 können Sie diverse Systemparameter nach persönlichen Nutzergewohnheiten anpassen. Allerdings sind es nur wenige Einstellungen, die man im Alltag regelmäßig braucht. Diese sind auf dem Samsung Galaxy S9 besonders schnell erreichbar.

Ziehen Sie die Benachrichtigungsleiste nach unten, erscheint ganz oben eine Symbolleiste, in der Sie wichtige Systemkomponenten wie *WLAN*, *Lautstärke*, *Bluetooth*, *Bildschirm drehen*, *Taschenlampe* oder den *Flugmodus* einfach ein- und ausschalten können. Ist ein Symbol nur blassgrau dargestellt, ist die jeweilige Funktion ausgeschaltet. Auf diese Weise können Sie die größten Stromfresser des Smartphones, WLAN und Bluetooth, wenn Sie diese nicht benötigen, einfach abschalten.

Unterhalb dieser Symbole wird angezeigt, welche der eingebauten SIM-Karten für *Anrufe*, *SMS* und *Mobile Daten* verwendet wird.

Ziehen Sie die Symbolleiste ein zweites Mal herunter, erscheinen weitere Symbole für wichtige Systemkomponenten. Tippen Sie kurz auf ein Symbol, schalten Sie die jeweilige Komponente ein oder aus. Halten Sie den Finger länger auf einem Symbol, kommen Sie zu den Einstellungen dieser Komponente. Samsung hat das Design und auch die Funktionalität dieser Schnelleinstellungen gegenüber dem Standard-Android erheblich verändert.

Die Bildschirmhelligkeit kann mit einem Schieberegler stufenlos eingestellt werden. In dunklen Räumen reicht die geringste Stufe fast immer aus, im Freien bei Tageslicht braucht man häufig die höchste Stufe, die allerdings auch den meisten Strom verbraucht. Tippen Sie auf den kleinen Pfeil rechts neben dem Regler, können Sie die Bildschirmhelligkeit anhand der Umgebungshelligkeit automatisch regeln.

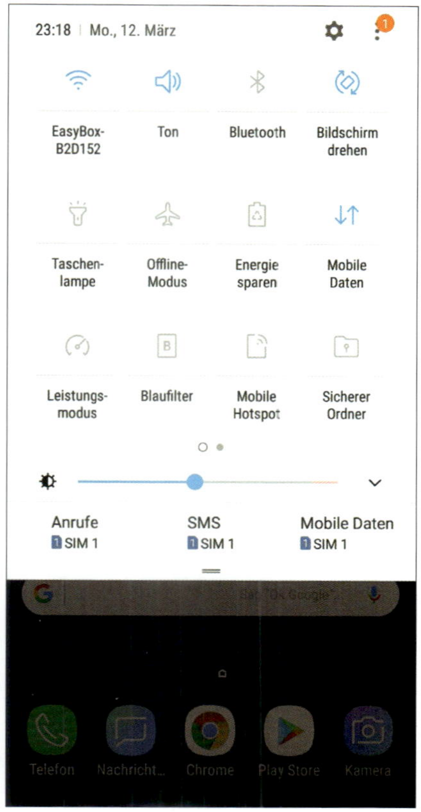

Systemkomponenten über die Schnelleinstellungen in der heruntergezogenen Benachrichtigungsleiste ein- und ausschalten.

Das *WLAN*-Symbol zeigt den Namen des verbundenen WLANs. Tippen Sie einfach auf das Symbol, um das WLAN aus- oder einzuschalten. Auf diese Weise können Sie unterwegs ohne WLAN deutlich Strom sparen. Halten Sie den Finger länger darauf, kommen Sie zu den WLAN-Einstellungen, über die Sie ein anderes WLAN auswählen oder einen Schlüssel eingeben können.

Das Symbol *Ton* schaltet bei mehrfachem Antippen auf Vibrationsalarm oder komplett lautlos. Die Lautstärke lässt sich mit den Lautstärketasten an der linken Geräteseite einstellen.

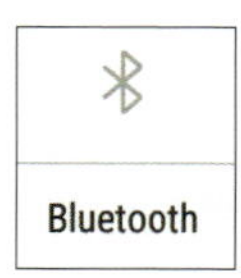

Da Bluetooth extrem viel Strom verbraucht, sollten Sie es nur einschalten, wenn Sie es wirklich benötigen. Halten Sie den Finger länger auf diesem Symbol, erscheint bei eingeschaltetem Bluetooth die Liste der sichtbaren Bluetooth-Geräte in der Umgebung. Hier können Sie ein Gerät zur Verbindung auswählen.

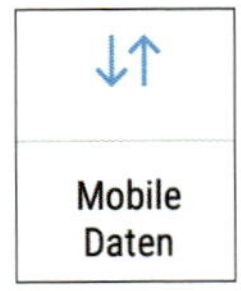

Über das Symbol *Mobile Daten* lässt sich die Datenübertragung per Mobilfunkverbindung abschalten, wenn Sie zum Beispiel im Nicht-EU-Ausland teure Roamingkosten vermeiden möchten, oder um zu verhindern, dass zu Hause, wo das Smartphone normalerweise WLAN-Empfang haben sollte, versehentlich große Datenmengen über Mobilfunk übertragen werden. Halten Sie den Finger länger auf diesem Symbol, erscheint eine Übersicht des Datenverbrauchs im aktuellen Abrechnungszeitraum.

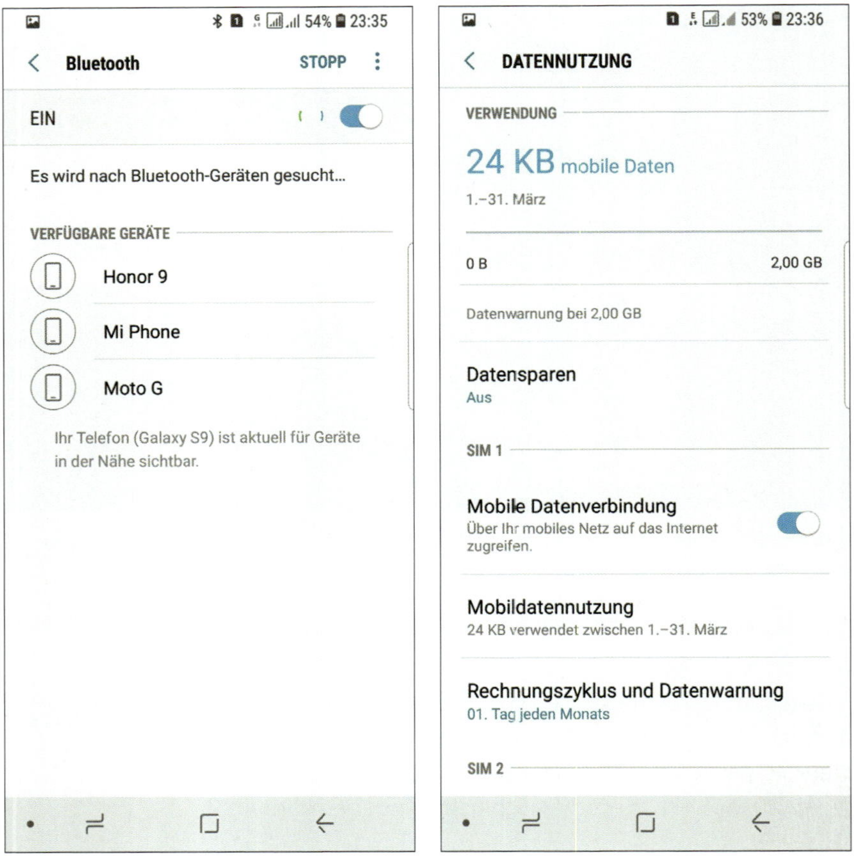

Einstellungsbildschirme für Bluetooth und mobile Daten.

Das Symbol *Offline-Modus* schaltet alle Funkverbindungen aus, WLAN, Bluetooth, NFC und natürlich auch das Mobilfunknetz. In diesem Modus, auch als Flugmodus bezeichnet, kann das Smartphone im Flugzeug oder an anderen Orten verwendet werden, an denen keine Funksignale zulässig sind, wie z. B. auch in einigen wissenschaftlichen Labors oder Intensivstationen von Krankenhäusern.

Im Alltag empfiehlt sich der Flugmodus, um Strom zu sparen, wenn man unterwegs in schnell fahrenden Zügen, in Kellern oder abgelegenen Regionen ohnehin keine Internetverbindung hat.

Verschiedene Hersteller bieten Apps an, die die Fotoleuchte ein- und ausschalten, um das Smartphone als Taschenlampe zu verwenden. Die meisten dieser Apps scheinen im Wesentlichen dazu zu dienen, das Smartphone regelmäßig mit Werbung zu überfluten. Einige sind sogar schon in puncto Datenschutz in die Kritik geraten, da sie im Hintergrund Benutzerdaten sammeln.

Seit Android 5 Lollipop löst Google dieses Problem sehr elegant, indem in den Schnelleinstellungen ein Schalter angeboten wird, mit dem man jederzeit die Fotoleuchte als Taschenlampe ein- und wieder ausschalten kann.

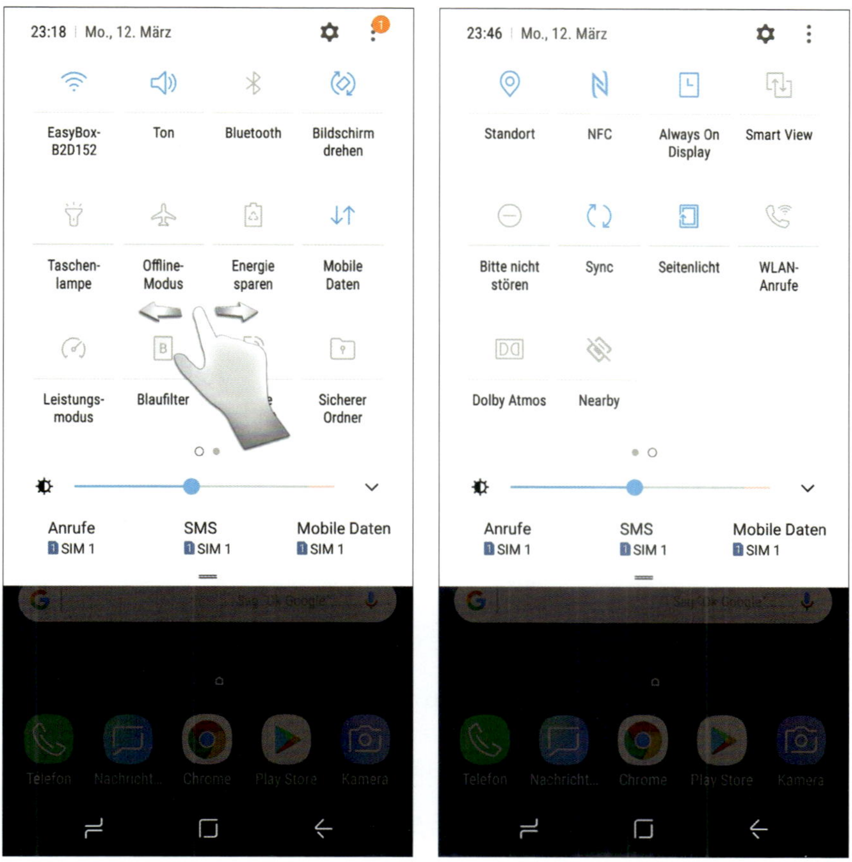

Die beiden Seiten mit Schnelleinstellungssymbolen.

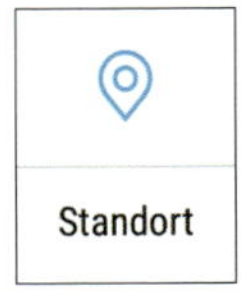

Das Symbol *Standort* schaltet GPS und die Standortdienste ein oder aus. Dieses Symbol finden Sie standardmäßig auf der zweiten Seite der Schnelleinstellungen. Zwischen beiden Seiten wechseln Sie mit einer horizontalen Wischbewegung.

Viele Apps können erst dann sinnvoll genutzt werden, wenn sie wissen, wo Sie sich aktuell aufhalten. Dies gilt nicht nur für Navigationssysteme, auch die Suche ist mit Standortangabe deutlich hilfreicher, wenn es z. B. darum geht, Läden, Restaurants, Haltestellen oder Geldautomaten zu finden. Foto-Apps können den Standort in Bilder eintragen, um diese in Onlinegalerien auf Landkarten zu positionieren.

Allerdings verbrauchen die Standortdienste, die im Hintergrund GPS- und WLAN-Daten auswerten, auch einiges an Strom und können, wenn sie nicht genutzt werden, ausgeschaltet werden.

Halten Sie den Finger länger auf diesem Symbol, können Sie festlegen, welche Dienste zur Standortermittlung genutzt werden sollen.

Standortdaten immer eingeschaltet lassen

Überlegen Sie sich genau, ob Sie die Standortdaten wirklich ausschalten. Sie helfen nämlich auch dabei, ein verlorenes oder gestohlenes Handy zu orten und eventuell wiederzufinden. Nähere Informationen dazu finden Sie in Kapitel 10 »Die Sicherheitsproblematik bei Android«.

Schnelleinstellungen anpassen

Tippen Sie auf das Menüsymbol mit den drei Punkten ganz oben rechts in den Schnelleinstellungen, erscheint ein Menü mit zwei wichtigen Optionen:

- **Schaltflächenanordnung** – Benötigen Sie bestimmte Schnelleinstellungen häufiger, haben Sie die Möglichkeit, die Symbole, die beim Herunterziehen der Benachrichtigungsleiste erscheinen, auszutauschen.

  Dort können Sie per Drag-and-drop auch die Reihenfolge der Symbole auf der heruntergezogenen Palette verändern. Tippen Sie zum Schluss auf *OK*, um diesen Bildschirm zu verlassen und die Änderungen zu speichern.

- **Schaltflächenraster –** Hier wählen Sie die Rastergröße auf der Palette der Schnelleinstellungen. Auf diese Weise können mehr Symbole gleichzeitig angezeigt werden, ohne den Bildschirm nach rechts wischen zu müssen.

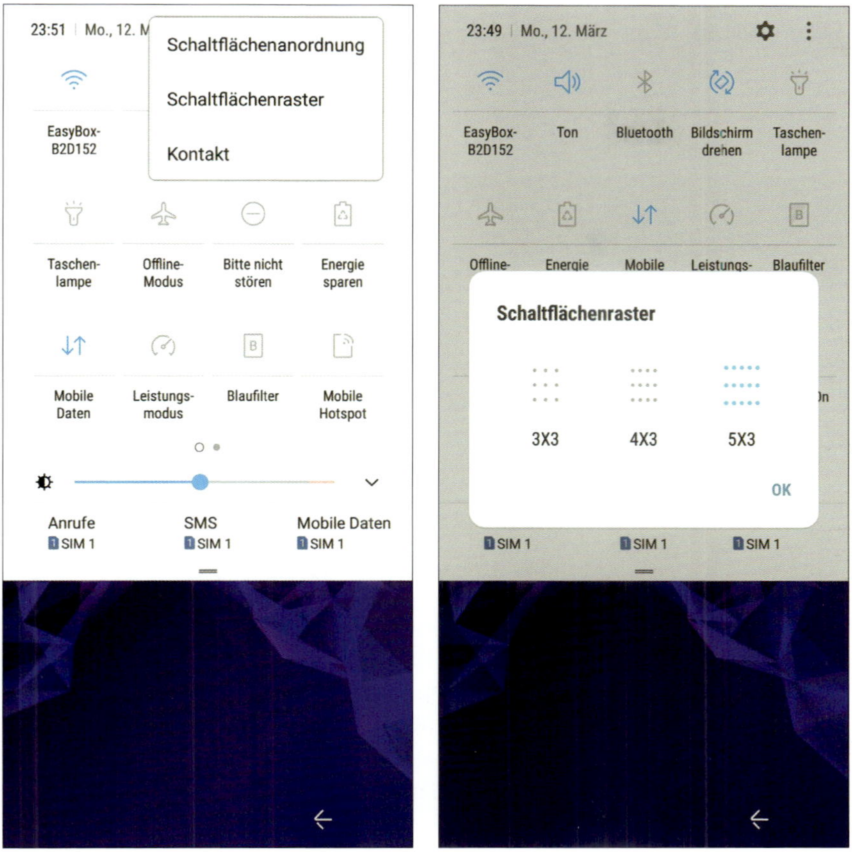

Symbolpalette der Schnelleinstellungen anpassen.

Alle Einstellungen schnell zugänglich

Android enthält seit der ersten Version eine System-App, in der Sie alle Einstellungen des Smartphones finden.

Sie brauchen diese App nicht aus der App-Liste zu starten – tippen Sie einfach auf das *Einstellungen*-Symbol ganz oben in den Schnelleinstellungen.

Die *Einstellungen* zeigen ganz oben ein Suchfeld, über das Sie nach Stichwörtern suchen können, wenn Sie nicht genau wissen, wo eine bestimmte Einstellung liegt. Mit einer senkrechten Wischbewegung finden Sie in der langen Liste weitere Einstellungen.

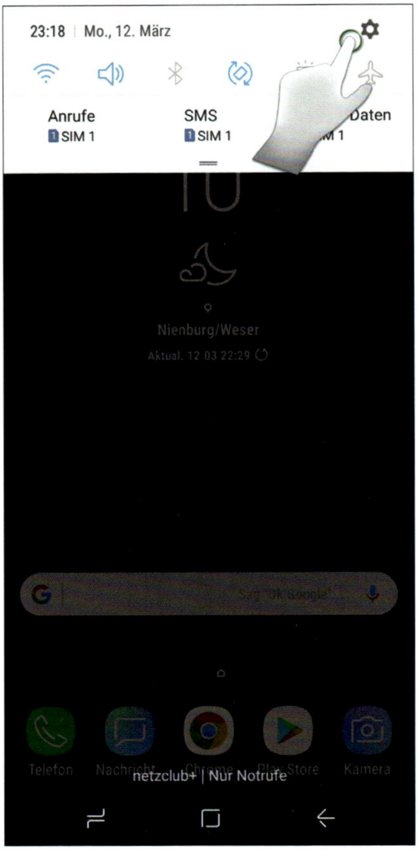

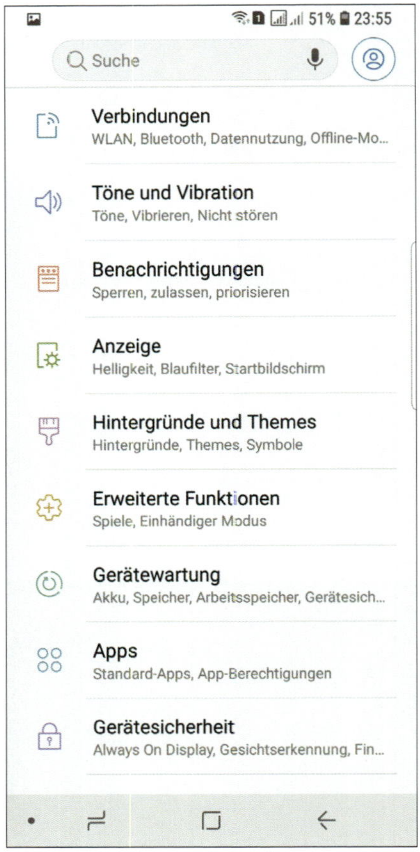

Einstellungen über das Schnelleinstellungen-Symbol aufrufen.

Datum und Uhrzeit richtig einstellen

Prüfen Sie bei dieser Gelegenheit gleich, ob Datum und Uhrzeit auf dem Smartphone richtig eingestellt sind. Eine falsch gehende Uhr ist nicht nur lästig, sondern kann auch zu Fehlern mit Zeitstempeln bei internationalen Onlinediensten und beim E-Mail-Versand führen.

1. Wischen Sie in den *Einstellungen* nach unten in den Bereich *Allgemeine Verwaltung* und tippen Sie auf dem nächsten Bildschirm auf *Datum und Uhrzeit*.
2. Das Samsung Galaxy S9 ist so vorkonfiguriert, dass es Datum, Uhrzeit und Zeitzone aus dem Netzwerk bezieht. Leider kommt es immer wieder vor, dass Netzbetreiber hier falsche oder gar keine Informationen übertragen.

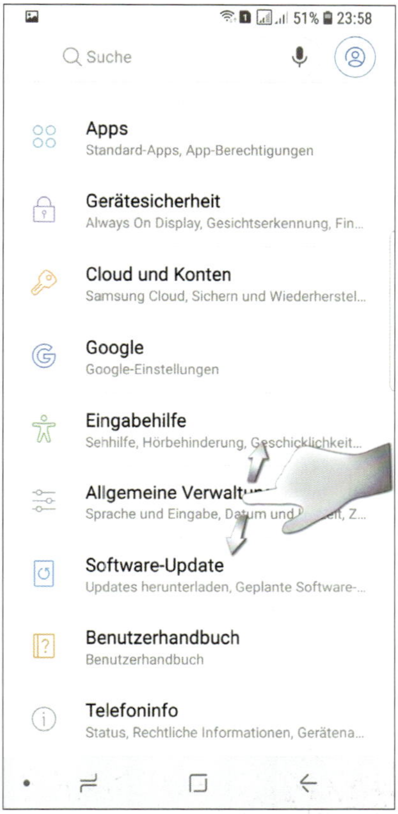

Datum und Uhrzeit in den Einstellungen.

3. Sollte die angezeigte Zeit oder das Datum falsch sein, deaktivieren Sie die Automatik oben mit dem Schalter *Automatisch Datum und Uhrzeit*. Tippen Sie dann auf die Zeile *Uhrzeit einstellen*. In der unteren Bildschirmhälfte können Sie die Stunden und Minuten richtig einstellen.

4. Auf die gleiche Weise legen Sie auch das Datum fest, wenn es nicht automatisch richtig übernommen wurde.

5. Wählen Sie in jedem Fall auch die richtige Zeitzone *Amsterdam, Berlin* aus. Im Winter gilt hier die Zeit *GMT+01:00*, im Sommer *GMT+02:00*.

6. Legen Sie an dieser Stelle auch das 24-Stunden-Format zur Anzeige der Uhrzeit fest, sonst würde z. B. *16:00* als *04:00* angezeigt. Diese Einstellungen gelten überall auf dem Smartphone, wo Datum und Uhrzeit angezeigt werden.

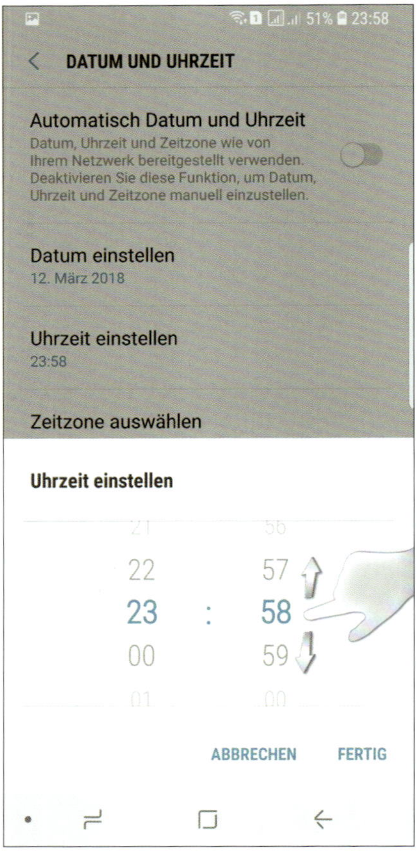

Uhrzeit und Zeitzone auf dem Samsung Galaxy S9 einstellen.

Das Always On Display

Das Samsung Galaxy S9 zeigt im Ruhezustand, wenn andere Smartphones einen schwarzen Bildschirm zeigen, die Uhrzeit oder einen Kalender sowie den aktuellen Ladestand des Akkus an. Zusätzlich erscheinen kleine Symbole für aktuelle Benachrichtigungen. Der Bildschirm wird dazu in einen stromsparenden Modus versetzt und reagiert auch nicht auf Berührung.

In den Einstellungen unter *Gerätesicherheit/Always On Display* wählen Sie aus, was angezeigt werden soll. Hier können Sie auch einen Zeitplan einstellen, wann das Always On Display inaktiv sein soll, wenn Sie das Smartphone während der Nachtstunden völlig dunkel haben möchten. Sie können es auch ganz abschalten, da es trotz stromsparender Darstellung immer noch erheblich zum Stromverbrauch beiträgt.

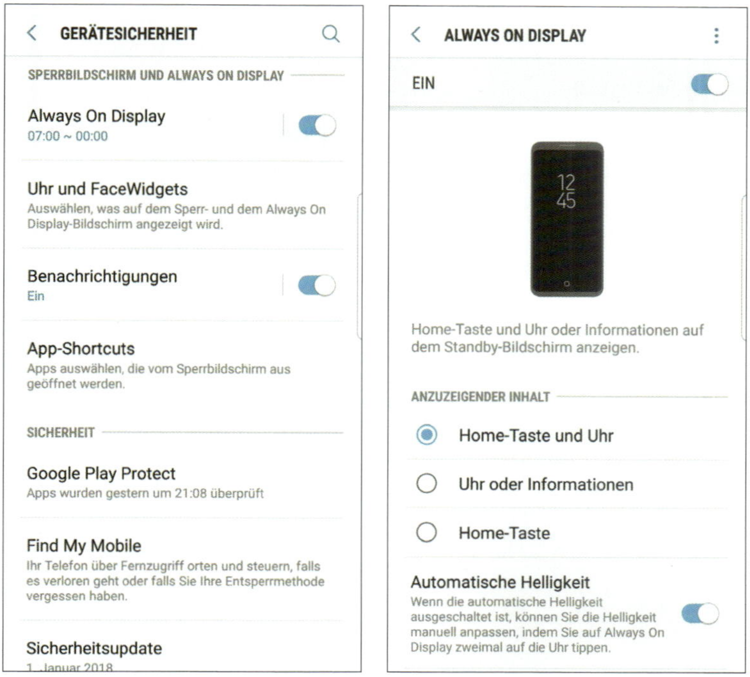

Einstellungen für das Always On Display.

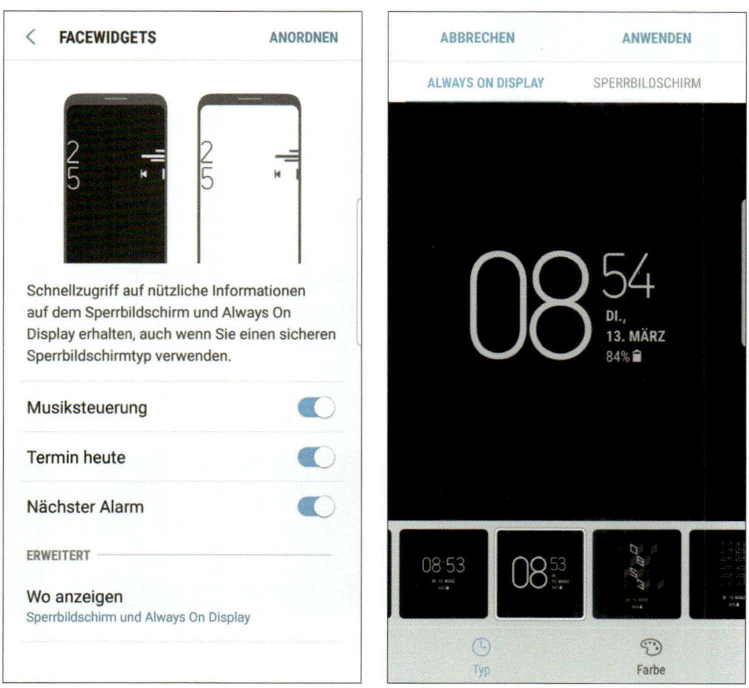

Einstellungen für FaceWidgets und Uhr auf dem Always On Display.

Unter *Gerätesicherheit/Uhr und FaceWidgets* können zusätzlich zur Uhr weitere Informationen wie aktuelle Termine, der nächste Alarm oder eine Musiksteuerung eingeblendet werden.

Für Uhr und Kalender werden unter *Uhrenstil* unterschiedliche Darstellungsstile, Farben und Hintergründe angeboten. Für Always On Display und Sperrbildschirm können Sie unterschiedliche Designs verwenden.

Die Benachrichtigungen

Kommt ein Anruf oder eine Nachricht an oder hat eine App etwas Wichtiges zu melden, erscheinen Benachrichtigungen, wenn man die Benachrichtigungsleiste herunterzieht. Benachrichtigungen können auch auf dem Sperrbildschirm eingeblendet werden.

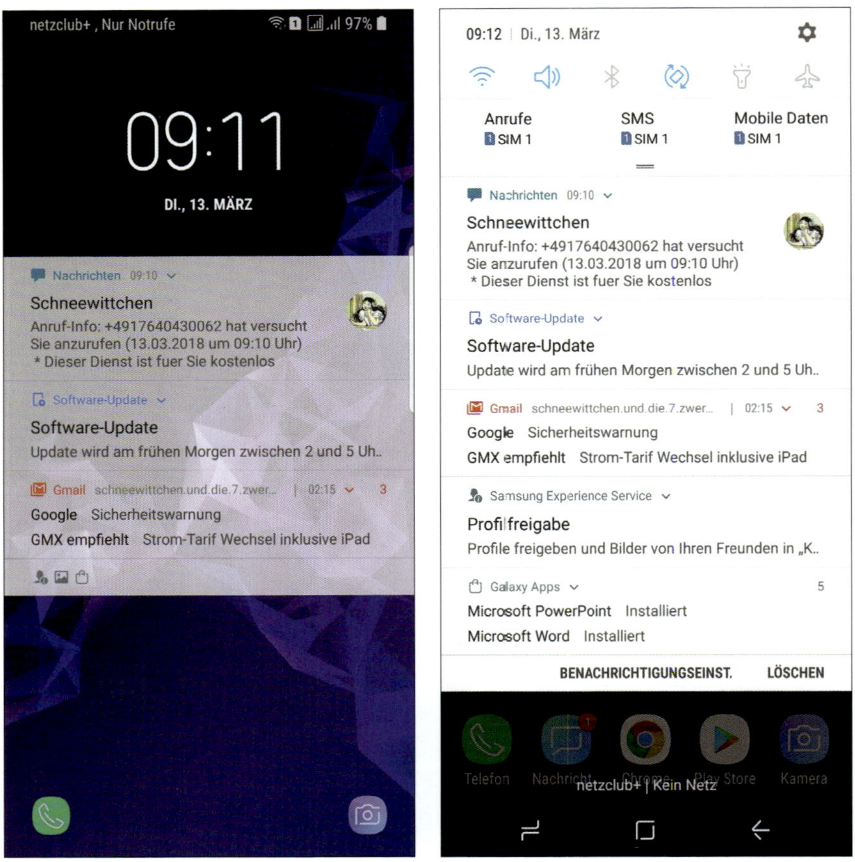

Benachrichtigungen auf dem Sperrbildschirm und bei heruntergezogener Benachrichtigungsleiste.

Benachrichtigungen beantworten

In der heruntergezogenen Benachrichtigungsleiste können Sie einfach auf eine Benachrichtigung tippen, um sie zu öffnen und bei Bedarf darauf zu antworten. Auf dem Sperrbildschirm müssen Sie die Benachrichtigung doppelt antippen, um sie zu öffnen.

In den *Einstellungen* unter *Gerätesicherheit/Benachrichtigungen/Benachrichtigungssymbole* legen Sie fest, ob Benachrichtigungen auch auf dem Sperrbildschirm erscheinen sollen und ob diese auch die Inhalte der Benachrichtigungen oder nur die Symbole anzeigen sollen. Wenn Sie die Transparenz erhöhen, erscheint das Hintergrundbild durch die Benachrichtigungen durch. Hier empfiehlt es sich, den Schalter *Textfarbe automatisch umkehren* zu aktivieren, damit der Benachrichtigungstext auch auf dunklem Hintergrund lesbar bleibt. Ein kleines Vorschaufeld zeigt, wie die Benachrichtigungen aussehen.

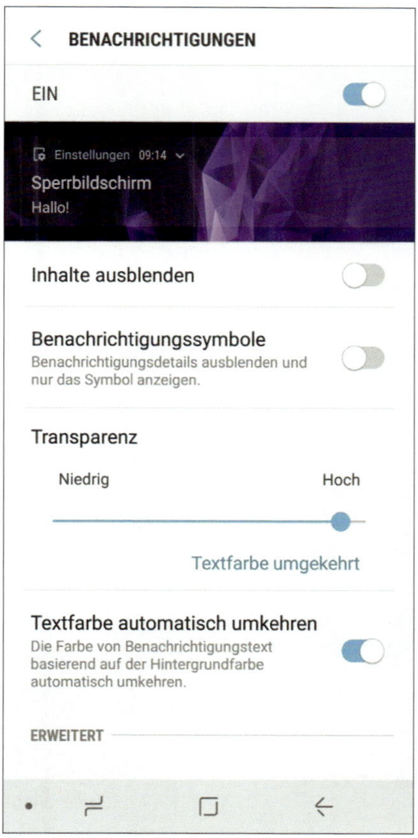

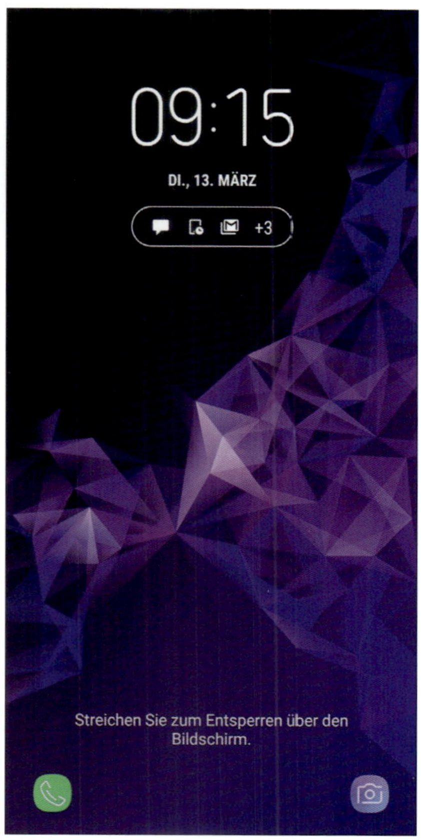

Einstellungen für Benachrichtigungen auf dem Sperrbildschirm und Sperrbildschirm mit Benachrichtigungssymbolen statt kompletten Benachrichtigungen.

In der Liste *Anzeigen von Benachrichtigungen von* können Sie bestimmte Apps ausschalten, die keine Benachrichtigungen anzeigen sollen, zum Beispiel Apps, die über sinnlose Werbebenachrichtigungen nur auf sich aufmerksam machen wollen.

Bei Apps, die die neuen Benachrichtigungskategorien aus Android 8 Oreo unterstützen, haben Sie eine detaillierte Auswahl, welche Benachrichtigungen erscheinen sollen und welche nicht. Die Benachrichtigungskategorie *Marketing* können Sie in allen Apps abschalten, wenn Sie keine Werbung sehen möchten. Auf diese Weise können Sie lästige Werbebenachrichtigungen von Spielen oder anderen Freeware-Apps unterbinden.

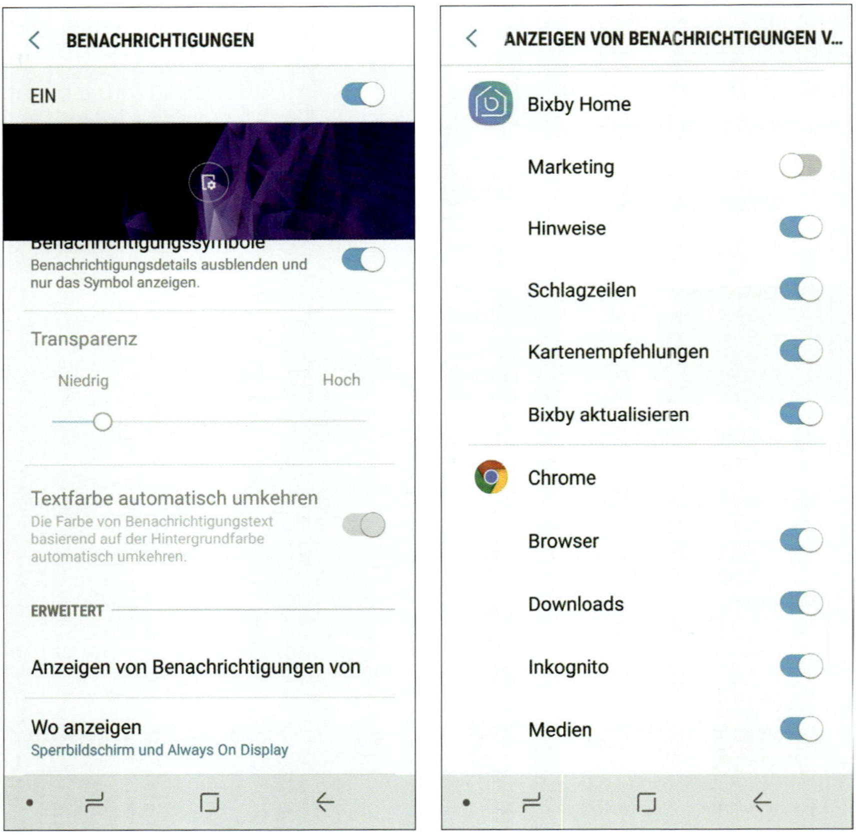

Welche Apps dürfen welche Benachrichtigungen senden?

Einstellungen für Benachrichtigungen

Benachrichtigungen von Apps, die erfahrungsgemäß sehr oft benachrichtigen oder sogar Werbung in Form von Benachrichtigungen anzeigen, können automatisch unterdrückt werden:

- Ziehen Sie eine Benachrichtigung aus der heruntergezogenen Benachrichtigungsleiste horizontal aus dem Bildschirm heraus, wird sie entfernt. Die E-Mail, Nachricht oder heruntergeladene Datei, die die Benachrichtigung ausgelöst hat, bleibt aber erhalten.
- Ziehen Sie eine Benachrichtigung nur ein Stück heraus und tippen Sie auf das Glockensymbol, können Sie die Benachrichtigung schlummern und nach einer bestimmten Zeit wieder benachrichtigen lassen.
- Tippen Sie auf das Zahnradsymbol, erscheint ein Einstellungen-Bildschirm, auf dem Sie die Art der Benachrichtigung auswählen können.

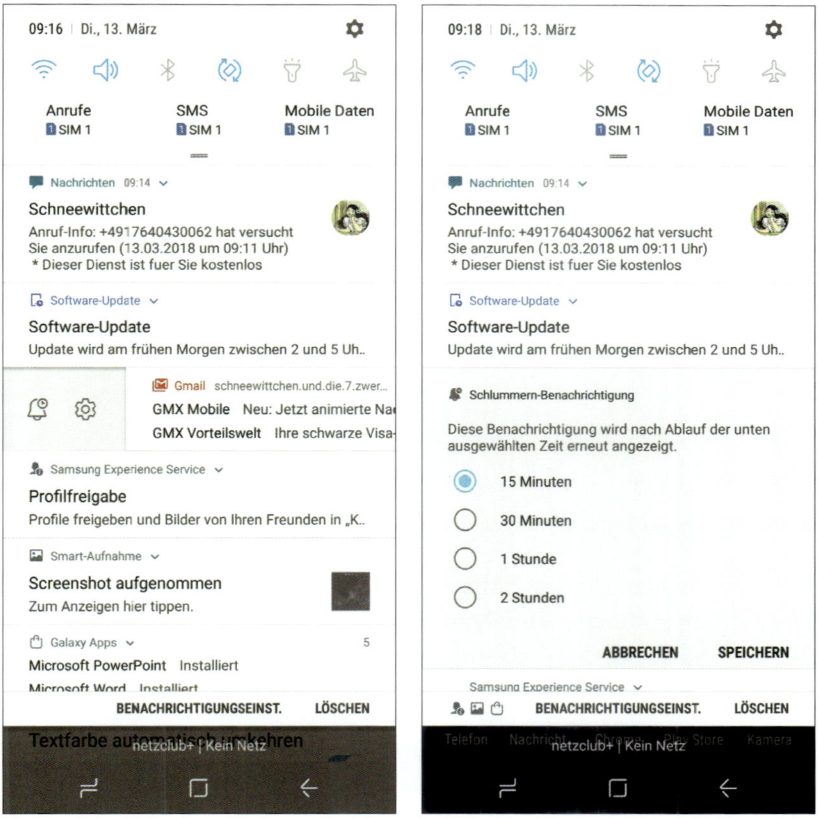

Benachrichtigungseinstellungen aufrufen und Benachrichtigungen schlummern lassen.

Hier können Sie einstellen, ob diese Art von Benachrichtigungen in Zukunft noch erscheinen soll oder nicht. Diese Einstellung gilt dann für alle Benachrichtigungen der gewählten App. Bei Apps, die Benachrichtigungskategorien unterstützen, wählen Sie, welche Kategorien benachrichtigen sollen und welche nicht. Bei einzelnen Kategorien können Sie unterschiedliche Benachrichtigungstöne festlegen oder den Vibrationsalarm einschalten.

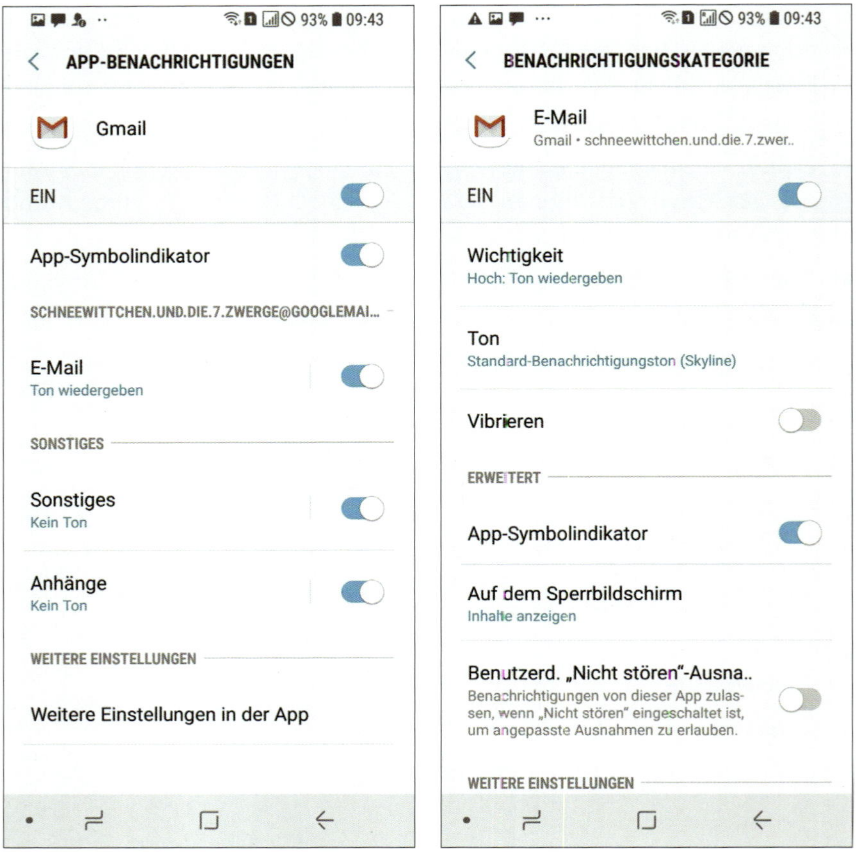

Benachrichtigungseinstellungen einer App.

Der Schalter *App-Symbolindikator* sorgt dafür, dass bei Benachrichtigungen eine Zahl am jeweiligen App-Symbol auf dem Startbildschirm und in der App-Liste erscheint, die die Anzahl ungelesener Benachrichtigungen dieser App angibt.

Mehrere Benachrichtigungen einer App werden zu einer Gruppe zusammengefasst. Die Überschrift zeigt an, wie viele Benachrichtigungen vorliegen. Tippen Sie darauf, sehen Sie alle Benachrichtigungen und können diese einzeln abarbeiten oder löschen.

Tippen Sie ganz unten auf *Benachrichtigungseinstellungen*, können Sie in einer Liste für jede App einzeln festlegen, ob diese App generell Benachrichtigungen ausgeben darf oder nicht. Tippen Sie auf eine App, um Benachrichtigungskategorien zu wählen. Hier können Sie Apps mit Priorität festlegen, die auch im Nicht-stören-Modus Benachrichtigungen ausgeben dürfen. Bei Apps, deren Benachrichtigungen Sie zwar nicht komplett unterdrücken möchten, aber doch als unwichtig empfinden, schalten Sie den Ton ab. Außerdem können Sie wählen, ob die Benachrichtigungen auch auf dem Sperrbildschirm oder nur in der Benachrichtigungsleiste angezeigt werden sollen.

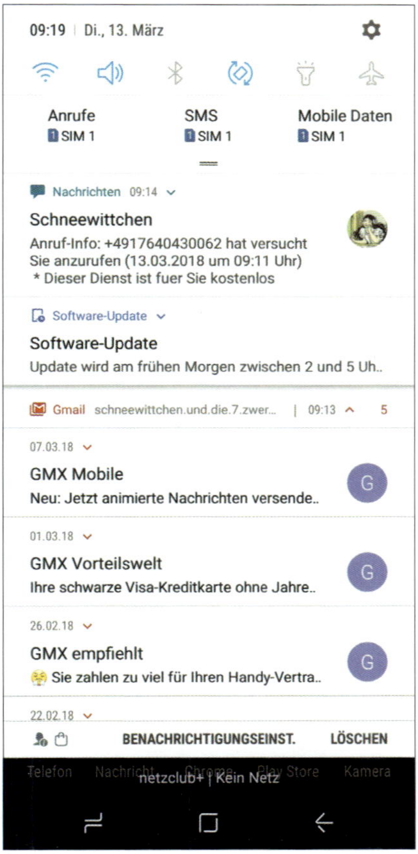

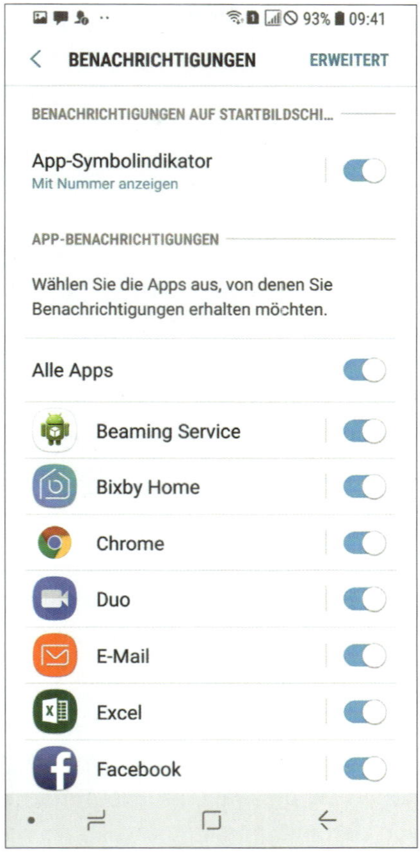

Gruppe von Benachrichtigungen anzeigen und Benachrichtigungen für einzelne Apps festlegen.

Ruhe vor dem Handy – Bitte nicht stören

Benachrichtigungen auf dem Smartphone können interessant, aber auch lästig sein. Nicht immer möchte man ständig durch Nachrichten unterbrochen werden. Nachts oder auch beim Betrachten eines Films oder beim Spielen sollen nur wirklich wichtige Unterbrechungen erscheinen.

Über das Symbol *Bitte nicht stören* in den Schnelleinstellungen lässt sich das Samsung Galaxy S9 in einen Ruhemodus versetzen, in dem nur noch wichtige oder auch gar keine Benachrichtigungen mehr auf dem Display eingeblendet werden.

Zur Erinnerung, dass der Nicht-stören-Modus aktiv ist, erscheinen in der Benachrichtigungsleiste am oberen Bildschirmrand ein Nicht-stören-Symbol und eine Benachrichtigung, in der sich dieser Modus jederzeit wieder deaktivieren lässt. Auch beim Drücken der Lautstärketaste erscheint eine Information. Hier können Sie den Nicht-stören-Modus ebenfalls beenden.

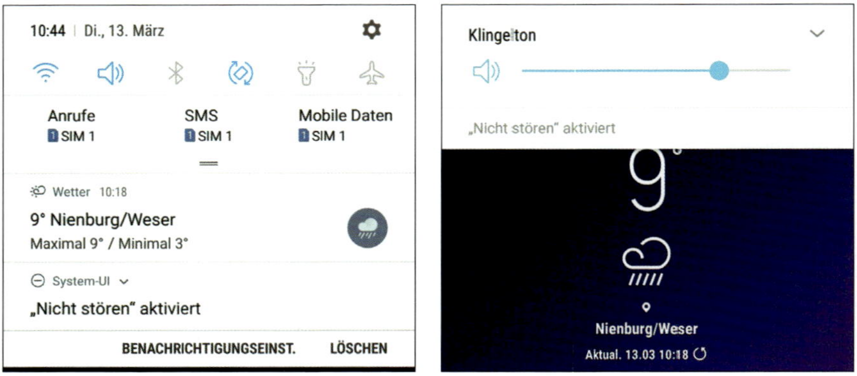

Benachrichtigung für den Nicht-stören-Modus und Symbol beim Drücken der Lautstärketaste.

Der Nicht-stören-Modus kann manuell oder auch automatisch zeitgesteuert aktiviert werden. Diese Einstellungen erreichen Sie durch längeres Halten des Nicht-stören-Symbols. Legen Sie einen Zeitplan fest, an welchen Wochentagen und zu welchen Zeiten das Samsung Galaxy S9 nicht stören soll.

Im Nicht-stören-Modus können Sie Ausnahmen festlegen, dass zum Beispiel Anrufe und Alarme weiterhin klingeln dürfen, die zahlreichen Benachrichtigungen von Apps und E-Mails aber wegfallen. Bei Anrufen und Nachrichten haben Sie die Wahl, ob alle Anrufe von Kontakten im Adressbuch oder nur von den mit einem Sternchen als bevorzugt markierten Kontakten klingeln dürfen.

Ruhig schlafen und Wecker hören

Im Gegensatz zum Standard-Android gelten Alarme des Weckers auf dem Samsung Galaxy S9 nicht automatisch als Ausnahme. Es gibt aber auf der Seite *Ausnahmen zulassen* einen eigenen Schalter *Nur Alarme*, um Wecker-Alarme im Nicht-stören-Modus zuzulassen. Dann können Sie in der Nacht den Nicht-stören-Modus aktivieren und alle Benachrichtigungen abschalten, aber trotzdem morgens den Wecker hören. Auch ein persönlicher Weckruf der Freundin ist möglich. Schalten Sie dazu unter *Benutzerdefiniert* in der Zeile *Anrufe von* auf die Option *Nur bevorzugte Kontakte*. Wenn Sie jetzt im Adressbuch nur eine einzige Person als Favoriten markieren, kann niemand anderes Sie morgens aus dem Schlaf reißen.

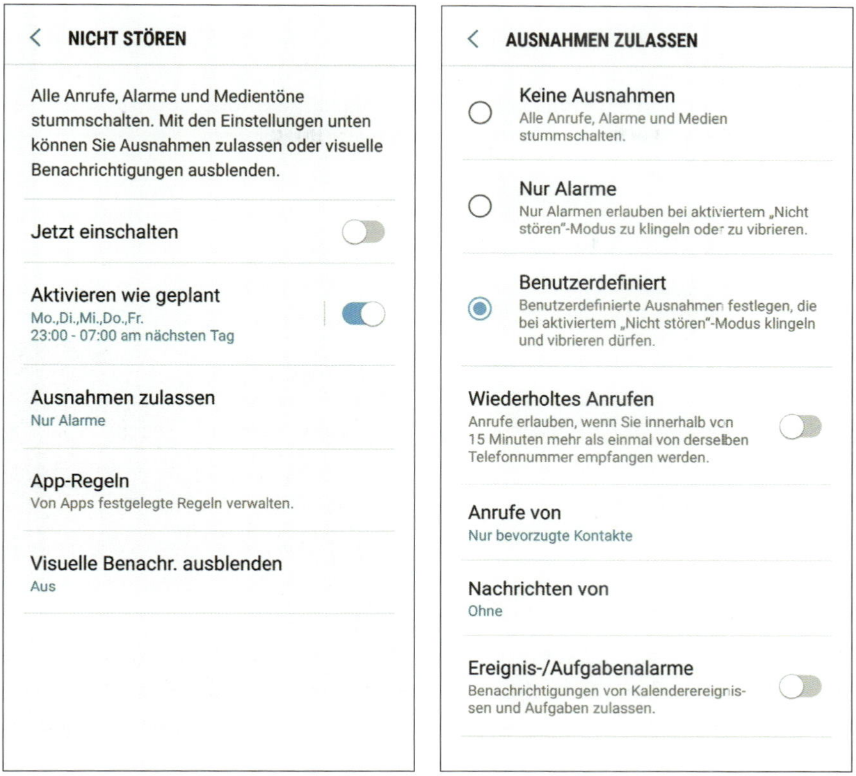

Einstellungen für den Nicht-stören-Modus festlegen.

Telefonieren mit dem Samsung Galaxy S9

Wundern Sie sich nicht, dass erst an dieser Stelle im Buch erwähnt wird, dass man mit dem Samsung Galaxy S9 auch telefonieren kann. Telefonieren ist schon lange nicht mehr die wichtigste Funktion eines Smartphones, das heute als persönlicher, jederzeit verfügbarer Begleiter auch noch ganz andere Aufgaben erfüllt.

Die klassische grüne und rote Taste, die man von früheren Handys zum Telefonieren kennt, sind auf aktuellen Smartphones längst verschwunden. Der Startbildschirm zeigt – solange vom Benutzer nicht verändert – unten links ein Telefonsymbol an, das die Telefonfunktion des Samsung Galaxy S9 aufruft.

Jetzt können Sie über eine Zifferntastatur auf dem Touchscreen wählen. Nach dem Tippen einiger Ziffern wird eine Liste mit Kontakten aus dem Adressbuch angezeigt, deren Telefonnummer die eingegebene Ziffernfolge enthält.

TIPP: Kennen Sie die Telefonnummer einer Person nicht auswendig, verwenden Sie die Buchstaben auf der Zifferntastatur und tippen damit den Namen ein. Auch hier werden sofort passende Kontakte angezeigt.

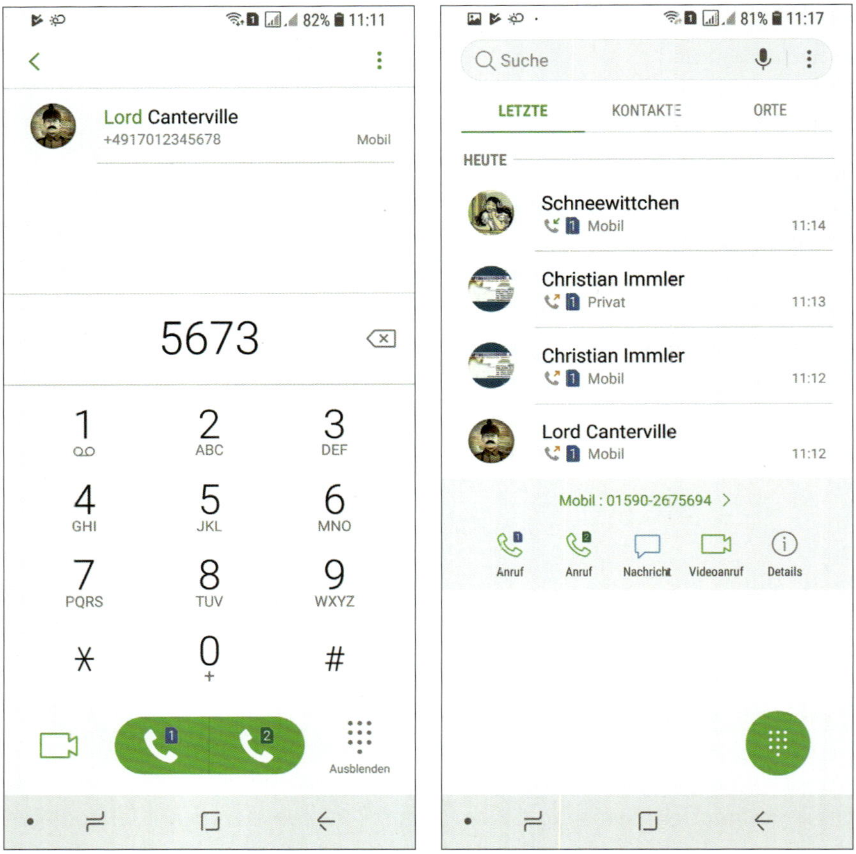

Die Telefonfunktion auf dem Samsung Galaxy S9 beim Wählen und die Anrufliste.

Das Tastatursymbol unten rechts schaltet die Zifferntastatur aus oder ein. Mit den beiden grünen Tasten in der Mitte unten bauen Sie das Gespräch auf. Dabei können Sie jedes Mal auswählen, mit welcher der beiden SIM-Karten Sie telefonieren möchten.

Haben Sie mit der Person, die Sie anrufen möchten, schon einmal gesprochen, können Sie die Anrufliste auf dem Smartphone verwenden. Tippen Sie dazu oben in der Telefon-App auf *Letzte*. Dann erscheint eine Liste der zuletzt gewählten Nummern und der eingegangenen Anrufe, in der Sie einfach nur auf einen Anruf zu tippen brauchen, um die Nummer zu sehen oder die betreffende Person wieder anzurufen. Auch hier können Sie die SIM-Karte wählen.

Tippen Sie anschließend auf das grüne Telefonsymbol, um die Verbindung aufzubauen. Noch einfacher geht es, wenn Sie mit dem Finger von links nach rechts über einen Eintrag im Anrufprotokoll streifen. Damit rufen Sie die Person an, ohne noch eine weitere Taste drücken zu müssen. Hier wird die in der SIM-Kartenverwaltung voreingestellte SIM-Karte für Anrufe verwendet. Statt eine Nummer zu wählen, können Sie auch über das Symbol *Kontakte* oben in der Telefon-App eine Person im Adressbuch suchen und anrufen.

Kurzwahl für Lieblingskontakte

Bei den meisten Menschen beschränkt sich die alltägliche Kommunikation auf weniger als zehn Personen, obwohl im Adressbuch des Telefons Hunderte gespeichert sind. Die Kontaktliste der Telefon-App macht sich diese Tatsache zunutze und zeigt wichtige Kontaktpersonen übersichtlich in der Liste *Favoriten* oberhalb der eigentlichen Kontaktliste an. Tippen Sie auf einen der Namen, um die jeweilige Person anzurufen.

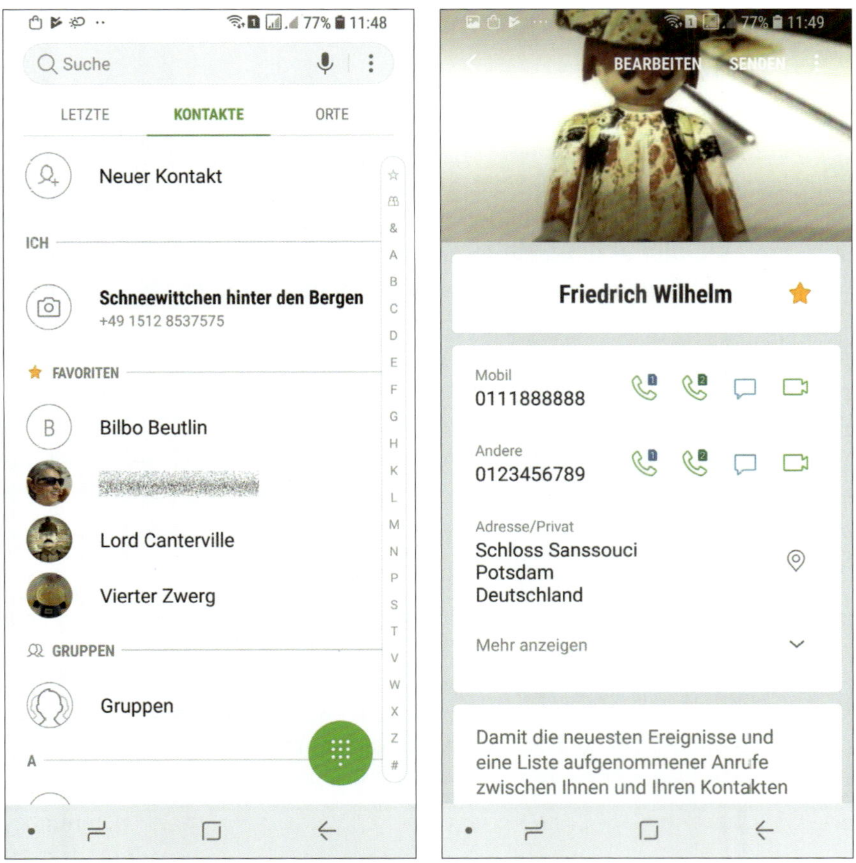

Favoritenliste und Kontakt als Favorit markieren.

Möchten Sie eine neue Person in die Favoritenliste aufnehmen, tippen Sie in der Liste weiter unten auf den Kontakt und dann auf das Symbol *Details*. Tippen Sie jetzt auf das Sternchen oben rechts im Kontaktbild der Person, dann erscheint diese Person automatisch in der Favoritenliste.

Eigene Telefonnummer herausfinden

Seit man alle Telefonnummern nur noch in Kontaktlisten speichert und kaum noch eine Nummer eintippt, wissen viele Anwender nicht einmal mehr ihre eigene Handynummer auswendig. Wer mehrere SIM-Karten und mehrere Handys hat, kommt schnell durcheinander. Früher war es oft der einfachste Weg, mit einem Handy das andere anzurufen, um die Nummer zu erfahren, da die Geräte selbst oft keine Möglichkeit boten, die Telefonnummer der eingesteckten SIM-Karte anzuzeigen.

Das Samsung Galaxy S9 zeigt in der Kontaktliste der Telefon-App als ersten Kontakt, mit Namen *ICH*, noch vor den Favoriten die eigene Telefonnummer an.

Das Telefon klingelt

Klingelt das Telefon, weil jemand anruft, erscheinen automatisch Kontaktbild und Name der Person, soweit diese im Adressbuch gespeichert sind, sowie die Telefonnummer auf dem Bildschirm. Ziehen Sie das grüne Telefonsymbol in Richtung Mitte des Bildschirms, um das Gespräch anzunehmen, oder ziehen Sie das rote Telefonsymbol in die Mitte, um das Gespräch abzulehnen.

Funktionen während des Gesprächs

Während des Gesprächs werden Telefonnummer und Gesprächsdauer angezeigt. Ist zu der angerufenen Person ein Foto im Adressbuch hinterlegt, erscheint dieses ebenfalls auf dem Bildschirm. Tippen Sie nach dem Gespräch auf das rote Symbol unten, um die Verbindung zu trennen, »den Hörer aufzulegen«, wie es früher hieß.

> **INFO:** Das Samsung Galaxy S9 verfügt über einen Annäherungssensor, der den Bildschirm automatisch ausschaltet, sobald man das Gerät ans Ohr hält. Dies spart nicht nur Strom, sondern verhindert auch, dass man versehentlich durch Berührung mit dem Ohr eine Aktion auf dem Touchscreen auslöst. Nehmen Sie das Smartphone vom Ohr, wird der Bildschirm wieder benutzbar.

Eingehender Anruf und Bildschirm während eines Anrufs.

Die Symbole auf dem Anrufbildschirm stellen einige nützliche Funktionen während eines Telefongesprächs zur Verfügung.

Lautsprecher – schaltet den Lautsprecher ein, dann kann man das Smartphone auf den Tisch legen und frei sprechen, auch mit mehreren Personen im Raum.

Extralautstärke – schaltet das Telefon extra laut, um den Gesprächspartner auch in lauter Umgebung zu verstehen.

Stumm – schaltet das Mikrofon stumm, um Rückfragen zu stellen, die der Gesprächspartner nicht hört.

Tasten – blendet eine Zifferntastatur ein, um zum Beispiel Sprachcomputer oder Mailboxen per Tonwahl zu steuern oder um bei Callthrough-Anbietern während des Gesprächs eine weitere Telefonnummer zu wählen.

Anruf hinzufügen – startet eine Telefonkonferenz. Jetzt können Sie weitere Personen zum Gespräch hinzufügen.

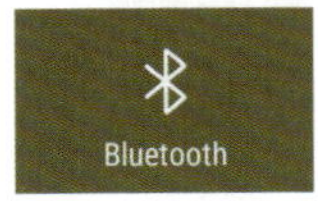

Bluetooth – verbindet mit einem Bluetooth-Headset.

Nach dem Gespräch erscheint ein Bildschirm, der wichtige Funktionen zeigt, die man häufig nach einem Telefongespräch braucht.

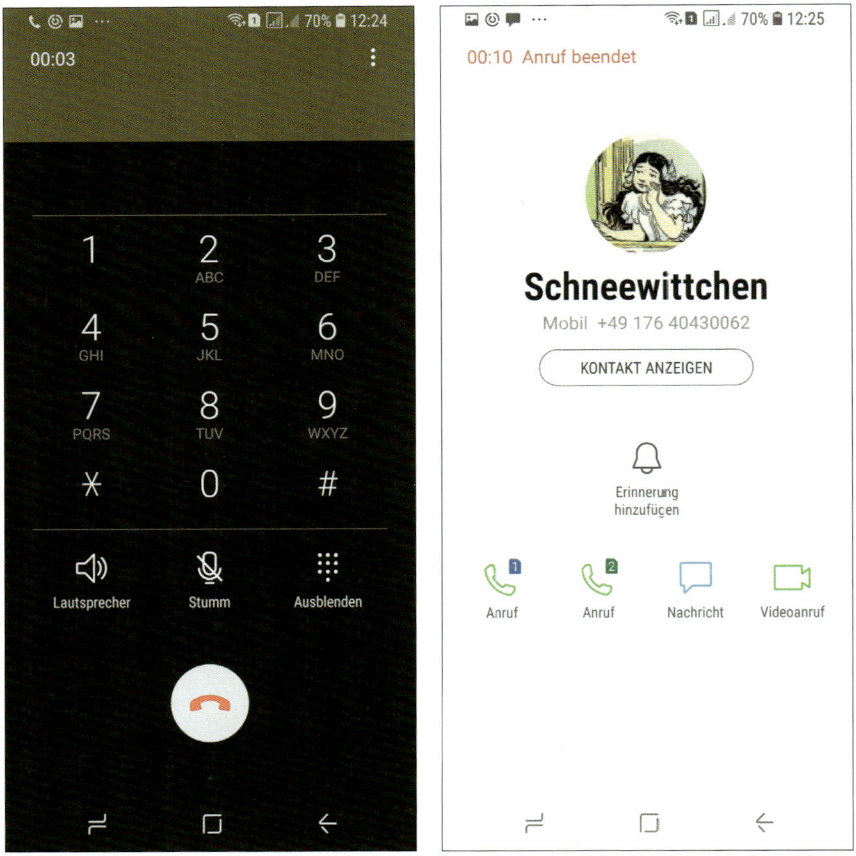

Links: Tonwahltastatur während eines Gesprächs, rechts: Bildschirm nach dem Gespräch.

Entgangene Anrufe

Haben Sie einen Anruf auf dem Smartphone verpasst, wird dies in der Benachrichtigungsleiste und auch auf dem Sperrbildschirm angezeigt. Außerdem blinkt die LED. So sehen Sie sofort, ob und wann jemand in Abwesenheit angerufen hat.

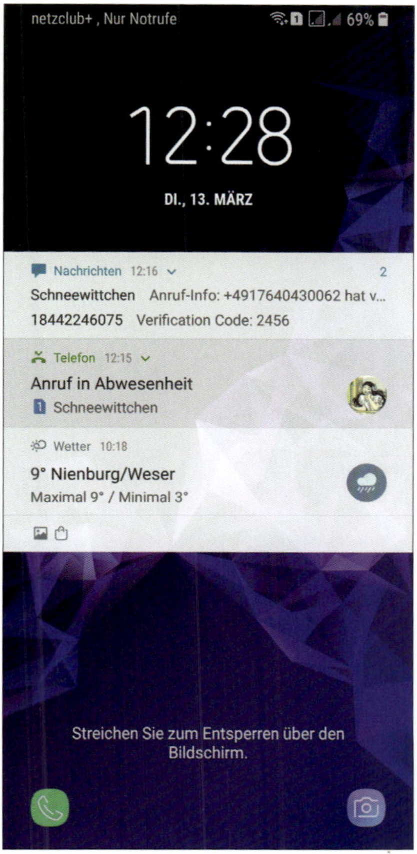

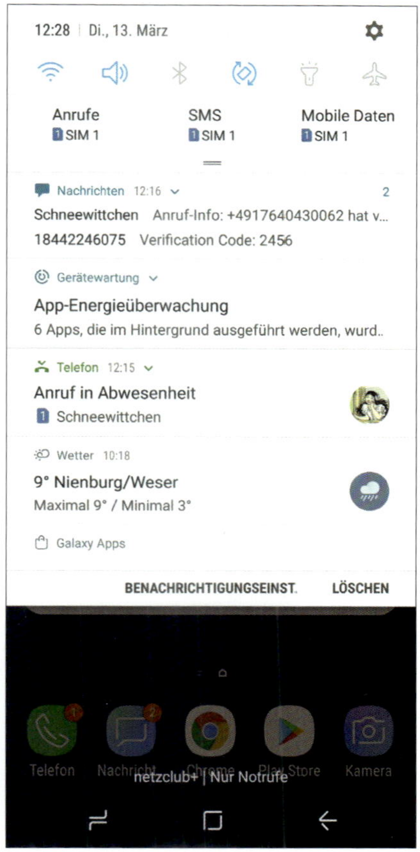

Entgangene Anrufe auf dem Sperrbildschirm und in der Benachrichtigungsleiste.

Wenn oben links in der Benachrichtigungsleiste ein Symbol für entgangene Anrufe erscheint, ziehen Sie die Benachrichtigungsleiste herunter. In der Benachrichtigung können Sie direkt die Telefon-App aufrufen.

Das Symbol der Telefon-App zeigt verpasste Anrufe auffällig an.

Klingelton auswählen

Klingeltöne auf dem Smartphone sind für viele etwas ganz Persönliches und müssen je nach Tagesstimmung geändert werden. Anderen kommt es eher darauf an, einen im Alltag deutlich hörbaren Klingelton zu verwenden oder einen, mit dem nicht 100 andere Handys in der Umgebung klingeln. Früher gab es sogar Leute – und nicht gerade wenige –, die für Klingeltöne Geld ausgegeben haben. Das Samsung Galaxy S9 liefert diverse Klingeltöne mit.

Tippen Sie in den *Einstellungen* auf *Töne und Vibration*. Tippen Sie auf dem nächsten Bildschirm auf *Klingelton*, um einen Klingelton für das Telefon auszuwählen. Um die Anrufe auf den beiden SIM-Karten leicht zu unterscheiden, können Sie unterschiedliche Klingeltöne wählen.

Klingelton auswählen.

Auf der gleichen Seite wählen Sie auch die Töne für Benachrichtigungen und stellen ein, ob das Telefon zusätzlich zum Klingeln auch vibrieren soll. Weiter unten legen Sie zudem fest, ob beim Eintippen von Telefonnummern oder allgemein beim Bedienen der Bildschirmtastatur Tastentöne, Berührungstöne und Bildschirmsperrtöne zu hören sein sollen. Deaktivieren Sie diese Töne am besten alle, da sie nicht nur Sie selbst, sondern auch Ihre Mitmenschen nerven, wenn Sie das Smartphone in einer öffentlichen Umgebung nutzen.

Die Klingeltonlautstärke stellen Sie mit den Lautstärketasten an der Seite des Smartphones ein. Dazu müssen Sie sich in der Telefon-App oder auf dem Startbildschirm befinden, da Android zwischen Klingeltonlautstärke und Medienlautstärke unterscheidet. Im Musikplayer oder in einem Spiel regeln diese Tasten die Medienlautstärke.

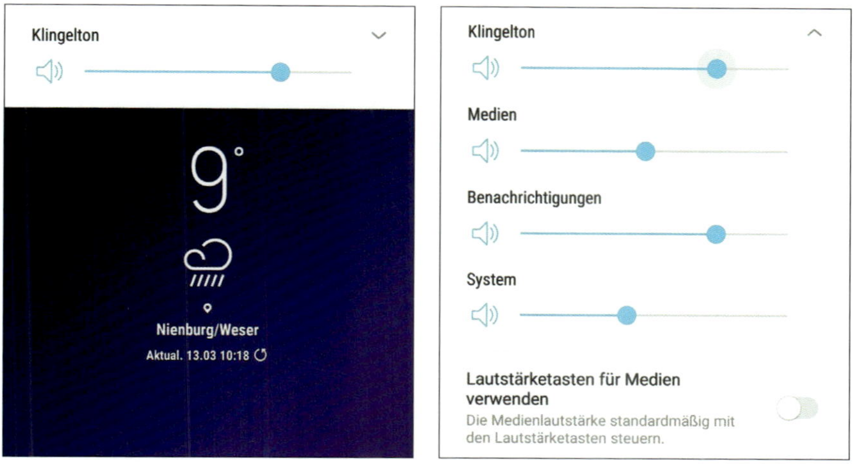

Lautstärke über die Lautstärketasten regeln.

Beim Drücken einer Lautstärketaste wird oben ein Schieberegler eingeblendet, der die aktuelle Lautstärke anzeigt. Tippen Sie rechts auf das Pfeilsymbol, erscheinen getrennte Schieberegler für Klingelton, Medienlautstärke, Benachrichtigungen und Systemtöne. Tippen Sie in der Schnelleinstellungsleiste auf den Lautsprecher, wird auf Vibrationsalarm umgeschaltet und beim nächsten Antippen das Klingeln ganz ausgeschaltet.

Ist der Schalter *Lautstärketasten für Medien verwenden* aktiviert, stellen die Lautstärketasten standardmäßig immer die Lautstärke des Medienplayers ein und nicht die Lautstärke des Telefonklingelns. Mit dem Pfeil oben rechts werden weiterhin die anderen Lautstärkeregler eingeblendet.

Automatische SMS bei unpassenden Anrufen

Das Smartphone klingelt oft in unpassenden Momenten. Wenn man gerade in einer Konferenz ist oder beim Essen sitzt, möchte man zwar nicht gestört werden, den Anrufer aber auch nicht einfach »wegdrücken«. Das Samsung Galaxy S9 bietet hier Kurzantworten an, die mit einem Fingerstrich per SMS an einen Anrufer geschickt werden können. Allerdings sollten Sie diese Funk nur bei Anrufen von Handys nutzen. SMS-Antworten an Festnetztele den von den meisten Anrufern nicht verstanden.

Tippen Sie in der Telefon-App oben rechts auf das Menü, wählen Sie *Einstellungen* und auf dem nächsten Bildschirm *Schnellnachrichten zum Ablehnen*. Hier sind einige Kurzantworten vordefiniert, die Sie ändern und ergänzen können.

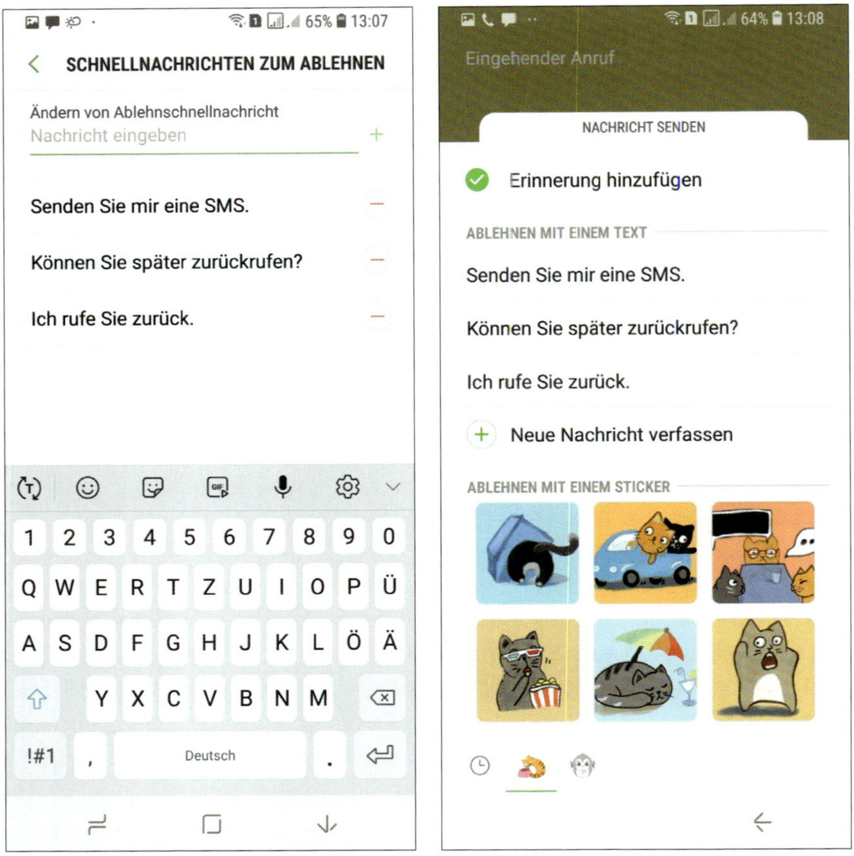

Links: Kurzantworten bearbeiten, rechts: eingehenden Anruf mit Kurzantwort beantworten.

Wenn das Telefon klingelt, erscheint auf dem Bildschirm die Nummer oder der Name des Anrufers. Mit einer Wischgeste vom unteren Bildschirmrand nach oben erscheint eine Liste der vordefinierten Kurzantworten. Wählen Sie eine Kurzantwort aus, wird diese automatisch per SMS an den Anrufer geschickt. Über den Punkt *Neue Nachricht verfassen* können Sie selbst eine kurze SMS an den Anrufer tippen.

Die weiter unten angezeigten animierten Bildchen können ebenfalls automatisch versendet werden. Allerdings werden sie als MMS verschickt – eine Technik, die in Deutschland wegen der hohen Preise kaum verbreitet ist.

Rufumleitungen einrichten

Die von einfachen Handys bekannten Einstellungen zur Rufumleitung auf die Mailbox finden Sie über den Menüpunkt *Einstellungen* in der Telefon-App. Wählen Sie hier *Weitere Einstellungen/Rufumleitung/Sprachanruf.*

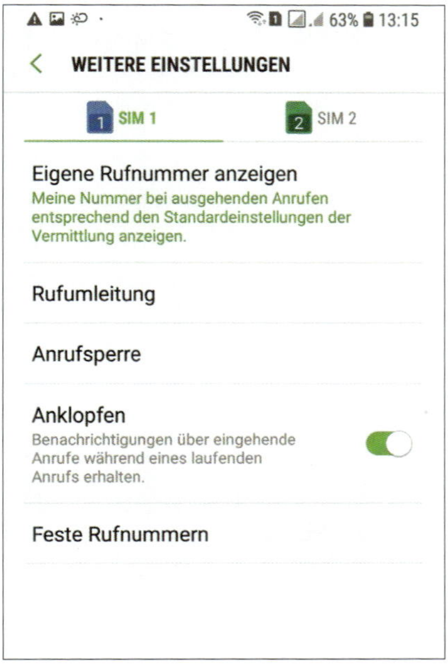

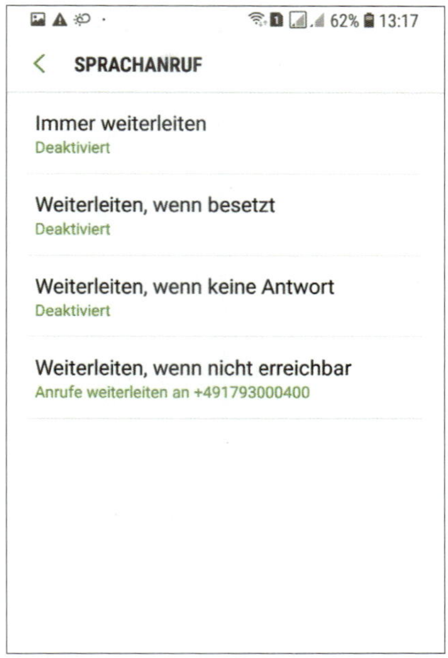

Einstellungen zur automatischen Rufumleitung.

Jetzt können Sie für *besetzt*, *keine Antwort* oder *nicht erreichbar* unterschiedliche Rufumleitungen für beide SIM-Karten unabhängig festlegen. Bei den meisten SIM-Karten sind standardmäßig Umleitungen auf die Mailbox voreingestellt.

> ACHTUNG: Für Rufumleitungen können je nach Mobilfunkvertrag teilweise erhebliche Kosten entstehen. Viele Anbieter schließen umgeleitete Gespräche von der Flatrate aus, sodass die Weiterleitungen im teuren Minutentakt bezahlt werden müssen, obwohl Sie selbst gar nicht telefonieren.

Die Rufumleitung wird direkt im Mobilfunknetz eingerichtet und ist nicht nur eine Einstellung auf dem Smartphone selbst. Das bedeutet, zur Einrichtung muss ausreichender Empfang vorhanden sein und der eigene Mobilfunkvertrag muss Rufumleitungen zulassen.

Die Nummer der Mailbox können Sie in den Anrufeinstellungen unter *Mailbox/Mailboxeinstellungen* für beide SIM-Karten getrennt eintragen, wenn sie nicht von der jeweiligen SIM-Karte automatisch übernommen wurde.

Unerwünschte Anrufer blockieren

Das Samsung Galaxy S9 bietet in der Telefon-App die Möglichkeit, bestimmte Anrufer oder solche, die ihre Nummer nicht übertragen, standardmäßig abzuweisen. Android bietet diese Möglichkeit standardmäßig seit Version 7 Nougat auch, löst das Problem aber etwas anders als Samsung.

Tippen Sie in den Einstellungen der Telefon-App auf *Nummern sperren*. Tragen Sie hier die Telefonnummern ein, die automatisch abgewiesen werden sollen. Sie können die Nummern auch aus dem Anrufprotokoll oder aus der Kontaktliste auswählen. Aktivieren Sie noch den Schalter *Unbekannte Anrufer blockieren*, um alle Anrufer automatisch abzuweisen, die ihre Rufnummer unterdrücken. Die Anrufer hören dann: »Der gewünschte Gesprächspartner ist vorübergehend nicht erreichbar.«

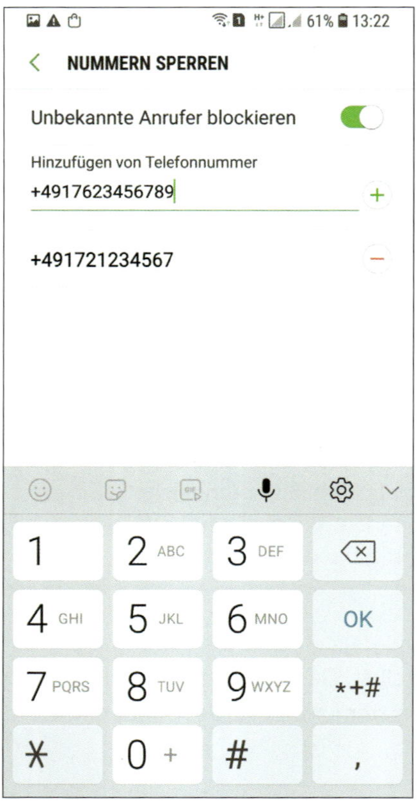

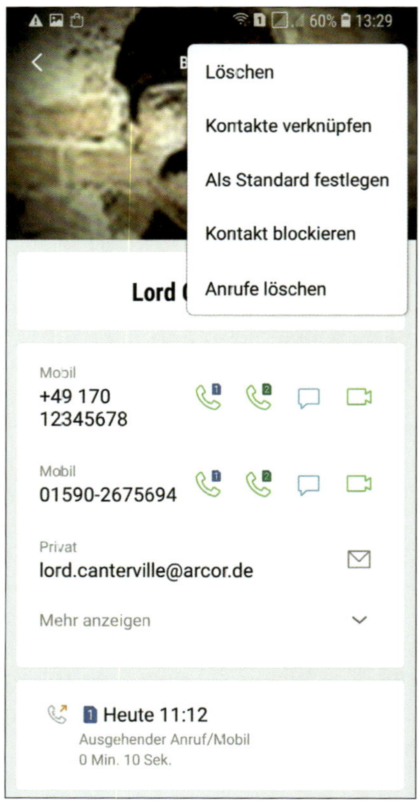

Unerwünschte Anrufer automatisch abweisen.

Hat die betreffende Person bereits mindestens einmal angerufen, können Sie die Telefonnummer direkt übernehmen, ohne sie neu eintippen zu müssen.

1. Tippen Sie im Anrufprotokoll auf den Eintrag des unerwünschten Anrufers und dann auf *Details*.
2. Tippen Sie auf dem nächsten Bildschirm unten rechts auf *Nummer blockieren*, um die Nummer in die Blockierliste aufzunehmen.
3. Steht die Person bereits in Ihrer Kontaktliste, erscheint im Menü *Kontakt blockieren*. Hier werden automatisch alle unter diesem Kontakt gespeicherten Telefonnummern in die Blockierliste übernommen.

Bei Bedarf können Sie später jederzeit mit dem roten Minussymbol einzelne blockierte Nummern wieder freigeben. Die betreffende Person kann dann wieder ganz normal anrufen. Im Menü eines blockierten Kontaktes können Sie die Blockierung auch leicht wieder aufheben.

Rufnummernunterdrückung

In den Telefoneinstellungen können Sie unter *Weitere Einstellungen/Eigene Rufnummer anzeigen* bei Bedarf die Anzeige Ihrer Rufnummer – für beide SIM-Karten unabhängig – bei der angerufenen Person unterdrücken.

Kein Freibrief für illegale Aktivitäten

Eine ausgeschaltete Rufnummer ist kein Freibrief für kriminelle Aktivitäten am Telefon. Die Rufnummer wird bei jedem Gespräch übertragen, bei abgeschalteter Anrufer-ID wird nur zusätzlich ein spezielles Signal gesendet, das das Telefon des Gesprächspartners anweist, die Nummer nicht zu zeigen. Die Notrufzentralen von Feuerwehr, Rettungsdiensten und Polizei sehen die Nummer trotzdem. Auch in den Anrufprotokollen der Telefongesellschaften taucht die Nummer weiterhin auf. Nach dem *Gesetz zur Bekämpfung unlauterer Telefonwerbung und zur Verbesserung des Verbraucherschutzes* sind Anrufe von Firmen und Geschäftstreibenden mit unterdrückter Rufnummer aus Deutschland nicht mehr zulässig.

Tipps zur Wahl eines Tarifs für Android-Smartphones

Da es so gut wie keine klassischen Handys ohne Internetzugang mehr gibt, ist mobiles Internet heute bei den allermeisten Handytarifen dabei.

Der mobile Internetzugang per UMTS, HSPA und auch LTE wird fast überall nach verbrauchtem Datenvolumen abgerechnet und nicht mehr nach Onlinezeit, wie es früher bei den ersten Handys der Fall war. Zur Ermittlung des Datenverbrauchs spielt es keine Rolle, ob Daten aus dem Internet heruntergeladen oder vom Smartphone gesendet werden, wie z. B. E-Mails oder Fotos, die man bei Facebook hochlädt. Jedes MByte zählt.

Mittlerweile enthalten fast alle Mobilfunktarife standardmäßig ein Datenpaket mit typischerweise 200–500 MByte Datenvolumen. Seit die Internetverbindung nicht mehr komplett getrennt, sondern nur noch drastisch abgebremst wird, bezeichnen fast alle Anbieter ihre Datentarife als Internetflatrate. Entscheidend für die Preisunterschiede ist das Datenvolumen, bei dem die Bremse zuschlägt.

Die Internetverbindung wird nach dem Verbrauch des Inklusivvolumens in den meisten Tarifen nicht gestoppt, sondern auf GPRS-Geschwindigkeit gebremst, sodass man nicht komplett vom Internet abgeschnitten ist, da viele Funktionen von Smartphones ohne Internetanbindung gar nicht mehr funktionieren. Es handelt sich dabei aber nicht um eine Bremse von wenigen Prozent, sondern eher um ein »vor die Wand fahren« von theoretisch bis zu 1,2 Gbit/s bei LTE (Cat 18) oder 42 Mbit/s bei HSPA+ (schneller als DSL 32.000) auf 64 Kbit/s (vergleichbar ISDN), also einen Geschwindigkeitsverlust von mehr als 99 %!

Vorsicht bei Datenautomatik

Einige Tarife von O2 und auch von Discountern, die dieses Netz nutzen, wie zum Beispiel Yourfone, DeutschlandSIM und Smartmobil beinhalten eine sogenannte Datenautomatik. Damit wird die Geschwindigkeit nach Erreichen des Inklusivvolumens nicht reduziert, dafür aber automatisch ein kostenpflichtiges Datenpaket von 100 oder 200 MByte hinzugebucht. Diese Zusatzkosten sind im Verhältnis zu den eigentlichen Tarifkosten unverhältnismäßig hoch (bis zu 2 Euro pro 100 MByte) und werden bis zu dreimal in Folge automatisch abgebucht. Achten Sie genau auf die Tarifbedingungen. Bei einigen Discountertarifen lässt sich diese Datenautomatik nicht abschalten.

Ein weiteres wichtiges Auswahlkriterium für einen Internettarif ist neben dem Preis die Netzqualität bzw. Verfügbarkeit in der Region, in der man das Smartphone vorrangig nutzen möchte. Telefonieren kann man inzwischen in Deutschland fast überall, mit dem Internetzugang über schnelles HSPA sieht es jedoch ganz anders aus. Während die D-Netze von Vodafone und Telekom fast flächendeckend UMTS/HSPA oder auch LTE mit bis zu 50 Mbit/s, in Ballungszentren bis zu 1,2 Gbit/s bieten, hängen die E-Netze von O2 und ehemals E-Plus noch deutlich hinterher. Hier stehen HSPA und auch UMTS nur in den großen Ballungsräumen zur Verfügung, in Kleinstädten muss man sich häufig mit EDGE zufriedengeben. Dafür können die Nutzer von E-Plus und O2 seit dem Zusammenschluss beide Netze nutzen. Die Umschaltung erfolgt automatisch, wenn eines der Netze nicht verfügbar ist.

Tariftipps

Der O2-Discounter McSIM (*www.mcsim.de*) bietet den derzeit (April 2018) günstigsten Smartphone-Tarif im O2-Netz an. Dieser kostet mit 500 MByte Datenvolumen, LTE-Unterstützung, 50 Freiminuten und 50 Frei-SMS 2,99 Euro im Monat. Der erweiterte Tarif des gleichen Anbieters mit 1 GByte Datenvolumen, 100 Freiminuten und 100 Frei-SMS kostet 4,99 Euro im Monat. In beiden Tarifen wird nach Erreichen der Freigrenze die Verbindung nicht gebremst, sondern automatisch ein kostenpflichtiges Datenpaket dazu gebucht.

Netzclub (*www.netzclub.net*) ist ein Mobilfunkdiscounter im O2-Netz, bei dem man 100 MByte Datenvolumen jeden Monat geschenkt bekommt, wenn man zustimmt, Werbung per E-Mail und SMS zu erhalten. Die Werbung hält sich in vertretbaren Grenzen, alle paar Tage kommt mal eine E-Mail oder SMS. Guthaben für Gespräche oder größere Datenpakete lässt sich bequem per Prepaid ohne Vertragspflichten aufladen. Dieser Tarif ist ideal für alle, die ihr Smartphone im Wesentlichen im WLAN nutzen und nur sehr wenig damit telefonieren. Über diesen Empfehlungslink erhalten Leser dieses Buches einmalig zusätzlich 300 MByte Datenvolumen gratis: *goo.gl/ubaXDA*

Telefónica bewirkt unter der Marke **WhatsApp SIM** (*www.whatsappsim.de*) einen Prepaid-Tarif ohne Vertragsbindung speziell für WhatsApp-Nutzer im O2-Netz. Dahinter verbergen sich Prepaid-Pakete mit 400 (5 Euro für vier Wochen) oder 1.500 (10 Euro für vier Wochen) sogenannten Einheiten, die als Gesprächsminuten, SMS oder MByte Datenvolumen genutzt werden können. Nach Verbrauch der Einheiten kostet jede Gesprächsminute 9 Cent, Internetnutzung ist weiterhin möglich, wird aber auf 56 Kbit/s gedrosselt. Da die Drosselung bei reinen Textnachrichten über WhatsApp so gut wie gar nicht auffällt, spricht der Anbieter hier von unbegrenzt kostenloser WhatsApp-Nutzung. Der Versand von Bildern und Sprachnachrichten wird extrem langsam, Videotelefonie ist gar nicht mehr möglich. Die WhatsApp SIM ist im sogenannten Basistarif mit einer Geschwindigkeit von 32 Kbit/s kostenfrei nutzbar, womit WhatsApp-Textnachrichten noch gesendet und empfangen werden können. Allerdings muss man mindestens 5 Euro Guthaben alle sechs Monate aufladen, damit die SIM-Karte aktiv bleibt.

Auf dem flachen Land gibt es noch große Versorgungslücken, wo mobiles Internet überhaupt nicht möglich ist. Auf diesen weißen Flecken der deutschen Landkarte bieten die D-Netze zumindest noch EDGE-Anbindung. Die Netzbetreiber werben zwar mit sehr hohen Prozentzahlen, wie viele Einwohner Deutschlands mittlerweile schnelles Internet über HSPA nutzen können, allerdings beziehen sich diese auf die Bevölkerung und deren Wohnorte, nicht auf die Fläche Deutschlands. 80 % der Deutschen wohnen auf 20 % der Landesfläche. Demnach blieben selbst bei 80 % UMTS-Versorgung der Bevölkerung theoretisch 80 % der Fläche unterversorgt.

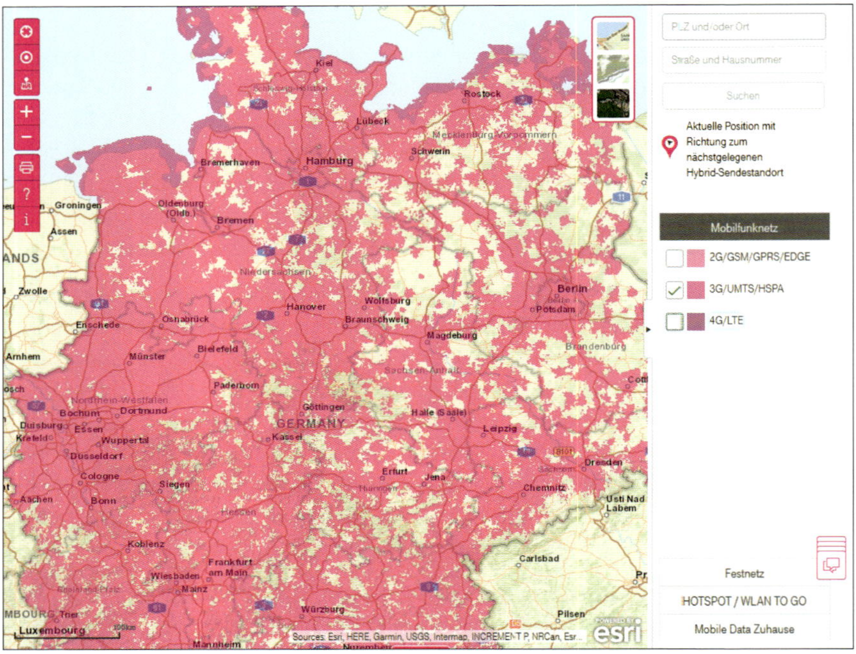

UMTS/HSPA-Netzausbau der Telekom (Grafik: Telekom, Stand: März 2018).

In ländlichen Regionen und Mittelgebirgen sowie im Osten und äußersten Süden Deutschlands haben alle Mobilfunkprovider noch erhebliche Versorgungslücken im UMTS-Netz. In großstädtischen Ballungsräumen und den Tourismusregionen entlang der Küsten sind die Netze hingegen sehr gut ausgebaut. Das LTE-Netz ist mittlerweile an vielen Stellen besser ausgebaut, aber nur mit einem teureren LTE-Mobilfunkvertrag nutzbar.

Netzabdeckungskarten

Interaktive Karten zur Netzabdeckung der großen deutschen Mobilfunkanbieter:

Telekom	*goo.gl/gp8ADp*
Vodafone	*goo.gl/lR2oF*
O2	*goo.gl/mbG1k*

Alle deutschen Netzbetreiber bieten interaktive Landkarten an, auf denen man die Netzabdeckung für GSM/GPRS, EDGE, UMTS, HSPA und – wenn angeboten – auch LTE ablesen kann. Diese Angaben gelten natürlich immer unter optimalen Bedingungen im Freien ohne Verschattung durch Gebäude und ohne schnelle Bewegung.

LTE – Mobilfunk der vierten Generation

Mit dem Mobilfunkstandard LTE (**L**ong **T**erm **E**volution = langfristige Entwicklung), auch als Mobilfunk der vierten Generation bezeichnet, sollen in erster Linie ländliche Regionen versorgt werden, in denen bisher keine DSL-Festnetzanschlüsse zur Verfügung standen. Anstatt über ein Telefonkabel kommt das Internetsignal dabei über Funk ins Haus und das mit theoretisch bis zu 1,2 Gbit/s. LTE wird zwar von den Netzbetreibern als Festnetzersatz vermarktet, basiert aber wie UMTS auf Mobilfunktechnik und kann sogar die vorhandene UMTS-Mobilfunkinfrastruktur in Teilen mit verwenden.

Natürlich eignet sich diese Technik auch für den schnellen Internetzugang bei entsprechend ausgestatteten Smartphones. Voraussetzung ist, dass das Smartphone und der Mobilfunkvertrag LTE unterstützen. Handyverträge mit LTE-Nutzung sind zurzeit allerdings bei vielen Anbietern noch teurer als reine UMTS-Verträge.

Mit zunehmender Verbreitung der LTE-Technik sind auch schon Engpässe absehbar. Die Bundesnetzagentur versteigerte daher bereits im Frühjahr 2015 weitere LTE-Frequenzbänder an die drei großen Mobilfunkanbieter.

Die EU-Roamingverordnung

Nach jahrelangen Diskussionen führte die EU-Kommission am 15. Juni 2017 den sogenannten Euro-Tarif ein, der Telefonieren, SMS und auch mobiles Internet im EU-Ausland zu Inlandskonditionen möglich macht.

Eigentlich müsste es statt EU-Roaming EWR-Roaming heißen, da die gleichen Bedingungen für alle Länder des europäischen Wirtschaftsraums EWR gelten. Das sind außer den EU-Mitgliedsstaaten auch Norwegen, Island und Liechtenstein, aber nicht die Schweiz.

Zusätzlich gilt die EU-Roamingverordnung auf den britischen Kanalinseln, die nicht EU-Gebiet sind, in den französischen Überseegebieten, in San Marino und im Vatikan. Auf Schiffen und Flugzeugen, die satellitengestützte Mobilfunkverbindungen für ihre Passagiere anbieten, gilt die EU-Roamingverordnung nicht.

Die früher extrem hohen Roaminggebühren bei der Nutzung einer deutschen SIM-Karte im EU-Ausland waren für die Netzbetreiber eine gern gesehene Einnahmequelle. Deshalb versuchen viele, die Schlupflöcher im neuen EU-Gesetz geschickt zu nutzen.

Bei der Anmeldung eines Smartphones in einem ausländischen Netz erhalten Sie eine SMS, die die genauen Tarifdetails enthält. Lesen Sie diese sorgfältig durch.

Die wichtigsten neuen Regelungen im Überblick

- Datenpakete und Inklusivvolumen können im EU-Ausland wie zu Hause genutzt werden.
- Freiminuten für Telefonie können wie zu Hause genutzt werden, wenn diese netzübergreifend gelten. Community-Flatrates zum kostenlosen Telefonieren zwischen Teilnehmern des gleichen Anbieters (wie z. B. Aldi Talk) gelten im EU-Ausland nicht.
- Telefongespräche aus Deutschland ins EU-Ausland werden wie früher teuer berechnet. Hier gelten die Freiminuten des deutschen Tarifs weiterhin nicht, solange keine EU-Flatrate gebucht ist.
- Alte Roamingtarife gelten weiter und werden nicht automatisch umgestellt. Wer früher Roaming für bestimmte Länder gebucht hat, muss diesen Tarif auch weiterhin innerhalb der EU bezahlen oder auf einen anderen Tarif wechseln.
- Mobilfunkanbieter dürfen Tarife explizit ohne Roaming anbieten. Diese SIM-Karten funktionieren dann nur in Deutschland.

Fair Use Policy

Die sogenannte Fair Use Policy verhindert, dass ein Tarif zum überwiegenden Teil im Ausland genutzt wird. Jeder Anbieter legt diese Richtlinie unterschiedlich aus. Bei einigen muss man nach einer bestimmten Zeit wieder im deutschen Netz angemeldet sein, bei anderen darf nur ein bestimmter Teil des Inklusivvolumens im Ausland verbraucht werden. Die genauen Bedingungen stehen in der SMS bei der Anmeldung im ausländischen Netz.

Diese Fair Use Policy wurde vor allem auf Drängen der deutschen Mobilfunkbetreiber in das Gesetz aufgenommen. Da die deutschen Mobilfunktarife zu den teuersten innerhalb der EU gehören, befürchteten die deutschen Netzbetreiber mit Einführung des EU-Roamings Einnahmeeinbußen, wenn Kunden sich SIM-Karten aus anderen Ländern besorgen und diese ohne Zusatzkosten dauerhaft in Deutschland nutzen.

Datenverbrauch ermitteln

Wegen der oft knapp begrenzten Flatrates in günstigen Mobilfunkverträgen ist die Anzeige der Datennutzung für viele Benutzer sehr interessant.

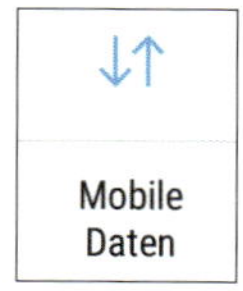

Halten Sie den Finger länger auf dem Schnelleinstellungssymbol *Mobile Daten*, können Sie rechtzeitig abschätzen, wann das Freivolumen Ihrer Flatrate aufgebraucht ist und welche Apps den größten Datenverkehr verursachen. Tippen Sie auf *Mobildatennutzung*, um eine Kurve des Datenverbrauchs im aktuellen Abrechnungszeitraum zu sehen.

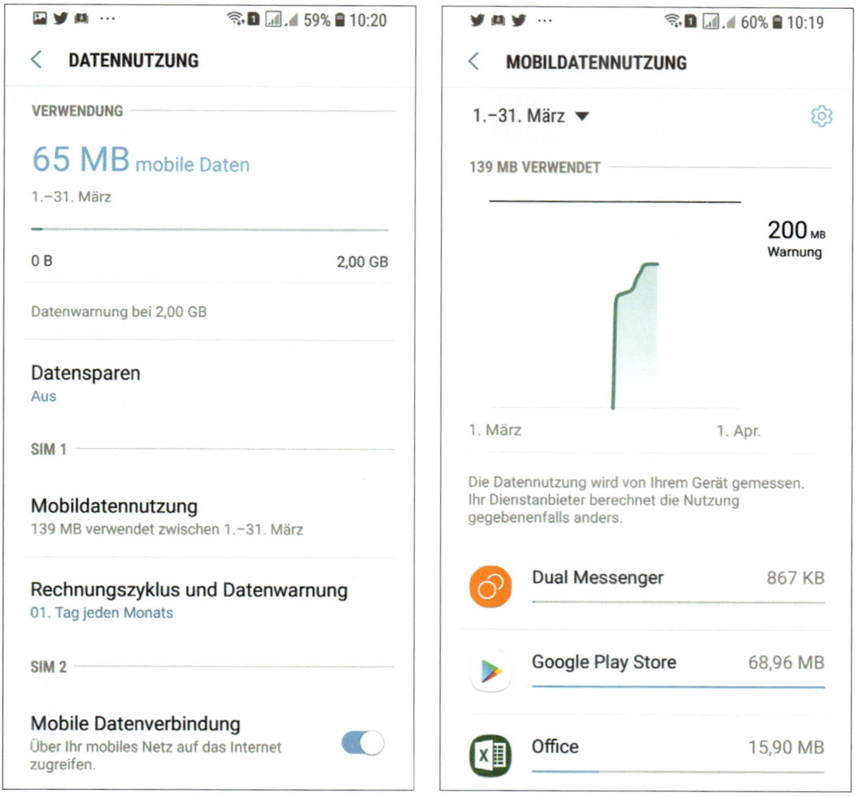

Datenverbrauch anzeigen.

Damit diese Anzeige optimal nutzbar ist, stellen Sie über *Rechnungszyklus und Datenwarnung* den Tag des Monats ein, an dem Ihr Mobilfunkanbieter das monatliche Datenvolumen der Flatrate zurücksetzt. Diesen Tag finden Sie üblicherweise auf Ihrer Mobilfunkrechnung. Hier stellen Sie zudem eine Datenwarnung ein, die auch zur Skalierung der Kurve verwendet wird. Dies sollte dem Limit entsprechen, bei dem Ihr Mobilfunkvertrag die Geschwindigkeit abbremst, oder knapp darunterliegen, um noch etwas Spielraum zu haben, da die Netzbetreiber oft leicht von dem auf dem Smartphone ermittelten Datenverbrauch abweichende Berechnungsverfahren nutzen.

Zum Vergleich können Sie weiter unten auch die *WLAN-Datennutzung* anzeigen lassen. Mit dem Schalter *Mobile Datenverbindung* lässt sich die Datennutzung im Mobilfunknetz jederzeit ganz abschalten.

Datenverbrauch reduzieren

Das Samsung Galaxy S9 verfügt über einen Datensparmodus, der die Datennutzung verringert, indem die meisten Apps keine Daten mehr im Hintergrund empfangen oder senden können. Aktive Apps empfangen weiterhin Daten, aber seltener. So werden Bilder beispielsweise erst beim Antippen heruntergeladen und in voller Auflösung sichtbar. Der Datensparmodus betrifft nur die Mobilfunkverbindung. Im WLAN laufen alle Apps ganz normal weiter.

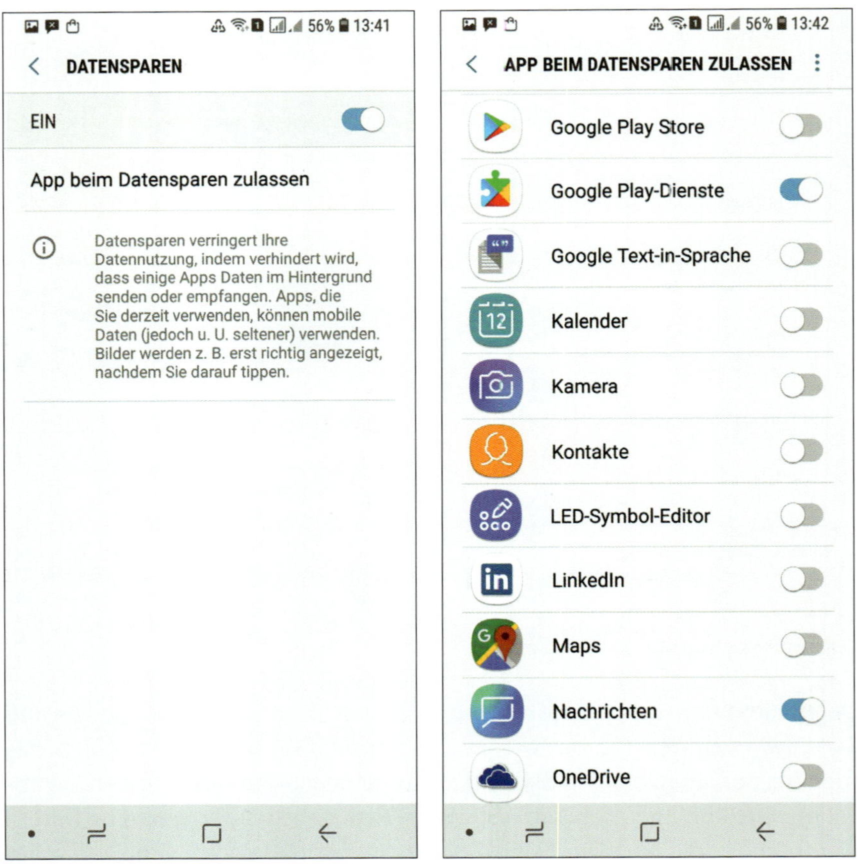

Bestimmten Apps im Datensparmodus uneingeschränkten Datenzugriff gewähren.

Der Datensparmodus wird in den *Einstellungen* unter *Verbindungen/Datennutzung/Datensparen* aktiviert und durch ein Symbol in der Statusleiste oben rechts angezeigt. Diese Einstellungsseite wird auch durch längeres Tippen auf das Schnelleinstellungssymbol *Mobile Daten* aufgerufen.

Tippen Sie auf die Zeile *App beim Datensparen zulassen*, um bestimmten Apps auch im Datensparmodus die uneingeschränkte Datennutzung zu ermöglichen. Dies ist z. B. bei Messenger-Apps wie WhatsApp wichtig. Die *Google Play-Dienste* haben standardmäßig uneingeschränkten Datenzugriff, da andernfalls einige andere Apps nicht zuverlässig funktionieren würden.

Adressbuch – Kontakte

Seit den ersten Handys kann man dort seine wichtigsten Telefonnummern mit Namen speichern. Die Zeiten, in denen man beim Wechsel auf ein neues Handy Termine und Telefonnummern abtippen musste, sind lange vorbei. Heute synchronisiert man seine Daten mit PCs und anderen Geräten in der Cloud.

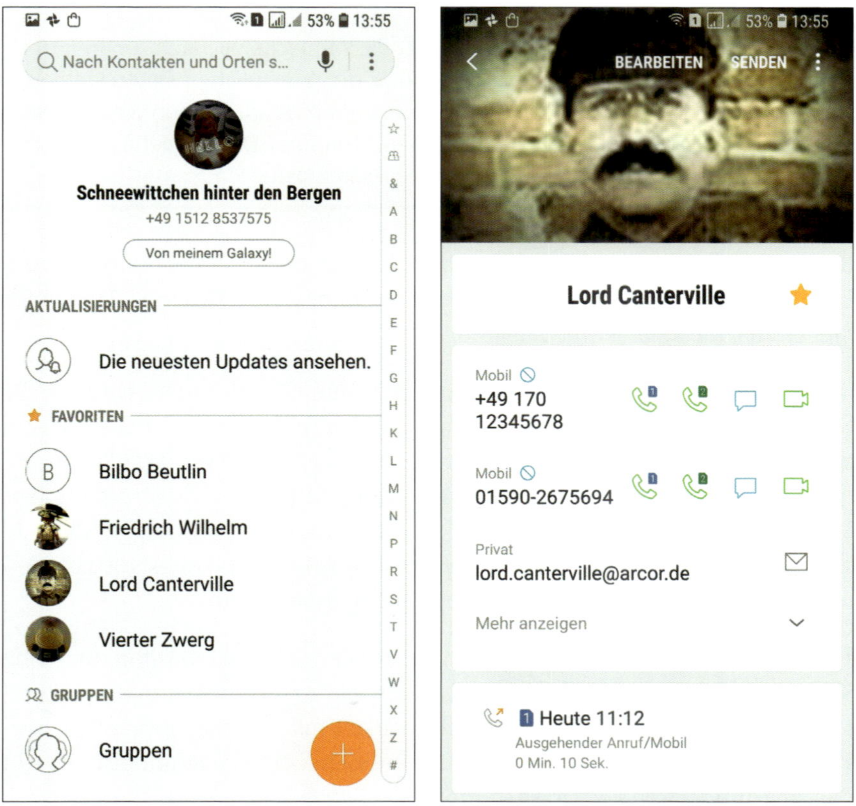

Das Adressbuch auf dem Samsung Galaxy S9.

Auf dem Samsung Galaxy S9 ist eine komplette Kontaktverwaltung enthalten, mit der Sie Ihr Adressbuch nicht nur auf dem Smartphone, sondern auch auf dem PC über ein Google-Konto verwalten können. Die Kontakte-App synchronisiert automatisch die Adressen, die in dem Google-Konto gespeichert sind, das bei der Einrichtung des Smartphones festgelegt wurde. Damit haben Sie die gleiche Kontaktliste auf dem Smartphone, auf dem PC und jedem anderen Gerät, das mit dem Google-Konto synchronisieren kann, zur Verfügung.

Alternativ lassen sich Kontakte auch ganz klassisch auf dem Telefon oder auf der SIM-Karte speichern. Allerdings sind hier die Möglichkeiten eingeschränkt. So lassen sich zum Beispiel zu Kontakten auf der SIM-Karte keine Fotos speichern. Das Samsung-Konto bietet ebenfalls die Möglichkeit, Kontakte zu speichern. Bei jedem neuen Kontakt erscheint eine Frage, wo dieser gespeichert werden soll. Sie können aber auch einen Speicherort – am besten das Google-Konto – als Standard festlegen.

Datenschutz

Immer wieder hört man die Medien gegen Google wettern. Tatsächlich ist aber kein Fall bekannt, dass Google mit den anvertrauten Daten irgendetwas Vertragswidriges gemacht hätte. Auch ist die Wahrscheinlichkeit, ein fremder Hacker könnte bei Google einbrechen und die persönlichen Daten stehlen, dank erhöhter Sicherheit der Großrechenzentren deutlich geringer, als dass ein Hacker per Trojaner auf dem eigenen Computer Daten stiehlt oder ein ganz simpler Dieb einfach das Smartphone samt Daten klaut.

Beim ersten Aufruf der Kontakte-App benötigt diese Berechtigungen zum Zugriff auf Ereignisse, damit die Anrufe angezeigt werden können. Tippen Sie hier einmal auf *Zulassen*.

Mit einer vertikalen Fingerbewegung auf dem Touchscreen blättern Sie schnell durch das Adressbuch. Bewegen Sie den Finger ganz rechts außen auf der Buchstabenleiste, wird der aktuelle Anfangsbuchstabe großflächig angezeigt, damit Sie im richtigen Moment stoppen können. Außerdem finden Sie bestimmte Personen schnell im Adressbuch, indem Sie oben im Suchfeld einige Buchstaben des Namens eintippen. Das Adressbuch filtert die Liste immer genauer, je mehr Buchstaben bereits eingegeben sind.

Tippen Sie auf einen Eintrag, können Sie die Person direkt anrufen oder eine SMS senden. Tippen Sie auf *Details*, werden alle zu dieser Person gespeicherten Daten angezeigt. Diese sind automatisch mit der passenden App verknüpft. Tippen Sie also auf das Telefonsymbol bei einer Telefonnummer, ruft das Smartphone die Person an, tippen Sie auf eine E-Mail-Adresse, öffnet sich eine Liste installierter Mail-Apps.

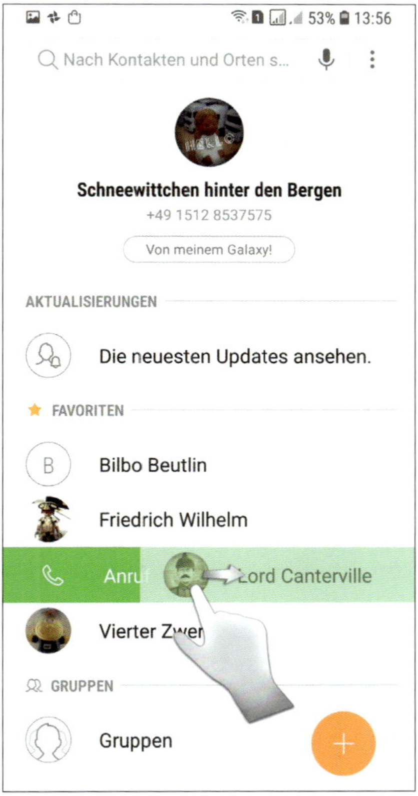

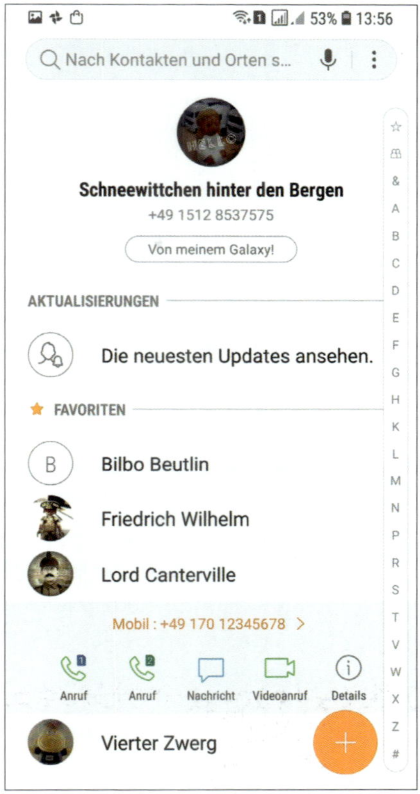

Personen direkt aus der Kontaktliste anrufen.

TIPP: Samsung hat die Kontakte-App von Android um eine nützliche Funktion erweitert, mit deren Hilfe Sie direkt aus der Liste Anrufe tätigen oder SMS verschicken können. Streichen Sie mit dem Finger von links nach rechts über einen Namen, wird die Person angerufen, streichen Sie von rechts nach links über einen Namen, öffnet sich die SMS-App. Sind bei einer Person mehrere Telefonnummern eingetragen, können Sie für diese Funktion eine Standardnummer festlegen. Tippen Sie dazu auf den Namen einer Person in der Liste und anschließend auf die angezeigte Telefonnummer. Wählen Sie im nächsten Fenster die gewünschte Telefonnummer und tippen Sie dann auf *Als Standard festlegen*.

Kontakte sortieren

Die App *Kontakte* bietet verschiedene Möglichkeiten zur Darstellung und Sortierung von Namen. So können Sie entweder die in Westeuropa übliche Schreibweise mit Vor- und Nachname verwenden – *Hans Müller* – oder das sogenannte bayerische Namensformat – *Müller, Hans*. Unabhängig von der Darstellung lassen sich die Kontakte nach Vorname oder Nachname in der Liste sortieren.

Um die Einstellungen zu ändern, tippen Sie in der Kontaktliste oben rechts auf das Menüsymbol mit den drei Punkten und wählen im Menü *Einstellungen*. Hier finden Sie die Optionen *Sortieren nach* und *Namensformat*.

Neue Adresse eintragen

In der App *Kontakte* können Sie jederzeit einen neuen Eintrag hinzufügen. Tippen Sie dazu in der Liste auf das orangefarbene Symbol mit dem Pluszeichen unten rechts in der Namensliste.

Legen Sie als Erstes fest, wo der neue Kontakt gespeichert werden soll. Am besten speichern Sie alle Kontakte im Google-Konto, da Sie diese dann auch auf dem PC und anderen Geräten zur Verfügung haben und sich beim Wechsel auf ein neues Smartphone keine Gedanken machen müssen. Alternativ können Kontakte auch auf dem Telefon, der SIM-Karte oder im Samsung-Konto gespeichert werden, wobei je nach Speicherort nicht immer alle Funktionen zur Verfügung stehen.

Danach öffnet sich ein Formular zur Eingabe der Kontaktdaten einer neuen Person. Mit einer vertikalen Fingerbewegung auf dem Touchscreen können Sie nach oben und unten zwischen den Feldern hin- und herblättern. Geben Sie hier die jeweiligen Daten ein. Sie brauchen nicht alle Felder auszufüllen.

Das Namensfeld können Sie rechts mit dem kleinen Pfeil aufklappen, um zweite Vornamen oder Namenszusätze einzutragen. Vorname und Nachname werden bei der Eingabe automatisch erkannt. In den Feldern für die Telefonnummer und E-Mail-Adresse können Sie noch weitere Telefonnummern und Mailadressen hinzufügen. Zur Eingabe von Telefonnummern erscheint automatisch eine Zifferntastatur. Nach der Eingabe einer Telefonnummer oder E-Mail-Adresse können Sie über das grüne Plussymbol weitere Eingabefelder anlegen.

Wählen Sie die Art der Telefonnummer sowie der E-Mail-Adresse aus, indem Sie auf das Feld rechts daneben tippen. Hier erscheint eine Liste verschiedener Typen von Telefonnummern: *Privat*, *Mobil*, *Arbeit* etc.

Spezielle, selten gebrauchte Felder werden standardmäßig nicht zur Eingabe angeboten, dazu zählen auch Felder für die Adresse des Wohnorts bzw. der Firma. Diese können Sie über die Zeile *Mehr anzeigen* am unteren Rand einblenden. Ganz unten können Sie für jeden Kontakt noch einen eigenen Klingelton oder ein Vibrationsmuster festlegen, um sofort am Klingeln zu erkennen, wer anruft.

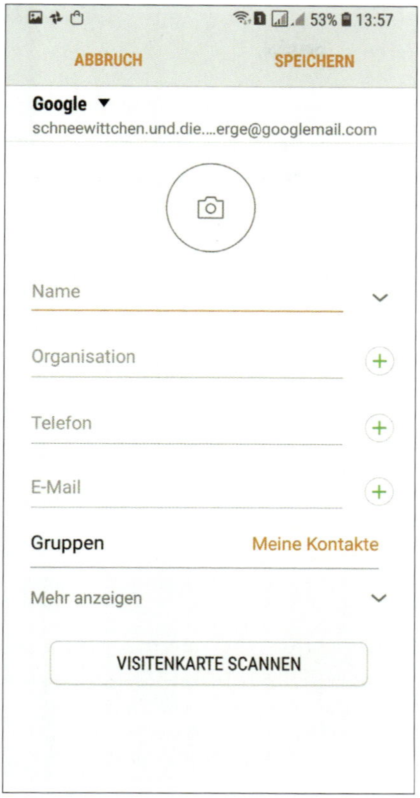

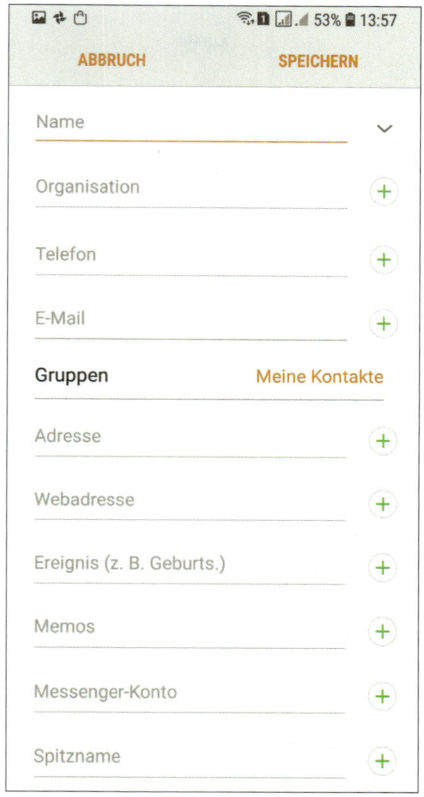

Neuen Kontakt hinzufügen.

Adresse bearbeiten

Natürlich können Sie einen gespeicherten Adressbucheintrag auch nachträglich bearbeiten. Tippen Sie dazu in der Anzeige des jeweiligen Eintrags auf *Bearbeiten* oben rechts. Sie haben dann die gleichen Funktionen zur Verfügung wie beim Anlegen eines neuen Eintrags im Adressbuch, nur kann ein gespeicherter Kontakt nicht nachträglich in ein anderes Konto verschoben werden.

Anrufer in Adressbuch übernehmen

Ruft eine Person auf dem Smartphone an, deren Telefonnummer nicht gespeichert ist, wird in der Anrufliste nur die Nummer, aber kein Name angezeigt. Nehmen Sie den Anrufer ins Adressbuch auf, um in Zukunft zu sehen, wer anruft. Dazu brauchen Sie keine Nummer abzutippen.

1. Öffnen Sie die Anrufliste in der Telefon-App und tippen Sie auf die angezeigte Nummer.
2. Der nächste Bildschirm zeigt unten drei Optionen: *Neuer Kontakt*, *Aktualisieren* und *Nummer blockieren*.
3. Ist die Person noch nicht im Adressbuch, tippen Sie auf *Neuer Kontakt*. Hier öffnet sich ein Formular, in dem die Telefonnummer bereits eingetragen ist. Sie brauchen nur noch den Namen einzugeben sowie gegebenenfalls weitere Informationen wie Postanschrift, E-Mail-Adresse etc.
4. Steht die Person bereits im Adressbuch, aber noch nicht mit dieser Telefonnummer, tippen Sie auf *Aktualisieren*. Jetzt können Sie im Adressbuch den gewünschten Kontakt auswählen. Die neue Telefonnummer wird automatisch ergänzt und mit einem orangefarbenen *N*-Symbol gekennzeichnet, um sie leicht zu finden. Beim Speichern verschwindet dieses Symbol wieder.
5. Tippen Sie in beiden Fällen danach oben auf *Speichern*, um den Kontakt im Adressbuch zu speichern.

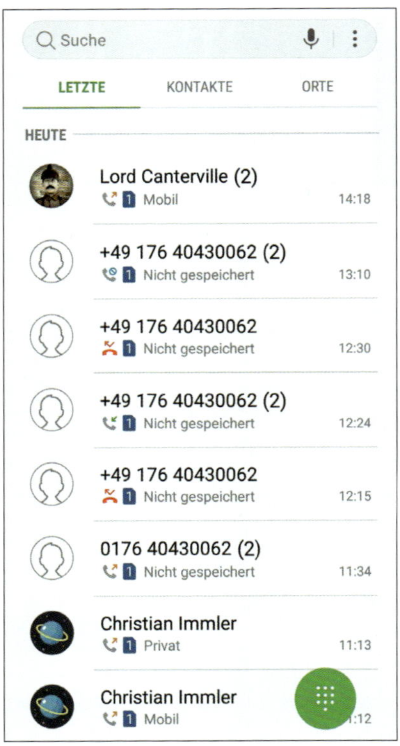

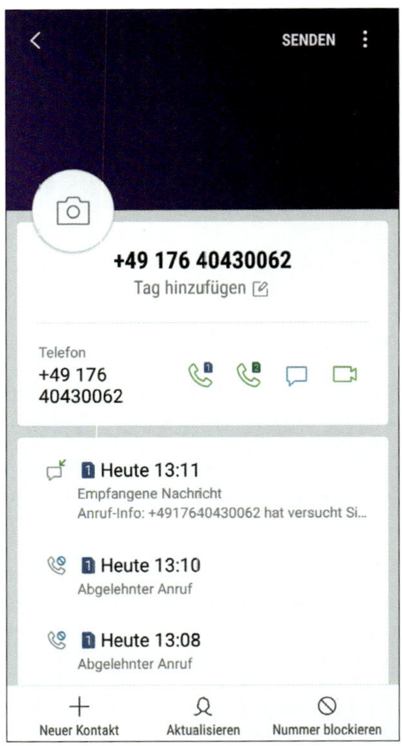

Kontakt aus Anruf übernehmen.

Kontakte verknüpfen

Neben den Kontakten aus dem Google-Konto kann das Samsung Galaxy S9 auch noch Kontakte aus weiteren Quellen nutzen, wie zum Beispiel weitere Google-Konten, Facebook oder WhatsApp. Dadurch kann es passieren, dass einige Personen mehrfach in der Kontaktliste auftauchen. Um Übersicht in die Kontaktliste zu bringen, können Sie mehrere Kontakte miteinander verknüpfen, sodass alle zugehörigen Daten auch wirklich wie eine Person angezeigt werden.

Wählen Sie in der Kontaktliste eine Person, die Sie verknüpfen wollen, tippen Sie auf *Details* und danach oben rechts auf das Menüsymbol. Wählen Sie dann im Menü *Kontakte verknüpfen*. Suchen Sie die zu verknüpfenden Kontakte aus und tippen Sie oben rechts auf *Link*. Bei Bedarf können Sie später über den Menüpunkt *Verknüpfte Kontakte verwalten* eine solche Verknüpfung wieder aufheben.

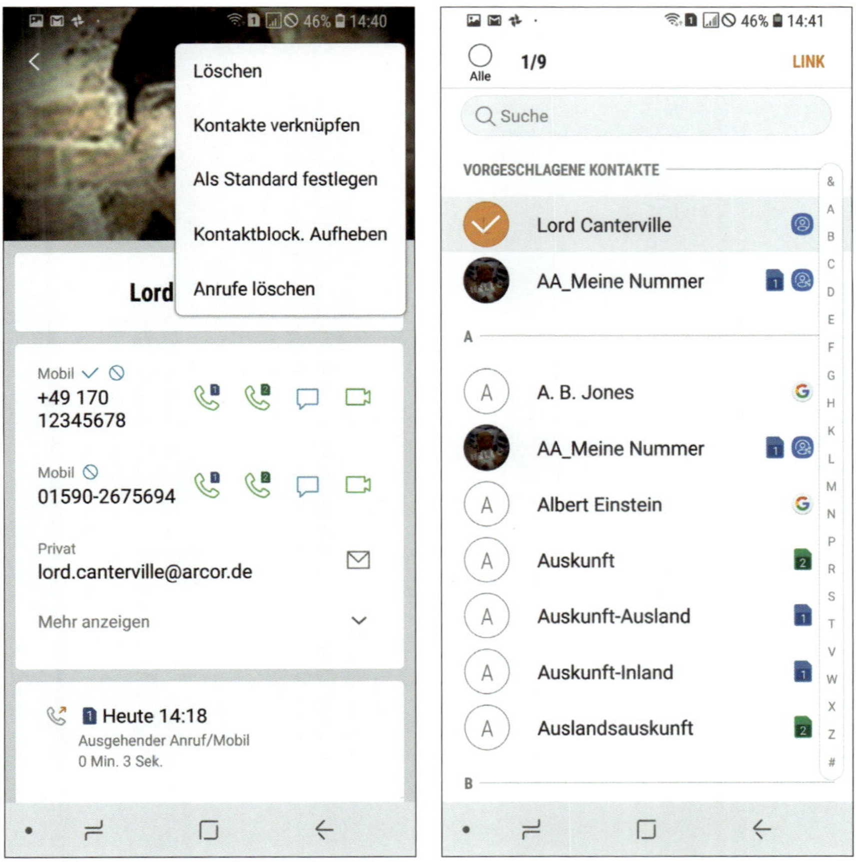

Kontakte verknüpfen.

TIPP: Im Menü der Kontakte-App finden Sie einen Menüpunkt *Verwalten von Kontakten*. Tippen Sie dort auf *Kontakte zusammenführen*. Damit lassen sich anhand von Telefonnummer, E-Mail oder Name doppelte oder sehr ähnliche Kontakte schnell finden und dann auch ganz einfach verknüpfen. Verknüpfen Sie aber nicht wahllos alle angezeigten Kontakte, da in der Liste gleicher Telefonnummern auch Familienmitglieder, die die gleiche Festnetznummer nutzen, angezeigt werden. Das Geiche gilt für Mitarbeiter von Firmen, die alle mit der Haupttelefonnummer der Firma eingetragen sind.

Kontaktfotos

Hat eine Person in ihrem persönlichen Google-Konto ein persönliches Foto abgelegt, erscheint dieses bei jedem, der diese Person in seinem Adressbuch hat, automatisch als Kontaktfoto. Alternativ können Sie selbst den Personen in Ihrem Adressbuch eigene Fotos zuordnen, die Sie dann aber nur selbst sehen.

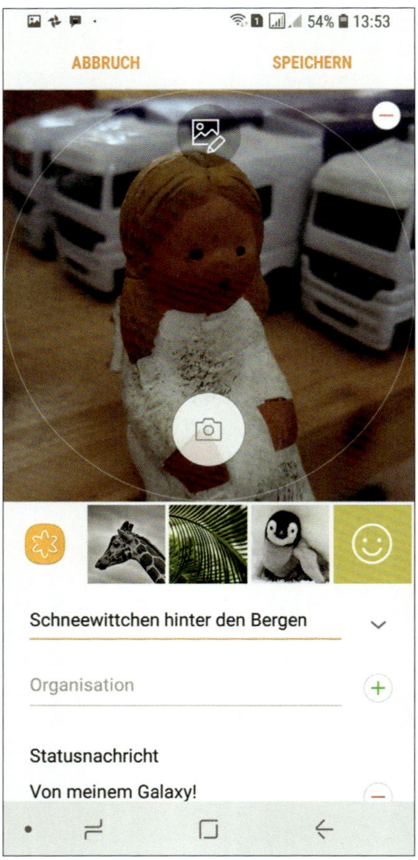

Kontaktfoto auswählen und bearbeiten.

Tippen Sie im Bearbeitungsbildschirm für eine Person oben auf das Profilbild. Hier können Sie eines der vorgegebenen Bilder auswählen oder mit der Kamera ein neues Foto aufnehmen. Anschließend haben Sie noch die Möglichkeit, Farbeffekte anzuwenden. Tippen Sie dazu auf das Bearbeitungssymbol oben im Bild. Mit einer horizontalen Wischbewegung wählen Sie unter dem Bild verschiedene Effektfilter aus.

Das Palettensymbol unten rechts bietet einfache Malfunktionen. Das Sticker-Symbol bietet zahlreiche Sticker an, um ein Bild zu verschönern. Alle Sticker können interaktiv beliebig platziert, gedreht und skaliert werden.

Sticker in ein Kontaktfoto einbauen.

ACHTUNG: Kontakten, die auf der SIM-Karte gespeichert sind, können keine Kontaktfotos und auch keine Adresse und weiteren Felder zugeordnet werden.

Eigenes Profil einrichten

Ganz oben in der Kontaktliste sehen Sie Ihr persönliches Profil. Hier können Sie außer der von der SIM-Karte übernommenen Telefonnummer ein eigenes Profil, wie eine Visitenkarte mit Ihrer Adresse und weiteren Daten anlegen. Diese Daten auf dem Smartphone schnell greifbar zu haben, hat viele Vorteile:

- Möchten Sie Ihre Daten wie eine Visitenkarte an eine andere Person weitergeben, brauchen Sie nicht lange im Adressbuch zu suchen.
- Ein ehrlicher Finder kann ein verloren gegangenes Smartphone leichter zurückgeben, wenn er weiß, wem es gehört.
- Sollte das Smartphone in einem Notfall bei Ihnen gefunden werden, können Sie leichter identifiziert werden. Deshalb bietet das eigene Profil auch Felder für wichtige medizinische Informationen an, die ein Notarzt dort sofort sehen kann.

Tragen Sie Ihre persönlichen Daten, je nachdem, was Sie zur Verfügung stellen möchten, wie einen normalen Adressbucheintrag an dieser Stelle ein. Das eigene Profil wird immer auf dem Gerät gespeichert.

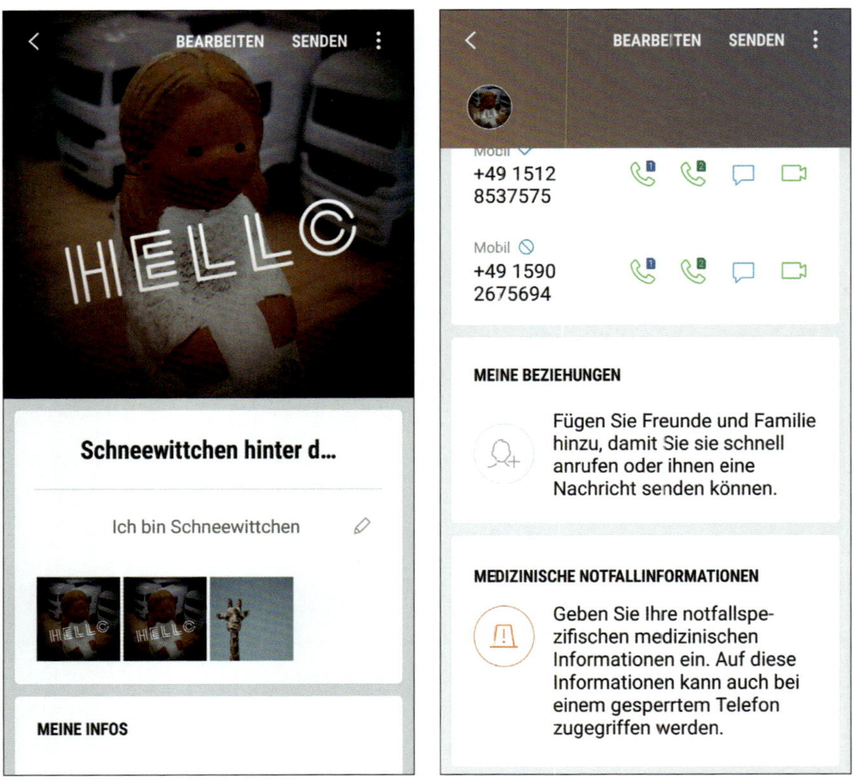

Persönliches Profil auf dem Smartphone speichern.

Kontaktgruppen

Über Kontaktgruppen finden Sie Ihre wichtigsten Kontaktpersonen leichter in langen Listen. Außerdem bieten diese Kontaktgruppen die Möglichkeit, E-Mails oder SMS automatisch an alle Kontakte der Gruppe oder auch nur an eine bestimmte Auswahl zu schicken.

Tippen Sie in der Kontaktliste unterhalb der Favoriten auf *Gruppen*, werden alle im Google-Konto gespeicherten Gruppen angezeigt. Hier können Sie neue Gruppen erstellen. Im unteren Teil der Liste finden Sie alle Organisationen und Firmen, die bei Kontakten gespeichert sind. Auf diese Weise finden Sie schnell Mitarbeiter der gleichen Firma.

Tippen Sie auf eine Gruppe, sehen Sie alle Gruppenmitglieder und können über *Bearbeiten* weitere Mitglieder zur Gruppe hinzufügen oder entfernen. Umgekehrt kann man in der Bearbeitungsansicht einer Person diese einer oder mehreren Gruppen hinzufügen.

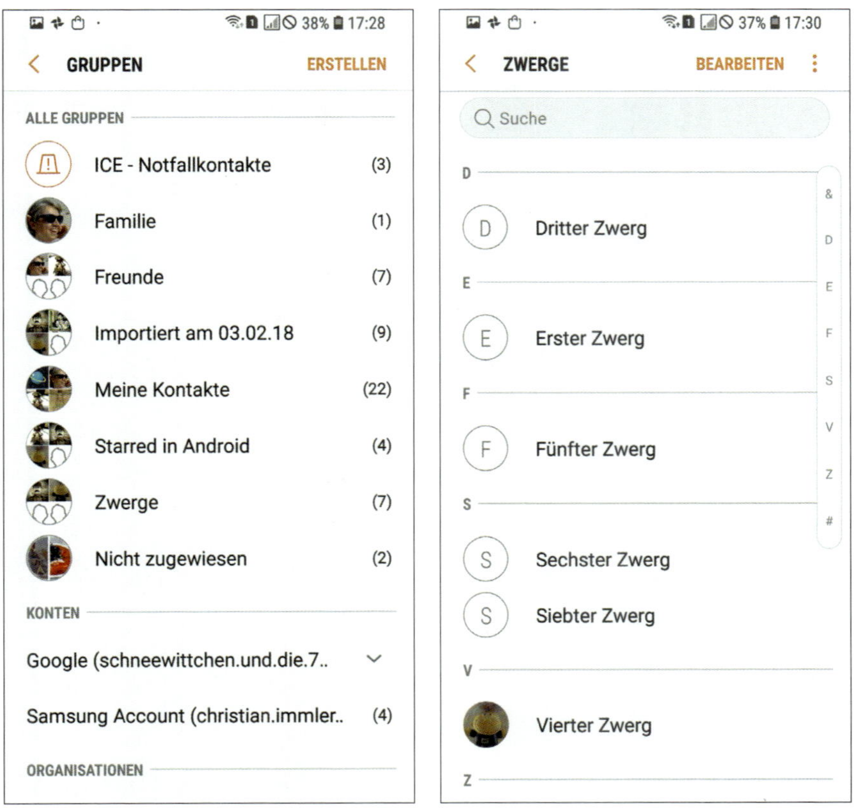

Kontaktgruppen und Gruppenmitglieder verwalten.

ICE-Notfallkontakte

Über die Gruppe *ICE-Notfallkontakte* im Adressbuch können Sie Telefonnummern zur Verfügung stellen, die im Notfall angerufen werden sollen – auch für den Fall, dass Sie selbst nicht in der Lage sind, solche Personen zu benennen.

> **Was bedeutet ICE?**
>
> ICE ist eine internationale Abkürzung für *In Case of Emergency* (auf Deutsch »in einem Notfall«). Finden Feuerwehrleute oder Rettungskräfte bei einer verletzten Person ein Smartphone, suchen sie nach solchen Einträgen, um möglichst schnell Angehörige oder den persönlichen Hausarzt zu verständigen.

Tragen Sie in dieser Gruppe nur wenige wichtige Personen ein, damit diese auch wirklich verständigt werden. Tragen Sie im Feld *Medizinische Notfallinformationen*, das in dieser speziellen Gruppe angezeigt wird, wichtige medizinische Notfalldaten ein, die dann für Hilfskräfte leicht sichtbar sind.

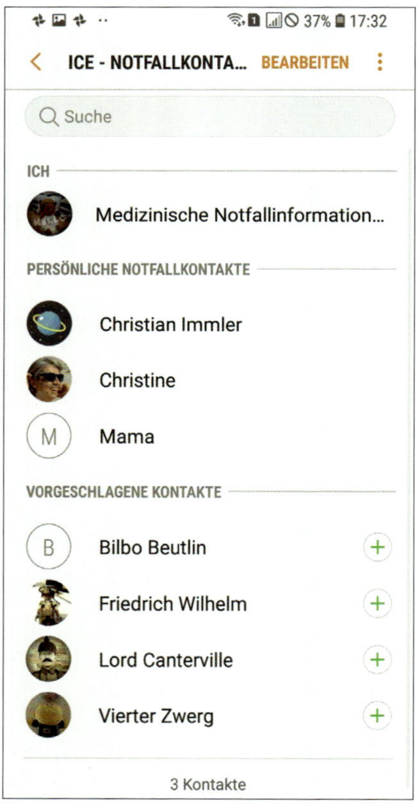

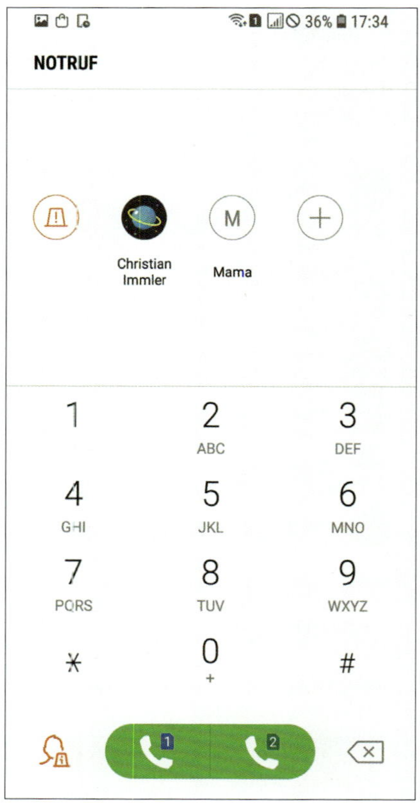

Links: die Gruppe ICE-Notfallkontakte, rechts: der Notruf-Bildschirm.

Haben Sie Ihren Sperrbildschirm durch eine PIN oder ein Sperrmuster geschützt, erscheint nach der internationalen Notrufverordnung dort der Button *Notruf*, der auch, ohne die PIN oder das Entsperrmuster zu kennen, nutzbar ist.

Tippt man auf diesen Button, wird neben einem Notrufsymbol und einer Telefontastatur auch ein Symbol für die Gruppe *ICE-Notfallkontakte* angezeigt. Weiterhin können Sie drei persönliche Kontakte auf diesen Bildschirm legen, die sofort erreichbar sein sollen, auch wenn Sie selbst in einem Notfall schnell zum Galaxy S9 greifen. Ohne das Smartphone zu entsperren, stehen nur die Kontakte aus der Gruppe *ICE-Notfallkontakte* zur Verfügung.

App-Shortcuts

Tippen Sie länger auf die Kontakte-App auf dem Startbildschirm oder in der App-Liste, erscheinen sogenannte App-Shortcuts, Buttons zum schnellen Aufruf häufig verwendeter Funktionen der App.

Bei den Kontakten sind das Gruppen sowie ein Symbol zum Anlegen eines neuen Kontaktes. Diese Symbole können direkt auf den Startbildschirm gezogen werden, um sie so noch einfacher aufzurufen.

App-Shortcuts der Kontakte-App.

Visitenkarten drahtlos übertragen

Viel einfacher als über klassische Visitenkarten auf Papier lassen sich Kontaktdaten drahtlos von einem Smartphone auf ein anderes übertragen und beim Empfänger direkt ins Adressbuch übernehmen.

1. Wählen Sie den Kontakt, den Sie als Visitenkarte versenden möchten, im Adressbuch aus, tippen Sie auf *Details* und dann oben auf *Senden*.

2. Im nächsten Schritt können Sie zwischen VCF-Datei und reinem Textformat wählen.

Kontakte an PCs und einfache Handys verschicken

Verwenden Sie zum Teilen von Kontakten das Format VCF (vCard). Diese Dateien können auch auf dem PC von verschiedenen Anwendungen, wie z. B. Microsoft Outlook, importiert werden. Da es sich um ein reines Textformat handelt, lassen sich Kontakte sogar per SMS auf ganz einfache Handys schicken. Über die Option *Kontakte importieren/exportieren* im Menüpunkt *Verwalten von Kontakten* in der Kontakte-App können Sie auch direkt VCF-Dateien einlesen oder erstellen, um sie weiterzugeben.

3. Wählen Sie in der Liste installierter Kommunikations-Apps die gewünschte Versandart aus. Schieben Sie die App-Liste auf dem Bildschirm nach links, erscheinen weitere Apps zum Teilen.

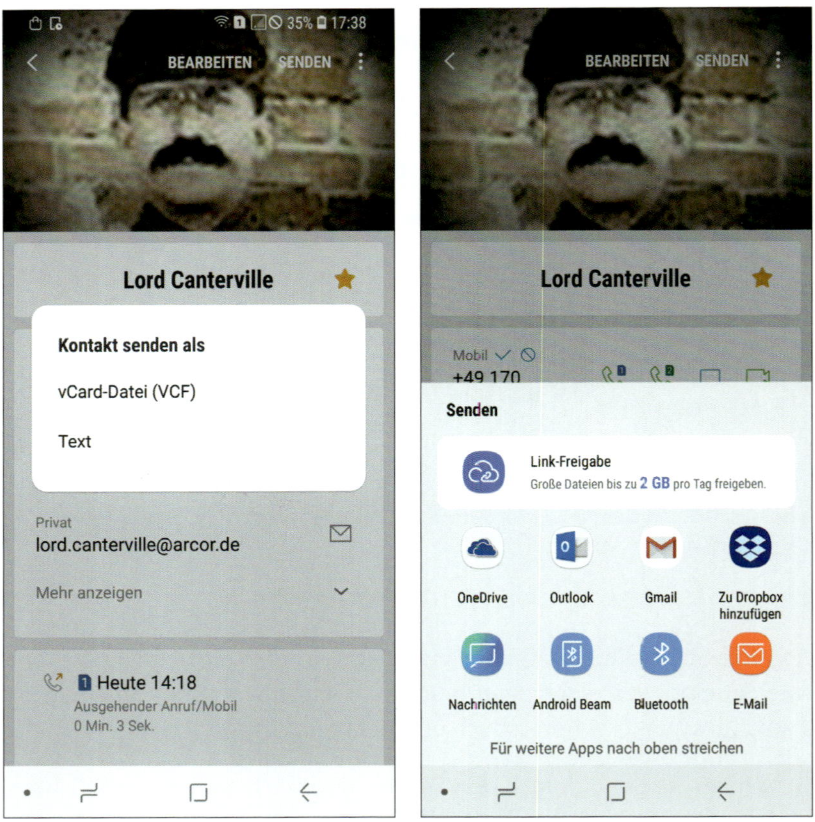

Kontaktdaten als Visitenkarte aus dem Adressbuch versenden.

4. Bei *E-Mail* oder *Gmail* öffnet sich eine neue Mail. Hier brauchen Sie nur noch den Empfänger und einen kurzen Text einzutragen. Die Kontaktdaten sind bereits angehängt.

5. Der Empfänger kann den Kontakt direkt in sein Adressbuch auf dem Smartphone importieren, indem er den Mailanhang öffnet. Vor dem Importieren muss nur noch das Konto ausgewählt werden, in dem der neue Kontakt gespeichert wird, wenn mehrere Konten auf dem Smartphone eingerichtet sind.

Visitenkarten scannen

Das Samsung Galaxy S9 bietet die Möglichkeit, klassische Visitenkarten aus Papier mit der Kamera einzuscannen und automatisch als Kontakt im Adressbuch hinzuzufügen.

1. Legen Sie dazu in der Kontakte-App einen neuen Kontakt an und wählen Sie zunächst das gewünschte Konto, in dem dieser Kontakt gespeichert werden soll.

2. Tippen Sie ganz unten auf *Visitenkarte scannen*. Beim ersten Mal muss die kostenlose App *SnapBizCard* aus den Samsung Galaxy Apps heruntergeladen werden, die dann automatisch installiert wird. Dieser App müssen Sie alle angefragten Berechtigungen gewähren, sonst funktioniert sie nicht.

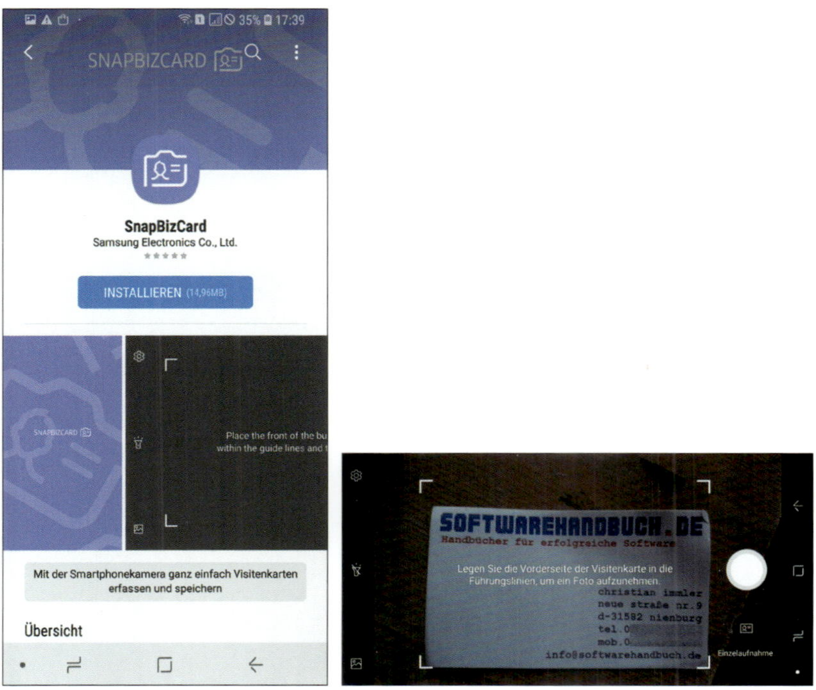

Mit SnapBizCard Visitenkarten in der Kontakte-App scannen.

3. Wenn Sie in der Kontakte-App auf *Visitenkarte scannen* tippen, startet automatisch die Kamera. Bringen Sie die Visitenkarte genau in die Positionsmarkierungen auf dem Bildschirm. Achten Sie darauf, die Kamera möglichst senkrecht auf die Visitenkarte zu halten. Dann wird sie automatisch gescannt, und die entsprechenden Kontaktfelder werden ausgefüllt. Das Foto der Visitenkarte wird automatisch als Kontaktfoto eingefügt.

4. Nicht immer werden alle Texte richtig erkannt. Sie haben aber noch vor dem Speichern die Möglichkeit, die Daten nachzubearbeiten.

Adressbuch auf dem PC bearbeiten

Wesentlich komfortabler als auf dem Smartphone kann man das Adressbuch auf dem PC mit Gmail bearbeiten.

Melden Sie sich mit den gleichen Zugangsdaten bei *contacts.google.com* an, die Sie auch auf dem Smartphone verwenden. Dort finden Sie das komplette Adressbuch des Google-Kontos und können alle Daten direkt bearbeiten sowie auch neue Kontakte hinzufügen.

Neben der klassischen Version der Kontakte-App wird noch die Vorschau einer neuen Version angeboten. Diese unterstützt aber bisher den Import von Kontakten aus anderen Programmen noch nicht, weshalb hier die klassische Version abgebildet ist.

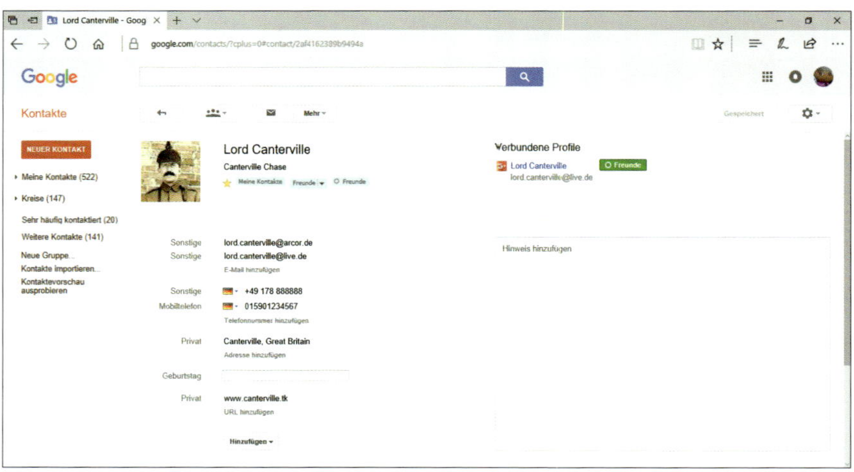

Kontakte vom Smartphone im Google-Konto auf dem PC bearbeiten.

Haben Sie früher Ihre Adressen auf dem PC mit Outlook oder einem anderen Programm verwaltet, können Sie sie nun ins Google-Konto einlesen.

1. Suchen Sie dazu in Ihrer bisherigen Adressverwaltung eine Funktion zum Export im CSV-Format. Dabei handelt es sich um ein einfaches Textformat, das sogar mit einem Texteditor bearbeitet werden kann. In Outlook heißt der Menüpunkt *Datei/Importieren/Exportieren/Exportieren*. Wählen Sie dort *Kommagetrennte Werte (Windows)* und *Kontakte*.

2. Klicken Sie in der Liste aller Kontakte im Google-Konto auf dem PC links auf *Kontakte importieren* und wählen Sie dann den Menüpunkt *Importieren*.

3. Wählen Sie jetzt die CSV-Datei aus, die Sie aus Ihrer alten Adressverwaltung exportiert haben, und klicken Sie auf *Importieren*.

Kontakte importieren im Google-Konto auf dem PC.

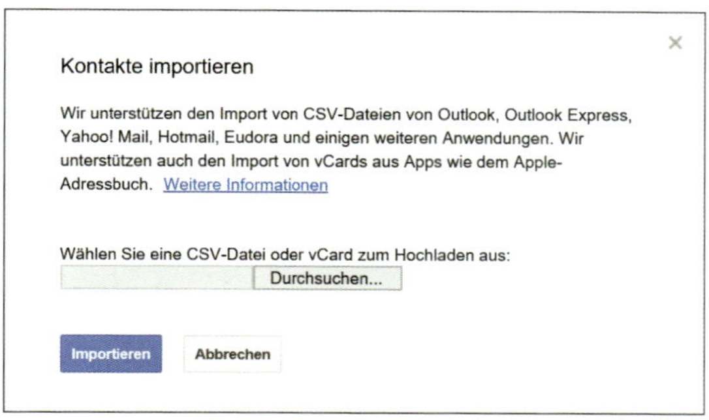

Kontakte aus einer CSV-Datei importieren.

4. Die Kontakte werden importiert und danach im Google-Konto angezeigt. Sollte es Schwierigkeiten beim Import geben, klicken Sie auf den Link *Weitere Informationen*. Hier finden Sie detaillierte Hinweise zu den CSV-Formaten, die Google importieren kann.

INFO: Die Synchronisation der Daten mit dem Smartphone erfolgt vollautomatisch im Hintergrund. Nach wenigen Sekunden ist eine bearbeitete Adresse auf dem Smartphone, ohne dass Sie irgendetwas tun müssen.

Wer sein Outlook noch nicht ganz aufgeben will, kann die Kontakte aus Outlook auch mit dem Google-Konto synchronisieren, sodass sie bei Veränderungen in beiden Anwendungen zur Verfügung stehen. Weder Google noch Microsoft bieten eigene Tools zu diesem Zweck an. Das kostenlose Programm *GO Contact Sync Mod* (*googlesyncmod.sourceforge.net*) erfüllt diesen Zweck aber sehr gut.

Der Terminkalender auf dem Samsung Galaxy S9

Neben dem Adressbuch verfügt das Samsung Galaxy S9 wie jedes Android-Smartphone auch über einen handlichen Terminkalender, der immer greifbar ist.

Samsung verwendet statt der Standard-Android-Kalender-App einen eigenen Kalender. Hier können Termine und Aufgaben, wie bei Android üblich, im Google-Konto gespeichert werden, auf dem Smartphone oder im Samsung-Konto. Das Kalendersymbol zeigt immer das aktuelle Tagesdatum an. Mit dem Google-Kalender sind die Termine auf dem Smartphone und dem PC immer synchron. Bei Bedarf können Sie über den Menüpunkt *Kalender verwalten* auch einzelne Kalender ausblenden. Sie können natürlich auch jederzeit neue Termine eintragen sowie weitere Kalender einbinden.

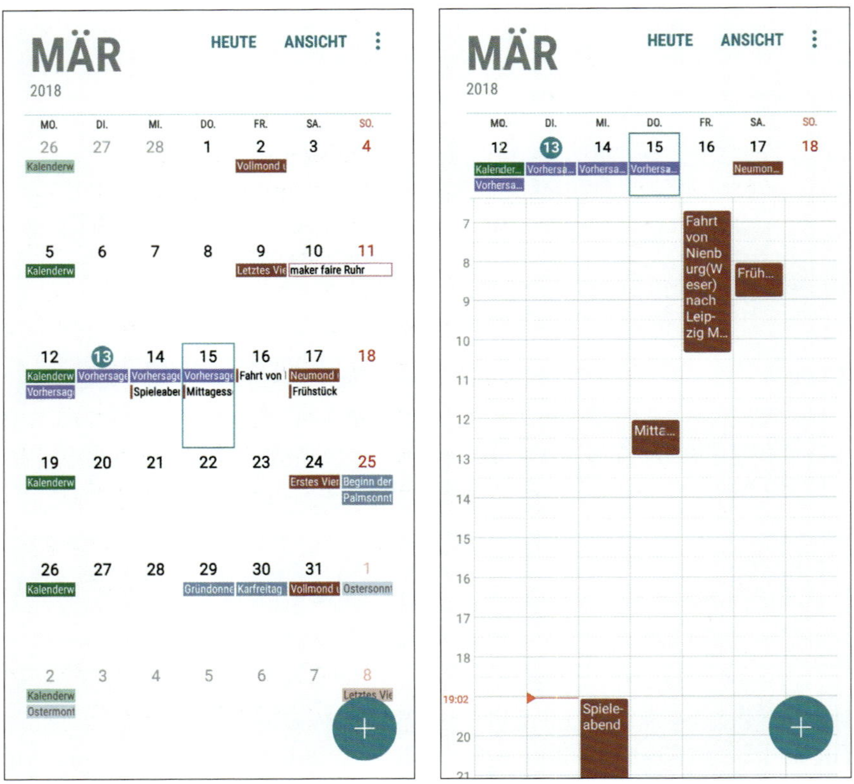

Verschiedene Ansichten im Kalender umschalten.

Tippen Sie oben auf *Ansicht*, um zwischen verschiedenen Ansichten umzuschalten. Mit einer horizontalen Fingerbewegung kommen Sie innerhalb einer

Ansicht zu einem späteren Datum, zum Beispiel zum nächsten Monat oder in die nächste Woche. Das aktuelle Datum innerhalb der gerade dargestellten Ansicht *Monat* oder *Woche* ist hervorgehoben. In der Tages- und Wochenansicht zeigt eine rote Linie die aktuelle Zeit in der Terminliste. Mit der Schaltfläche *Heute* springen Sie in jeder Ansicht zum aktuellen Tag.

Kalender auf dem PC nutzen

Im Browser auf dem PC finden Sie Ihren persönlichen Google-Kalender unter *calendar.google.com*. Dort können Sie Termine anlegen sowie auf dem Smartphone angelegte Termine einsehen und bearbeiten. Die Synchronisation mit dem Google-Kalender wird bei der Einrichtung des Google-Kontos auf dem Smartphone automatisch mit eingestellt.

Neuen Termin im Kalender eintragen

Neue Termine können Sie auf dem Samsung Galaxy S9 oder im Google-Kalender auf dem PC eintragen. Nach kurzer Zeit sind sie auf beiden Geräten synchron.

1. Um einen neuen Termin einzutragen, platzieren Sie die Markierung auf den gewünschten Zeitpunkt und tippen darauf. Es erscheint ein Formular, in dem Datum und Zeit bereits vorgewählt sind. Sie können diese aber auch jederzeit ändern. In der Grundeinstellung dauert jeder Termin eine Stunde. Sie können allerdings auch immer eine andere Endzeit festlegen. Alternativ tippen Sie auf das grüne Plussymbol unten rechts und geben die Daten manuell ein.

2. Geben Sie als Erstes dem neuen Termin einen Namen. Wichtigen Terminen können Sie eine besondere Farbe geben. Standardmäßig bezeichnet die Farbe des Termins den Kalender, in dem dieser Termin gespeichert ist.

3. Schalten Sie für ganztägige Termine die Option *Ganzen Tag* ein. Diese Termine erhalten dann keine Zeitangabe und erscheinen ganz oben in der Tages- und Wochenansicht.

4. Darunter können Sie wählen, in welchem Kalender der Termin eingetragen werden soll, nur auf dem Smartphone, im Samsung-Konto oder am besten im Google-Konto.

5. Bei Bedarf können Sie auch noch Teilnehmer oder Notizen hinzufügen und einen Standort eingeben. Dieser kann auf einer Google-Maps-Karte gewählt werden.

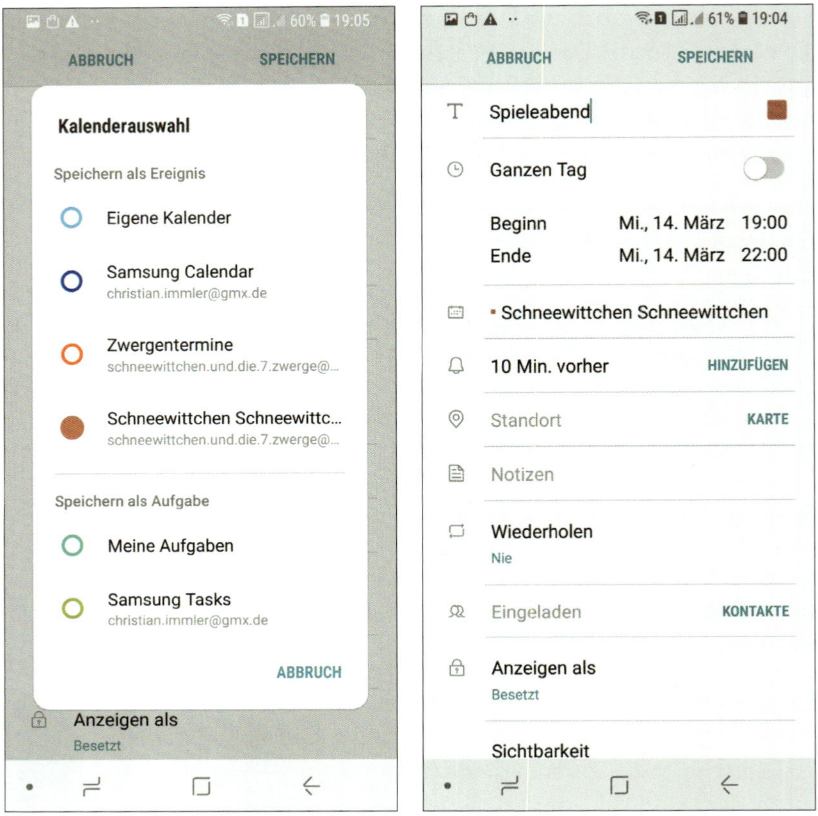

Kalender auswählen und Termin im Kalender eintragen.

6. Tippen Sie auf *Speichern*, dann erscheint der Termin im Kalender.

Tippen Sie später auf einen Termin, werden alle im Termin gespeicherten Angaben angezeigt. Durch einfaches Antippen der jeweiligen Felder können Sie den Termin auch nachträglich noch bearbeiten. Tippen Sie oben links auf den Pfeil, um aus einer Terminansicht wieder zurück in den Kalender zu kommen.

Möchten Sie sich an einen Termin erinnern lassen, fügen Sie in der Terminanzeige eine Erinnerung hinzu. Das Smartphone erinnert Sie dann über die Benachrichtigungsleiste mit Signalton rechtzeitig an den Termin. Den Zeitraum können Sie selbst festlegen.

Regelmäßige Termine brauchen nicht jedes Mal neu eingetragen zu werden. Der Kalender bietet diverse Möglichkeiten zur Terminwiederholung. Tippen Sie in einem Termin auf die Zeile *Wiederholen* und wählen Sie eine Methode aus. Über die Option *Anpassen* in der Liste *Wiederholen* haben Sie noch mehr Möglichkeiten für variable Terminwiederholungen, wie zum Beispiel jeden dritten Monat.

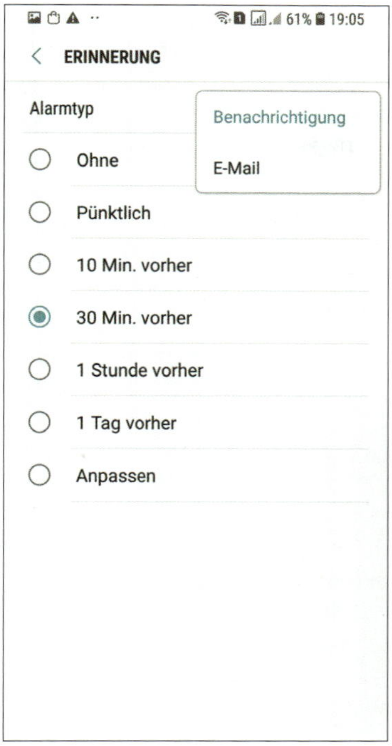

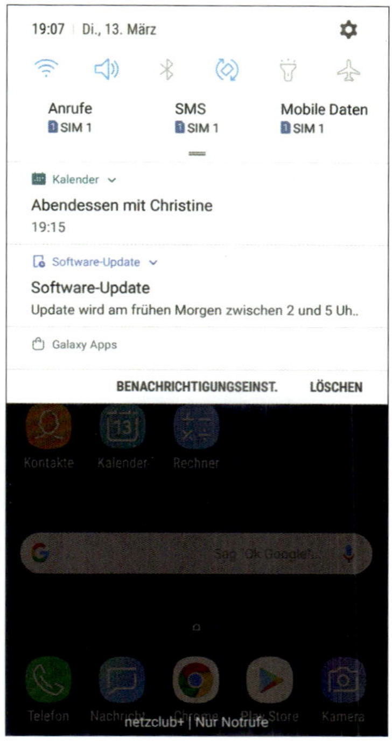

Einstellungen zur Erinnerung und Erinnerung vor einem Termin.

Einstellungen zur Terminwiederholung.

Termine suchen

Haben Sie viele Termine im Kalender, ist es oft nicht einfach, einen bestimmten wiederzufinden, besonders wenn man sich nicht an das Datum erinnert. Hier hilft die Suchfunktion im Kalender weiter. Tippen Sie auf das Menüsymbol oben rechts und wählen Sie im Menü *Suche*.

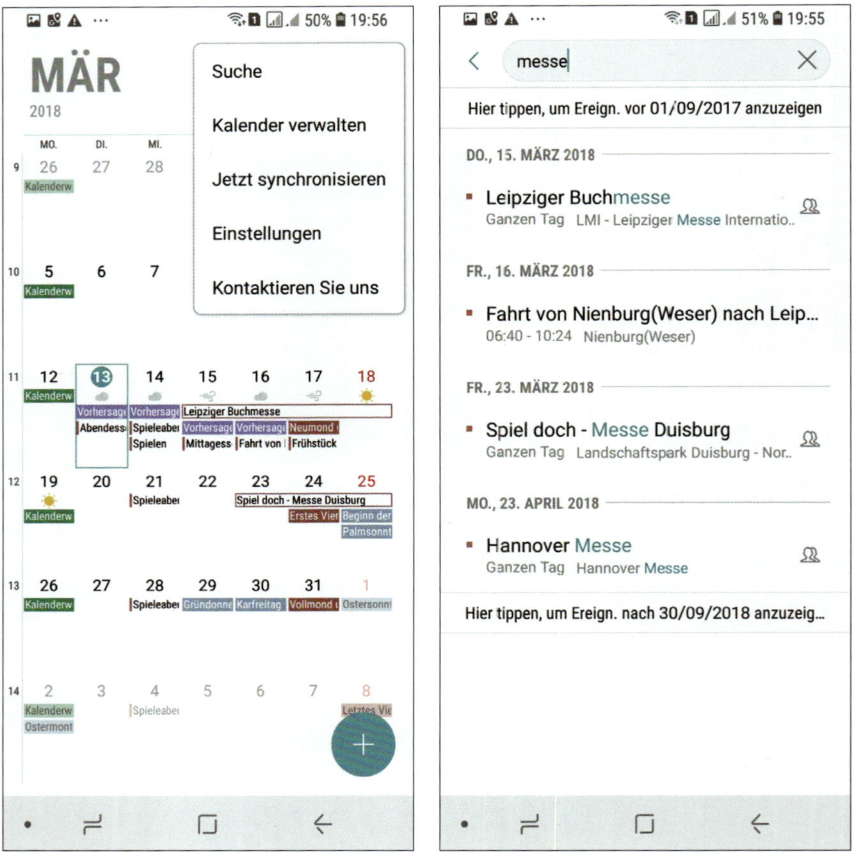

Nach einem Termin suchen.

Nach der Eingabe eines Stichworts im Suchfeld zeigt der Kalender eine Übersicht aller Termine, in denen dieses Stichwort vorkommt. Tippen Sie auf ein Suchergebnis, um direkt zum Termin zu kommen.

Die Suche zeigt nur Termine innerhalb eines begrenzten Zeitraums an. Um Termine aus der früheren Vergangenheit oder der späteren Zukunft zu finden, tippen Sie auf die entsprechenden Zeilen am Anfang oder Ende der Liste.

App-Shortcuts

Tippen Sie länger auf die Kalender-App auf dem Startbildschirm oder in der App-Liste, erscheinen App-Shortcuts zum schnellen Aufruf häufig verwendeter Funktionen der App. Im Kalender sind das *Ereignis hinzufügen*, *Aufgabe hinzufügen* sowie die *Suche* nach Terminen. Diese Symbole können direkt auf den Startbildschirm gezogen werden, um sie so noch einfacher aufzurufen.

App-Shortcuts der Kalender-App.

Bixby zeigt Termine an

Samsungs viel beworbener Sprachassistent Bixby versteht noch kein Deutsch. Der Bixby-Home-Bildschirm funktioniert aber bereits. Ein Druck auf die Bixby-Taste links unterhalb der Lautstärketasten oder eine horizontale Wischbewegung von links nach rechts auf dem Startbildschirm zeigt den Bixby-Home-Bildschirm mit aktuellen Nachrichten.

Der Bixby-Home-Bildschirm besteht aus mehreren sogenannten Karten. Jede Karte können Sie über das Menü oben rechts ausblenden, bis nur noch wirklich wichtige – zum Beispiel die eigenen Termine – übrig bleiben. Eine besonders wichtige Karte kann über das Menü oben angeheftet werden und ist damit sofort beim Aufruf von Bixby zu sehen. So haben Sie Ihre Termine immer im Blick.

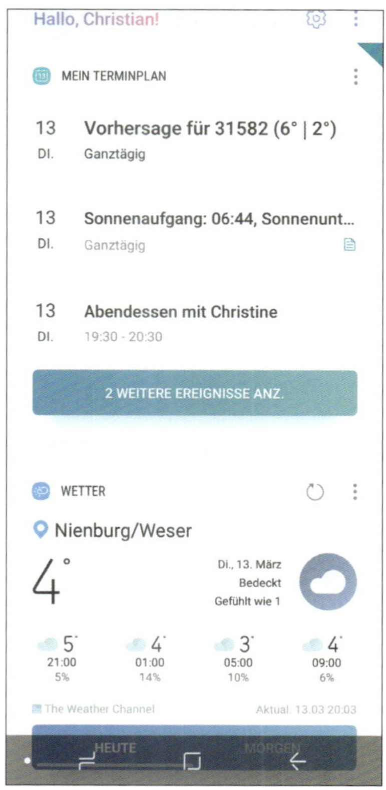

Termine in Bixby.

Wichtige Kalendereinstellungen

In der Kalenderliste, die Sie über den Menüpunkt *Kalender verwalten* erreichen, legen Sie fest, welche Kalender auf dem Smartphone angezeigt werden sollen. Haben Sie im Google-Konto mehrere Kalender, brauchen Sie nicht unbedingt immer alle Termine auf dem Smartphone. In der Liste können Sie für jeden Kalender eine Farbe wählen und festlegen, ob er auf dem Smartphone synchronisiert werden soll oder nicht.

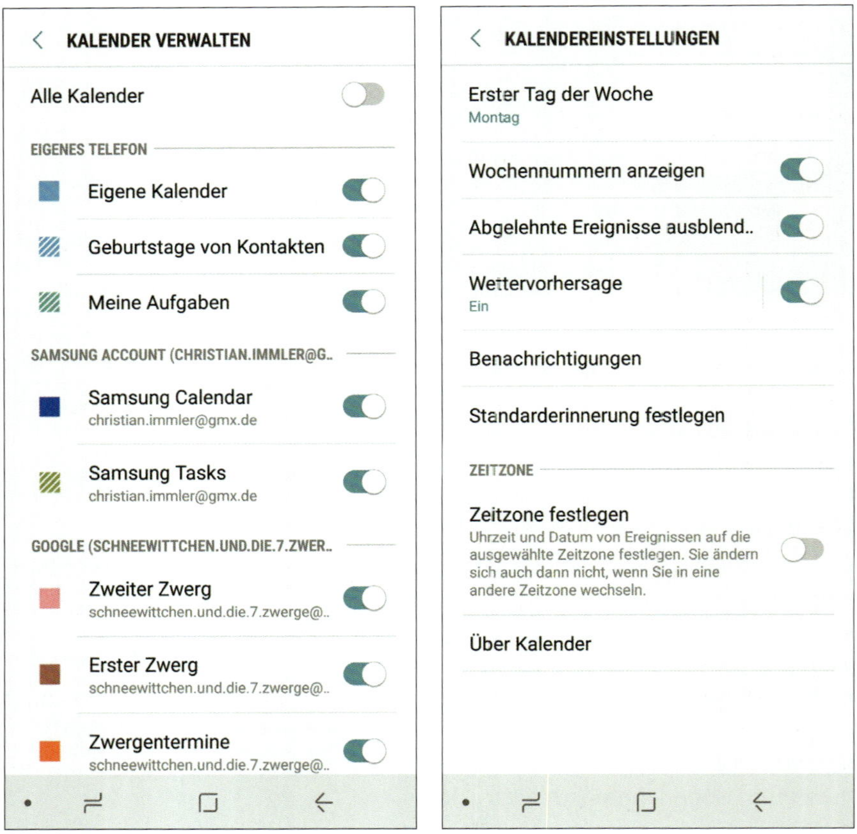

Kalenderliste und Einstellungen.

Die Standardzeit für Erinnerungen legen Sie in den Einstellungen für Highlights und ganztägige Ereignisse im Kalender fest. Diese lässt sich für jeden Termin allerdings auch noch verändern. Zusätzlich können Sie die Wochennummern und kleine Symbole mit einer Wettervorhersage im Kalender einblenden.

Unter *Benachrichtigungen* wählen Sie, auf welche Weise das Samsung Galaxy S9 an Termine erinnern soll.

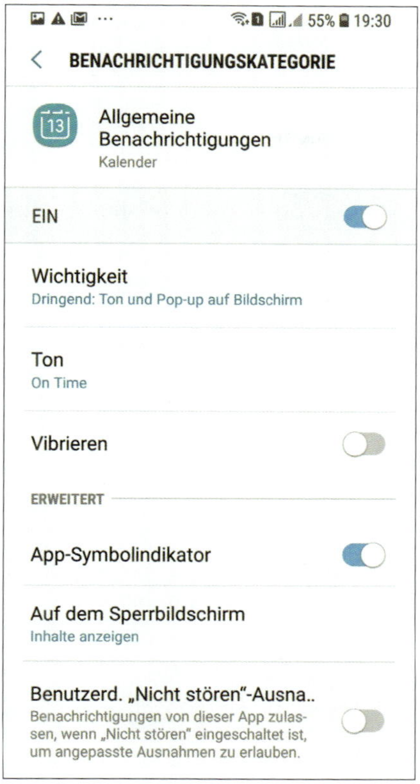

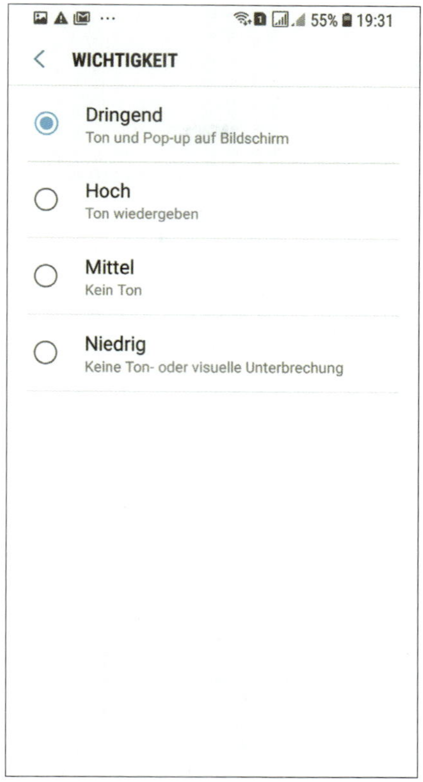

Benachrichtigungseinstellungen im Kalender.

Kalender und Termine importieren

Der Google-Kalender bietet die Möglichkeit, weitere Kalender von Freunden, Firmenkalender oder öffentliche Kalender mit Feiertagen, Schulferien oder anderen Terminen zu importieren. Diese werden dann in anderer Farbe im eigenen Google-Kalender auf dem PC wie auch auf dem Smartphone angezeigt.

Um einen Kalender zu importieren, melden Sie sich auf dem PC im Browser bei *calendar.google.com* mit Ihrem Google-Konto an. Unter *Weitere Kalender/Kalender importieren* können Sie weitere Kalender importieren. Welche dieser Kalender auf dem Smartphone angezeigt werden sollen, legen Sie dort unter *Kalender verwalten* fest.

Einige Apps können einzelne Termine direkt in den Google-Kalender auf dem Smartphone eintragen, ohne dass ein ganzer Kalender importiert werden muss. Diese werden dann auch synchronisiert und stehen auf dem PC im Browser zur Verfügung. Ein gutes Beispiel ist der *DB Navigator*, der den Fahrplan für eine ausgewählte Fahrt auf Wunsch in den Kalender einträgt.

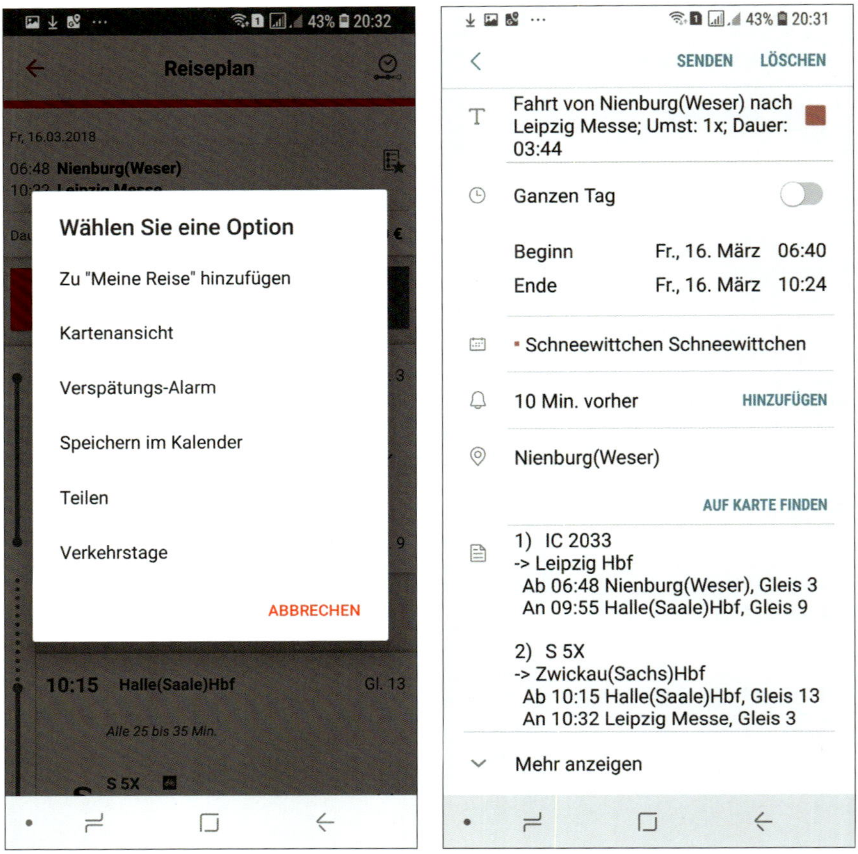

Fahrt aus dem DB Navigator im Kalender speichern.

Zu Terminen einladen

Andere Personen zu einem Termin einzuladen, ist häufig mit Missverständnissen verbunden. Da vergisst jemand den Ort oder den Zeitpunkt oder versäumt es einfach, den Termin in den Kalender einzutragen. Mit Android lassen sich Termine ganz einfach »teilen«.

1. Wählen Sie im Kalender den Termin und tippen Sie unten auf *Mehr anzeigen* und dann in der Zeile *Teilnehmer* auf *Kontakte*.
2. Wählen Sie die Namen von Gästen aus dem Adressbuch aus.
3. Jeder eingeladene Gast bekommt automatisch eine Benachrichtigung per E-Mail und kann den Termin direkt aus der Mail in seinen Kalender importieren. Bei einer Zu- oder Absage wird diese im eigenen Kalender angezeigt.

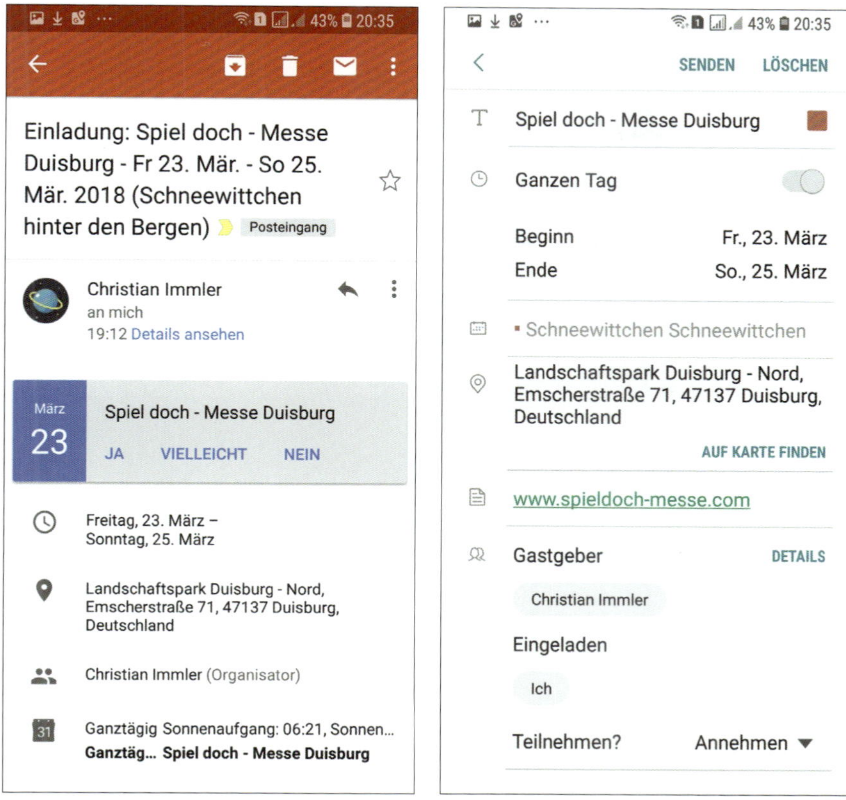

Termineinladung aus einer E-mail in den Kalender übernehmen.

Termineinladungen an PCs verschicken

Android verwendet für den Versand von Terminen das Format VCS (vCalendar). Diese Dateien können auch auf dem PC von verschiedenen Kalendern wie z. B. Microsoft Outlook importiert werden.

Termine mit dem Google Assistant

Der Google Assistant, der im Gegensatz zu Samsung Bixby die deutsche Sprache sehr gut versteht, zeigt Termine aus dem Kalender an und liest sie vor. Tippen Sie auf das Mikrofonsymbol in der Google-App und sagen Sie zum Beispiel: »meine nächsten Termine« oder »meine Termine am Freitag«. Die Google-App zeigt die entsprechenden Termine an und liest den ersten auch gleich vor.

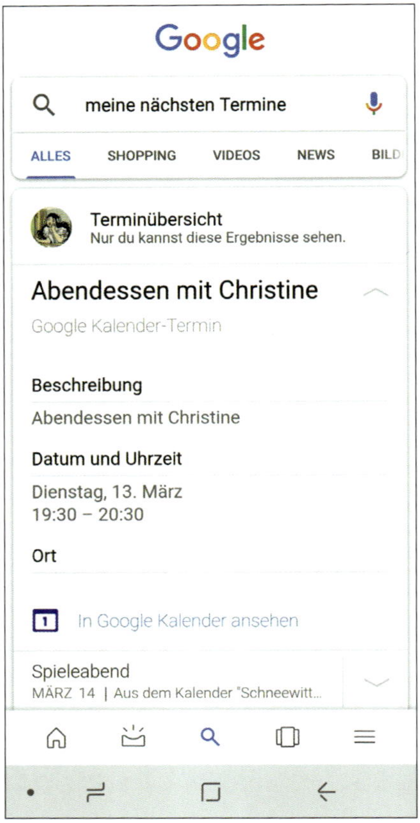

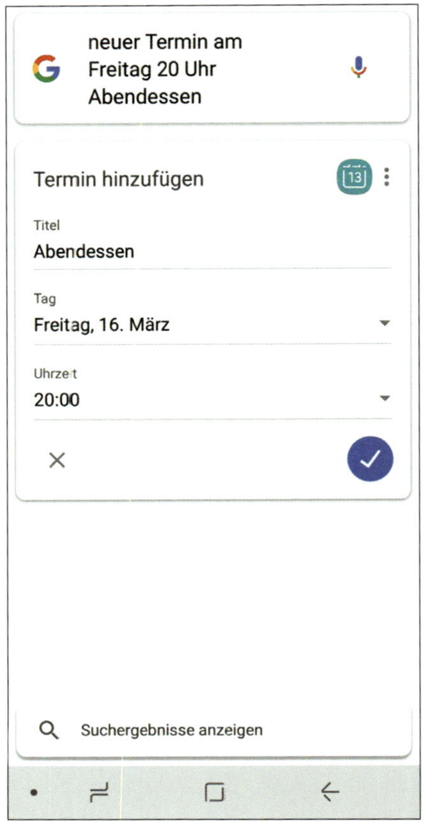

Termine in der Google-App anzeigen und neuen Termin anlegen.

Tippen Sie auf das Mikrofonsymbol in der Google-App und sagen Sie zum Beispiel: »neuer Termin am Freitag 20 Uhr Abendessen«, wird automatisch ein Termin angelegt, den Sie nur noch mit einem Klick bestätigen müssen.

Tipps zur Bildschirmtastatur

Das Samsung Galaxy S9 hat wie die meisten Android-Smartphones keine wirkliche Tastatur. Beim Antippen eines Texteingabefeldes erscheint dafür automatisch eine Bildschirmtastatur, auf der Buchstaben, Ziffern und auch Sonderzeichen eingegeben werden können.

Ein angetippter Buchstabe wird vor dem Loslassen deutlich hervorgehoben, um Tippfehler zu vermeiden. Oberhalb der Tastatur werden beim Tippen Wortvorschläge gemacht, die Sie antippen und damit übernehmen können. Hat man sich an diese Vorschläge einmal gewöhnt, schreibt es sich deutlich schneller, da längst nicht mehr jedes Wort vollständig eingegeben werden muss.

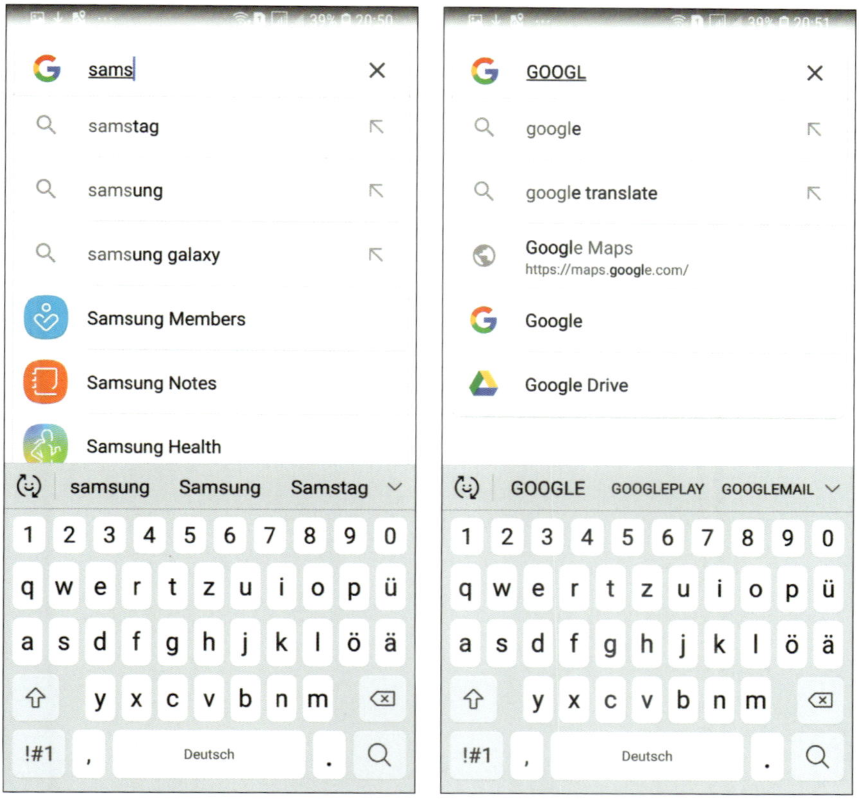

Bildschirmtastatur für Klein- und Großbuchstaben.

Zur Eingabe von Großbuchstaben muss zuerst die [⇧]-Taste links unten angetippt werden, die die Bildschirmtastatur für den nächsten Buchstaben auf Großbuchstaben umschaltet. Tippt man zweimal auf die [⇧]-Taste, wird diese farbig hervorgehoben und die Großschreibung wird festgestellt, bis man sie mit einem weiteren Antippen wieder löst. Auf dem PC bezeichnet man die gleiche Funktion als Feststelltaste oder Caps Lock.

Zur Eingabe von Umlauten oder Buchstaben mit Akzent halten Sie den Finger länger auf dem jeweiligen Buchstaben. Es erscheint ein Zusatzfeld mit einer Auswahl von Varianten dieses Buchstabens. Auf diese Weise finden Sie auch das **ß** auf der Taste [S]. Bei einer Auswahl mehrerer Zeichen wird das eingegeben, auf dem Sie den Finger vom Bildschirm loslassen.

Die Taste mit den Symbolen [!#1] ganz links unten schaltet auf ein Tastaturlayout zur Eingabe mathematischer und grafischer Sonderzeichen um. Dort bietet die Taste [1/2] eine weitere Sonderzeichentastatur mit selteneren Zeichen an. Von der Sonderzeichentastatur kommt man mit der Taste [ABC] links unten wieder zurück zur normalen Buchstabentastatur.

Umlaute und Sonderzeichen auf der Bildschirmtastatur eingeben.

Bildschirmtastatur für Sonderzeichen.

Tippt man auf eine Stelle auf dem Bildschirm, an der keine Texteingabe möglich ist, verschwindet die Bildschirmtastatur automatisch wieder. Sie können diese auch jederzeit mit einem Druck auf das Zurück-Symbol, das zu einem Pfeil nach unten wechselt, ausblenden, wenn sie wichtige Bildschirmteile verdeckt.

Hoch- und Querformat

Beim Betrachten von Fotos oder Videos, in der Kamera-App und bei bestimmten Spielen ist der Querformatmodus nützlich. Halten Sie das Smartphone quer, schalten die meisten Apps auf eine Querformatdarstellung um. Einige Apps zeigen im Querformat andere Inhalte oder verwenden ein anderes Layout. So zeigt zum Beispiel der Taschenrechner im Querformat eine wissenschaftliche Tastatur. Andere Apps unterstützen die Umschaltung auf das Querformat dagegen nicht.

Zum flüssigen Schreiben von Texten ist die Bildschirmtastatur sehr klein. Hinzu kommt, dass man im Hochformat kaum mit zwei Fingern gleichzeitig auf dem Smartphone tippen kann. Halten Sie das Smartphone beim Schreiben quer, dreht sich der Bildschirminhalt automatisch und die Tastatur füllt die gesamte Bildschirmbreite, dafür verdeckt sie aber noch größere Teile des Bildschirms.

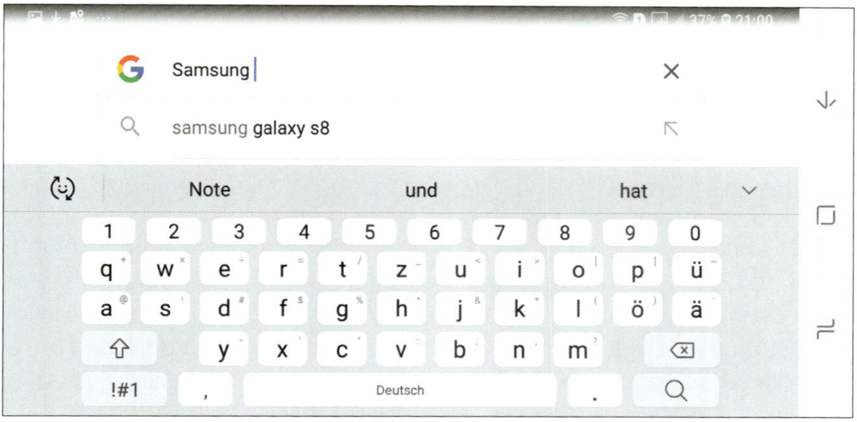

Die Bildschirmtastatur im Querformat.

Wenn Sie das automatische Drehen des Bildschirms beim Halten des Smartphones – z. B. beim Lesen im Bett – stört, tippen Sie auf das Symbol *Bildschirm drehen* in den Schnelleinstellungen und schalten damit die Bildschirmdrehung aus.

Anpassbare Symbolleiste auf der Tastatur

Oberhalb der Tastatur befindet sich eine Leiste, die anhand der eingetippten Zeichen Wörter vorschlägt, die durch einfaches Antippen übernommen werden können.

Das Symbol ganz links schaltet zwischen diesen Wortvorschlägen und einer anpassbaren Symbolleiste für besondere Tastaturen um.

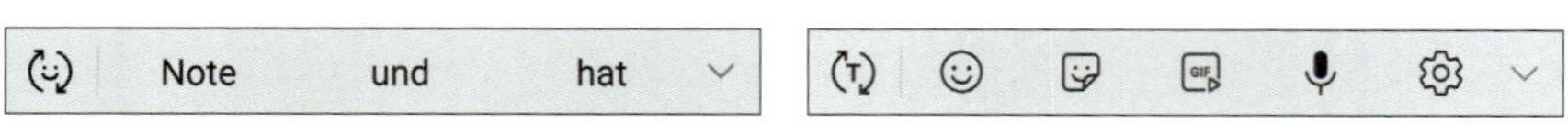

Wortvorschläge und Leiste für besondere Tastaturen.

Tippen Sie auf den kleinen Pfeil ganz rechts, erscheinen weitere Symbole, die Sie in die Symbolleiste ziehen können, um sie so jederzeit zur Verfügung zu haben.

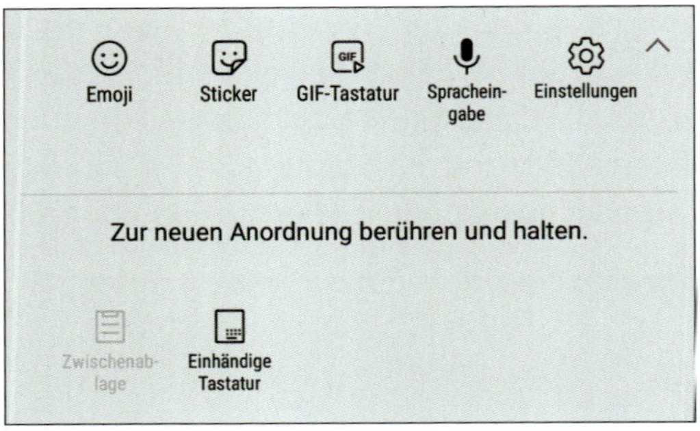

Symbolleiste anpassen.

Die neuen Emojis

Emojis sind kleine Bildchen zur Darstellung von Stimmungs- und Gefühlszuständen in der schriftlichen Kommunikation. Ursprünglich waren das reine ASCII-Zeichen, wie zum Beispiel :-) für ein lächelndes Gesicht, auch als Smiley bezeichnet. Android 8 Oreo unterstützt den neuen Standard Unicode 10, der jede Menge grafische Emojis im Zeichensatz enthält, darunter 56 neue: Feen, Vampire, Zauberer, schwangere und stillende Frauen sowie ein kotzendes Smiley. Diese können über eine spezielle Tastatur ausgewählt werden. Tippen Sie in der Tastatursymbolleiste auf das Gesicht, wird eine Palette mit Emojis angezeigt. Die Emojis sind nach Kategorien geordnet. Über horizontale Wischbewegungen tauchen weitere Emojis auf.

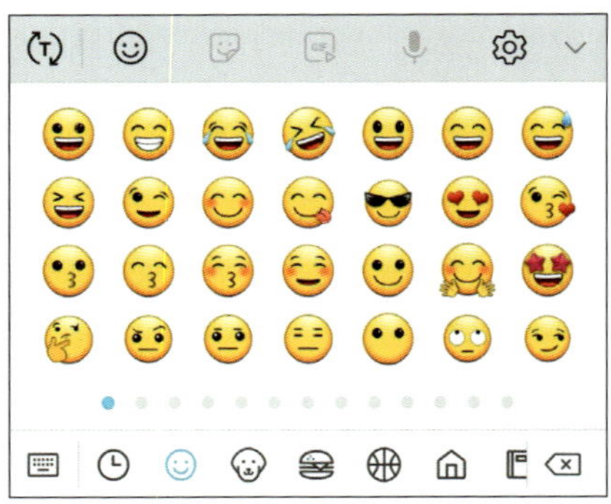

Bildschirmtastatur für grafische Emojis.

Vorsicht

In der privaten Korrespondenz durchaus sinnvoll und lustig, sollten Emojis aber im offiziellen Schriftverkehr nur sparsam eingesetzt werden. Emojis sollte man nur verwenden, wenn man sicher ist, dass der Empfänger darunter den gleichen Sinn versteht. Gleiche Emojis werden auf unterschiedlichen Systemplattformen unter Umständen grafisch unterschiedlich dargestellt.

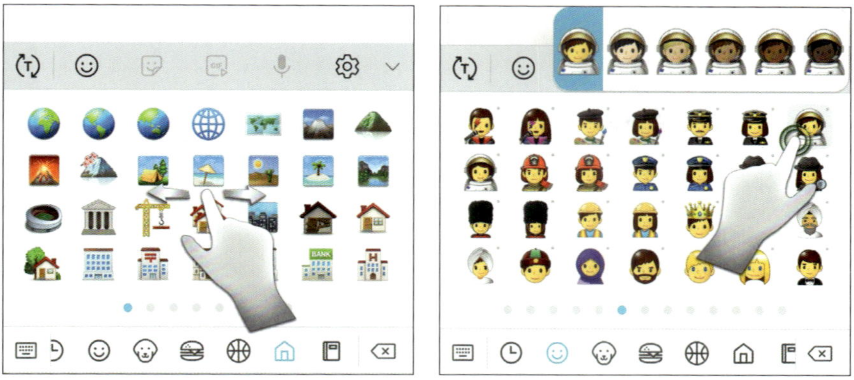

Die meisten menschlichen Figuren lassen sich durch längeres Antippen auf unterschiedliche Hautfarben umstellen.

Sticker und GIFs

Die beiden Symbole *Sticker* und *GIFs* funktionieren nur in unterstützten Apps, unter anderem *Gmail* und *Nachrichten*. Sticker sind kleine Cartoons, die aus drei verschiedenen Sammlungen ausgewählt werden können, GIFs sind kurze animierte Bildsequenzen. Diese werden anhand von Schlagwörtern aus dem Internet heruntergeladen. Die Dateien werden nicht wie Emojis anstelle von Buchstaben in den Text eingebaut, sondern als Anhang mitgesendet.

Paletten mit Stickern und GIFs anstelle der Tastatur.

Spracheingabe

Das Mikrofonsymbol startet Googles Spracheingabe. Gesprochener Text wird automatisch in Text umgewandelt. Tippen Sie auf das Zahnradsymbol, um die verwendete Sprache einzustellen. Nur wenn diese dem gesprochenen Text entspricht, kann dieser richtig umgesetzt werden.

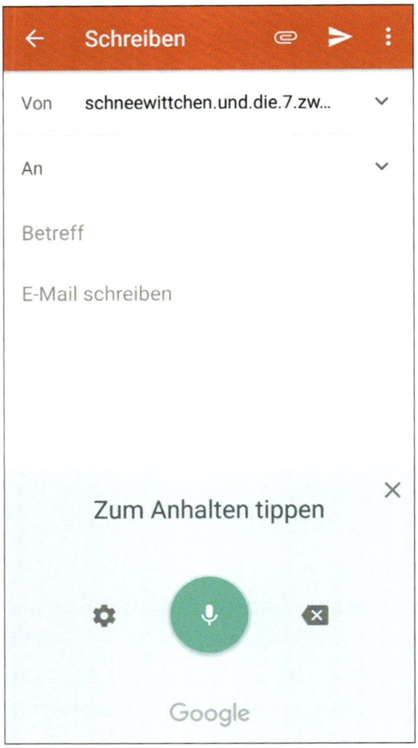

Text per Spracheingabe schreiben und die Einstellungen zur Spracheingabe.

Wischen statt tippen

Nach einer gewissen Eingewöhnungszeit schreibt man mit Wischbewegungen auf der Tastatur noch viel schneller, als jeden Buchstaben einzeln anzutippen.

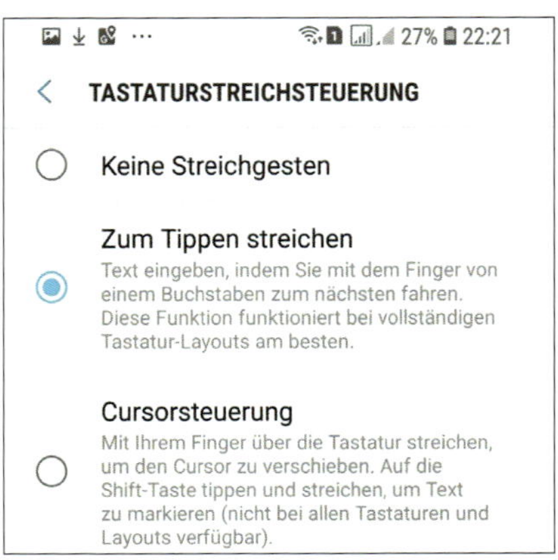

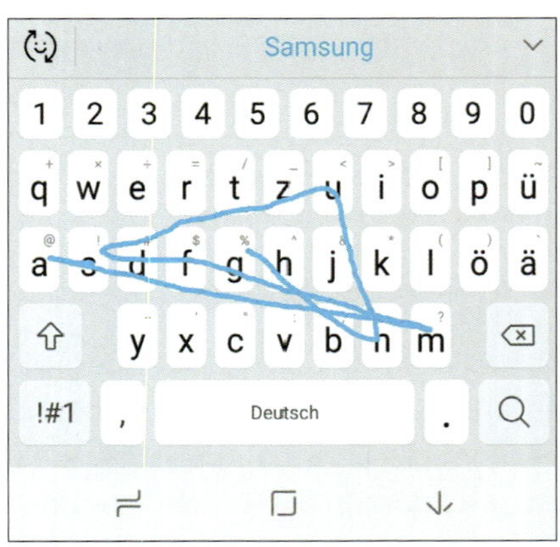

Per Wischen schreibt es sich schneller.

Tippen Sie auf der Tastatur auf das Zahnradsymbol in der Symbolleiste, auf dem nächsten Bildschirm auf *Intelligentes Tippen* und dann auf *Tastaturstreichsteuerung* und schalten Sie dort die Option *Zum Tippen streichen* ein.

Schreiben Sie jetzt ein Wort, indem Sie den ersten Buchstaben antippen, dann den Finger auf der Tastatur lassen und einfach von Buchstabe zu Buchstabe wischen. Die Texterkennung erkennt meist recht schnell das gewünschte Wort, selbst wenn Sie die Buchstabentasten nicht genau treffen, sodass Sie längst nicht alle Wörter zu Ende schreiben müssen.

- Zur Eingabe eines doppelten Buchstabens wischen Sie mit dem Finger auf der Taste kurz hin und her oder verlassen sich auf die Texterkennung, die viele Wörter auch erkennt, wenn doppelte Buchstaben nur einfach geschrieben werden.
- Am Ende eines Wortes wird automatisch ein Leerzeichen eingefügt.
- Zur Eingabe von Großbuchstaben am Wortanfang brauchen Sie keine ⇧-Taste mehr. Tippen Sie auf den ersten Buchstaben, wischen Sie kurz aus dem Tastaturfeld in den oberen Bildschirmbereich und dann, ohne abzusetzen, auf den nächsten Buchstaben.

Einfachere Cursorsteuerung zum Markieren

Oftmals ist es schwierig, den Anfangspunkt richtig zu setzen, um einen Textbereich genau zu markieren. Zu leicht trifft man mit dem Cursor daneben. Das Samsung Galaxy S9 hat zwar auf der Tastatur keine Cursortasten wie manche andere Android-Smartphones, bietet aber eine komfortable Möglichkeit, über Wischbewegungen auf der Tastatur den Cursor zu versetzen. Schalten Sie in den Tastatureinstellungen unter *Intelligentes Tippen/Tastaturstreichsteuerung* die *Cursorsteuerung* ein. Wischen Sie dann mit dem Finger über die Tastatur, um den Cursor genau zu positionieren. Natürlich lässt sich diese Art der Cursorsteuerung nicht nutzen, wenn die Option *Zum Tippen streichen* verwendet wird.

Einhändige Tastatur

Menschen mit kleinen Händen tun sich auf modernen Smartphones mit ihren immer größeren Bildschirmen oft schwer, die Tastatur noch mit einer Hand zu bedienen. Das Samsung Galaxy S9 bietet alternativ noch eine kleinere und eine größenverstellbare Tastatur an.

Tippen Sie auf den Pfeil ganz rechts in der Tastatursymbolleiste, wird das Symbol *Einhändige Tastatur* eingeblendet. Wenn Sie es oft brauchen, können Sie dieses Symbol auch in die Symbolleiste ziehen.

Mit den Pfeilsymbolen an den Seiten lässt sich diese Tastatur auf die linke oder rechte Bildschirmseite schieben Das Symbol oben in der Ecke schaltet auf die Vollformattastatur zurück.

In den Tastatureinstellungen, erreichbar über das Zahnradsymbol auf der Tastatursymbolleiste, lässt sich unter *Tastaturlayout und Feedback/Tastaturgröße und -Layout* die Tastaturgröße interaktiv einstellen. Hier steht auch direkt ein Textfeld zur Verfügung, in dem Sie ausprobieren können, wie gut es sich auf der Tastatur schreibt.

Links: Einhändige Tastatur, rechts: Tastaturgröße anpassen.

Handy-Tastatur wie früher

Auf klassischen Handys mit Zifferntastatur gibt es wahre Künstler, was das schnelle – und oft auch fehlerfreie – Tippen von SMS-Texten angeht. Jede Ziffertaste war damals mit drei bis vier Buchstaben belegt.

Mithilfe der Texterkennung T9 (Text mit 9 Tasten) brauchte trotzdem jede Taste nur einmal gedrückt zu werden, die passenden Wörter wurden automatisch erkannt. Ein bestimmtes der vier Zeichen gibt man an der Worterkennung vorbei durch langes Antippen einer Taste ein. Auf die gleiche Weise werden auch Umlaute eingegeben.

Für diese Schnelltipper bietet das Samsung Galaxy S9 anstelle der typischen QWERTZ-Computertastatur auch eine Handy-Tastatur an, die zusätzlich den Vorteil deutlich größerer Tasten hat, aber kein T9 unterstützt. Das bedeutet, viele Buchstaben müssen durch mehrfaches Antippen einer Taste eingegeben werden.

Tippen Sie auf das Zahnradsymbol auf der Tastatursymbolleiste und schalten Sie auf dem nächsten Bildschirm bei *Sprachen und Typen/Deutsch* von *Deutsche Tastatur* auf *3x4-Tastatur* um. Jetzt wird die Zifferntastatur jedes Mal automatisch angezeigt, wenn man in ein Texteingabefeld tippt. Mit der Sonderzeichentaste unten links kommt man zur Eingabe von Sonderzeichen kurzfristig zurück zur QWERTZ-Tastatur.

Die Zifferntastatur als Alternative zur Standardtastatur.

Uhr und Wecker

Ein Smartphone, das man fast immer bei sich trägt, eignet sich geradezu ideal als Taschenuhr oder Wecker. Das Samsung Galaxy S9 liefert eine Uhr auf dem Startbildschirm und einen Wecker mit. Zusätzlich wird jederzeit oben rechts in der Benachrichtigungsleiste die aktuelle Uhrzeit angezeigt.

Uhr

Das Samsung Galaxy S9 liefert eine Uhr-App mit, die einen Wecker, eine Weltuhr, Stoppuhr sowie einen Timer zeigt. Das Symbol dieser Uhr zeigt die aktuelle Uhrzeit, synchronisiert sich aber nicht in Echtzeit, sondern immer nur, wenn die App-Liste bzw. die entsprechende Startbildschirmseite neu angezeigt wird.

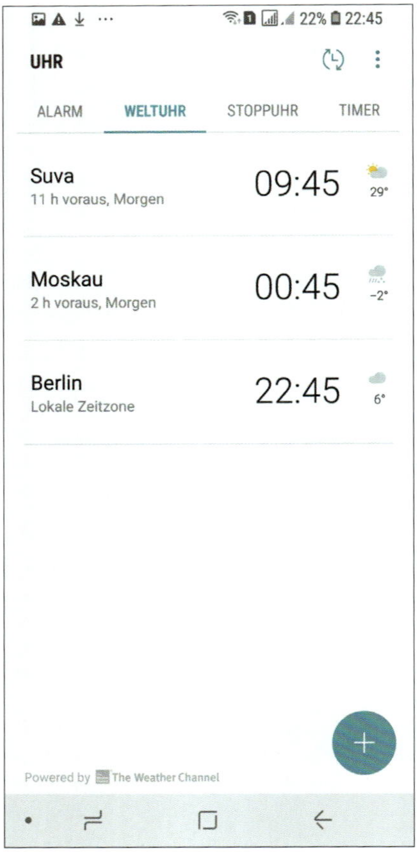

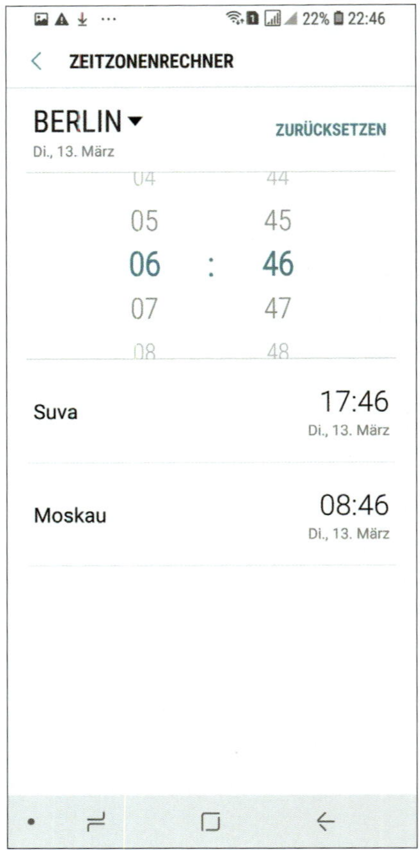

Weltuhr und Zeitzonenrechner.

Auf der Seite *Weltuhr* können Sie über das Suchfeld oben weitere Städte hinzufügen. Der Zeitzonenrechner, der über das Uhrensymbol oben rechts aufgerufen wird, berechnet beliebige Zeiten in den ausgewählten Städten anhand einer frei einstellbaren Zeit.

Wecker

In dieser App können Sie auch verschiedene Wecker einstellen.

1. Tippen Sie in der App *Uhr* oben auf *Alarm*, erscheint der Bildschirm mit den Weckereinstellungen.
2. Legen Sie die Weckzeit fest. In der Zeile *Wiederholen* bestimmen Sie die Wochentage, an denen der Wecker klingeln soll, wenn es sich nicht um ein einmaliges Ereignis handelt, an das Sie sich vom Wecker erinnern lassen möchten. Bei einmaligen Ereignissen wählen Sie oben rechts ein Datum.

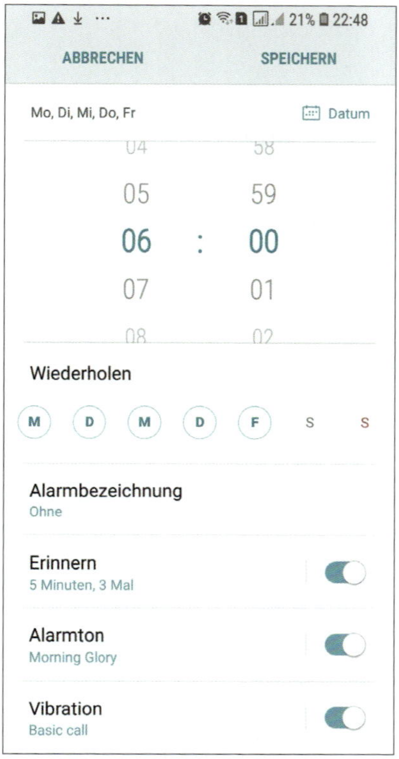

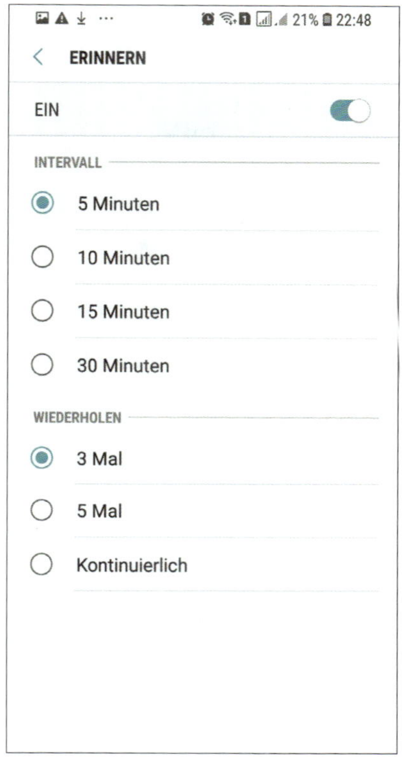

Wecker und Erinnerung auf dem Samsung Galaxy S9 einstellen.

3. In der Zeile *Alarmton* wählen Sie den gewünschten Alarmton. Die Option *Lautstärke allmählich erhöhen* lässt den Wecker zunächst ganz leise klingeln und erhöht die Lautstärke in den ersten 60 Sekunden bis zum eingestellten Wert.

4. Speichern Sie den Wecker; danach können Sie noch weitere neue Wecker festlegen. Auf diese Weise stellen Sie Wecker für verschiedene Tage oder Ereignisse, die sich wiederholen. Sie brauchen diese Wecker dann nur bei Bedarf ein- oder auszuschalten und müssen sie nicht jedes Mal neu einstellen.

5. Ein Weckersymbol in der Benachrichtigungszeile oben rechts weist darauf hin, dass ein Wecker aktiv ist. Wenn dieser klingelt, erscheint zusätzlich eine auffällige Anzeige auf dem Bildschirm, unabhängig davon, welche App gerade läuft.

Wenn der Wecker klingelt, tippen Sie auf *Schließen*, um ihn auszuschalten. Wurde bei dem Alarm eine Erinnerung eingeschaltet, erscheint zusätzlich die Schaltfläche *Erinnern*. Tippen Sie darauf, wird der Alarm zwar still, er ertönt aber nach der festgelegten Erinnerungszeit erneut.

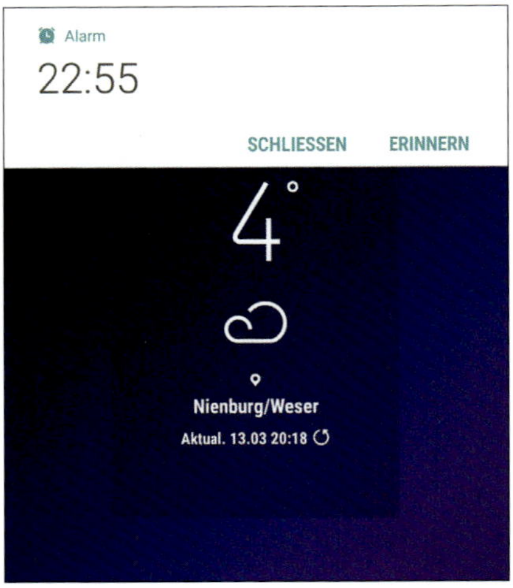

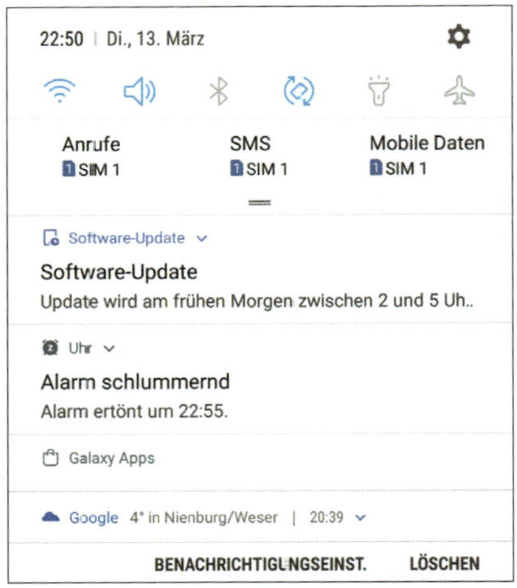

Der Wecker klingelt, rechts ein schlummernder Alarm und Timer in der Benachrichtigungsleiste.

Die App bietet auch noch eine Stoppuhr sowie einen Timer (Kurzzeitwecker), deren Bedienung weitgehend selbsterklärend ist.

Uhren für den Startbildschirm

Android 8 Oreo liefert standardmäßig verschiedene Widgets mit Uhren für den Startbildschirm mit. Auf dem Samsung Galaxy S9 werden nicht alle davon angeboten. Die Analoguhr fehlt, Samsung liefert aber eigene Uhren mit, die auch Wetterinformationen enthalten.

Das vorinstallierte Widget zeigt groß die Temperatur, aber keine Uhr an. Sie können es aber durch eine andere Darstellung ersetzen.

1. Zuerst müssen Sie das dargestellte Widget entfernen. Halten Sie dazu den Finger länger darauf und wählen Sie *Vom Startbildschirm entfernen*.
2. Tippen Sie dann auf dem Startbildschirm lange auf eine freie Fläche und danach auf das Symbol *Widgets*.
3. Blättern Sie die Liste der Widgets ganz nach rechts. Unter *Wetter* finden Sie die Samsung-Uhren mit Wetteranzeige. Wählen Sie hier die gewünschte Darstellung aus.
4. Tippen Sie etwas länger auf das gewünschte Widget, bis der Startbildschirm erscheint.
5. Jetzt können Sie das Widget an der geplanten Position auf dem Startbildschirm ablegen, dort loslassen und auch noch die Größe festlegen. Die Uhr wird ab sofort ständig auf dem Startbildschirm angezeigt.

Uhren-Widget auf dem Samsung Galaxy S9 austauschen.

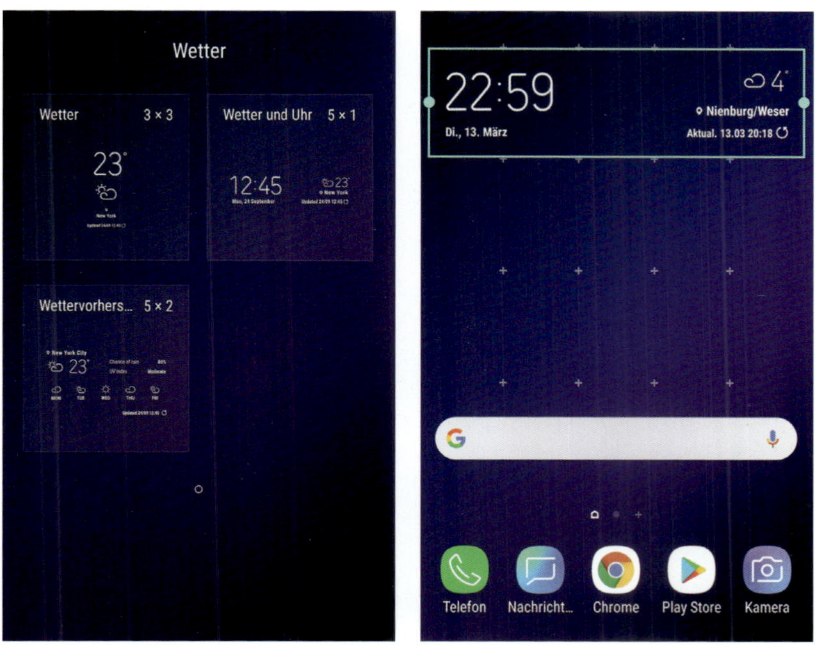

Neue Uhr auf den Startbildschirm ziehen.

Unter *Uhr* finden Sie in der Liste der Widgets die klassischen Android-Uhren. Das Alarm-Widget bietet direkten Zugriff auf den Wecker. Hier sehen Sie immer die Weckzeit und können direkt einen neuen Alarm einstellen. Mehrere Alarm-Widgets können unterschiedliche Wecker auf dem Startbildschirm anzeigen. Beim Dual-Uhr-Widget mit zwei Zeiten können Sie gleich noch eine Stadt für die zweite Zeitzone auswählen. Widgets können wie App-Symbole wieder vom Startbildschirm entfernt werden.

Kapitel 3

Apps finden und installieren

Ähnlich wie es für PCs Tausende verschiedene Programme gibt, wird auch der Markt an Apps immer umfangreicher und zugleich unübersichtlicher. So ziemlich jedes erdenkliche Thema lässt sich mit der passenden App auf dem Handy darstellen. Für Android sind mittlerweile weit über 3.600.000 verschiedene Apps erhältlich, etwa zwei Drittel davon kostenlos, etwa 40 % aller Apps sind Spiele. Insgesamt wurden bereits weit über 100 Milliarden Apps aus dem Google Play Store heruntergeladen. Allerdings werden Sie, wenn Sie sich einige Zeit mit diesem Thema beschäftigt haben, feststellen, dass Sie über 99 % dieser Apps nicht brauchen.

Microsoft-Apps

Es ist noch nicht lange her, da waren Microsoft und Android zwei Welten, die möglichst wenige Verbindungspunkte miteinander haben wollten. Das hat sich inzwischen deutlich geändert, Microsoft bietet mittlerweile für einige seiner Dienste eigene Android-Apps an. Auf dem Samsung Galaxy S9 sind die Apps für *Word*, *Excel*, *PowerPoint*, den Cloud-Speicherdienst *OneDrive* und *LinkedIn* in einem eigenen Ordner *Microsoft Apps* in der App-Liste vorinstalliert. Installiert man über einen Werbelink in der OneDrive-App zusätzlich die E-Mail-App *Outlook*, bekommt man bis zu 100 GByte kostenlosen OneDrive-Speicher zusätzlich. Zur Nutzung der Microsoft-Apps ist ein kostenloses Microsoft-Konto erforderlich.

Der Google Play Store

Die erste Anlaufstelle, um Apps auf das Samsung Galaxy S9 herunterzuladen, ist der Google Play Store. Zum Download aus dem großen Angebot ist eine spezielle App nötig, die auf allen

Android-Smartphones mit Google-Zertifizierung direkt auf dem Startbildschirm vorinstalliert ist.

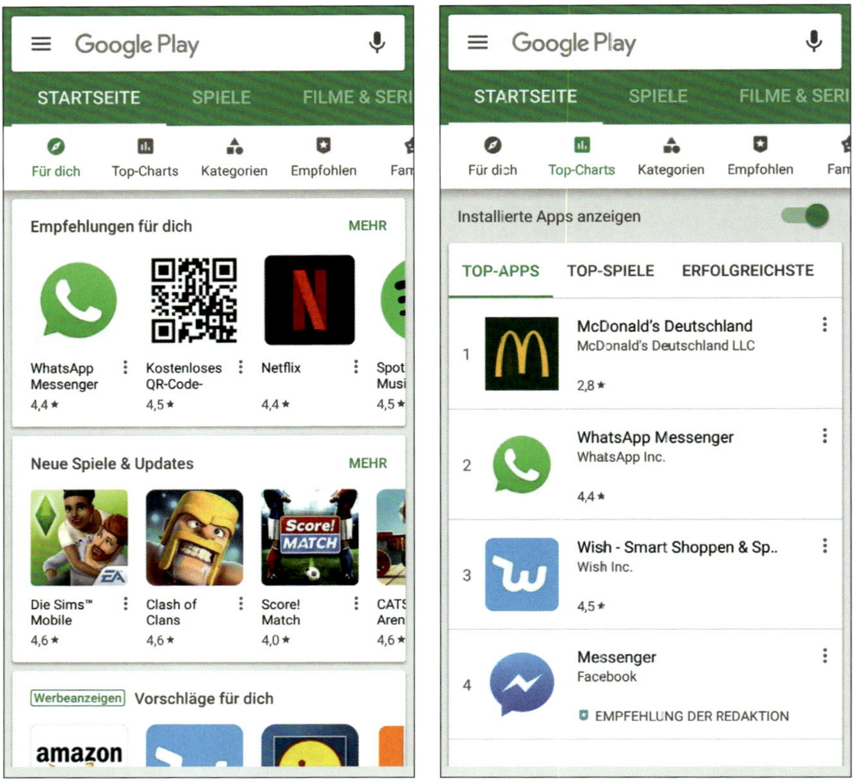

Der Google Play Store auf dem Samsung Galaxy S9.

Der Google Play Store listet alle Apps getrennt nach Anwendungen und Spielen in unterschiedlichen Kategorien auf. Hier kann man sich anhand von Empfehlungslisten inspirieren lassen. Diese Listen sollen zwar zur Orientierung dienen, sind aber weitgehend aussagelos, da sich Entwickler dort »einkaufen« können. Lediglich die Liste *Top-Charts* orientiert sich an tatsächlichen Downloadzahlen. Um eine bestimmte App zu finden, können Sie die Suchfunktion verwenden, wobei man auch hier Vorsicht walten lassen muss, da Entwickler betrügerischer Apps alles daransetzen, unter beliebten Suchbegriffen in den Listen aufzutauchen. Suchen Sie bekannte Apps besser in den *Top-Charts*, um sicherzugehen, die richtige App zu installieren.

Der Google Play Store zeigt auf dem Smartphone immer nur die Apps an, die auf dem jeweiligen Gerät auch tatsächlich laufen. Zu jeder App sind eine Beschreibung sowie Screenshots vorhanden. Bei einigen Apps gibt es auch YouTube-Videos, die die Funktion näher erläutern. Da die Beschreibungen sowie die Videos nicht von Google selbst stammen, sondern von den Entwicklern geliefert werden müssen und nur minimalen Qualitätskontrollen unterliegen, sind sie häufig kaum brauchbar.

> **Anmeldung mit Google-Konto**
>
> Der Google Play Store erfordert eine Anmeldung mit einem Google-Konto. Falls Sie bei der Einrichtung Ihres Samsung Galaxy S9 kein Google-Konto angegeben haben, müssen Sie dies spätestens tun, wenn Sie den Google Play Store nutzen wollen.

Apps auf dem Smartphone installieren

Zur Installation auf dem Galaxy S9 braucht man nach Auswahl der App nur noch auf *Installieren* zu tippen. Danach wird die App installiert und Sie können sie direkt aus dem Google Play Store heraus öffnen. Selbstverständlich ist die neu installierte App auch in der Liste aller Apps zu finden.

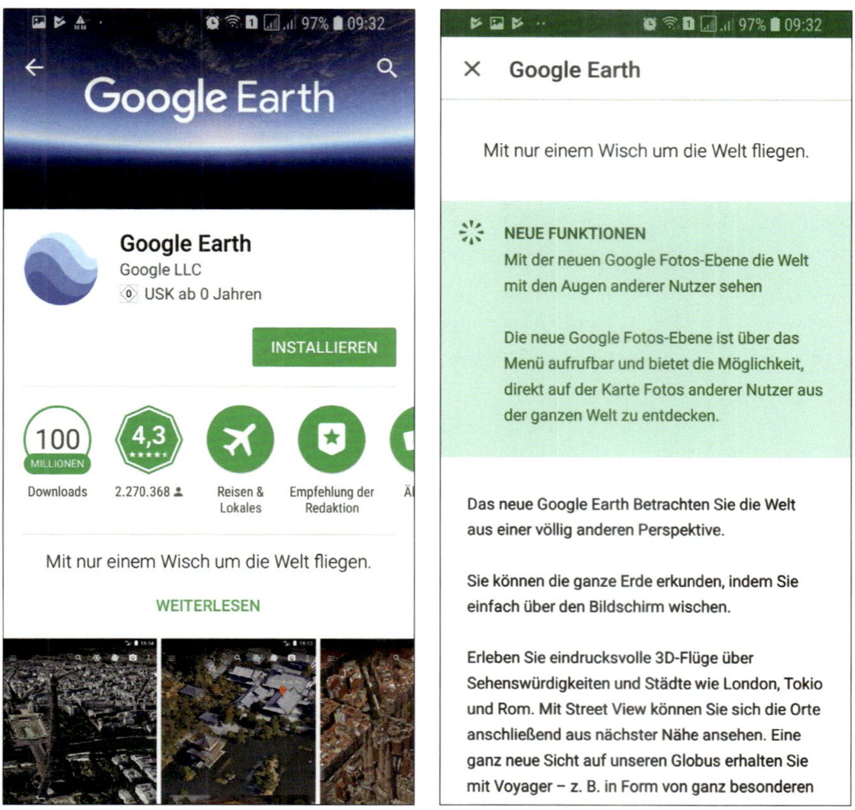

Neue App aus dem Google Play Store installieren.

Um den Google Play Store übersichtlicher zu halten, werden die teilweise sehr umfangreichen Beschreibungstexte der Apps erst beim Tippen auf *Weiterlesen* angezeigt.

Bewertungen und Nutzerkommentare

Das Symbol *Empfehlung der Redaktion* sowie die Anzahl der Sterne und auch die Gesamtzahl der Installationen sind noch ein guter Richtwert für die Qualität der App.

Die Nutzerkommentare sollten Sie dagegen besser ignorieren. Wie in fast allen Onlineshops zeugen diese größtenteils von mangelhaftem technischem Verständnis, dafür umso mehr von übersteigertem Geltungsbewusstsein einiger Nutzer. Besonders die Bewerter mit wenigen Sternen würden oft bereits im Deutschunterricht der ersten Klasse durchfallen.

Wie viele andere Webseiten auch, würde sich Google Play einen Gefallen tun, wenn die Kommentare redaktionell gefiltert oder ganz abgeschaltet würden.

App-Berechtigungen einschränken

In Android 6 Marshmallow war es erstmals möglich, bestimmte Berechtigungen von Apps nachträglich einzuschränken. Im Gegensatz zu CustomROMs wie z. B. LineageOS, die diese Funktionen schon länger enthielten, wobei das Einschränken von Berechtigungen häufig zu Abstürzen führt, werden im Standard-Android bei den Apps, die den Entwicklerrichtlinien entsprechen, nur die Berechtigungen zum Deaktivieren angeboten, ohne die die App auch noch läuft. Ob sie ohne die jeweiligen Berechtigungen noch sinnvolle Arbeit leistet, bleibt dem Nutzer überlassen. Alle Beschreibungen in diesem Buch gehen davon aus, dass alle von Apps angeforderten Berechtigungen gewährt wurden.

Speziell für Android 6 Marshmallow oder höher optimierte Apps zeigen bei der ersten Verwendung einer standardmäßig nicht gewährten Berechtigung eine Abfrage an, in der man diese Berechtigung gewähren muss, um die entsprechende Aktion der App ausführen zu können. Dies gilt in Android 8 Oreo gleichermaßen. Manche Apps fordern den Benutzer auch auf, die App-Einstellungen zu öffnen und dort die Berechtigungen einzeln zu gewähren.

Um Berechtigungen nachträglich zu verweigern, tippen Sie in den App-Informationen einer App, die Sie über die *Einstellungen* unter *Apps* sehen, auf *Berechtigungen*. Hier werden die deaktivierbaren Berechtigungen dieser App angezeigt und können einzeln ausgeschaltet werden. Der Menüpunkt *Alle Berechtigungen* oben rechts zeigt alle von dieser App angeforderten Berechtigungen, auch die, die sich nicht abschalten lassen.

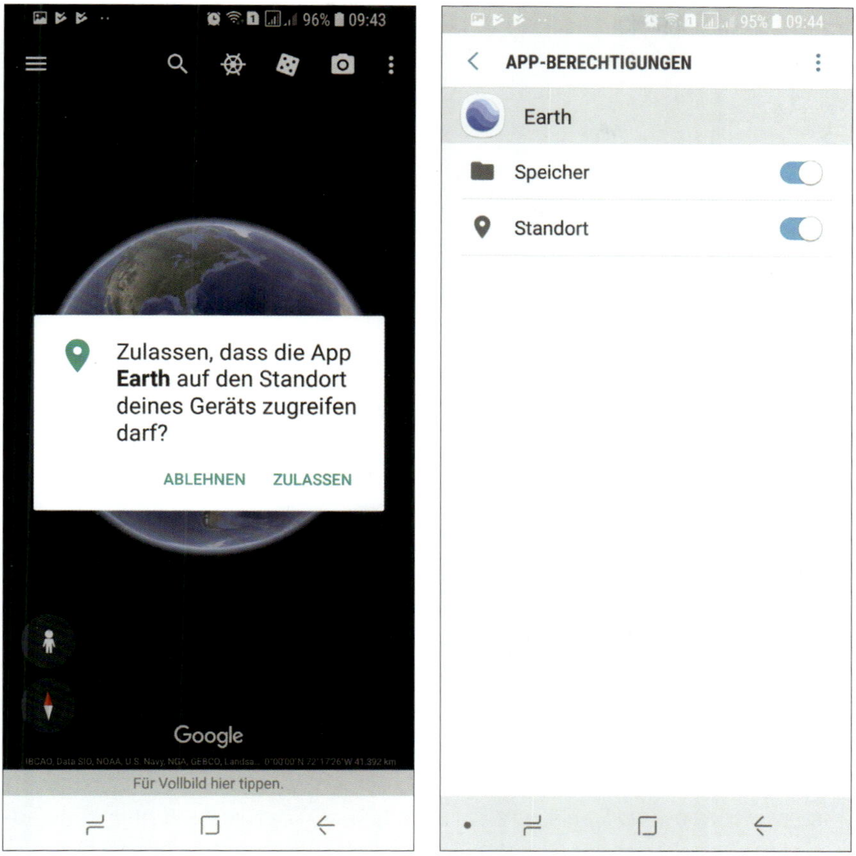

Links: Anfrage nach Berechtigungen in der Google-Earth-App, rechts: Berechtigungen einer App in den Einstellungen anzeigen.

Tippen Sie umgekehrt in den *Einstellungen* unter *Apps* oben rechts auf das Menü und wählen dort *App-Berechtigungen*, erhalten Sie einen Überblick, welche Berechtigungen von wie vielen installierten Apps angefordert werden. Tippen Sie auf eine angezeigte Berechtigung, werden die entsprechenden Apps aufgelistet. Hier können Sie einzelnen Apps die Berechtigung nachträglich entziehen oder gewähren.

Viele der Negativkommentare im Google Play Store beruhen darauf, dass Benutzer nicht verstehen, dass beim Verweigern bestimmter Berechtigungen in den Apps natürlich entsprechende Funktionen verloren gehen.

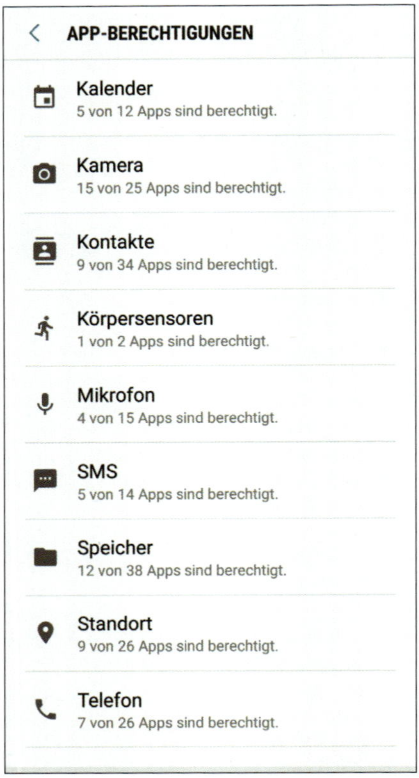

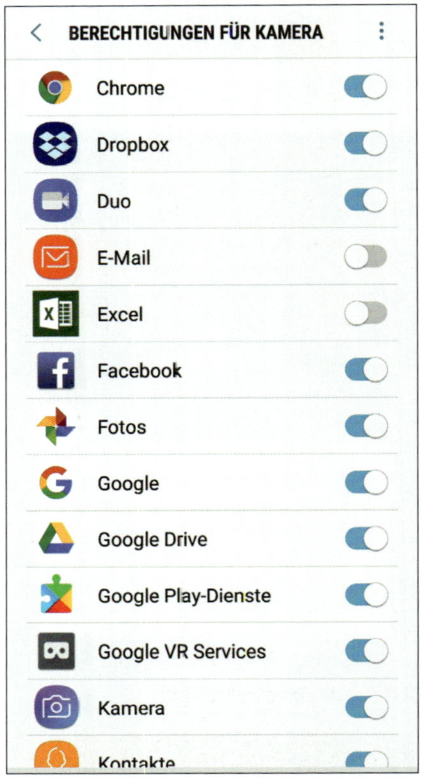

App-Berechtigungen in den App-Einstellungen anzeigen und verwalten.

Automatische App-Updates

Unter *Meine Apps und Spiele*, erreichbar mit einer Wischgeste vom linken Bildschirmrand, speichert der Google Play Store alle von dort heruntergeladenen Apps. In dieser Liste werden auch Update-Benachrichtigungen angezeigt, wenn von einer App eine neue Version verfügbar ist. Einige Apps erhalten häufig Updates. Um nicht jede App manuell updaten zu müssen, können Sie auch alle anstehenden Updates auf einmal aktualisieren.

TIPP: Möchten Sie sich über Updates keine Gedanken machen müssen, schalten Sie über den Menüpunkt *Einstellungen* im Google Play Store die Funktion *Automatische App-Updates* ein. Um Mobilfunkdatenvolumen zu sparen, sollten Sie dort die Option *Automatische App-Updates nur über WLAN zulassen* aktivieren. Damit werden automatische Updates nur heruntergeladen, wenn das Smartphone in einem WLAN ist. Manuell können Sie trotzdem jederzeit App-Updates auch über Mobilfunk installieren.

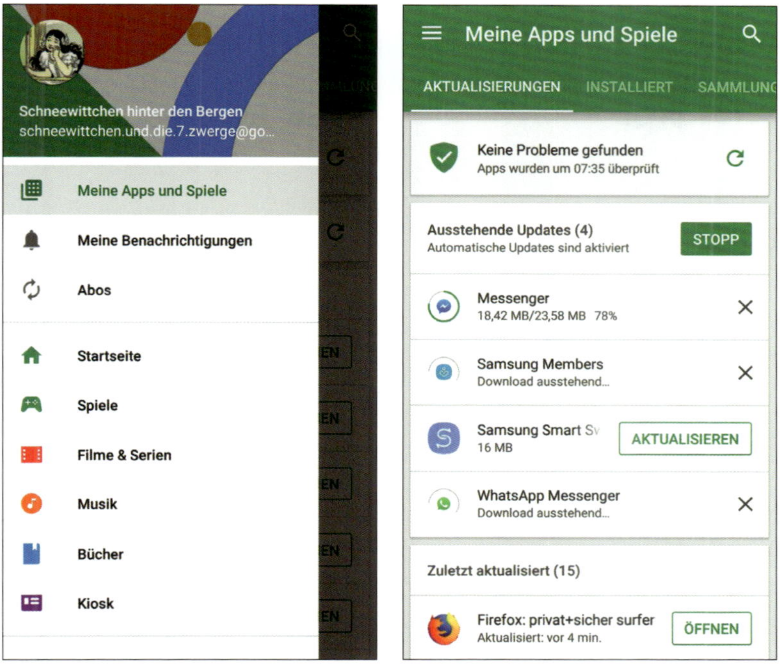

Updates im Google Play Store.

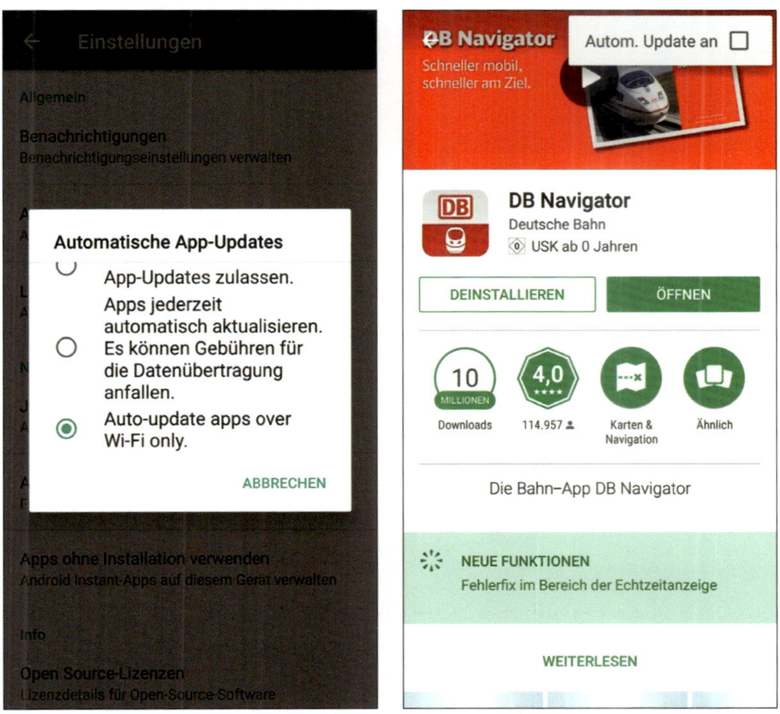

Automatische App-Updates im Google Play Store einstellen und bei einzelnen Apps verhindern.

Auch wenn automatische Updates aktiv sind, können Sie bei einzelnen Apps über das Menü oben rechts die automatischen Updates abschalten, wenn zum Beispiel bekannt ist, dass neue App-Versionen Kompatibilitätsprobleme oder Funktionseinschränkungen – wie beim früher sehr guten *DB Navigator* – mit sich bringen.

Sowie ein Update neue Berechtigungen erfordert, wird es nicht mehr automatisch installiert. In diesem Fall müssen Sie zuerst den neuen Berechtigungen zustimmen. Danach kann das Update manuell installiert werden.

So kann man Apps kaufen

Kostenpflichtige Apps können im Google Play Store auf verschiedene Arten bezahlt werden, unter anderem mit einer gültigen Kreditkarte oder über die Mobilfunkrechnung. Spätestens beim ersten Kauf einer App müssen Benutzer in ihrem Google-Konto eine Zahlungsmethode und auch eine gültige Postanschrift hinterlegen. Vor jedem Kauf können Sie die Zahlungsmethode wechseln, und es muss sicherheitshalber noch einmal das Passwort des Google-Kontos eingegeben werden, solange Sie diese Abfrage nicht deaktiviert haben.

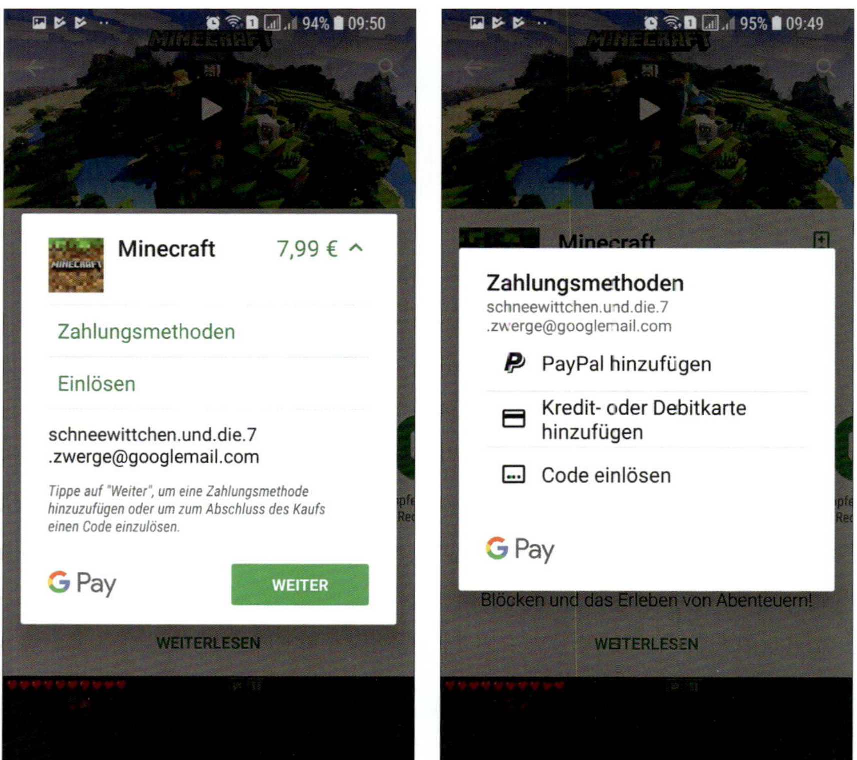

App kaufen und Zahlungsmethode wählen.

Alternativ können Sie Prepaid-Guthaben für den Google Play Store in Form von Geschenkkarten bei verschiedenen Supermarkt-, Drogerie- und Tankstellenketten kaufen und beim Onlinekauf einlösen.

PayPal

Nachdem viele Nutzer jahrelang darauf gewartet haben, bietet der Google Play Store seit März 2015 endlich auch PayPal als Zahlungsmethode an. Dabei kann ein beliebiges PayPal-Konto eingetragen werden. Dieses muss nicht mit der E-Mail-Adresse Ihres Google-Kontos übereinstimmen.

Eine App, die Sie einmal auf einem Android-Gerät gekauft haben, können Sie auf weiteren Geräten mit demselben Google-Konto installieren, ohne sie neu zu kaufen. Wählen Sie dazu im Menü von Google Play *Meine Apps und Spiele*. Dort finden Sie neben den installierten Apps noch die Liste *Sammlung*, die alle Apps enthält, die Sie jemals mit diesem Google-Konto auf irgendeinem Android-Gerät heruntergeladen haben – Freeware und auch Kauf-Apps. Hier werden auch Apps angezeigt, die mit dem Samsung Galaxy S9 nicht kompatibel sind. Diese können dann aus der Liste nicht installiert werden.

Der Google Play Store auf dem PC

Der Google Play Store ist auch vom PC über einen beliebigen Webbrowser unter *play.google.com/store/apps* zu erreichen. Hier kann man Apps finden und auch direkt auf seinen Geräten installieren.

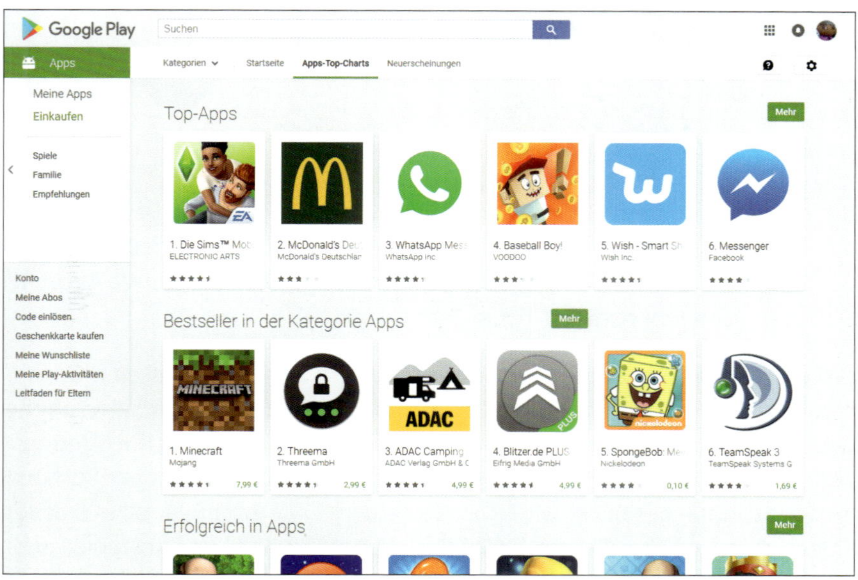

Der Google Play Store auf dem PC.

Zur Installation von Apps muss man auf dem PC im Browser mit dem Google-Konto angemeldet sein, das auch auf dem Smartphone verwendet wird. Mit dem Zahnradsymbol rechts oben können Benutzer die verwendeten Geräte verwalten. Unter dem Link *Apps/Meine Apps* sehen Sie alle auf Ihren Android-Geräten installierten Apps.

Bevor Sie eine App zur Installation auswählen, prüfen Sie unterhalb des grünen Installationsbuttons die Gerätekompatibilität. Ein Klick auf das *i*-Symbol zeigt alle in diesem Google-Konto eingetragenen Android-Geräte. Anhand von Betriebssystemversion, Bildschirmgröße und einigen anderen technischen Kriterien wird ermittelt, mit welchen der Geräte die App kompatibel ist.

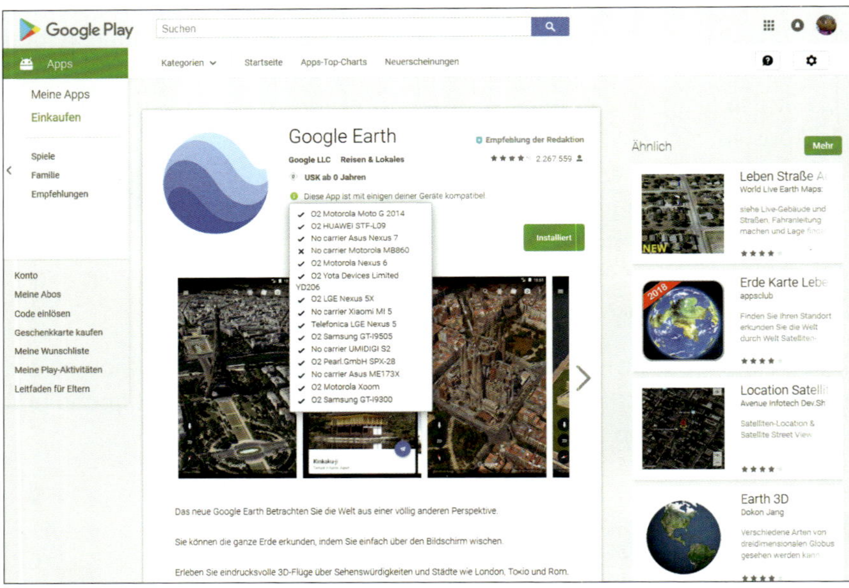

Anzeige der Gerätekompatibilität im Google Play Store auf dem PC.

Um eine App auf dem Smartphone zu installieren, klicken Sie auf dem PC auf die Schaltfläche *Installieren* bei der jeweiligen App. Wählen Sie jetzt noch das gewünschte Gerät aus, wenn Sie unter Ihrem Google-Konto mehrere Android-Geräte angemeldet haben.

Um die Installation auf dem jeweiligen Gerät brauchen Sie sich keine Gedanken mehr zu machen. Die App wird nun vollautomatisch an Ihr Smartphone geschickt und dort installiert. Sie werden darüber in der Benachrichtigungszeile informiert. Beachten Sie hierbei, dass die Bestellung sofort per Push auf Ihr Smartphone geschickt wird. Das verbraucht Datenvolumen oder erzeugt Kosten, falls Sie keine Flatrate besitzen. Besonders schnell und kostenlos geht es natürlich, wenn Ihr Smartphone per WLAN online ist.

Nicht mehr benötigte Apps deinstallieren

Irgendwann ist auch der Speicher des größten Smartphones voll oder Sie wollen mal wieder den Überblick in der App-Liste haben. Wie auch immer, es wird der Zeitpunkt kommen, an dem Sie bestimmte Apps wieder vom Samsung Galaxy S9 entfernen möchten.

Am einfachsten deinstallieren Sie Apps direkt aus der App-Liste. Halten Sie länger auf eine App und wählen Sie aus dem Pop-up-Menü *Deinstallieren*. Bestätigen Sie die Sicherheitsabfrage. Danach wird die App automatisch deinstalliert.

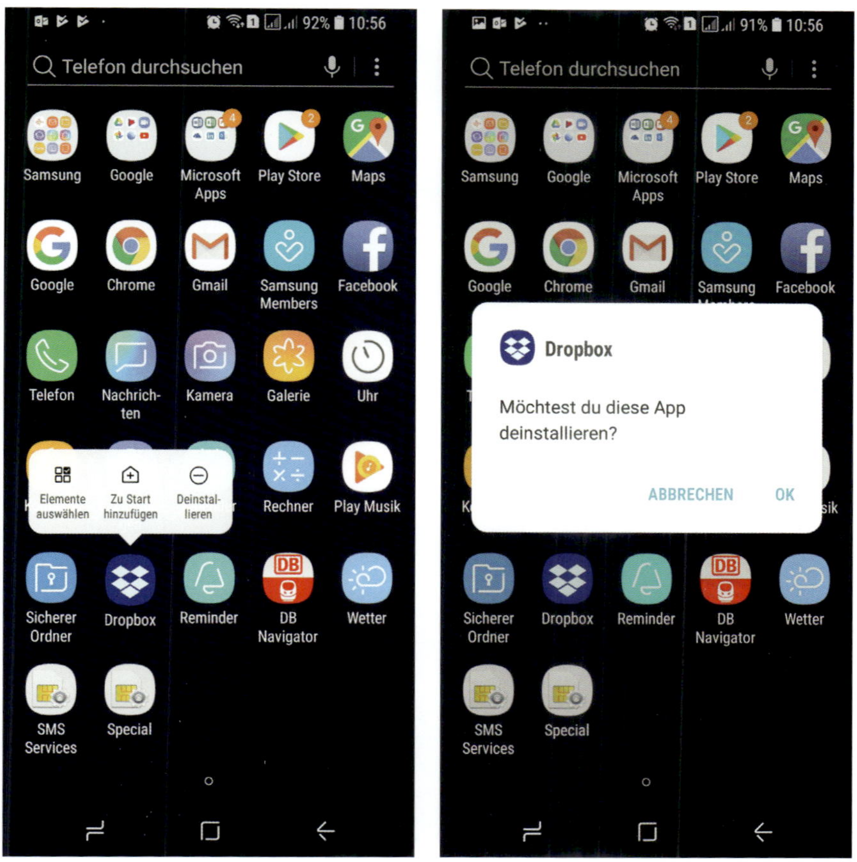

App über die App-Liste deinstallieren.

Apps, die im ROM des Smartphones vorinstalliert sind, lassen sich auf diesem Weg nur deaktivieren. Das heißt, sie laufen nicht mehr automatisch im Hintergrund und erscheinen auch nicht in der App-Liste. Bei App-Symbolen, die fest zum Betriebssystem gehören, erscheint das *Deinstallieren* Symbol erst gar nicht.

Deinstallieren über den Anwendungsmanager

Es gibt es noch eine weitere Methode, Apps vom Smartphone zu entfernen, die zusätzliche Möglichkeiten bietet. Wählen Sie in den *Einstellungen* die Option *Apps*. In der Liste wählen Sie die App aus, die Sie entfernen möchten. Im Menü rechts oben lässt sich die App-Liste nach Größen sortieren, um Apps, die viel Speicherplatz verbrauchen, schnell zu finden. Auf der nächsten Bildschirmseite wird der Speicherverbrauch der App detailliert angezeigt. Hier können Sie die App dann deinstallieren.

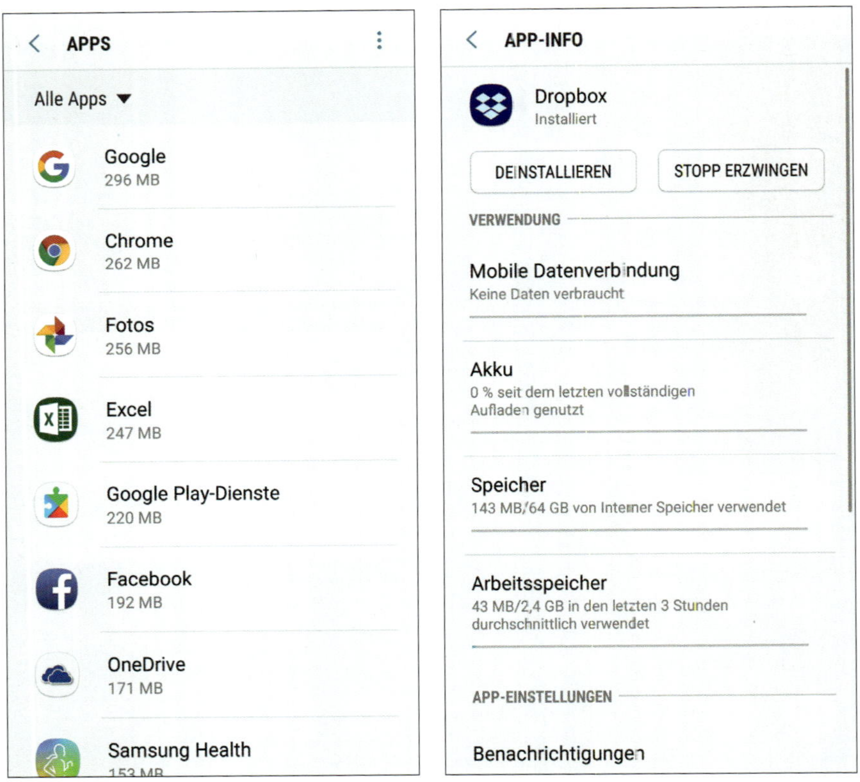

App über die Einstellungen deinstallieren.

Manche Apps bieten die Möglichkeit, sie vom Hauptspeicher auf die Speicherkarte zu verschieben, um Hauptspeicher zu sparen. Tippen Sie dazu auf die obere der beiden Zeilen *Speicher* und auf dem nächsten Bildschirm auf *Ändern*. Die verschobenen Apps können genauso gestartet werden wie vorher.

Diese Funktion muss aber von der jeweiligen App unterstützt werden. Apps, die Hintergrundfunktionen nutzen oder ein Widget auf dem Startbildschirm verwenden, lassen sich nicht auf die Speicherkarte verschieben. Bei einigen

Apps ist die Abfrage beim Verschieben auf die Speicherkarte nicht sauber integriert, sodass sie sich zwar verschieben lassen, danach aber einige Funktionen nicht mehr genutzt werden können.

Apps per QR-Code installieren

Immer mehr Plakate und andere Offlinewerbeformen zeigen Internetadressen, die sich der vorbeigehende Betrachter allerdings merken oder aufschreiben muss. Im Gegensatz zur Bannerwerbung kann man eine URL auf einem Plakat nicht einfach anklicken.

Infotafel mit QR-Code.

QR-Codes (**Q**uick **R**esponse = schnelle Antwort) bieten hier eine komfortable Lösung. Sie sind der schnelle Weg zu einer Webseite, ohne Adressen abzutippen. Diese grobpixeligen Schwarz-Weiß-Grafiken findet man inzwischen auch auf Fahrscheinen, Visitenkarten und T-Shirts. Auch an Straßenbahnhaltestellen, Fahrkartenautomaten und touristischen Sehenswürdigkeiten sind aktuelle Infos häufig per QR-Code abrufbar.

Um die mobile Version einer Webseite zu bewerben, bieten auch viele Webseitenbetreiber auf ihren Seiten QR-Codes an, die einen Link auf die mobile Seite enthalten. Scannt man mit der Kamera so einen Code, wird dieser von der entsprechenden Software ausgewertet, und die darin enthaltenen Daten werden direkt an den Browser übergeben. Voraussetzung dafür ist nur eine QR-Code-Lesesoftware auf dem Smartphone.

Die auf dem Samsung Galaxy S9 vorinstallierte Software *Bixby Vision* kann QR-Codes auswerten und startet automatisch den Browser, wenn es sich bei der im QR-Code gespeicherten Information um einen Weblink handelt. QR-Codes können neben Weblinks auch Telefonnummern, Kurztexte oder Kontaktdaten enthalten.

Mithilfe von QR-Codes können Sie auch Apps auf dem Smartphone installieren. Scannen Sie dazu die im Buch abgedruckten QR-Codes. Diese führen direkt in den Google Play Store.

1. Starten Sie die Kamera-App auf dem Samsung Galaxy S9 und halten Sie die Kamera auf einen QR-Code.
2. Tippen Sie unten links im Kamerabild auf das Auge, das Symbol für *Bixby Vision*. Bei der ersten Verwendung müssen Sie diverse Berechtigungen zulassen, ohne die *Bixby Vision* nicht funktionieren kann.

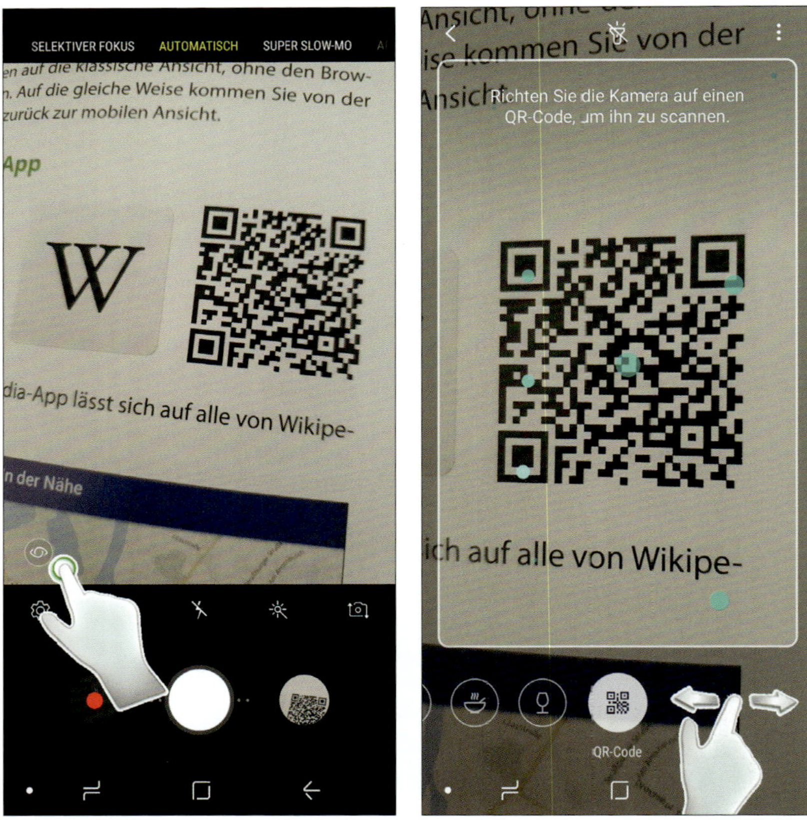

QR-Code mit der Kamera scannen.

3. Wischen Sie in der Symbolleiste unten ganz nach rechts zum Symbol *QR-Code*. *Bixby Vision* versucht dann, im Bild einen QR-Code zu erkennen.
4. Wurde der QR-Code erkannt, startet der Google Play Store und Sie können die App installieren, auf die der QR-Code verlinkt.

Alternativen zum Google Play Store

Neben dem Google Play Store gibt es noch weitere unabhängige Anbieter von Android-Apps, die auch andere Zahlungsmethoden anbieten, wie etwa Lastschrift oder Sofortüberweisung. Hobby-Programmierer und Open-Source-Projekte können auch nicht immer für jede Betaversion oder Neuentwicklung die Gebühr bezahlen, die Google für das Einstellen in den Play Store verlangt. Zahlreiche Entwickler sind daher dazu übergegangen, ihre Apps zusätzlich oder gar ausschließlich über ihre eigenen Webseiten oder unabhängige Downloadportale anzubieten.

Apps werden außerhalb des Google Play Store als APK-Dateien zum Download angeboten. Diese können direkt über den Browser oder auch aus dem Dateianhang einer E-Mail auf dem Smartphone installiert werden. Die heruntergeladenen Dateien sind über den Dateimanager *Eigene Dateien* auf dem Samsung Galaxy S9 unter *APK Installationsdateien* oder direkt nach dem Herunterladen über die Benachrichtigungen zu finden.

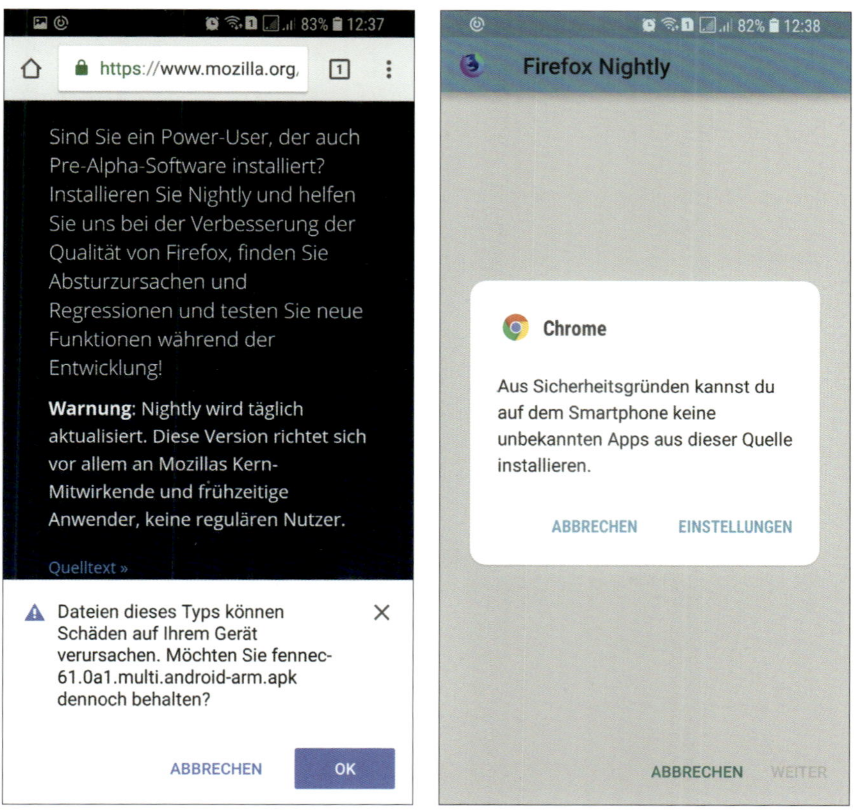

Dateien aus unbekannter Herkunft herunterladen und installieren.

Bei der ersten Installation einer APK-Datei aus einer anderen App, zum Beispiel einem Browser, erscheint ein Hinweis, dass Installationen aus unbekannten Quellen nicht zulässig sind. Direkt aus dieser Meldung heraus besteht Zugriff auf die zugehörige Systemeinstellung, mit der man die Installation aus unbekannter Herkunft zulassen kann.

Seit Android 8 Oreo wird die Berechtigung zur Installation unbekannter Apps für einzelne Apps vergeben. Damit wird es leichter möglich, aus einem Browser oder einem App Store eines anderen Anbieters Apps zu installieren. Die automatischen Downloads und Installationen von Werbe- und Spam-Apps aus Spielen heraus bleiben aber unterbunden.

Tippen Sie in den *Einstellungen* unter *Apps* oben rechts auf das Menü und wählen Sie *Spezieller Zugriff/Unbekannte Apps installieren*. Hier sind die Apps aufgelistet, denen bereits die Berechtigung zur Installation anderer Apps gewährt wurde. Hier können Sie den Apps dieses Recht neu gewähren oder auch wieder entziehen.

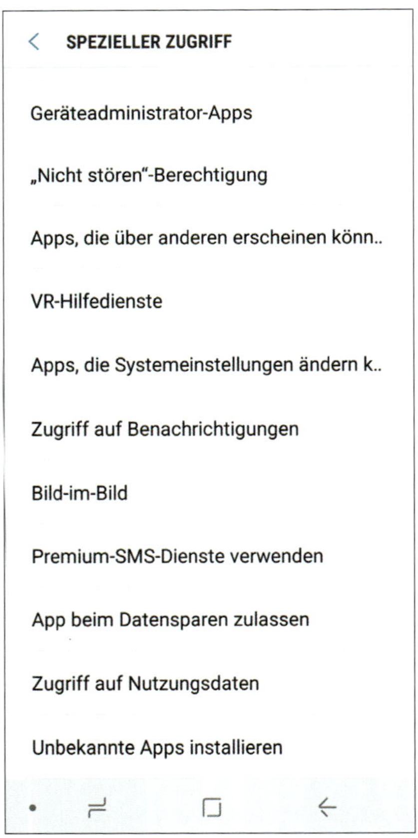

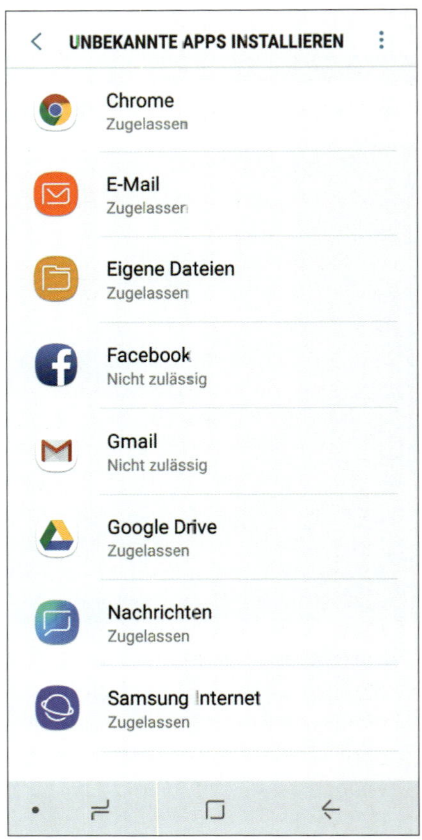

Apps mit der Berechtigung, andere Apps zu installieren.

Hintergrund – gefährliche Apps

Die Installation einer App aus einer APK-Datei einer anderen vertrauenswürdigen Quelle ist technisch gleichermaßen sicher wie aus dem Google Play Store. Mit den Warnungen innerhalb des Betriebssystems macht Google Marketing für seinen Play Store. Auch dort haben es Entwickler immer wieder geschafft, bösartige Software zu verbreiten. Letztendlich ist jeder Anwender selbst dafür verantwortlich, welche Apps er auf seinem Smartphone installiert. Diese Verantwortung kann einem kein App-Shop-Betreiber abnehmen, egal ob Google Play oder ein anderer. Apps von unbekannten chinesischen Downloadseiten oder gar über ein Werbebanner zu installieren, ist dagegen leichtsinnig.

Samsung Galaxy Apps statt Bloatware

Samsung bietet einen eigenen App-Shop *Galaxy Apps* an, der auf dem Samsung Galaxy S9 über eine vorinstallierte App im Ordner *Samsung* in der App-Liste genutzt werden kann. Der Shop *Samsung Galaxy Apps* bietet spezielle Apps für Samsung-Nutzer an. Hier gibt es immer mal wieder Apps kostenlos, die bei Google Play bezahlt werden müssen.

Außerdem bekommen Samsung-Kunden bei speziellen Aktionen Gutscheincodes zum Download von Apps aus dem Samsung Apps Shop. Dieser Shop wird auch benutzt, um diverse vorinstallierte System-Apps regelmäßig zu aktualisieren oder Erweiterungen wie zusätzliche Bildschirmthemen oder Seiten-Paneele für das Samsung Galaxy S9 anzubieten.

Zur Installation von Apps aus dem Galaxy Apps Store braucht der Schalter *Unbekannte Quellen* nicht eingeschaltet zu sein. Dieser Store gilt auf Samsung-Smartphones automatisch als genauso vertrauenswürdig wie der Google Play Store.

Bloatware

Frühere Generationen von Samsung-Smartphones enthielten jede Menge sogenannte Bloatware, Werbe-Apps für Pizzalieferdienste, Hotelbuchungsportale oder Taxirufe. Bloatware bedeutet auf Deutsch »Blähware«, Software, die das Betriebssystem aufbläht. Derartige Apps sind moderne Formen von Werbebannern, man sieht sie ständig in der App-Liste seines Smartphones, ohne sie wirklich zu brauchen. Auf dem Samsung Galaxy S9 hat Samsung die vorinstallierte Bloatware deutlich reduziert. Je nach Anbieter, bei dem man sein Smartphone kauft, kommt es sogar ganz ohne Bloatware.

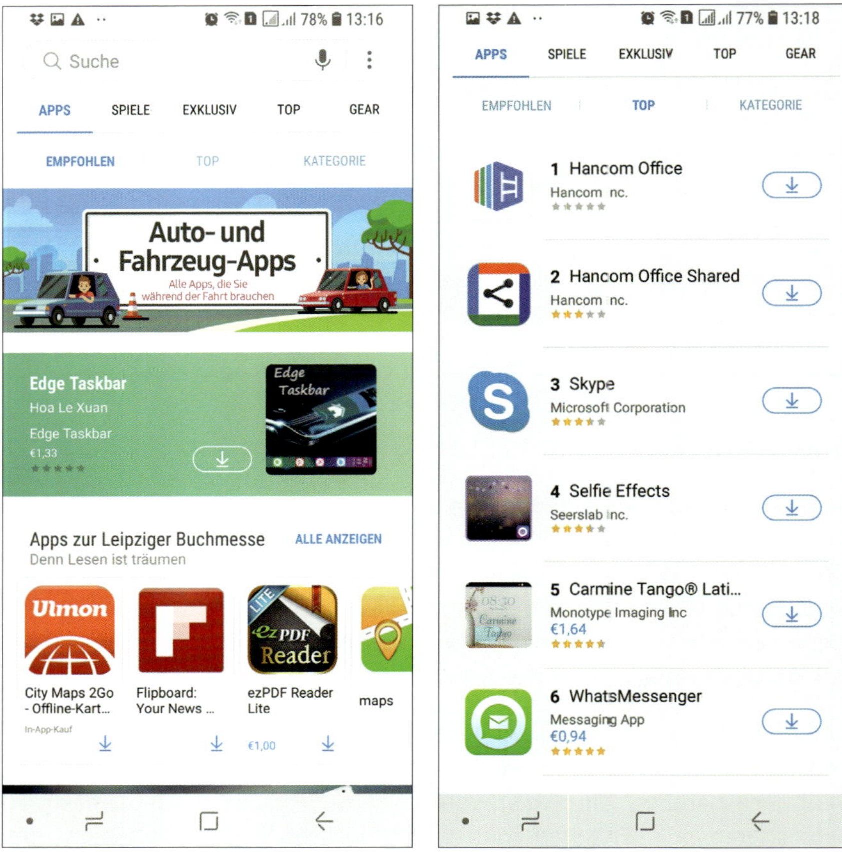

Der Samsung Galaxy Apps Store.

Samsung verzichtet auf dem Samsung Galaxy S9 wie auch bei den aktuellen Betriebssystem-Updates für frühere Galaxy-Modelle weitgehend auf die Vorinstallation von Bloatware und hat deshalb den App-Shop in verschiedene Bereiche aufgeteilt.

- **Galaxy Essentials** sind Apps, die speziell für das Samsung Galaxy S9 entwickelt wurden und interessante Zusatzfunktionen bieten.
- In den Bereichen **Made for Samsung** und **Exclusive Game Offers** sind größtenteils Werbe-Apps und einige Spiele zu finden, bei denen Samsung seinen Nutzern Premium-Funktionen, die im Google Play Store bezahlt werden müssen, kostenlos anbietet.
- **Apps for DeX** sind Apps, die speziell für den Desktop-Betrieb mit der Samsung-Dockingstation DeX optimiert sind.
- **Edge specials** sind zusätzliche Paneele für den Seitenbildschirm.

Zur Verwendung ist auf dem Smartphone wie auch auf dem PC ein Samsung-Konto erforderlich, das in den meisten Fällen bereits bei der Ersteinrichtung eines Samsung-Galaxy-Smartphones angelegt wurde.

Apps einfach finden

Haben Sie sehr viele Apps in unterschiedlichen Ordnern auf dem Samsung Galaxy S9, ist es nicht immer leicht, eine bestimmte App zu finden. Geben Sie einfach einen Suchbegriff im Suchfeld der App-Liste ganz oben ein. Die Suche findet passende Apps und auch Einstellungen sowie lokal gespeicherte Dateien.

Ganz unten erscheinen Symbole für den Google Play Store und den Samsung Apps Store. Hier finden Sie Suchergebnisse in diesen Stores, um die gesuchte App schnell zu installieren. Auch hier gilt es, Vorsicht zu bewahren, da unter beliebten Suchbegriffen in den Stores diverse falsche Apps auftauchen.

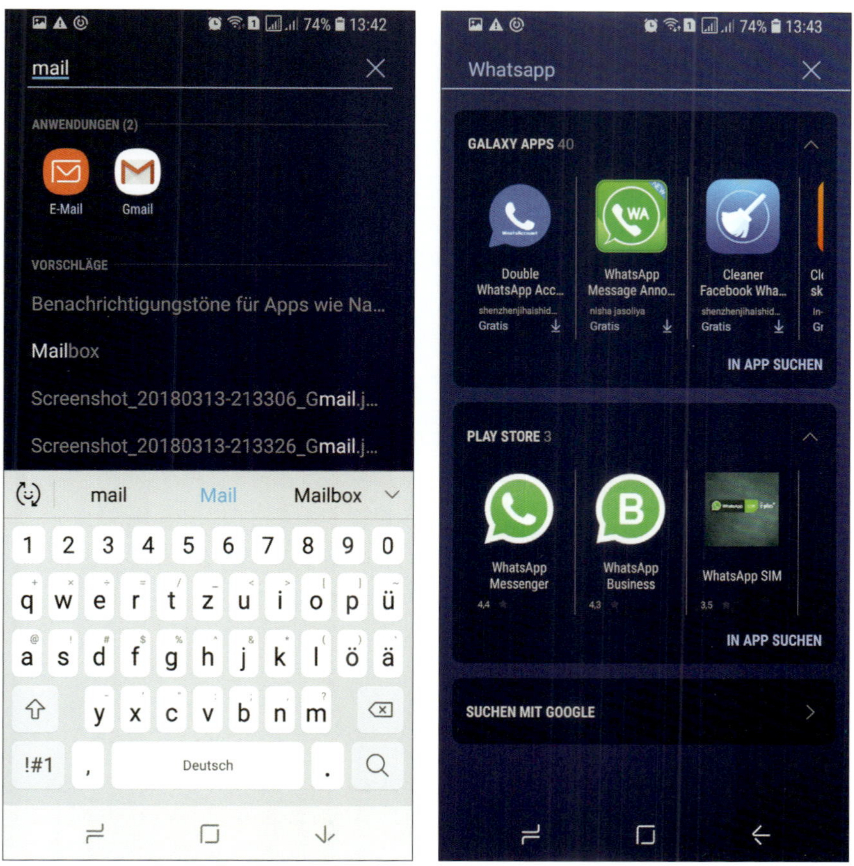

Die Suchfunktion in der App-Liste und Vorsicht vor Fake-Apps in der Store-Suche.

Kapitel 4

Online mit dem Samsung Galaxy S9

Internet unterwegs ist heute Alltag. Viele Nutzer verbringen inzwischen mehr Zeit mit dem Smartphone im Internet, als damit zu telefonieren. Schnell eine Fahrplanauskunft holen, eine eBay-Auktion verfolgen oder die aktuellsten Nachrichten des Tages lesen – die vorinstallierten Webbrowser auf dem Samsung Galaxy S9 machen es möglich. Samsung liefert auf dem Samsung Galaxy S9 einen eigenen Browser mit, der über das Symbol in der Schnellstartleiste aufgerufen wird. Zusätzlich ist wie auf allen aktuellen Android-Smartphones der Browser Google Chrome vorinstalliert.

Tipps zum Samsung-Browser

Die Bedienung des Samsung-Browsers ähnelt einem Browser auf dem PC mit ein paar Besonderheiten für den kleinen Touchscreen und die für Android typischen Bedienelemente. Oben in die Browserzeile gibt man die gewünschte URL ein. Diese Zeile verschwindet automatisch, wenn eine Webseite angezeigt wird, um Platz auf dem Bildschirm freizugeben. Schieben Sie den Bildschirm ganz nach oben, um wieder zu dieser Eingabezeile zu kommen.

Schnellzugriffsymbole unter der Browserzeile

Der Browser zeigt meist beim Start eine Samsung-Werbung an. Tippen Sie in die Browserzeile zur Eingabe einer Adresse, werden bis zu zehn vordefinierte Schnellzugriffsymbole angezeigt. Tippen Sie auf *Bearbeiten*, können Sie unerwünschte Werbesymbole entfernen. Um die aktuell besuchte Webseite zu den Schnellzugriffen hinzuzufügen, tippen Sie unterhalb der Symbole auf *Hinzufügen*.

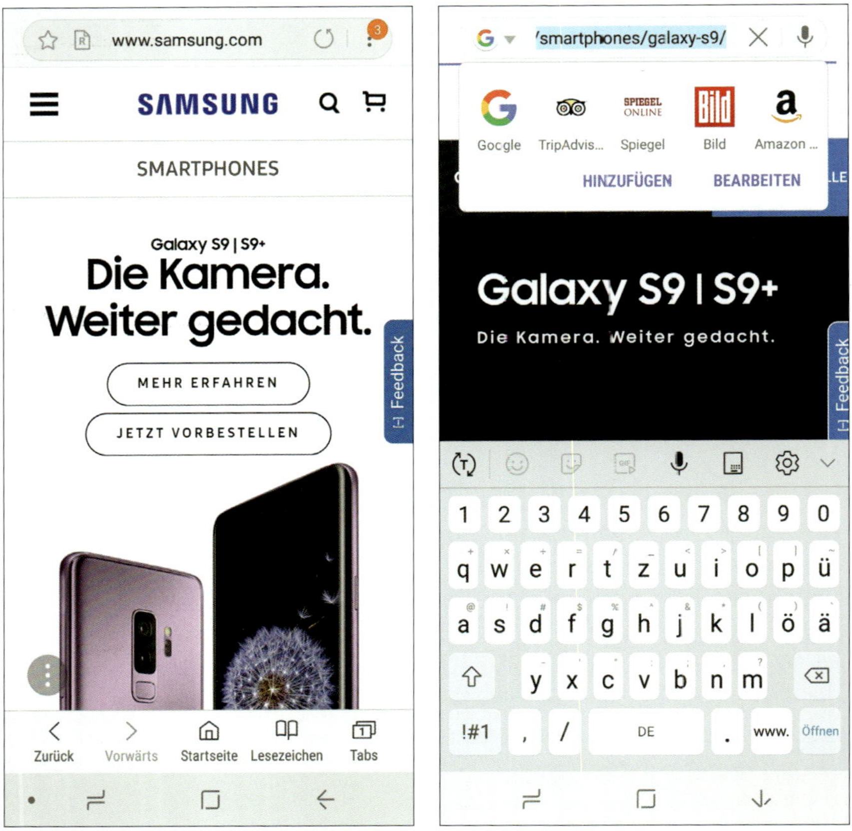

Der Standardbrowser auf dem Samsung Galaxy S9.

Webseiten, die nicht speziell für Smartphones optimiert sind, lassen sich im Querformat oft besser darstellen. Halten Sie das Galaxy S9 quer, dreht sich die Darstellung automatisch, sodass in der Breite mehr Platz zur Verfügung steht.

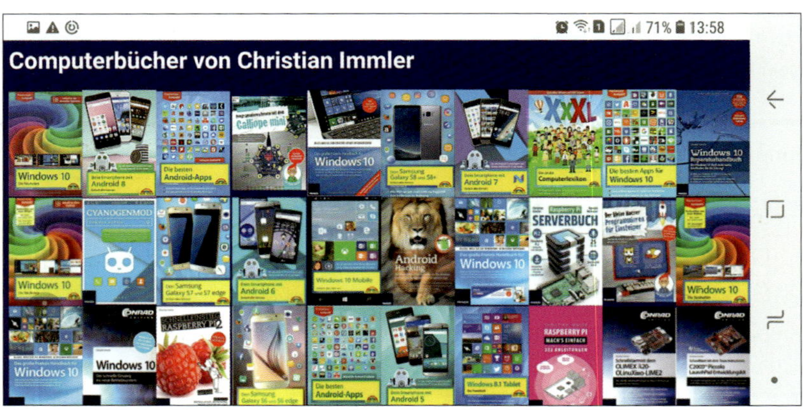

Eine Webseite im Querformat auf dem Samsung Galaxy S9.

Der Browser auf dem Samsung Galaxy S9 zeigt die meisten normalen Webseiten in einer gut lesbaren Schriftgröße an. Gibt es doch einmal Schwierigkeiten mit der Lesbarkeit, kann man auf der Seite zoomen. Dazu können Sie die Multitouch-Technik nutzen.

Berühren Sie den Bildschirm mit zwei Fingern gleichzeitig und ziehen Sie beide Finger auseinander. Damit wird die Darstellung vergrößert und umgekehrt beim Zusammenschieben der Finger wieder verkleinert.

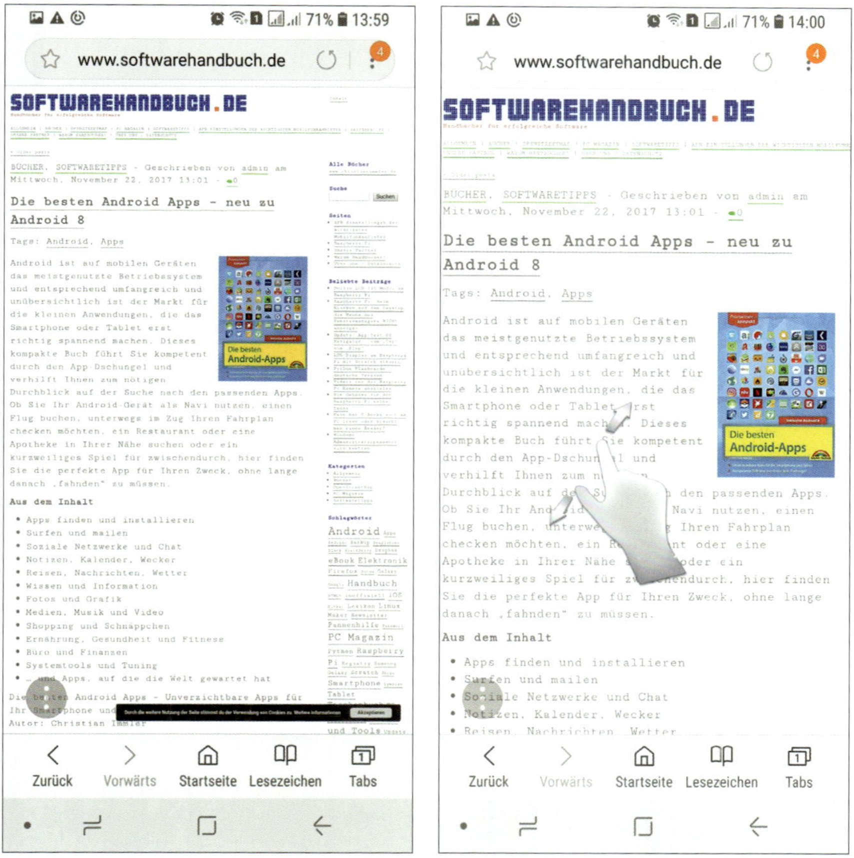

Gezoomte Seite im Samsung-Browser.

Noch einfacher zoomt man durch kurzes Doppeltippen auf den Bildschirm. Allerdings darf sich an der entsprechenden Stelle kein Link befinden. Die Seite wird vergrößert dargestellt.

Nochmaliges Doppeltippen schaltet wieder auf die ursprüngliche Darstellung zurück.

Lesezeichen im Browser

Lesezeichen helfen, im Webbrowser eine bestimmte Webseite wiederzufinden. Speichern Sie deshalb Internetadressen, die Sie voraussichtlich später noch einmal brauchen, als Lesezeichen ab.

Wählen Sie dazu im Menü oben rechts *Zu Favoriten hinzufügen*. Jetzt erscheint ein Formular, in dem der Titel der Webseite bereits eingetragen ist. Er kann an dieser Stelle noch geändert werden.

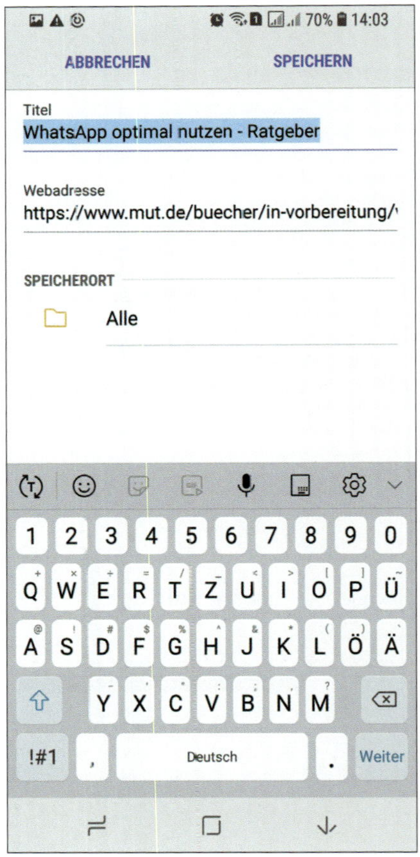

Webseite als Lesezeichen speichern.

Bei Lesezeichen können Sie einen Ordner wählen, in dem sie lokal auf dem Smartphone gespeichert werden sollen. Über das *Lesezeichen*-Symbol unten in der Symbolleiste kommen Sie jederzeit schnell zur Liste aller gespeicherten Lesezeichen. Samsung und die Mobilfunknetzbetreiber haben auf einigen Geräten bereits ein paar Lesezeichen vordefiniert. Neben den Lesezeichen finden Sie hier auch noch eine Verlaufsliste der zuletzt besuchten Seiten.

Mehrere Webseiten gleichzeitig anzeigen

Das Symbol *Tabs* unten rechts zeigt die Anzahl der geöffneten Browserfenster und öffnet beim Antippen eine Liste der offenen Browsertabs. Hier können Sie zwischen den Tabs hin- und herwechseln sowie nicht mehr benötigte Tabs schließen, um Speicher freizugeben. Sie können zudem jederzeit neue Tabs öffnen.

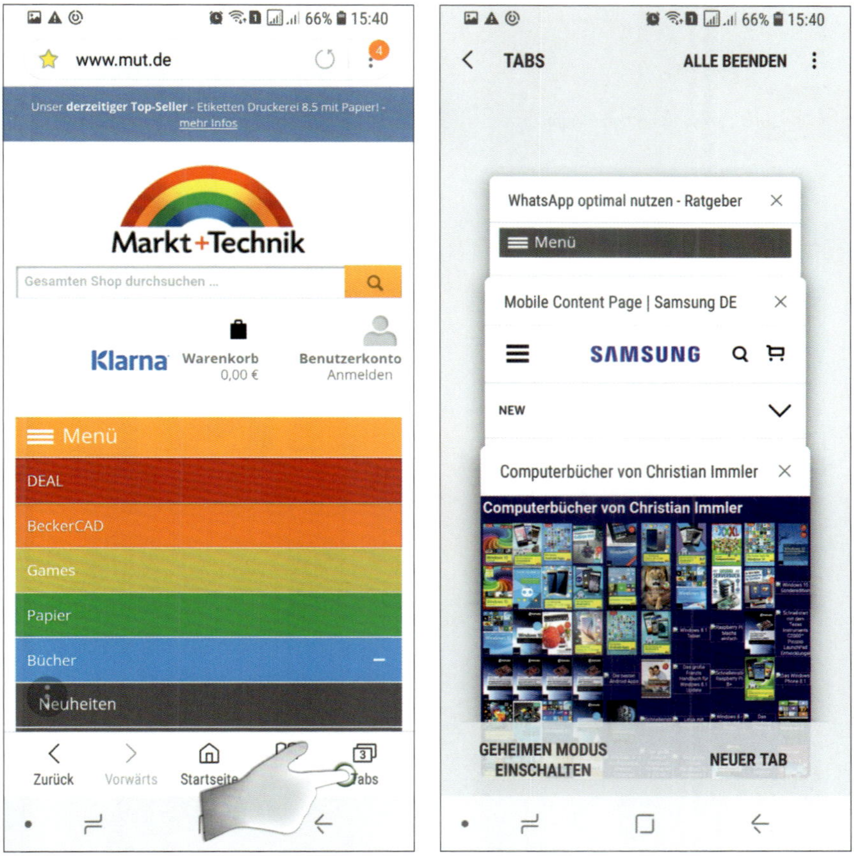

Mehrere offene Browsertabs zum schnellen Umschalten zwischen Webseiten.

Desktop-Darstellung von Webseiten auf dem Smartphone

Viele Webserver entscheiden anhand der Browserkennung, die ein Gerät sendet, welche Version einer Webseite dargestellt werden soll. Immer mehr Webportale bieten ihre Inhalte für Smartphones in einer besonders schlanken, auf kleine Bildschirme optimierten Version an.

Die mobilen Versionen der Webseiten lassen sich zwar auf dem Smartphone deutlich besser bedienen, enthalten aber oft nicht die kompletten Informationen der Desktop-Version.

Möchten Sie die komplette Seite sehen, selbst wenn diese auf dem Smartphone nur eingeschränkt darstellbar ist, tippen Sie im Menü des Browsers auf *Desktop-Webseite anfordern*.

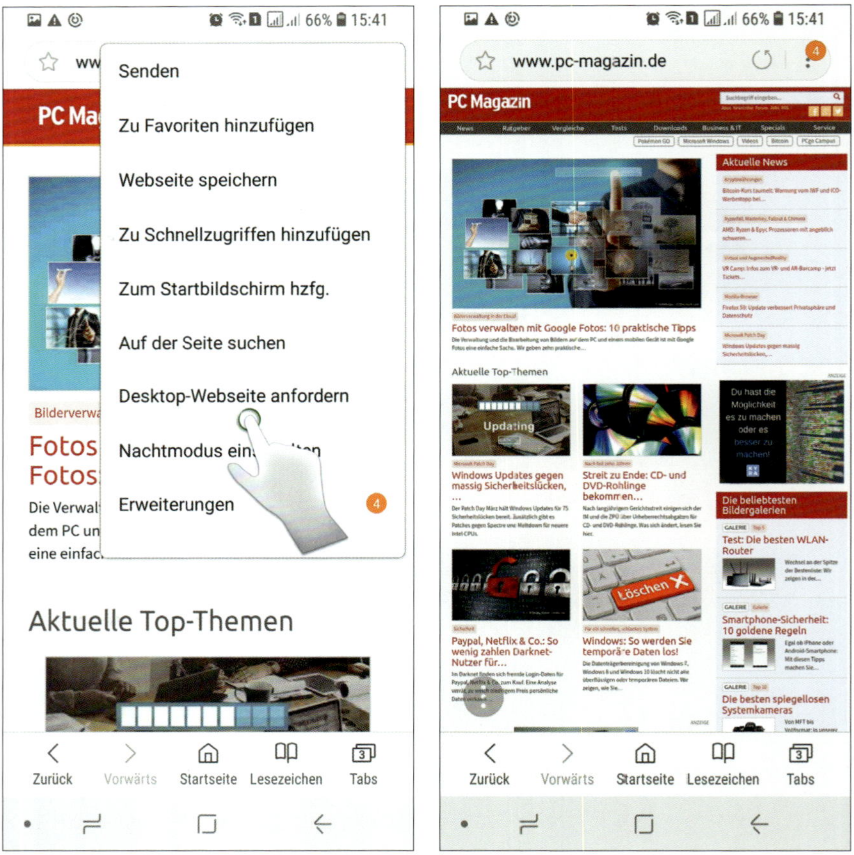

Die Webseiten von Zeitschriften und Webportalen sind gute Beispiele für unterschiedliche Inhalte für mobile Nutzer und Desktop-Nutzer. Die Desktop-Versionen solcher Seiten sind für Smartphones wenig geeignet.

ACHTUNG: Diese Umschaltung funktioniert nicht auf jeder Seite. Das hängt von der Methode ab, die der jeweilige Webserver verwendet, um PCs von Smartphones zu unterscheiden. Bedenken Sie auch, dass die Desktop-Versionen von Webseiten ein deutlich höheres Datenübertragungsvolumen verursachen als die für mobile Geräte optimierten Versionen.

Seiten zum Offlinelesen speichern

Nicht immer hat man mit dem Smartphone ausreichenden Mobilfunkempfang, um im Internet zu surfen. Dabei braucht man aber manchmal gerade in abgelegenen Gegenden oder im fahrenden Zug bestimmte Informationen, die man schon einmal auf einer Webseite gefunden hat. Der Samsung-Browser bietet die Möglichkeit, einzelne Seiten zum Offlinelesen zu speichern, sodass sie auch ohne Internetverbindung verfügbar sind. Wählen Sie dazu im Menü des Browsers die Option *Webseite speichern*, nachdem die gewünschte Seite vollständig im Browser geladen ist.

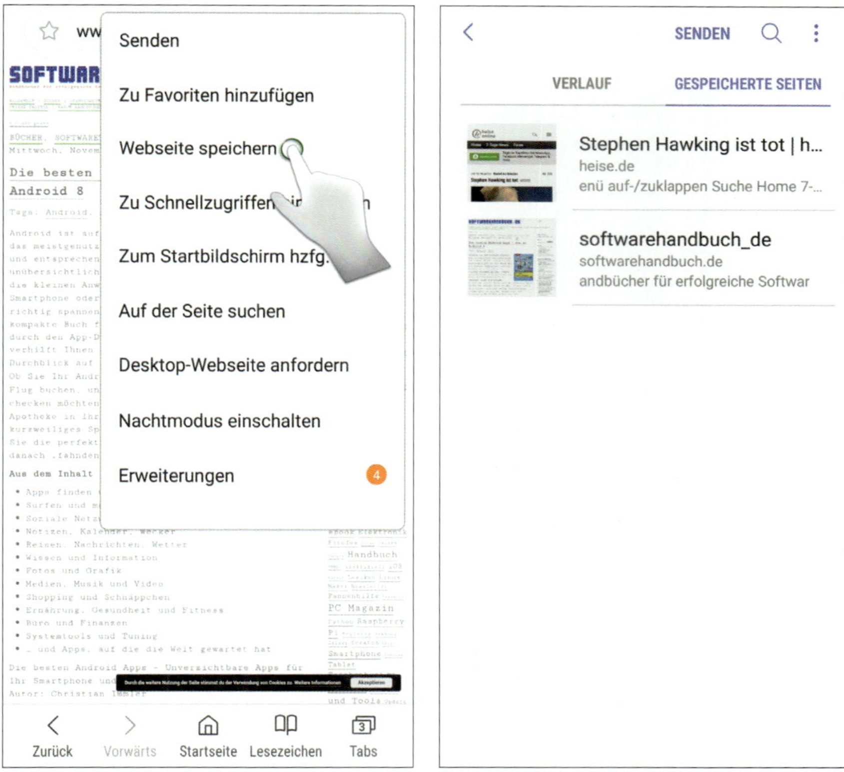

Zum Offlinelesen gespeicherte Webseiten.

Offline gespeicherte Webseiten lassen sich auf der Seite *Gespeicherte Seiten* in den Favoriten aufrufen.

ACHTUNG: Hier können Sie immer nur einzelne Artikel einer Webseite zum Offlinelesen speichern. Das Speichern kompletter Webangebote funktioniert nicht, da diese häufig Serverfunktionen benötigen, um die einzelnen Unterseiten aufzubauen. Interaktive Elemente lassen sich ebenfalls nicht offline speichern.

Begriffe im Wörterbuch nachschlagen

Der Samsung-Browser bietet die Möglichkeit, fremdsprachige Wörter auf einer Webseite in einem Offline-Wörterbuch oder bei Google nachzuschlagen.

Markieren Sie das zu suchende Wort durch langes Antippen im Browser. Sollte die Markierung nicht genau das Wort treffen, ziehen Sie die beiden blauen Marken an die passende Position. Tippen Sie auf das Symbol *Wörterbuch*. Beim ersten Mal wird eine Liste verfügbarer Wörterbücher angezeigt. Laden Sie hier das gewünschte Wörterbuch auf das Samsung Galaxy S9 herunter.

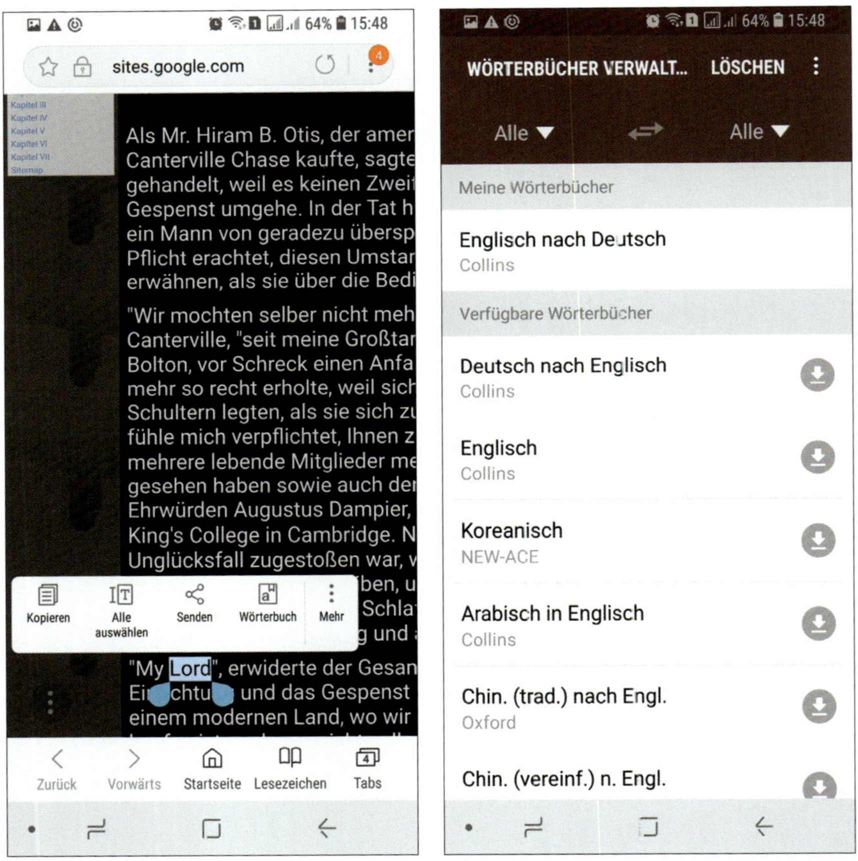

Wort auf einer Webseite markieren und Wörterbuch auswählen.

Nachdem das Wörterbuch heruntergeladen ist, können Sie markierte Begriffe direkt in diesem Wörterbuch offline suchen. Bringt das Wörterbuch allein nicht die gewünschten Informationen, tippen Sie in der Symbolleiste auf *Internetsuche*, um den Begriff bei Google zu suchen. Alternativ können Sie auch bei Wikipedia nach einer Begriffserklärung suchen.

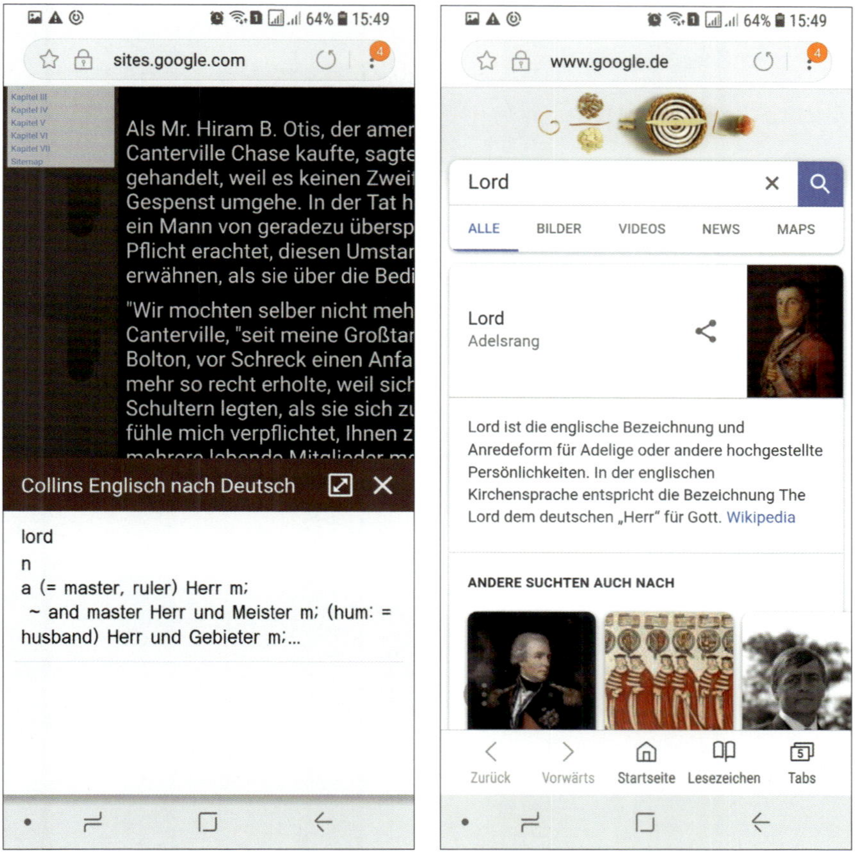

Einen Begriff von einer Webseite im Wörterbuch oder im Internet suchen.

Samsung verwendet hier Wörterbücher von Amazon. Diese können nach dem Download auch als eigene App unabhängig vom Browser genutzt werden.

QR-Code-Scanner im Samsung-Browser

Der Samsung-Browser enthält einen QR-Code-Scanner, der in vielen Fällen zuverlässiger arbeitet als Bixby Vision. Dieser ist standardmäßig inaktiv. Tippen Sie im Menü des Browsers auf *Erweiterungen* und schalten Sie dort den *QR-Code-Leser* ein. Danach erscheint dieser im Menü.

QR-Codes, die auf Webseiten verlinken, werden sofort ausgewertet. Bei QR-Codes, die auf Apps im Google Play Store verlinken, wird dieser zunächst im Browser geöffnet. Tippen Sie unten auf *In Play Store App öffnen*, um die Google-Play-Store-App zu öffnen. Dort können Sie die App erst wirklich installieren.

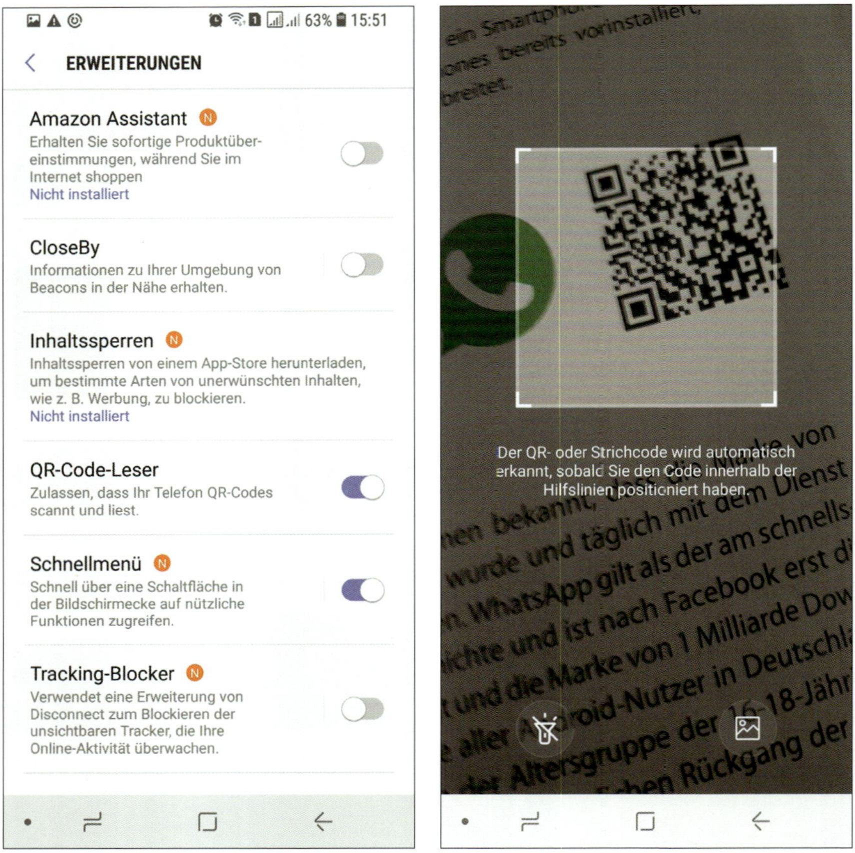

Der QR-Code-Leser im Samsung-Browser.

Google Chrome

Google bietet seinen Browser Chrome, der auf dem PC zurzeit weltweit der beliebteste Browser ist, auch für Android an. Auf dem Samsung Galaxy S9 ist Chrome parallel zum Samsung-Browser bereits vorinstalliert, aber nicht als Standardbrowser konfiguriert.

Chrome bietet wie auf dem PC einen sehr schnellen Seitenaufbau, flüssiges Zoomen und Scrollen sowie Surfen in mehreren Tabs. Tabs und Lesezeichen werden zwischen PC und Smartphone synchronisiert, sodass man zu Hause direkt weitersurfen kann, wenn man unterwegs eine interessante Webseite entdeckt hat. Dazu müssen Sie sich nur beim ersten Start in Chrome mit Ihrem Google-Konto anmelden.

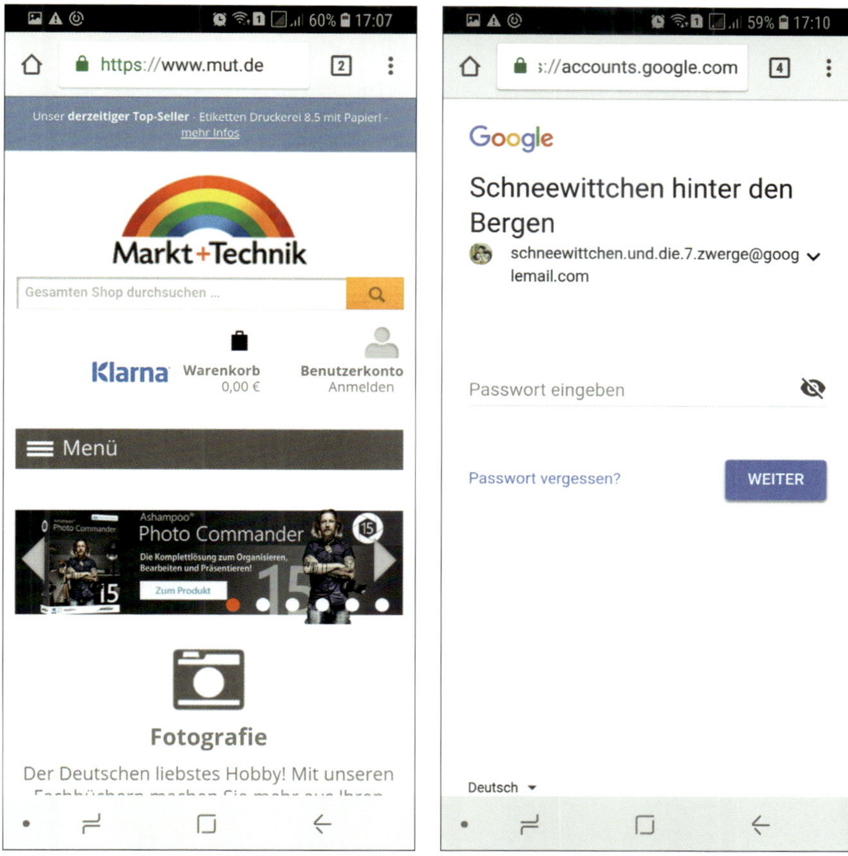

Der Chrome-Browser auf dem Samsung Galaxy S9 und Anmeldung mit dem Google-Konto.

Surfen in mehreren Tabs

Möchten Sie schnell etwas nachsehen, ohne die gerade geöffnete Webseite zu verlassen, öffnen Sie auf dem PC einen neuen Tab im Browser, in manchen Browsern auch als Registerkarte bezeichnet. Dies funktioniert auf dem Smartphone ebenfalls.

Ein Symbol oben rechts neben der Adresszeile des Browsers öffnet eine Liste der offenen Browserfenster. Hier können Sie zwischen den Tabs hin- und herwechseln sowie nicht mehr benötigte schließen. Mit dem Plussymbol oben links können Sie einen neuen Tab anlegen. Einige Links auf Webseiten öffnen automatisch neue Tabs im Browser.

Über den Menüpunkt *Zuletzt geöffnete Tabs* finden Sie nicht nur die auf dem Samsung Galaxy S9 zuletzt geöffneten und wieder geschlossenen Tabs wieder, sondern auch Tabs, die auf anderen Geräten mit dem gleichen Google-Konto geöffnet waren. So können Sie unterwegs Informationen wiederfinden, die Sie zu Hause auf dem PC oder Tablet gefunden haben, und umgekehrt.

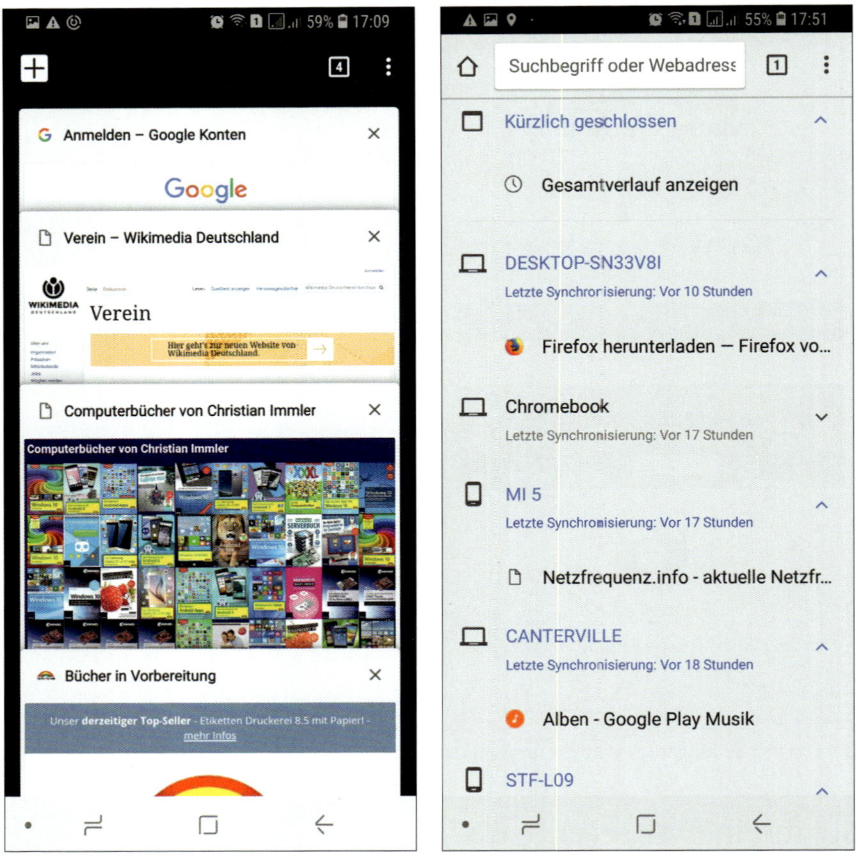

Die Liste der offenen Browsertabs und die Gesamtliste der Tabs auf allen eigenen Geräten.

Vereinfachte Ansicht

Noch lange nicht jede Webseite bietet eine für Smartphones optimierte Darstellung an. Der Google-Chrome-Browser stellt Webseiten, die nur als PC-Version existieren, möglichst originalgetreu dar, was sie auf dem Smartphone schwer bedienbar macht.

Auf solchen Seiten wird unten eine Leiste *Vereinfachte Ansicht anzeigen* eingeblendet. Tippen Sie darauf, versucht Chrome, durch Ignorieren von Formatierungen und Style Sheets eine Smartphone-optimierte Darstellung der Seite, auf der kein Zoomen oder horizontales Scrollen nötig ist, zu bauen und anzuzeigen, was in den meisten Fällen auch gut funktioniert. Durch Verzicht auf die Hintergrundfarben und -bilder wird der Text besser lesbar.

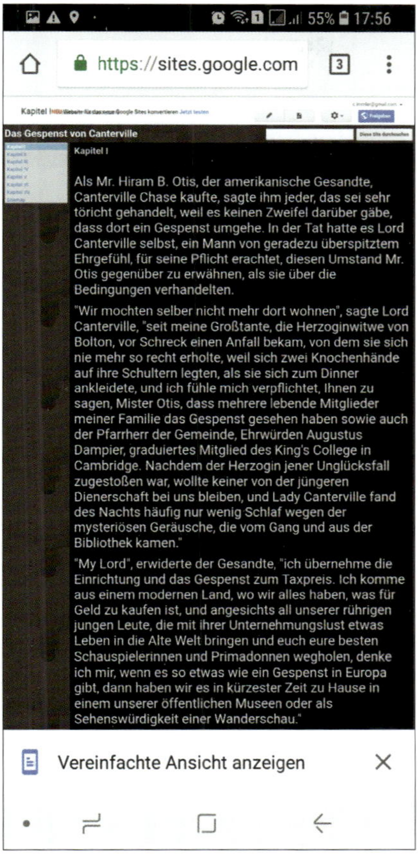

Vereinfachte Version einer Webseite für Smartphones anzeigen.

Intelligente Textauswahl

Markieren Sie ein Wort oder einen Textbereich durch Antippen, können Sie diesen direkt in die Zwischenablage kopieren oder über die drei Punkte in der Symbolleiste mit anderen Apps teilen. Ziehen Sie an einem der blauen Griffe, können Sie die Markierung auf einen größeren Textbereich ausdehnen.

Diese sogenannte intelligente Textauswahl steht nicht nur im Chrome-Browser, sondern auch in diversen anderen unterstützten Apps zur Verfügung.

Tippen Sie unten auf die Google-Leiste, wird der markierte Text bei Google gesucht, ohne die aktuelle App zu verlassen.

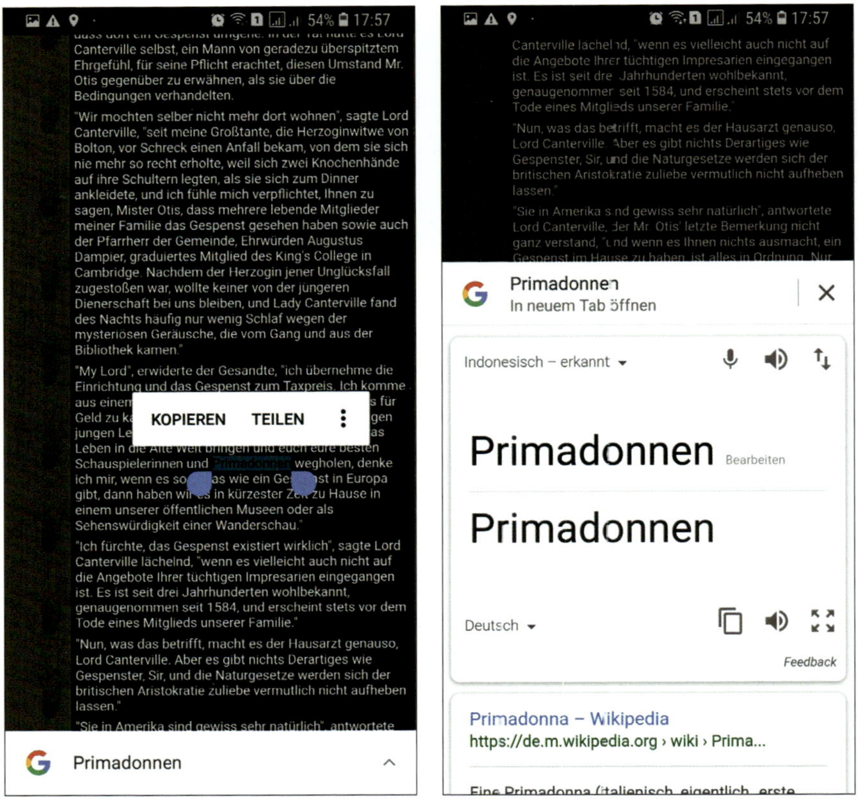

Die intelligente Textauswahl im Chrome-Browser.

Seitenlinks weitergeben

Wer eine interessante Internetseite gefunden hat, kann diese, ohne sie sich zwischendurch merken zu müssen, an Freunde weiterleiten.

Wählen Sie dazu im Menü des Chrome-Browsers die Option *Teilen*. Jetzt öffnet sich die Auswahl aller im System eingetragenen Kommunikationsmethoden, die sich zum Weiterleiten oder Speichern von Internetadressen eignen. Standardmäßig sind auf dem Samsung Galaxy S9 bereits diverse Apps dafür installiert. Nach der Installation weiterer Apps tragen sich unter anderem auch Facebook, Google+ und Twitter in diese Liste ein. Wählen Sie hier die gewünschte Methode aus und leiten Sie so den Link zur aktuellen Webseite weiter.

Bei E-Mails wird die Betreffzeile automatisch mit dem Seitentitel gefüllt und der eigentliche Link in den Mailtext eingetragen, sodass der Empfänger lediglich darauf zu klicken braucht. Sie müssen nur noch den Empfänger angeben und vielleicht noch einen freundlichen Satz in die Mail schreiben, damit die Internetadresse nicht ganz so unvermittelt beim Empfänger ankommt.

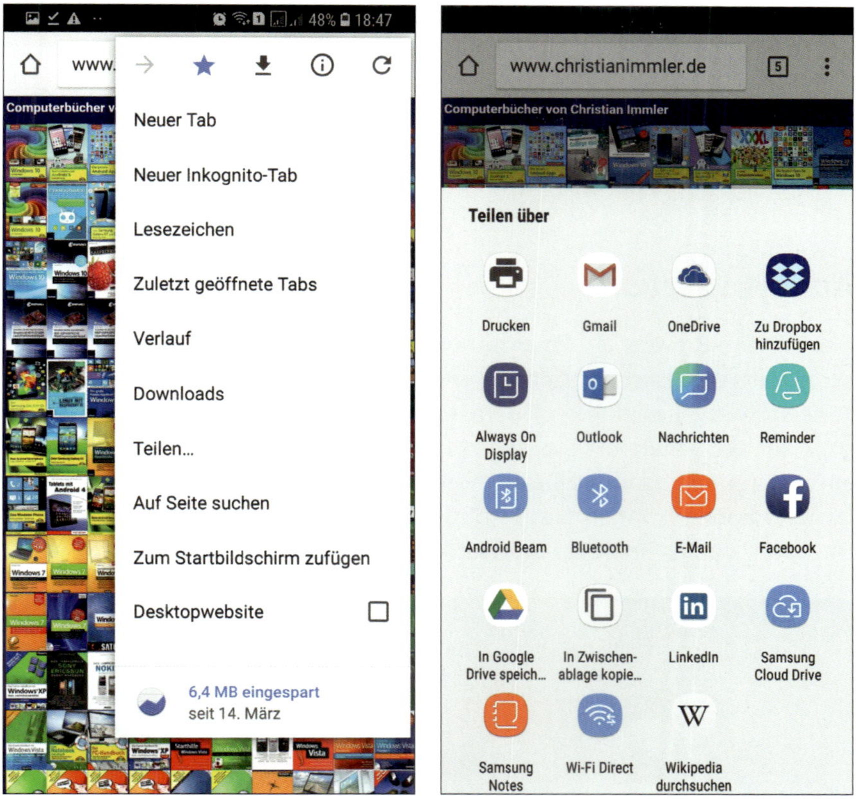

Seite im Chrome-Browser teilen.

Das Symbol *In Zwischenablage kopieren* kopiert die Adresse in die Zwischenablage, um sie als Text in eine beliebige andere App einfügen zu können.

Downloads und Offline-Webseiten

Chrome bietet die Möglichkeit, komplette Webseiten herunterzuladen, um sie offline weiterlesen zu können. Tippen Sie dazu im Menü oben auf das Downloadsymbol.

Herunterladen einer Webseite, um sie offline anzuzeigen.

Nach dem Herunterladen wird die Seite offline angezeigt und oben in der Adressleiste auch eigens gekennzeichnet.

Über den Menüpunkt *Downloads* finden Sie die offline heruntergeladenen Seiten sowie auch über Links im Browser heruntergeladene Dateien mit einer Angabe zur Datenmenge. Halten Sie länger auf einen Eintrag in der Liste, können Sie diesen löschen oder über verschiedene Apps teilen.

Anonym surfen

Der Chrome-Browser auf Smartphones hinterlässt genauso wie ein PC-Browser in der Verlaufsliste, in Cookies und Temporärdateien Spuren des eigenen Tuns im Netz. Diese bieten jedem, der Zugriff auf das Gerät hat, freien Einblick auf alle Seiten, die Sie zuletzt besucht haben. Möchten Sie nicht, dass ein anderer Benutzer des Smartphones sieht, dass Sie bestimmte Webseiten besucht haben, können Sie für diese Seiten den Inkognito-Modus nutzen. Dazu wird immer ein neues Browserfenster gestartet.

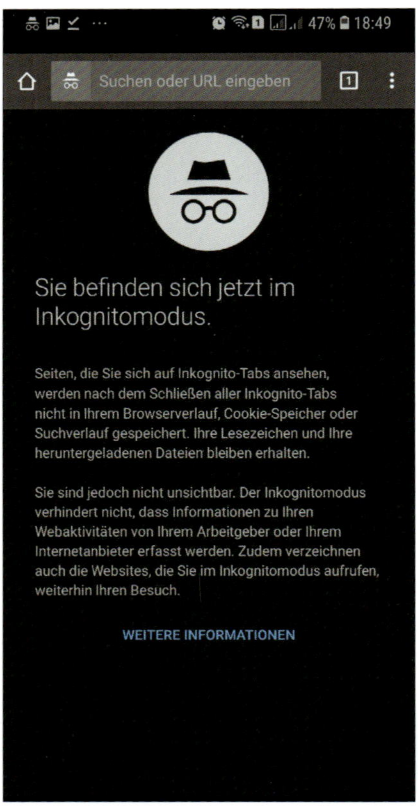

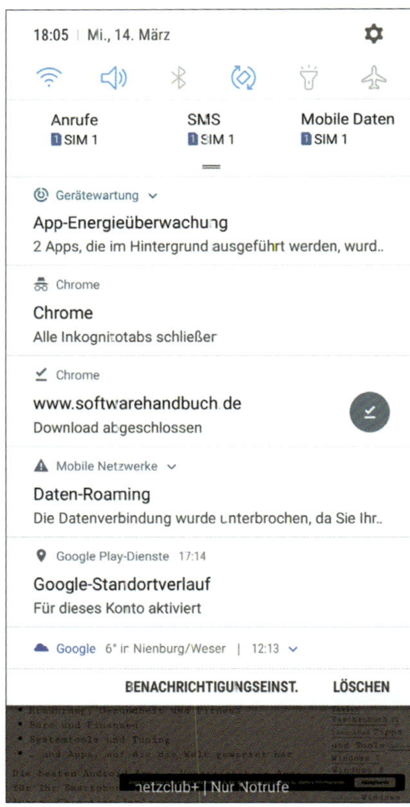

Links: Inkognito-Modus im Browser aktivieren, rechts: Benachrichtigung zum Schließen aller Inkognito-Tabs.

Wählen Sie dazu im Menü *Neuer Inkognito-Tab*. Es öffnet sich ein neues Fenster mit einem Hinweis zum Inkognito-Modus. Zur deutlichen Unterscheidung haben Inkognito-Tabs oben eine dunkle Titelleiste, werden nicht in der Verlaufsliste gespeichert und auch nicht mit anderen Geräten synchronisiert.

Öffnen Sie einen Link aus einem Inkognito-Tab, der einen neuen Tab öffnet, wird dieser ebenfalls im Inkognito-Modus geöffnet. Mit dem Schließen des letzten Inkognito-Tabs wird dieser Modus wieder beendet. Ein Symbol in der Benachrichtigungsleiste erinnert daran, die Inkognito-Tabs wieder zu schließen. Bevor Sie Ihr Smartphone aus der Hand geben, können Sie hier mit einem Antippen alle geöffneten Inkognito-Tabs auf einmal schließen.

Möchten Sie nachträglich Ihre Spuren verwischen, die sich beim Surfen im »normalen« Modus angesammelt haben, wählen Sie im Menü des Browsers *Einstellungen/Datenschutz*. Die Seite *Erweitert* bietet noch mehr Daten zum Löschen an. Tippen Sie dort ganz unten auf *Daten löschen*. Dort können Sie den Cache und Verlauf leeren sowie Cookies, gespeicherte Formulardaten und Passwörter.

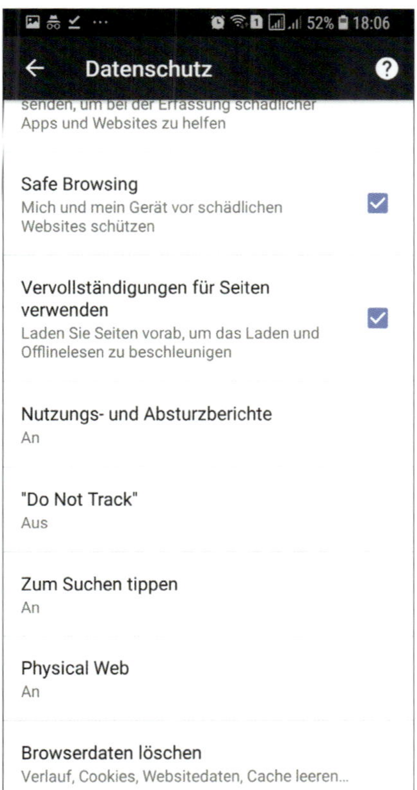

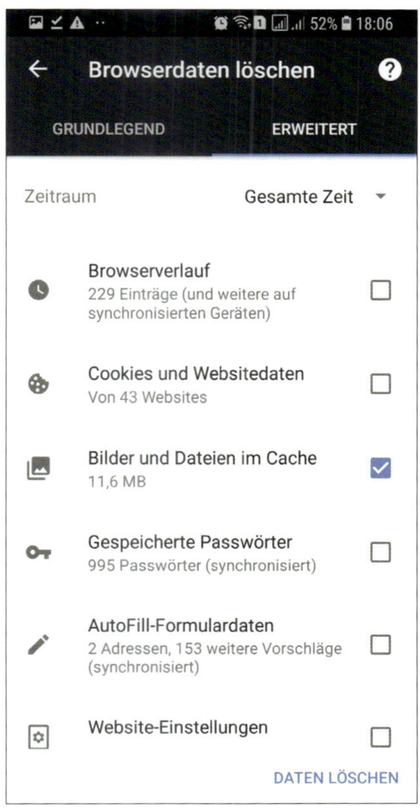

Browserdaten in Chrome löschen.

Wählen Sie einen Zeitraum, aus dem die Daten gelöscht werden sollen. So können Sie kürzlich besuchte Webseiten verschwinden lassen, aber Ihre Verlaufsliste der letzten Tage behalten. Bedenken Sie beim Löschen, dass der Browserverlauf des angegebenen Zeitraums auf allen synchronisierten Geräten mit gelöscht wird.

Durch Kompression Daten sparen

Der Google-Chrome-Browser beinhaltet einen Datensparmodus, um im Mobilfunknetz wertvolles Datenvolumen der Flatrate zu sparen. Bei eingeschalteter Optimierung werden besuchte Seiten von Google optimiert, um die Größe und damit den Datenverbrauch im Mobilfunk automatisch zu reduzieren, ohne dabei Qualitätseinbußen zu haben. Sie können diese Einstellung auch jederzeit in den Chrome-Einstellungen unter *Datensparmodus* ein- oder ausschalten.

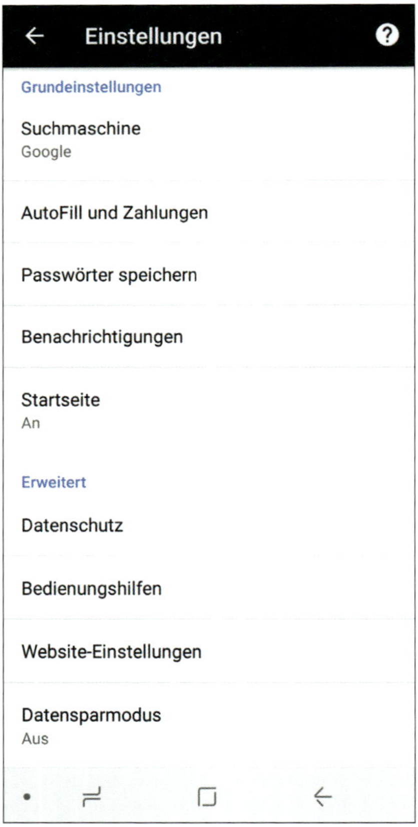

Der Datensparmodus in Chrome.

Webseiten, die über https-Verbindungen oder in anonymen Tabs geöffnet werden, werden nicht komprimiert.

Chrome als Standardbrowser einrichten

Samsung hat den Chrome-Browser zwar auf dem Samsung Galaxy S9 vorinstalliert, aber nicht als Standardbrowser. Wer grundsätzlich lieber Chrome als den einfachen Samsung-Browser nutzt, kann die Standardeinstellung leicht umstellen.

Um den Samsung-Browser verschwinden zu lassen, können Sie auch das Symbol in der Schnellstartleiste des Startbildschirms austauschen.

Um die Standardbrowser-Einstellung zu ändern, tippen Sie in den *Einstellungen* auf *Apps*, wählen dort im Menü oben rechts *Standard-Apps* und auf dem nächsten Bildschirm *Browser-App*. Hier wählen Sie den gewünschten Standardbrowser einfach aus. Dies gilt auch für alle zusätzlich installierten Browser wie z. B. Firefox.

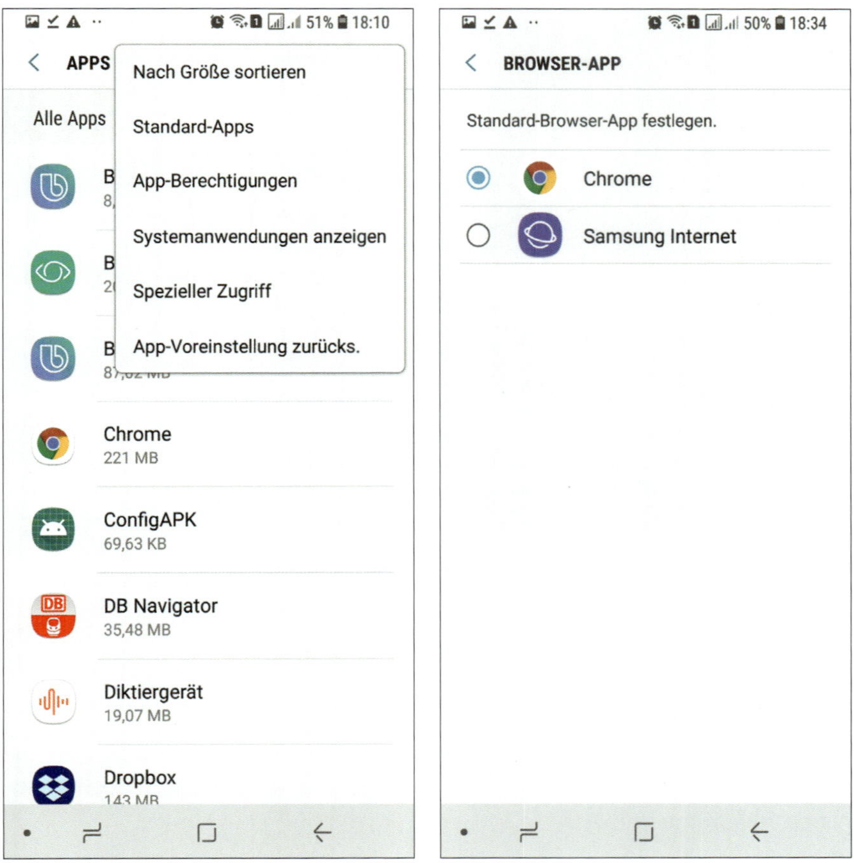

Standardbrowser wählen.

Suchen mit Google

Um bei Google zu suchen, müssen Sie nicht erst den Browser starten, geben Sie einfach den gesuchten Begriff in das Suchfeld auf dem Startbildschirm ein. Die Suchergebnisse werden in der Google-App angezeigt. Erst nachdem Sie auf ein Suchergebnis getippt haben, wird der Browser geöffnet.

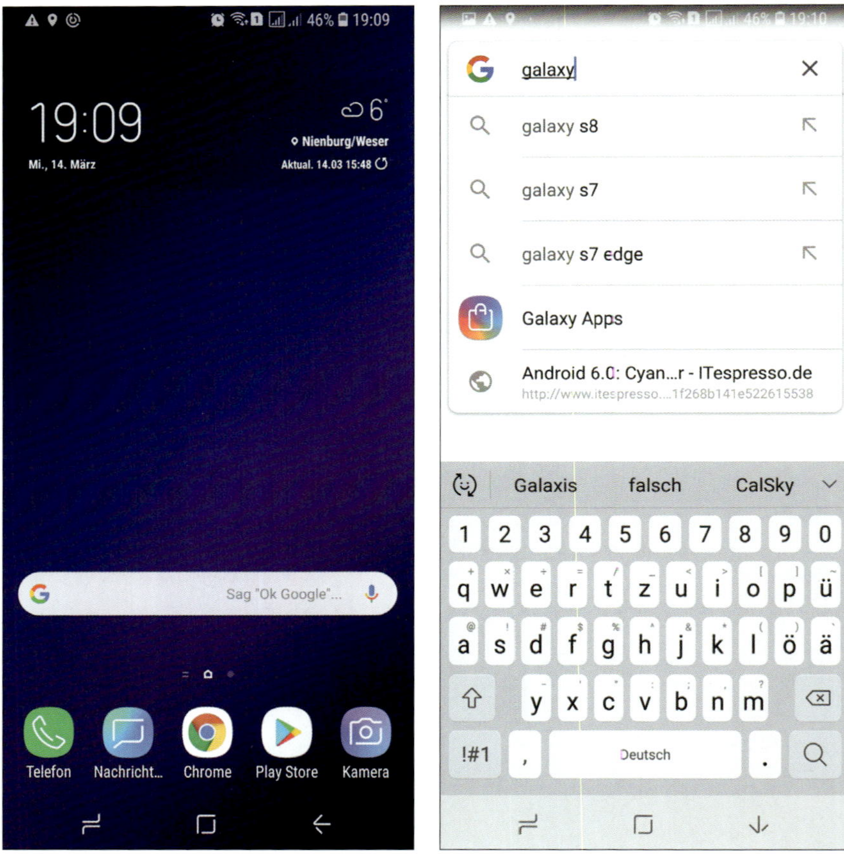

Google-Suchfeld auf dem Startbildschirm und Eingabe eines Suchbegriffs.

Alternativ zum Suchfeld auf dem Startbildschirm können Sie einen Suchbegriff auch in die Adresszeile des Browsers eingeben, er wird dann über Google gesucht.

Die Google-Suche zeigt am Anfang Werbung, News und Bilder an. Scrollen Sie auf dem Bildschirm weiter nach unten, um zu den tatsächlichen Suchergebnissen zu kommen.

Die mobile Google-Suche bietet neben der Websuche auch eine regionale Suche nach Restaurants, Cafés und anderen Lokalitäten, sofern der eigene

Standort erkannt wird. Damit dies funktioniert, müssen Sie beim ersten Aufruf der Google-Suche die Standortabfrage zulassen.

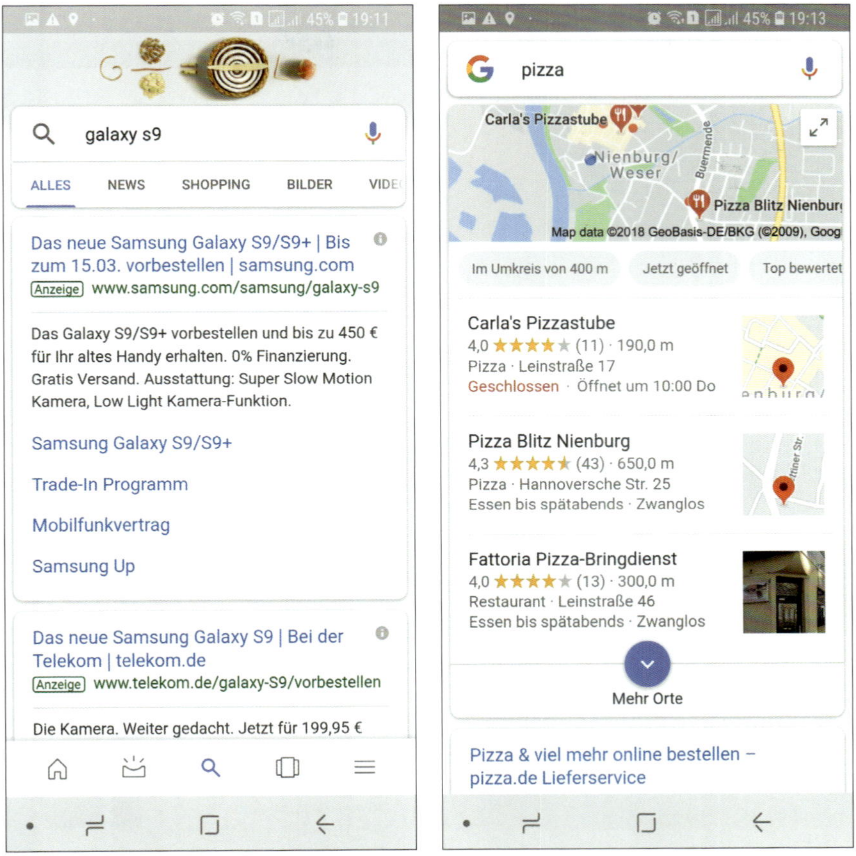

Websuche und regionale Suche mit Werbung bei Google auf dem Smartphone.

Das Samsung Galaxy S9 kann zur Standortbestimmung neben GPS auch Mobilfunkzellen und bekannte WLAN-Standorte nutzen, sodass die Positionsermittlung auch innerhalb von Gebäuden relativ genau funktioniert. Um die Standortbestimmung verwenden zu können, muss die *Standort*-Option in den Schnelleinstellungen eingeschaltet sein.

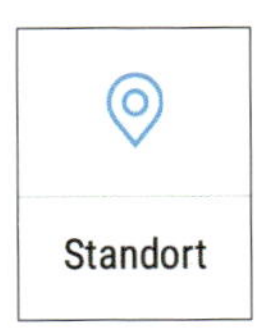

Google-Bildersuche

Haben Sie im Internet etwas Interessantes gefunden und suchen ähnliche Informationen, brauchen Sie sich nicht unbedingt einen passenden Suchbegriff auszudenken. Suchen Sie einfach anhand der Bilder andere Webseiten, die die gleichen Dinge darstellen. Tippen Sie dazu länger auf ein Bild im Chrome-

Browser, bis ein Kontextmenü erscheint. Wählen Sie hier *In Google nach dem Bild suchen*. Google sucht das gleiche oder ähnliche Bilder im Internet und versucht auch, einen passenden Suchbegriff zum Thema zu finden.

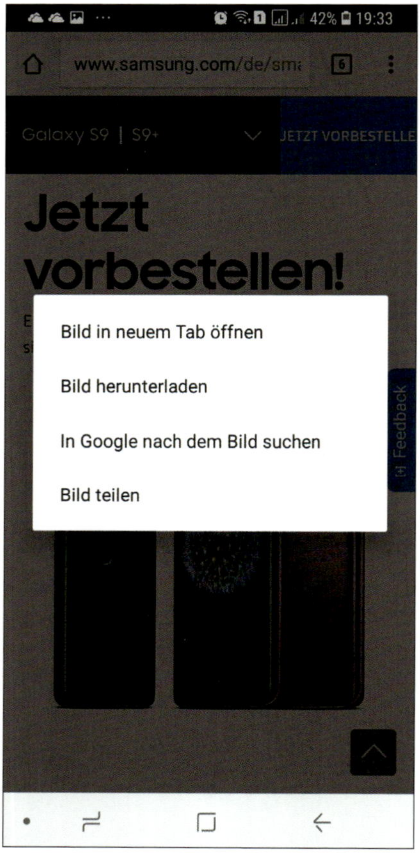

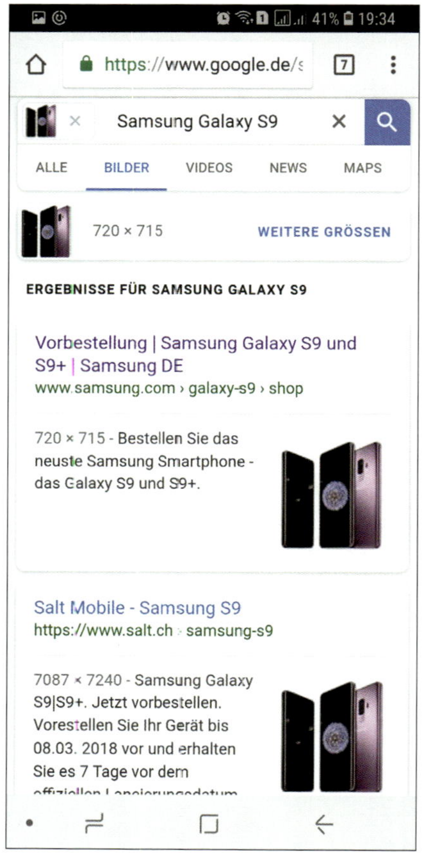

Google sucht nach einem Bild.

Google-Sprachsuche und Sprachsteuerung

Das Samsung Galaxy S9 enthält die neuartige Sprachsteuerung Bixby. Diese ist aber bis jetzt nicht auf Deutsch verfügbar. Wie auf allen aktuellen Android-Smartphones ist auch auf dem Samsung Galaxy S9 der Google Assistant mit Google-Sprachsuche vorinstalliert.

Halten Sie den Finger lange auf der Home-Taste oder drücken Sie kräftig darauf. Sprechen Sie jetzt einen Sprachbefehl ins Mikrofon. Auf die gleiche Weise können Sie auch durch Antippen des Mikrofonsymbols im Google-Suchfeld einen Suchbegriff eingeben. Google setzt das gesprochene Wort in Text um und sucht den Begriff. Dazu wird automatisch die Google-Suche geöffnet.

Achtung Datenvolumen!

Die Sprachsuche erfolgt bei Google nicht direkt auf dem Smartphone, sondern das gesprochene Wort wird als Audiodatei an einen Google-Server übertragen, wo die Auswertung stattfindet. Hier fällt erheblich mehr Datenvolumen an als bei der Eingabe eines Suchbegriffs mit der Bildschirmtastatur. Die gesprochenen Antworten stammen aus einer lokal installierten Sprachdatei.

Um einen neuen Sprachbefehl zu sprechen oder einen Sprachbefehl zu wiederholen, der nicht verstanden wurde, tippen Sie auf das Mikrofonsymbol. Der Sprachbefehl *was kann ich tun* zeigt eine Liste möglicher Steuerungsoptionen über Sprache.

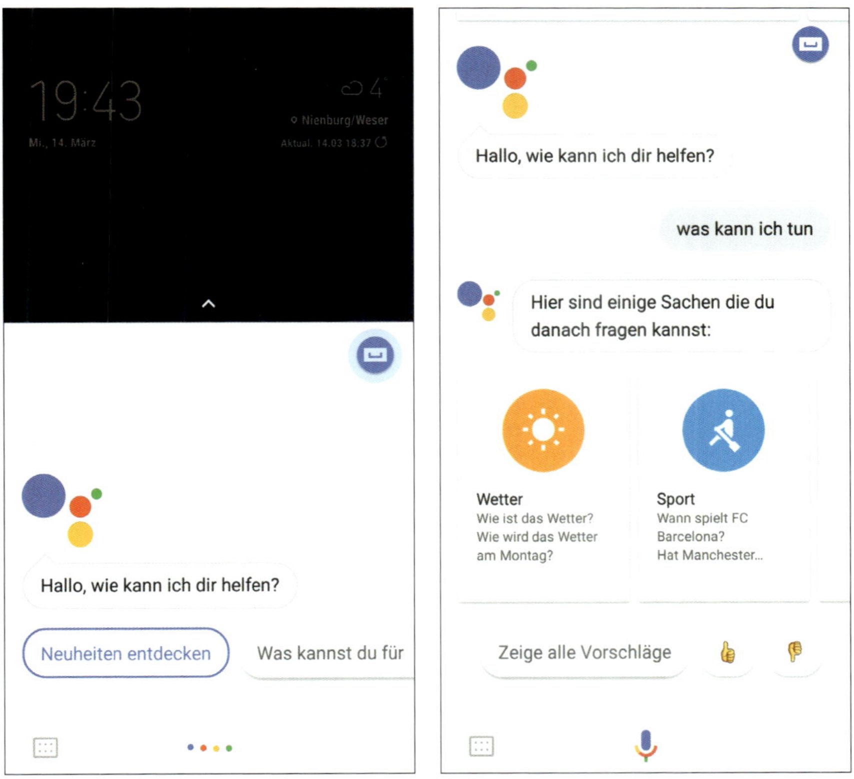

Der Google Assistant zeigt mögliche Sprachkommandos.

Der Google Assistant kann einfache Sätze oder Wörter in eine andere Sprache übersetzen und das Ergebnis direkt aussprechen. Auf diese Weise können Sie sich mit einer Person verständigen, wenn Sie keine gemeinsame Sprache beherrschen. Jeder spricht seine Sätze und Google übersetzt sie. Das funktioniert auch, ohne die andere Sprache lesen zu können.

Der Google Assistant ermöglicht eine schnelle Routenplanung per Spracheingabe. Dabei wird das in den Einstellungen des Google Assistant angegebene Verkehrsmittel verwendet.

Tippen Sie auf die Landkarte, um die geplante Route in Google Maps zu übernehmen und anzuzeigen. Hier können Sie ein anderes Verkehrsmittel wählen oder direkt die Navigation starten.

In persönlichen Daten suchen

Google bietet eine globale Suchfunktion auf dem Smartphone. Damit finden Sie gespeicherte Kontakte, Apps, besuchte Webseiten, Dokumente und vieles mehr, wie zum Beispiel Inhalte bestimmter Apps.

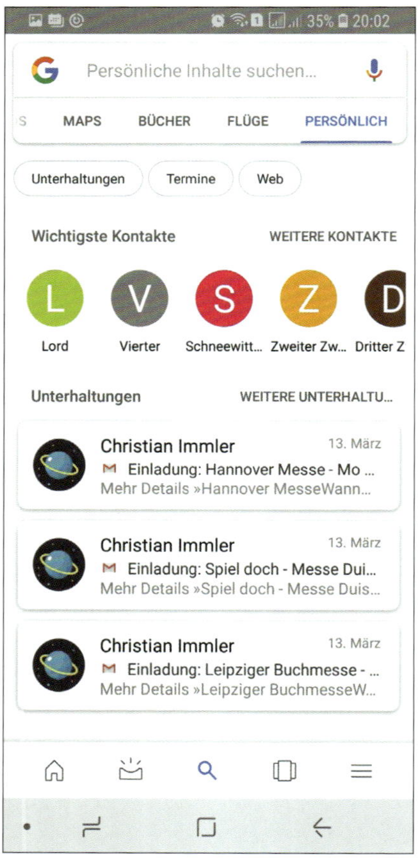

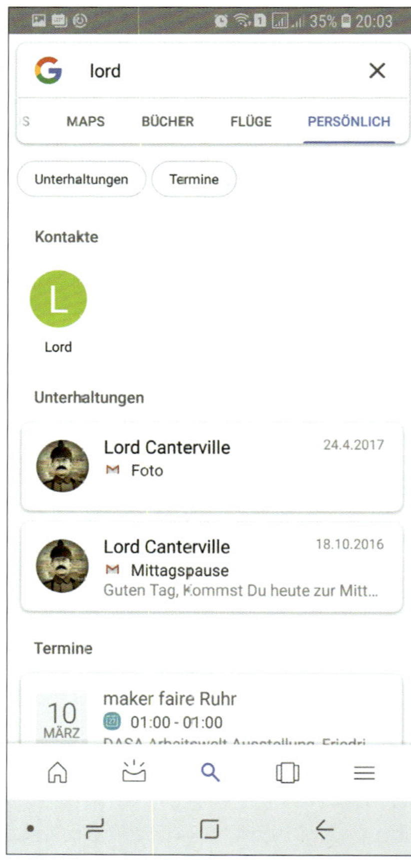

Suche in persönlichen Daten.

Geben Sie einen Suchbegriff in das Suchfeld auf dem Startbildschirm ein. Schon während des Tippens werden mögliche Ergebnisse angeboten. Schieben Sie die Leiste unterhalb des Suchfeldes ganz nach links und tippen Sie auf *Persönlich*. Google findet auf diese Weise Kontakte, Termine, E-Mails und sucht nach dem eingegebenen Suchbegriff auch in den Suchfunktionen installierter Apps. Tippen Sie bei einer Kategorie oben rechts auf *Weitere*, werden weitere Suchergebnisse oder Inhalte dieser App angezeigt.

Löschen Sie mit dem *x*-Symbol im Suchfeld den eingegebenen Suchbegriff, schlägt Google wichtige Kontakte, aktuelle Unterhaltungen, Termine und Suchanfragen vor, um so schnell zu finden, wonach Sie möglicherweise suchen möchten.

Firefox

Wie auf dem PC haben unabhängige Softwarehersteller auch für Android-Smartphones weitere Browser entwickelt, die interessante Funktionen bieten und so zahlreiche Fans für sich gewinnen konnten. Aber auch auf dem Smartphone ist wie auf dem PC kein Browser objektiv der beste. Die Browserwahl ist immer eine Frage des persönlichen Geschmacks.

Firefox für Android basiert auf der gleichen Technologie wie der beliebte Browser für PCs. Auch auf dem Smartphone überzeugt Firefox durch seine extrem schlanke wie auch funktionelle Oberfläche.

Die aktuelle Firefox-Version unterstützt alle wichtigen aktuellen Webtechnologien wie Tabs, JavaScript und HTML-Layer und bietet auch weitreichende HTML5-Unterstützung.

Natürlich bietet Firefox auch alle Funktionen moderner Android-Browser, wie einen privaten Modus, Umschaltung auf die Desktop-Version von Webseiten, Lesezeichen, Chronik und das Teilen von Internetadressen über verschiedene Kommunikationswege.

Die Chronik, die Liste der meistbesuchten Seiten sowie die Lesezeichen erreichen Sie in Firefox durch einfaches Antippen der Adresszeile. Tippen Sie oben rechts auf die kleine Ziffer, erscheinen weitere Tabs.

Die kombinierte Such- und Adressleiste findet schnell einen gesuchten Begriff in der Chronik der besuchten Seiten wie auch über verschiedene Suchmaschinen. Weitere Suchanbieter können über Add-ons eingebunden werden.

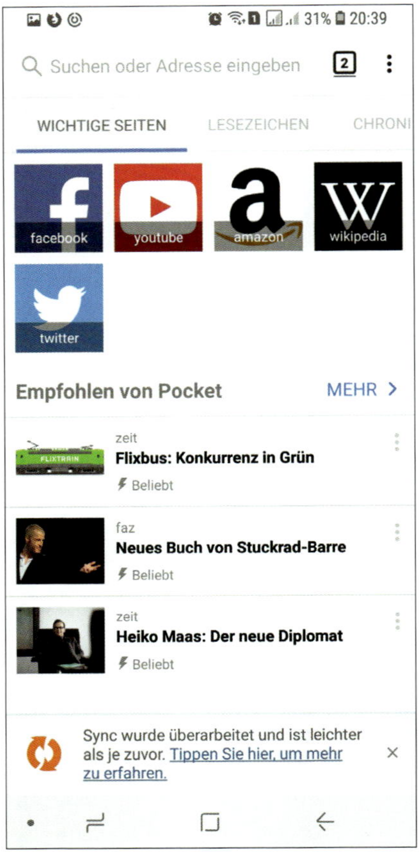

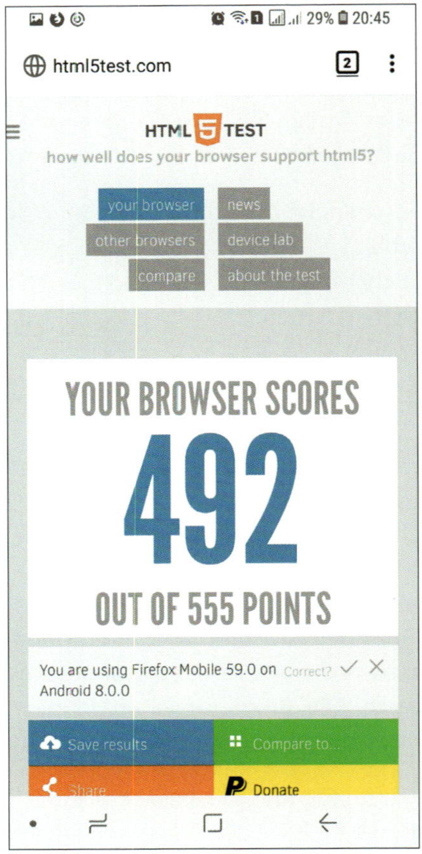

Startseite und HTML5-Testergebnis im mobilen Firefox.

Firefox Sync

Per Firefox Sync lassen sich Lesezeichen, Passwörter und Formulareingaben mit anderen Smartphones oder Firefox auf dem PC synchronisieren, sodass man nicht alles auf dem Smartphone neu eingeben muss. Sie finden die Lesezeichen sowie die Chronik der zuletzt geöffneten Webseiten automatisch auch auf dem Smartphone.

Dazu legen Sie auf dem PC ein Firefox-Konto an und melden sich mit demselben Konto auch bei Firefox für Android an.

Firefox Add-ons

Firefox bietet auf dem Smartphone eine ähnliche Add-on-Technik wie auf dem PC. Über solche nachträglich installierbaren Add-ons lassen sich zusätzliche Funktionen hinzufügen oder das Aussehen von Firefox verändern.

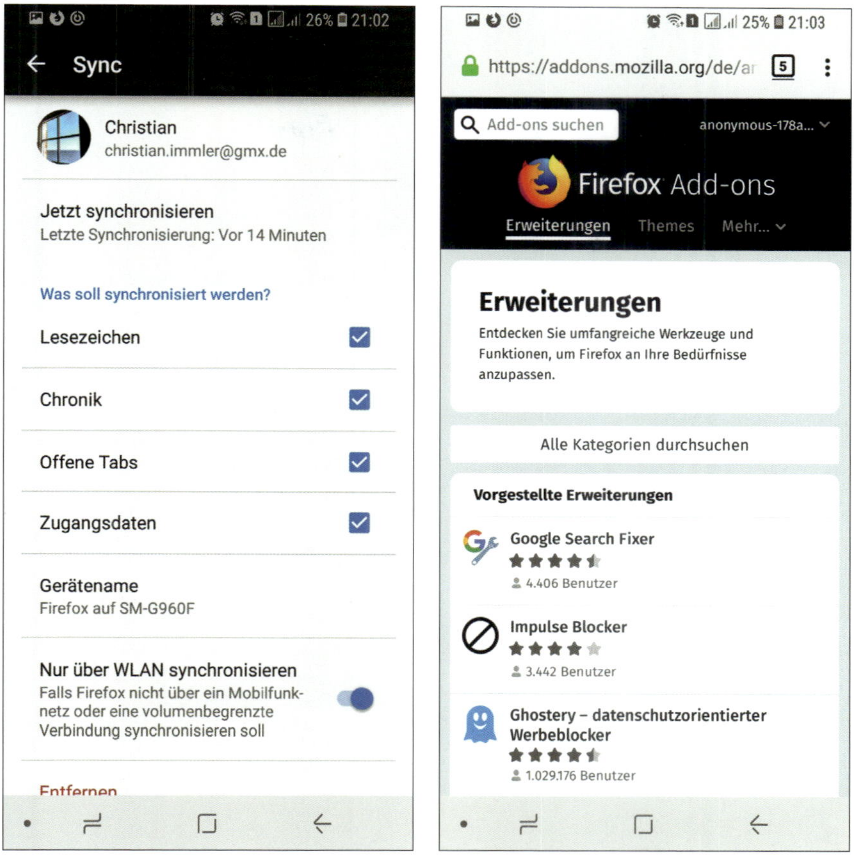

Firefox Sync und Add-ons.

Wikipedia

Wikipedia ist das beliebteste aller Onlinelexika und wird ständig aktualisiert und erweitert. Wikipedia ist nicht nur auf dem PC interessant, sondern oft auch unterwegs, wenn man schnell etwas wissen möchte. Ein Smartphone eignet sich dabei hervorragend als mobiles Lexikon.

Die offizielle App der Wikipedia bietet mehr als nur eine schnellere Suche und Darstellung der Wikipedia-Artikel als die Webseite im Browser. In der App lassen sich Seiten zum Offlinelesen speichern. Außerdem gibt es eine Verlaufsanzeige der zuletzt gelesenen Wikipedia-Artikel. Die Wikipedia-App lässt sich auf alle von Wikipedia unterstützten Sprachen umschalten.

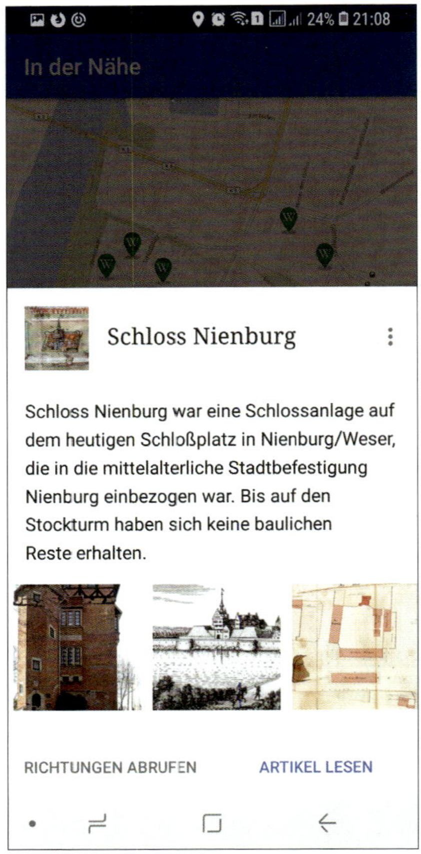

Startseite der App und Karte mit Wikipedia-Artikeln in der Nähe.

Die aktuelle Version der Wikipedia-App liefert ähnlich wie die Wikipedia-Webseite bereits beim Suchen Vorschläge passender Wikipedia-Artikel. Eine Wischgeste vom rechten Bildschirmrand blendet ein Inhaltsverzeichnis für den aktuell angezeigten Artikel ein.

Die App bietet für Wikipedia-Autoren die Möglichkeit, sich anzumelden und Seiten als Lesezeichen in der App zu speichern. Der Menüpunkt *In der Nähe* findet auf einer Karte Wikipedia-Artikel zu Orten oder Gebäuden in der eigenen Umgebung.

INFO: Bevor Wikipedia die eigene offizielle App veröffentlichte, gab es schon diverse andere Wikipedia-Apps, die aber häufig Werbung enthalten und einen geringeren Funktionsumfang bieten. Einige von diesen sind immer noch im Google Play Store zu finden. Achten Sie daher darauf, die offizielle Wikipedia-App zu installieren.

WLAN optimieren

Zu Hause gehen Sie am besten über Ihren WLAN-Router mit dem Smartphone ins Internet. Dies spart nicht nur wertvolles Datenvolumen Ihrer Mobilfunkflatrate, die Übertragungsraten sind in den meisten Fällen auch deutlich höher. Wie ein WLAN eingerichtet wird, haben Sie bereits bei der Ersteinrichtung des Smartphones erfahren.

Über die Schnelleinstellungen in der Benachrichtigungsleiste lässt sich das WLAN schnell ein- und ausschalten. Ziehen Sie die Benachrichtigungsleiste nach unten. Tippen Sie dann auf das WLAN-Symbol. Schalten Sie über das Symbol in den Schnelleinstellungen WLAN ein, sucht sich das Smartphone automatisch unter den gespeicherten WLAN-Verbindungen die zuletzt verwendete oder die mit der besten Signalstärke und verbindet sich damit.

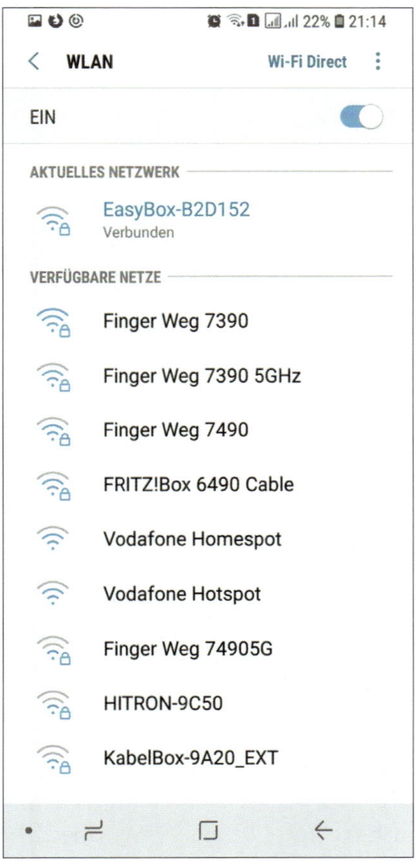

Die Liste sichtbarer WLANs in der Nähe und WLAN-Einstellungen.

Tippen Sie länger auf dieses Symbol, finden Sie alle WLANs in der Nähe und können sich nach Eingabe des Schlüssels mit einem WLAN verbinden.

Tippen Sie oben rechts auf das Menü und dann auf *Erweitert*. Hier finden Sie ein paar nützliche Einstellungen.

- **Zu mobilen Daten wechseln** schaltet auf die Mobilfunkverbindung um, wenn die WLAN-Verbindung sehr langsam oder instabil ist, was allerdings das verbrauchte Datenvolumen erhöht, da Daten über das Mobilfunknetz übertragen werden, obwohl ein WLAN in Reichweite wäre.
- **WLAN automatisch aktivieren** hilft Ihnen, deutlich Strom zu sparen, wenn Sie das WLAN außerhalb der Reichweite bekannter WLANs ausgeschaltet lassen. WLAN mit oder ohne Empfang saugt den Akku schnell leer. Sobald das Smartphone an einen Ort kommt, an dem Sie WLAN häufig verwenden und ein WLAN auf dem Gerät gespeichert ist, wird das WLAN automatisch wieder eingeschaltet.
- **WLAN-Energiesparmodus** analysiert den typischen Datenverkehr bei einer WLAN-Verbindung und verringert anhand dieser Informationen den Akkuverbrauch.

Wifi Analyzer

Die App *Wifi Analyzer* findet WLANs in der Nähe und zeigt deren Kanäle und Signalstärke an.

Läuft man mit dem *Wifi Analyzer* durchs Haus oder auch draußen durch die Straßen, lassen sich die Ausbreitungsbedingungen der verschiedenen WLANs gut ermitteln.

Auch beim Aufstellen des eigenen Routers kann diese App eine Hilfe sein. Wählen Sie den Kanal eines neuen WLAN-Routers immer so, dass möglichst viel Abstand zu den WLANs der Nachbarn gegeben ist. Router auf dicht nebeneinanderliegenden WLAN-Kanälen können Interferenzen verursachen, die den WLAN-Empfang schwächen.

Der *Wifi Analyzer* bietet dazu eine Kanalbewertung, die Empfehlungen für den optimalen WLAN-Kanal für den eigenen Router gibt.

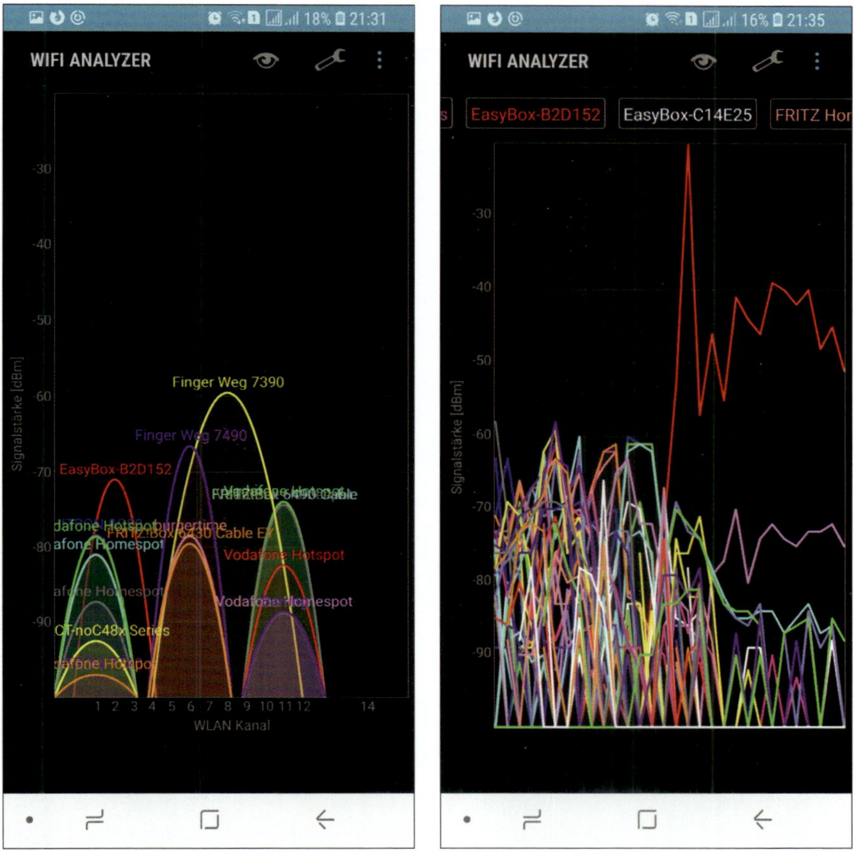

Wifi Analyzer zeigt Daten aller WLANs in Reichweite.

Öffentliche WLANs nutzen

An immer mehr öffentlichen Plätzen, Bahnhöfen, Hotels oder Cafés kann man per WLAN mit dem Smartphone eine Verbindung ins Internet herstellen, ohne das Datenvolumen der Mobilfunkflatrate aufzubrauchen.

In einigen Ländern sind öffentliche WLAN-Hotspots kostenlos nutzbar und auffällig gekennzeichnet.

> ACHTUNG: Im Ausland gibt es fast überall kostenloses WLAN in Restaurants, Hotels und auf öffentlichen Plätzen. Dagegen sind die Roamingkosten für die Mobilfunknutzung außerhalb der EU extrem hoch. Schalten Sie im Nicht-EU-Ausland die mobile Datenübertragung aus. Am besten schützen Sie sich vor Roamingkosten, wenn Sie bei Auslandsreisen die SIM-Karte aus dem Smartphone nehmen.

Die meisten öffentlichen WLANs verlangen vor der Nutzung die Bestätigung der Geschäfts- und Datenschutzbedingungen durch den Nutzer. Dazu wurde früher eine spezielle Anmeldeseite im Browser aufgerufen. Android 8 Oreo vereinfacht diesen Anmeldevorgang, indem eine Benachrichtigung angezeigt wird. Tippen Sie darauf, um sich anzumelden.

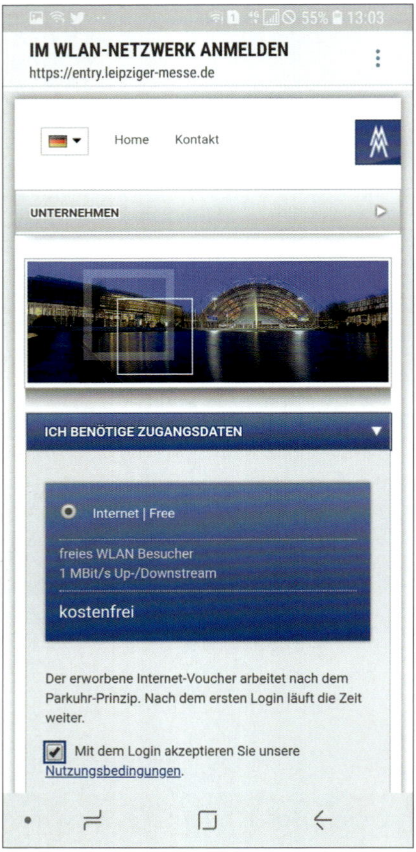

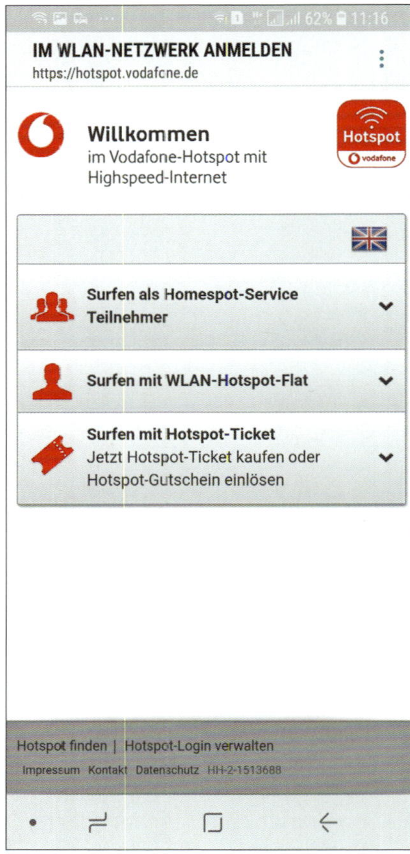

Anmeldung an öffentlichen WLANs.

Auch Vodafone bietet immer mehr öffentliche Hotspots in Städten und touristischen Orten an. Über Vodafone Homespot können Nutzer von Kabelanschlüssen einen Teil ihrer Bandbreite freigeben und bekommen im Gegenzug die Nutzungsberechtigung für andere Homespots.

Telekom-Hotspots nutzen

Die Telekom rüstet in Großstädten und an touristisch interessanten Orten Telefonzellen mit Hotspots aus, über die man mit persönlicher Zugangskennung oder über direkte Bezahlung mit einem eigenen Notebook, Tablet oder

Smartphone ins Internet kommt. An derzeit 125 großen Bahnhöfen Deutschlands bietet die Telekom öffentliche Hotspots an. Dabei sind die ersten 30 Minuten pro Tag kostenlos. Die ehemaligen Telekom-Hotspots der DB-Lounges werden mittlerweile von einem anderen Anbieter betrieben und sind ohne Zeitbegrenzung kostenlos nutzbar.

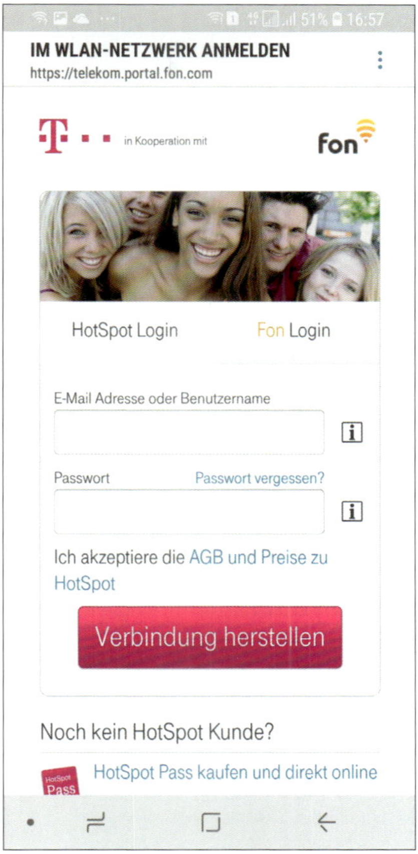

Öffentliche Hotspots der Telekom nutzen.

Telekom-Hotspots werden in der Liste verfügbarer WLANs als offene Netzwerke angezeigt. Verbinden Sie das Smartphone mit diesem WLAN. Nach der Verbindung erscheint die Benachrichtigung *Im WLAN-Netzwerk anmelden*. Tippen Sie darauf und geben Sie auf der Anmeldeseite, wenn nötig, Ihre Zugangsdaten ein. Erst danach können Sie andere Apps über dieses WLAN nutzen. Die meisten Telekom-Hotspots zeigen auf der Anmeldeseite unterschiedliche Möglichkeiten zur Anmeldung, über einen HotSpot Pass, einen Gutscheincode oder mit Benutzername und Passwort aus einem Telekom-Mobilfunkvertrag.

WLAN im ICE

Seit Ende des Jahres 2016 sind fast alle ICE-Züge der Deutschen Bahn in der 1. und 2. Klasse mit kostenlosem WLAN ausgestattet. Das WLAN erscheint unter dem Namen *WIFIonICE* in der Liste der WLANs und verwendet eine Browseranmeldung, bei der Sie aber nur die Nutzungsbedingungen bestätigen müssen.

Das WLAN im ICE funktioniert über gebündelte LTE-Verbindungen mehrerer Mobilfunkanbieter. Dennoch müssen sich mehrere Hundert Fahrgäste die Bandbreite teilen. Damit alle Fahrgäste vom WLAN profitieren können und nicht einzelne mit Videostreams die Geschwindigkeit für alle anderen Mitreisenden bremsen, wird das Datenvolumen nach der Nutzung von 200 MByte pro Tag und Gerät gedrosselt.

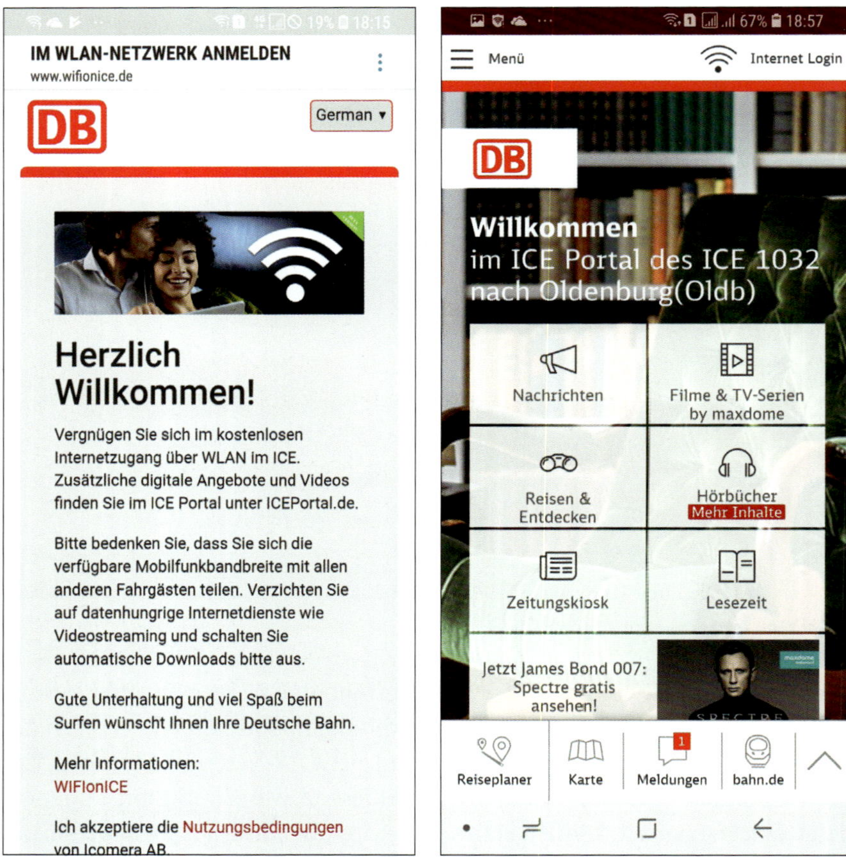

WLAN im ICE auf dem Smartphone nutzen.

Kapitel 5

Kommunikation mit dem Smartphone

Die ursprüngliche Aufgabe eines Handys war schon immer die Kommunikation. Neben Telefonieren und SMS sind auf Smartphones diverse moderne Kommunikationsformen dazugekommen. So ist es heute selbstverständlich, dass man seine E-Mails auf dem Smartphone liest und beantwortet und auch Kontakte in sozialen Netzwerken von unterwegs pflegt.

Google Mail – Gmail

Android und Google sind zwei enge Verwandte, so wundert es nicht, dass Google-Mail-Konten auf Android-Smartphones besonders gut unterstützt werden. Auf den Geräten ist (fast) immer eine eigene App für Googles Mailservice Gmail vorinstalliert, die ständig mit dem Google-Konto synchronisiert wird, sodass man über neue E-Mails automatisch in Echtzeit benachrichtigt wird.

INFO: Google Mail tritt in den meisten Ländern inzwischen unter dem Markennamen Gmail auf. In Deutschland und Großbritannien durfte dieser Name wegen eines Rechtsstreits mit dem Betreiber eines privaten Postdienstes lange Zeit nicht genutzt werden. Google verwendet mittlerweile einheitlich *mail.google.com*. Die E-Mail-Adressen *@googlemail.com* und *@gmail.com* können gleichwertig verwendet werden. In Polen und China darf Google den Namen Gmail weiterhin nicht verwenden.

Die Gmail-App synchronisiert automatisch mit dem bei der Einrichtung des Smartphones festgelegten Google-Konto. Zusätzlich zu diesem können Sie in der Gmail-App später noch weitere Google-Konten sowie auch E-Mail-Konten anderer Anbieter hinzufügen.

E-Mails lesen

Kommt eine neue E-Mail an, blinkt die LED des Samsung Galaxy S9 und es ertönt ein Benachrichtigungston. In der Benachrichtigungsleiste erscheint das Gmail-Symbol.

Ziehen Sie die Benachrichtigungsleiste nach unten, werden Absender, Betreff, Zeit und die ersten Textzeilen der E-Mail angezeigt. Mehrere eingegangene E-Mails werden in einer Benachrichtigung zusammengefasst. Tippen Sie auf den kleinen Pfeil oben rechts, um die E-Mails einzeln anzuzeigen. Tippen Sie auf den Pfeil neben der Zeitanzeige in der Benachrichtigung, werden die ersten Zeilen der E-Mail angezeigt.

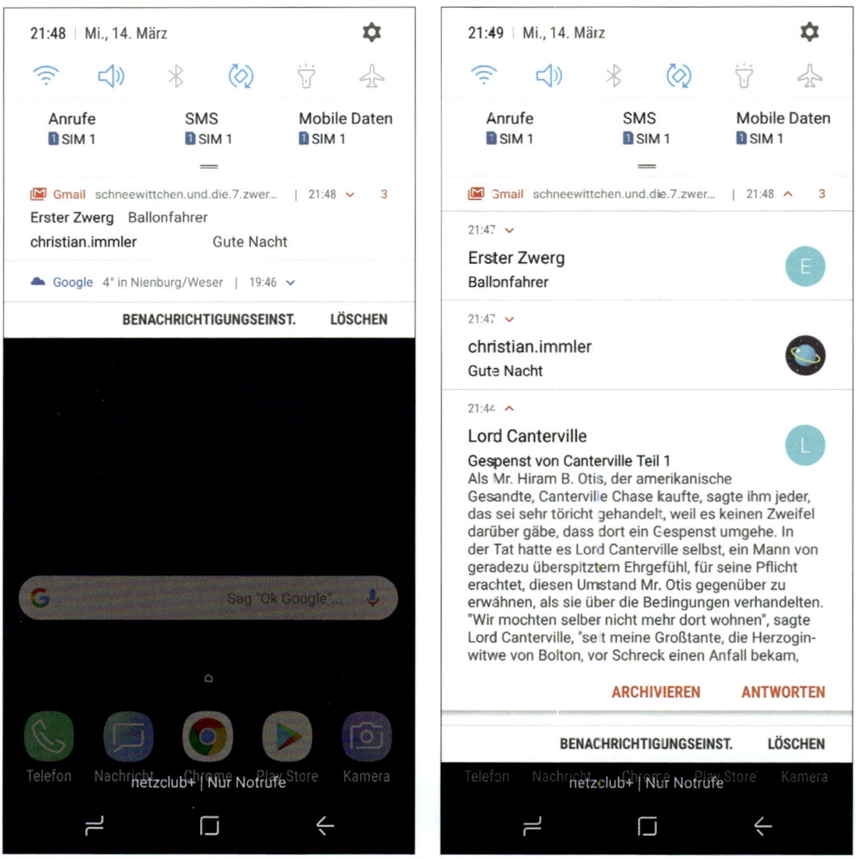

Benachrichtigung über neue E-Mail.

Tippen Sie auf den Text einer E-Mail in einer Benachrichtigung, wird diese in voller Länge in der Gmail-App geöffnet. Mit dem Pfeilsymbol oben links kommen Sie aus der Ansicht einer E-Mail zurück in den Posteingang.

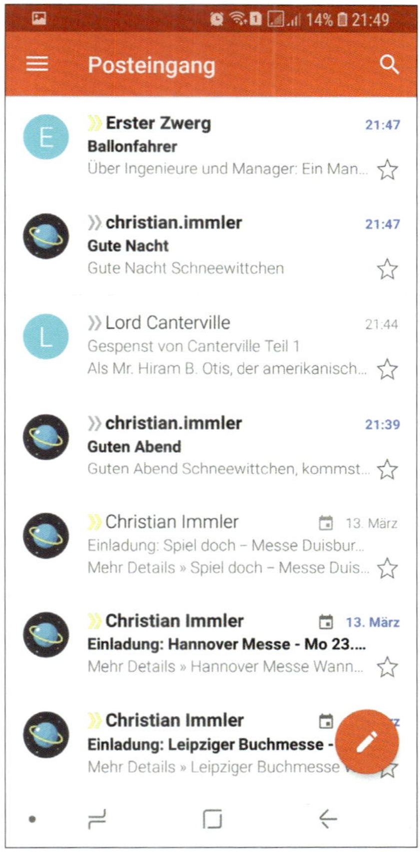

Neue E-Mails in Gmail.

Ist vom Absender ein Kontaktfoto bei Google+ oder im eigenen Google-Konto hinterlegt, wird automatisch ein Bild des Absenders anstelle des Anfangsbuchstabens in der E-Mail angezeigt.

E-Mails beantworten

Um eine E-Mail zu beantworten, tippen Sie auf das Symbol *Antworten* unterhalb der Mail oder auf das Pfeilsymbol oben rechts. Es öffnet sich ein Antwortformular. Der Cursor wird automatisch an der richtigen Stelle positioniert, sodass man direkt mit dem Schreiben der Antwort beginnen kann.

Tippen Sie auf die drei Punkte, um die Originalmail im Antwortfenster zu sehen. Tippen Sie oben auf *Antworten*, können Sie zwischen der Antwort an den Absender, der Antwort an alle oder *Weiterleiten* wählen.

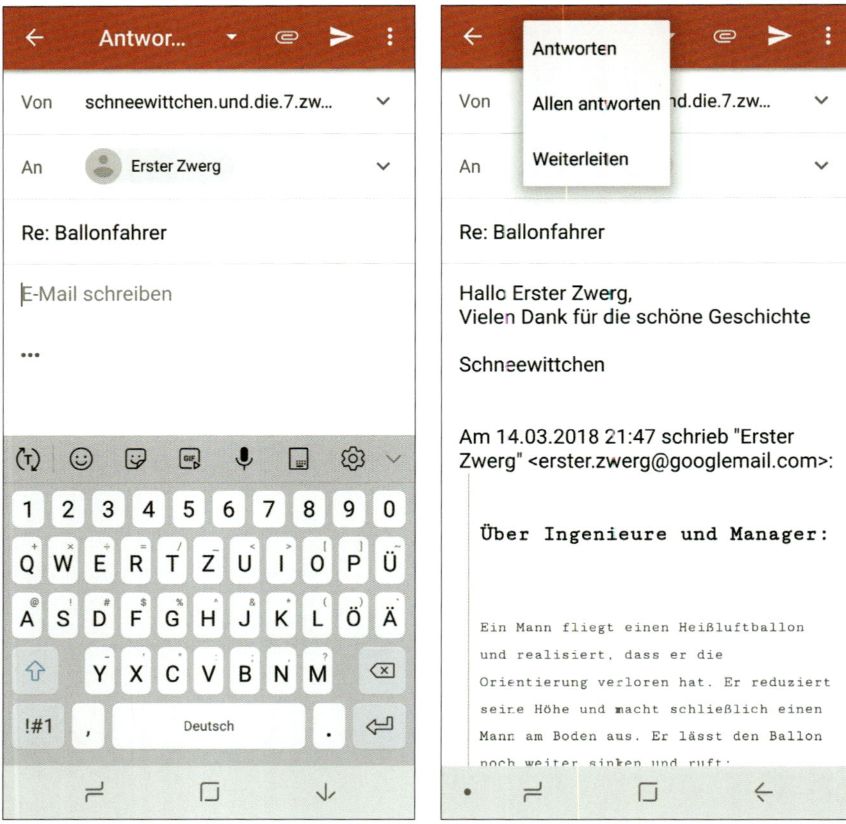

E-Mail in Gmail beantworten.

Haben Sie die Antwort geschrieben, tippen Sie oben rechts auf das Symbol mit dem Pfeil, um die E-Mail abzuschicken.

E-Mails schreiben

Eine neue Mail zu schreiben, funktioniert prinzipiell genauso, wie eine Mail zu beantworten. Tippen Sie dazu in der Gmail-App unten rechts auf das Stiftsymbol.

Sinnvolle Betreffzeile

Tragen Sie in die Betreffzeile etwas Sinnvolles ein, damit der Empfänger sofort weiß, worum es in der Mail geht. Die Betreffzeile ist unter anderem auch ein wichtiges Kriterium für Spamfiltersoftware. Schreiben Sie hier vollständige deutsche Wörter und nicht nur »Hey« oder Ähnliches, wenn Sie möchten, dass Ihre E-Mail auch ankommt.

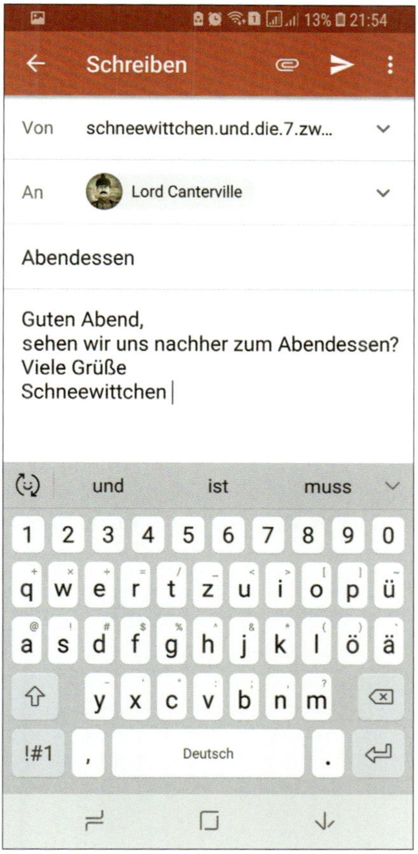

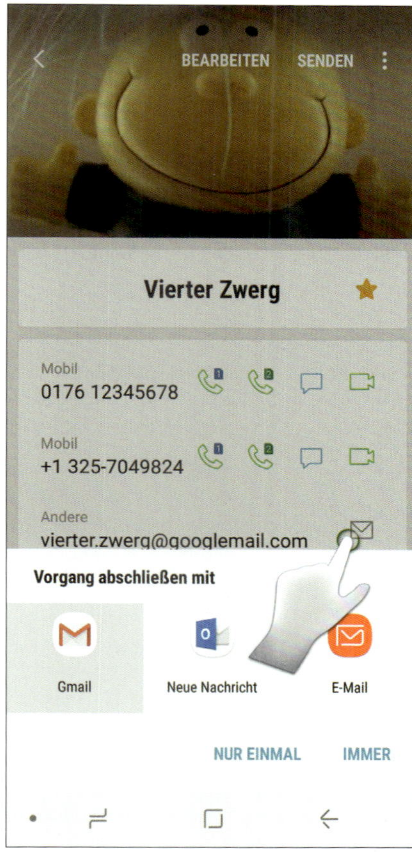

E-Mail aus Gmail oder aus der Kontaktliste schreiben.

Beim Eintippen des Empfängers werden automatisch Personen aus der Kontaktliste vorgeschlagen, die Sie durch einfaches Antippen auswählen können. Üblicherweise schreiben Sie eine E-Mail nicht einfach, um eine E-Mail zu schreiben, sondern um einer bestimmten Person etwas mitzuteilen. Da liegt es nahe, direkt aus der Kontakte-App zu starten.

1. Rufen Sie die App *Kontakte* auf und suchen Sie die betreffende Person.
2. Tippen Sie in der Liste auf den gewünschten Personeneintrag und dort auf *Details*, erscheinen die Kontaktdetails. Wählen Sie hier die E-Mail-Adresse aus.
3. Sind mehrere E-Mail-Apps installiert, wählen Sie Gmail oder eine andere E-Mail-App.

4. Danach öffnet sich automatisch die ausgewählte E-Mail-App, und der Cursor springt gleich in die Betreffzeile. Der E-Mail-Empfänger ist automatisch eingetragen, als Absender wird das E-Mail-Konto gewählt, aus dessen Adressbuch der Kontakteintrag stammt.

E-Mail an mehrere Personen schreiben

Wenn Sie E-Mails an mehrere Empfänger verschicken, gibt es diverse Möglichkeiten, die Adressen anzugeben:

Adressierung	Beschreibung
An:	Diese Empfänger werden direkt adressiert, sie stehen in der Zeile *An:* im Mailtext, die Adressen sind für alle Empfänger zu lesen.
Cc:	**C**arbon **C**opy: Die in dieser Zeile aufgeführten Empfänger erhalten einen »Durchschlag« der E-Mail zur Kenntnisnahme. In diesem Fall sind die Empfänger der Carbon Copy für alle anderen Empfänger der Mail zu erkennen.
Bcc:	**B**lind **C**arbon **C**opy: Eine Blindkopie verhindert, dass die Empfänger dieser Kopie beim Originalempfänger oder auch bei den Empfängern regulärer Carbon Copys erkannt werden können.

Wenn Sie eine E-Mail in Gmail schreiben, ist standardmäßig nur das Feld *An:* zu sehen. Die Felder für *Cc:* und *Bcc:* können Sie hinzufügen, indem Sie auf den kleinen Pfeil rechts im Feld *An:* tippen.

App-Shortcuts

Tippen Sie länger auf die Gmail-App auf dem Startbildschirm oder in der App-Liste, erscheinen App-Shortcuts zum schnellen Aufruf häufig verwendeter Funktionen der App. Bei Gmail sind es das *Schreiben* sowie die Posteingänge der installierten Mailkonten. Diese Symbole können direkt auf den Startbildschirm gezogen werden, um sie so noch einfacher aufzurufen.

App-Shortcuts der Gmail-App.

Fotos per E-Mail senden

Ähnlich wie vom PC lassen sich auch vom Android-Smartphone Dateien per E-Mail verschicken. Schreiben Sie dazu zunächst wie gewohnt in der Gmail-App die Mail und tippen Sie dann auf das Symbol mit der Büroklammer. Wählen Sie hier *Datei anhängen*.

Dann können Sie ein auf dem Smartphone gespeichertes Foto auswählen. Um ein auf dem Smartphone oder der Speicherkarte gespeichertes Foto an die E-Mail anzuhängen, tippen Sie im Menü links oben auf *Eigene Bilder*. Hier finden Sie alle Ihre Fotos. Installierte Dateimanager und verschiedene andere Apps klinken sich hier ebenfalls mit ein, sodass Sie auch darüber E-Mail-Anhänge auswählen können.

Zudem haben Sie die Möglichkeit, Dateien aus dem Cloud-Speicher Google Drive direkt als E-Mail-Anhang auszuwählen, ohne die Datei erst auf das Smartphone herunterladen zu müssen.

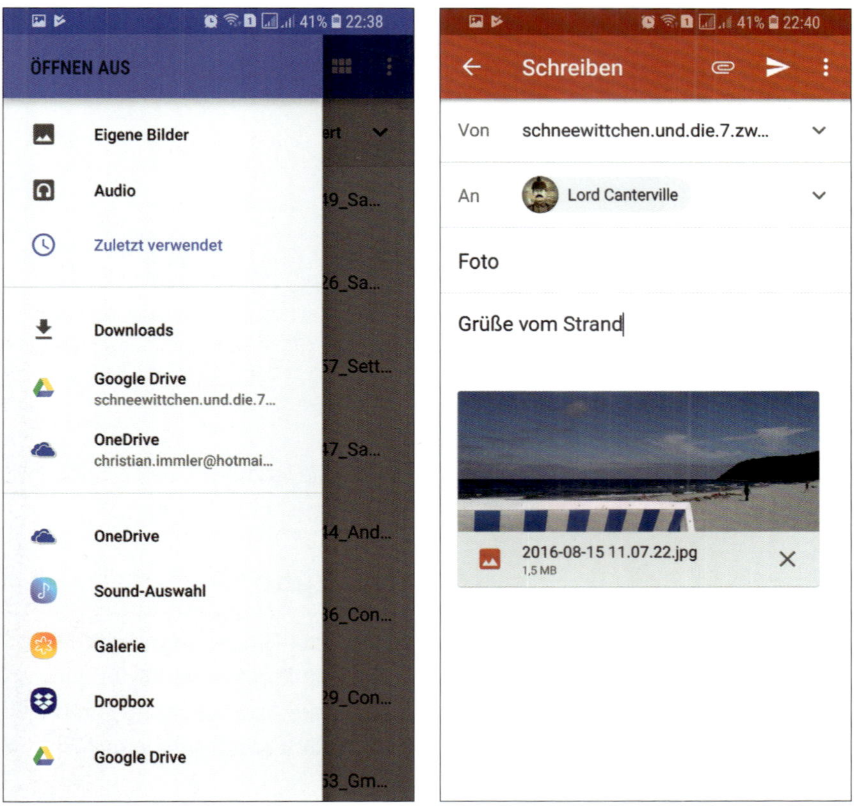

Datei als Anhang auf dem Smartphone oder aus Google Drive auswählen und als Mailanhang verschicken.

Anstatt die Gmail-App zu starten und dann das Bild auszuwählen, können Sie auch direkt aus der Galerie-App ein Bild verschicken. Tippen Sie in der Bildanzeige unten auf das Symbol *Senden* und wählen Sie dann die Gmail-App aus.

Foto aus der Galerie-App versenden.

Automatisch öffnet sich eine neue E-Mail, in der Sie jetzt noch den Empfänger, Betreff und einen Text einfügen müssen. Das Foto ist bereits angehängt.

Nicht jede E-Mail muss aufs Smartphone

Wenn Sie viele E-Mails bekommen, richten Sie bei Gmail auf dem PC Filterregeln ein, die den E-Mails Labels zuweisen. Dann können Sie in den Einstellungen der Gmail-App festlegen, welche Labels die App synchronisieren soll, also welche E-Mails auf das Smartphone zugestellt werden sollen und welche nicht.

Bei jedem Label legen Sie in den Einstellungen der Gmail-App fest, ob alle E-Mails, nur die der letzten 30 Tage oder gar keine synchronisiert werden sollen.

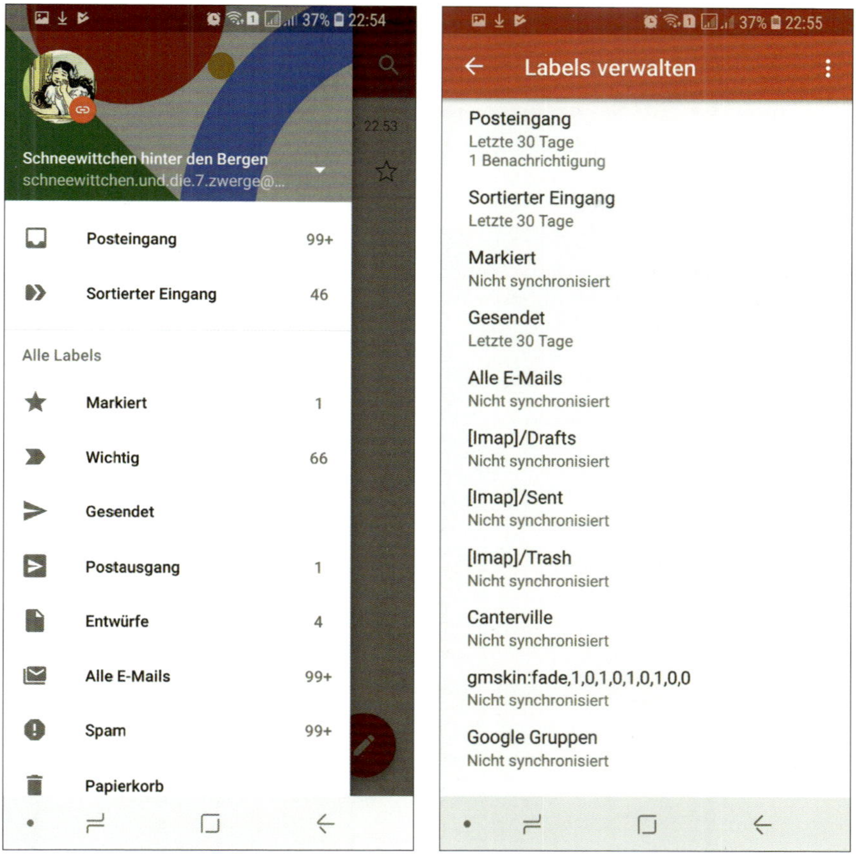

Labels zur Synchronisation auswählen.

Die Einstellungen erreichen Sie über das Symbol oben links in der Ecke oder mit einer Wischgeste vom linken Bildschirmrand. Wählen Sie in den *Einstellungen* das Google-Konto und anschließend *Labels verwalten*. Bei synchronisierten Labels können Sie auch die Art der Benachrichtigung sowie den Klingelton für neue E-Mails festlegen.

Andere E-Mail-Konten einrichten und nutzen

Die Gmail-App unterstützt neben Gmail auch E-Mail-Konten anderer Anbieter, sodass nicht mehr wie früher mehrere E-Mail-Apps nötig sind. Bei den meisten E-Mail-Anbietern können Sie mit E-Mail-Adresse und Passwort das Mailkonto auf dem Smartphone automatisch einrichten, da die Serverdaten in der App bekannt sind. Bei E-Mails auf eigenen privaten Domains ist die automatische Einrichtung in den meisten Fällen nicht möglich.

1. Tippen Sie im Menü der Gmail-App links oben auf den kleinen Pfeil neben Ihrem Namen und dann auf *Konto hinzufügen*

2. Wählen Sie auf der nächsten Seite Ihren E-Mail-Anbieter. Die meisten bekannten E-Mail-Anbieter wie GMX, WEB.DE, T-Online und andere sind bereits vorkonfiguriert.

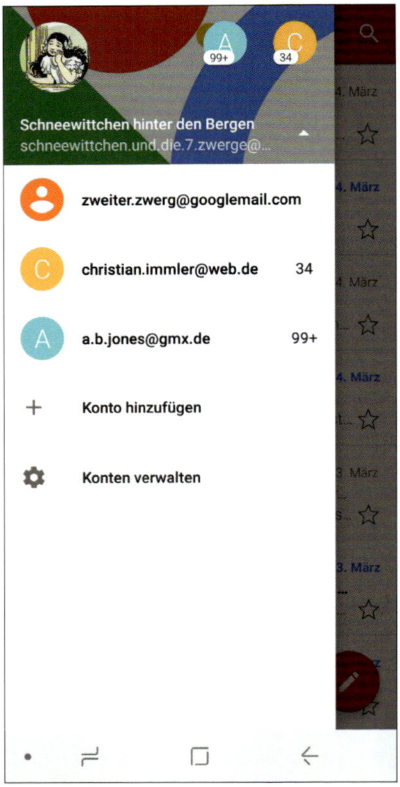

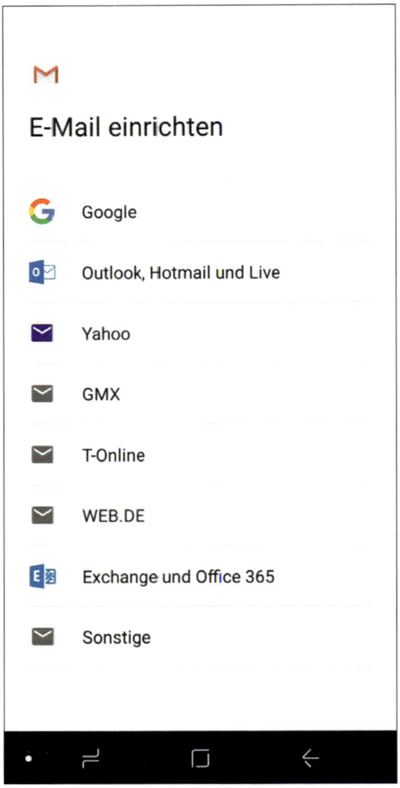

E-Mail-Konto bei einem anderen Anbieter in der Gmail-App eintragen und Liste der eingetragenen Mailkonten.

3. Jetzt erscheint automatisch der Einrichtungsassistent. Geben Sie hier Ihre Mailadresse und auf der nächsten Seite das Passwort an.

4. Wenn Sie auf *Weiter* tippen, richtet die Gmail-App das E-Mail-Konto automatisch ein, wenn die Serverdaten des E-Mail-Anbieters bekannt sind. Können die Serverdaten nicht automatisch ermittelt werden, schaltet der Einrichtungsassistent automatisch auf die manuelle Einrichtung um, bei der Sie alle Daten manuell eingeben können.

5. Bei Nicht-Google-Konten wählen Sie noch, wie oft die App auf dem Mailserver nach neuen Nachrichten sehen soll. Hier können Sie zudem fest-

legen, ob beim Eingang neuer E-Mails eine Benachrichtigung erscheinen soll. In den Kontoeinstellungen können Sie später auch noch einen Klingelton für diese Benachrichtigungen auswählen.

6. Im letzten Schritt geben Sie dem neu eingerichteten E-Mail-Konto noch einen eindeutigen Namen. Wird kein Name vergeben, bekommt das Konto in der Liste die E-Mail-Adresse als Namen.

7. Danach ist das Mailkonto eingerichtet. Jetzt wird eine Verbindung zum Server hergestellt und die E-Mails werden abgerufen. Das Konto erscheint in der Liste im Seitenmenü der Gmail-App.

Zugriff für E-Mail-Apps bei GMX und WEB.DE freischalten

GMX und WEB.DE deaktivieren standardmäßig den Zugriff für externe E-Mail-Apps über die Protokolle POP3 und IMAP. Melden Sie sich auf dem PC im Browser dort an und schalten in den *Einstellungen* die Option *POP3 und IMAP Zugriff erlauben* ein. Bestätigen Sie dann die Änderung mit einem Klick auf *Speichern* und der Eingabe eines Sicherheitscodes.

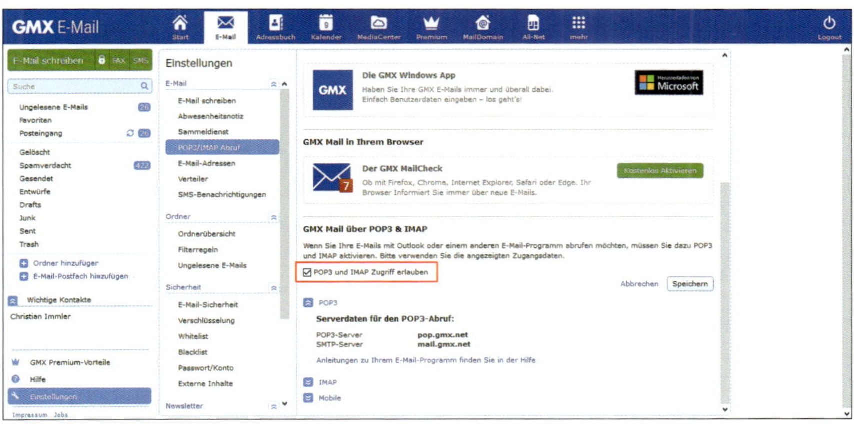

POP3/IMAP bei GMX aktivieren.

Wird ein E-Mail-Konto eine Zeit lang nicht genutzt, wird der POP3-Zugriff automatisch wieder deaktiviert, kann aber jederzeit wieder aktiviert werden.

Tipps zur Gmail-App

Die Gmail-App bietet neben der Unterstützung für Mailkonten anderer Anbieter auch noch ein paar nette Kleinigkeiten, die den Umgang mit E-Mails vereinfachen.

Eine Wischbewegung vom linken Bildschirmrand blendet ein Seitenmenü ein, in dem Sie über die runden Symbole oben schnell zwischen den eingerichteten Mailkonten wechseln können. Kleine Zahlen zeigen, wie viele ungelesene E-Mails in den Mailkonten und Labels liegen.

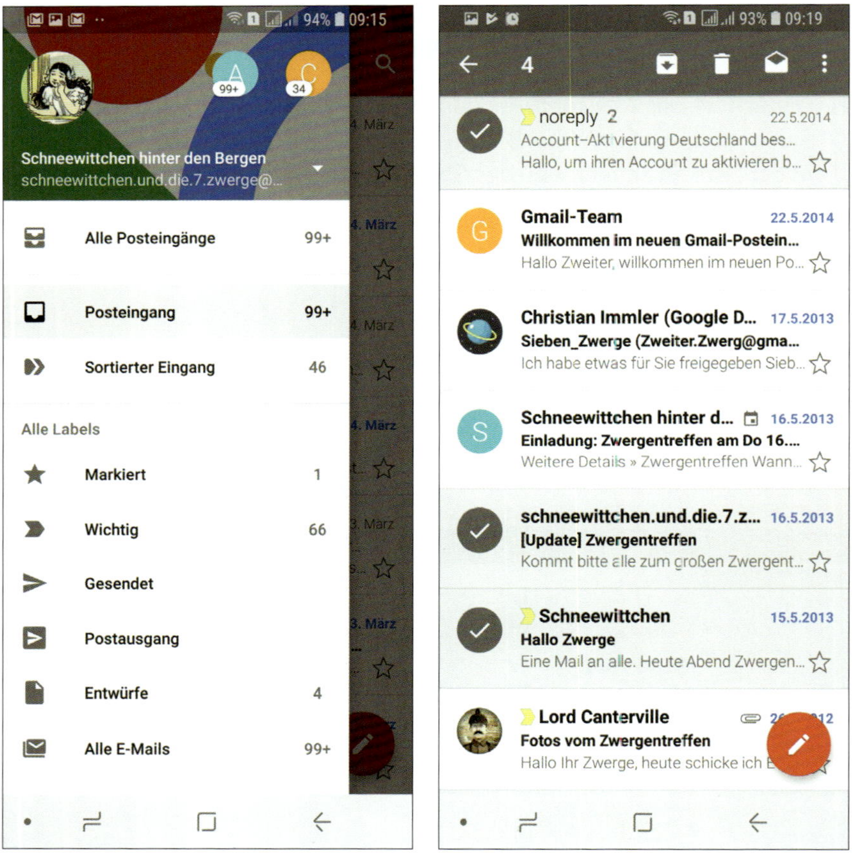

Seitenmenü und Auswahl mehrerer E-Mails.

Mehrere E-Mails auf einmal zu löschen oder als gelesen zu markieren, ist einfacher geworden. Tippen Sie auf die runden Absendersymbole in der Liste der Mails, um diese zu markieren. Anschließend können Sie die markierten E-Mails mit den Symbolen oben rechts alle auf einmal löschen, als gelesen bzw. ungelesen markieren oder über das Menü mit Sternchen als wichtig markieren.

Haben Sie mehrere E-Mails gelöscht, erscheint kurze Zeit danach eine Leiste am unteren Bildschirmrand, in der sich versehentliches Löschen noch schnell rückgängig machen lässt.

Serverdaten bekannter E-Mail-Anbieter

Jeder E-Mail-Anbieter gibt seinen Mailservern eigene Namen. Auch die Schemata, nach denen sich die Benutzernamen zusammensetzen, sind überall unterschiedlich. In den Einstellungen für ausgehende E-Mails müssen Sie bei allen großen Anbietern die Option *Anmeldung erforderlich* aktivieren. Nutzername und Passwort sind die gleichen wie bei den Einstellungen für eingehende Verbindungen. Als Sicherheitstyp müssen Sie inzwischen bei den meisten Anbietern SSL angeben.

Server- und Benutzernamen bekannter Anbieter

Anbieter	Posteingang POP/IMAP	Postausgang	Benutzername
GMX	pop.gmx.net imap.gmx.net	mail.gmx.net	E-Mail-Adresse
WEB.DE	pop3.web.de imap.web.de	smtp.web.de	E-Mail-Adresse
Arcor	pop3.arcor.de imap.arcor.de	mail.arcor.de	E-Mail-Adresse
freenet	mx.freenet.de mx.freenet.de	mx.freenet.de	E-Mail-Adresse
Kabelmail	pop3.kabelmail.de kein IMAP	smtp.kabelmail.de	E-Mail-Adresse
mail.de	pop.mail.de imap.mail.de	smtp.mail.de	E-Mail-Adresse
Outlook.com (Hotmail)	pop3.live.com pop3.live.com	smtp.live.com	E-Mail-Adresse
T-Online	popmail.t-online.de secureimap.t-online.de	securesmtp.t-online.de	Name vor dem @-Zeichen

Eine wesentlich umfangreichere und regelmäßig aktualisierte Liste mit Namen von POP3-/IMAP-/SMTP-Mailservern finden Sie unter windowsacht.de/e-mail-servernamen.

E-Mail-Konto auf dem Smartphone löschen

Beim Löschen eines E-Mail-Kontos vom Smartphone wird das Konto nur auf dem Smartphone entfernt, als E-Mail-Konto auf dem Server bleibt es erhalten und kann weiter von anderen Geräten genutzt werden.

1. Um ein E-Mail-Konto vom Smartphone zu löschen, öffnen Sie das Seitenmenü der Gmail-App und tippen dort auf *Konten verwalten*.

2. Wählen Sie in der nächsten Liste das Konto aus.

3. Der folgende Bildschirm zeigt die Sync-Einstellungen dieses Kontos. Hier können Sie, statt das Konto komplett zu löschen, auch die automatische Synchronisation abschalten.

4. Tippen Sie unten auf *Konto entfernen*.

5. Nach einer Sicherheitsabfrage wird das E-Mail-Konto vom Smartphone entfernt.

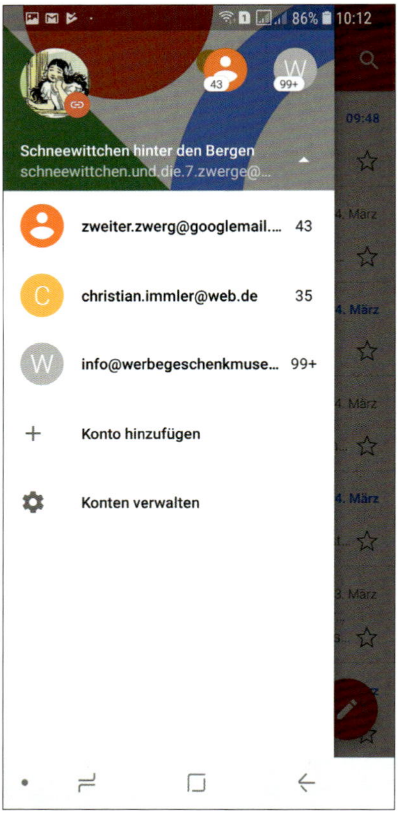

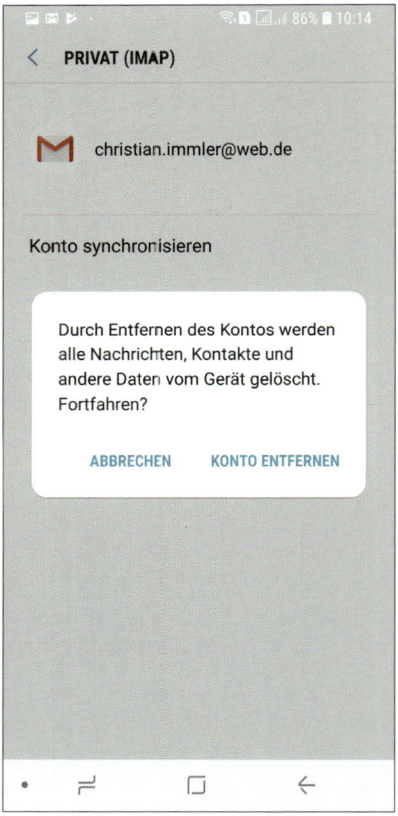

E-Mail-Konto vom Smartphone entfernen.

Die andere E-Mail-App auf dem Samsung Galaxy S9

Android-Smartphones benötigten früher neben Gmail noch eine weitere App, um auch andere POP3- und IMAP-Mailkonten zu nutzen. Diese zusätzliche App ist in Android 8 Oreo nicht mehr nötig. Samsung liefert aber aus Kompatibilitätsgründen weiterhin die zweite E-Mail-App im Ordner *Samsung* in der App-Liste mit, wenn Sie diese nicht bei der Ersteinrichtung des Samsung Galaxy S9 abgeschaltet haben.

Microsoft Outlook

Spätestens seit Windows 10 hat fast jeder Windows-Nutzer ein Microsoft-Konto. Microsoft bietet für Android eine eigene E-Mail-App, mit der Sie Zugriff auf die E-Mails und den Kalender von Outlook.com haben. In der App können Sie außer Ihrem Microsoft-Konto auch Mailkonten anderer bekannter Anbieter einrichten.

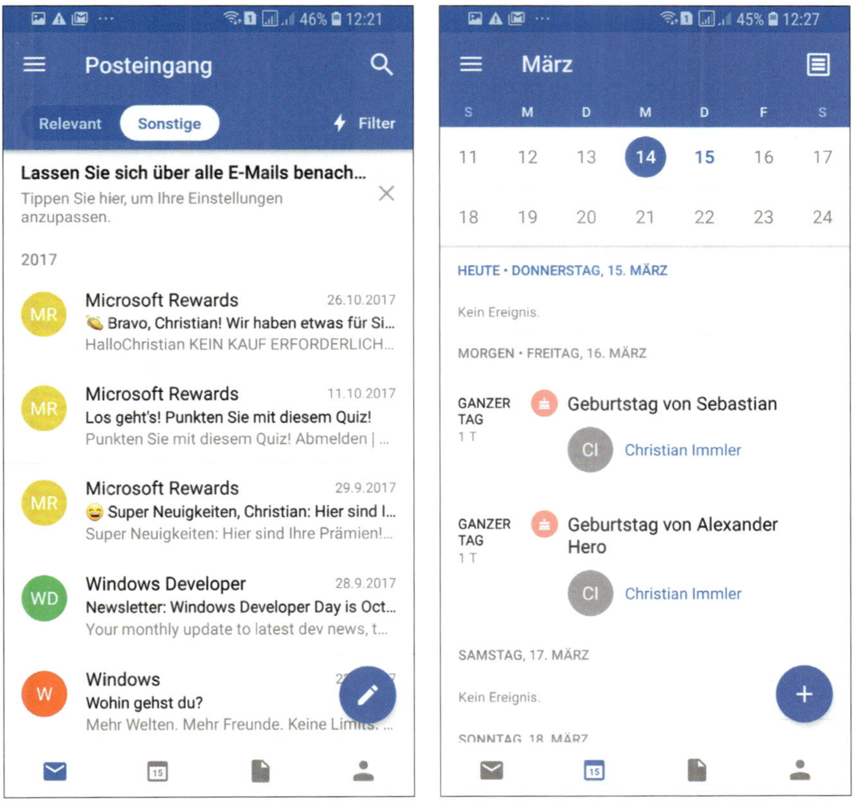

E-Mails und Kalender in Outlook.

Microsoft-Bonusaktion auf dem Samsung Galaxy S9

Bei der ersten Verwendung der Microsoft-OneDrive-App auf dem Samsung Galaxy S9 erscheint eine Werbung für Microsofts E-Mail-App Outlook. Wenn Sie diese aus der Werbung heraus installieren, erhalten Sie bis zu 100 GByte kostenlosen Speicherplatz bei OneDrive.

Soziale Netzwerke mit dem Samsung Galaxy S9

Die Kommunikation über soziale Netzwerke ist für viele Anwender inzwischen wichtiger als die klassische E-Mail oder SMS. Besonders auf Smartphones, die im Gegensatz zu PCs mehr in der Freizeit genutzt werden, spielen soziale Netzwerke eine große Rolle.

Facebook

Das beliebteste aller sozialen Netze ist Facebook. Bei Facebook trifft man seine Freunde, erfährt das Neuste von ihnen. Man tauscht sich aus, zeigt sich Fotos und lädt sich zu Partys ein.

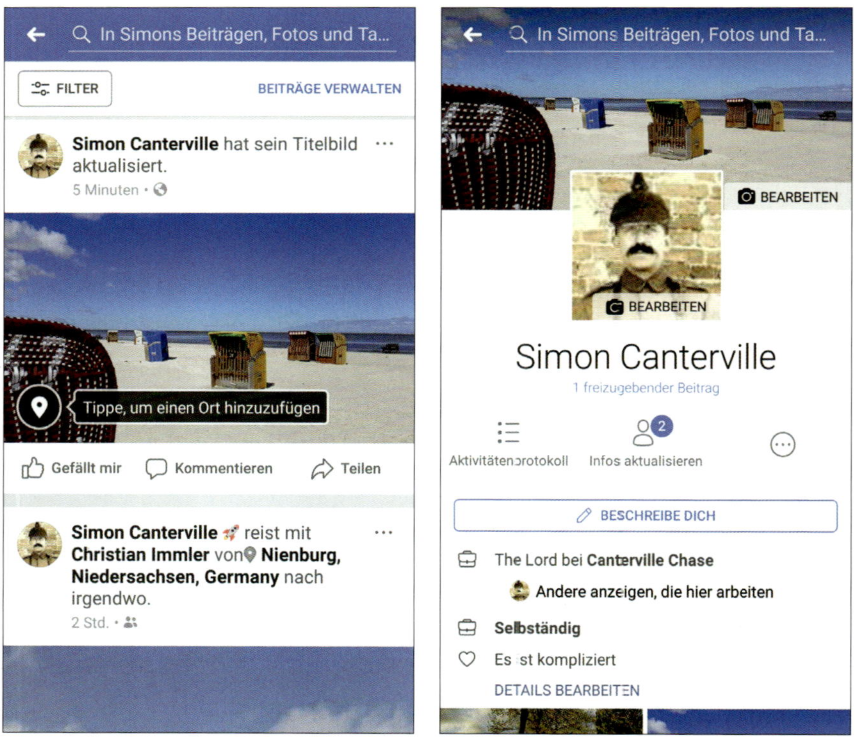

Facebook-Pinnwand und eigenes Profil in der Facebook-App für Android.

Der bequemste Zugang zu Facebook ist die von Facebook selbst gelieferte und auf dem Samsung Galaxy S9 vorinstallierte App für Android. Die Facebook-App benötigt eine einmalige Anmeldung mit den persönlichen Facebook-Nutzerdaten. Die App speichert die Nutzerdaten automatisch, sodass Facebook in Zukunft jederzeit zur Verfügung steht.

INFO: Zurzeit hat Facebook weltweit über 2,1 Milliarden regelmäßig aktive Nutzer, mehr als jeder einzelne Staat der Erde Einwohner hat, davon rund 31 Millionen in Deutschland. Etwa 28 % aller Menschen der Erde nutzen Facebook, in Europa sind es über 39 %. Etwa drei Viertel davon nutzen Facebook ausschließlich auf mobilen Geräten, Smartphones oder Tablets.

Die Facebook-App zeigt auf dem Smartphone Neuigkeiten, Freunde, Fotos, das Postfach und das eigene Profil an. Natürlich kann man auch auf Nachrichten antworten oder selbst Statusmitteilungen veröffentlichen.

Das Menü wird in der App über das Menüsymbol rechts oben eingeblendet. Alle wichtigen Funktionen innerhalb der Neuigkeiten sind wie auf der Facebook-Webseite automatisch mit einem Link hinterlegt. So brauchen Sie nur auf den Namen einer Person zu tippen und kommen sofort auf deren Pinnwand, um Nachrichten zu schreiben oder Infos und Fotos dieses Freundes zu sehen.

Über das Eingabefeld *Was machst du gerade?* können Sie jederzeit eine persönliche Statusmeldung eintippen und direkt absenden. Um schnell ein Foto hochzuladen, tippen Sie unten in der Statusmeldung auf das Fotosymbol. Hier haben Sie die übliche Auswahl unter den auf dem Smartphone gespeicherten Bildern.

Haben Sie in Facebook neue Nachrichten erhalten, zeigt das App-Symbol dies an. Sie brauchen also nicht erst die App zu öffnen und nachzusehen.

Einchecken mit Facebook

Mit dem Standortsymbol in der Statusmeldung können Sie an einem bestimmten Ort »einchecken« und damit Ihren Freunden bekanntgeben, wo Sie sich gerade befinden. Facebook sucht hier nach bekannten Orten in der unmittelbaren Umgebung – Gastronomie, Läden, Bahnhöfe, Schulen, öffentliche Einrichtungen – und bietet eine entsprechende Liste zur Auswahl an. Dabei wird die Positionsbestimmung des Smartphones über GPS, WLAN oder Mobilfunkzellen genutzt. Um diese Funktion anwenden zu können, müssen Sie beim ersten Mal in der Facebook-App über die eingeblendete Meldung die Standortdienste aktivieren.

Schreiben Sie noch einen kurzen Text dazu. Anschließend können Sie noch Freunde aus Ihrer Freundesliste wählen, die auch mit dabei sind. Sie werden über diese Markierung sofort informiert. Der Standort wird anderen Freunden angezeigt, um sich leicht zu verabreden. Wie bei jeder Facebook-Statusmeldung können Sie noch Fotos hinzufügen.

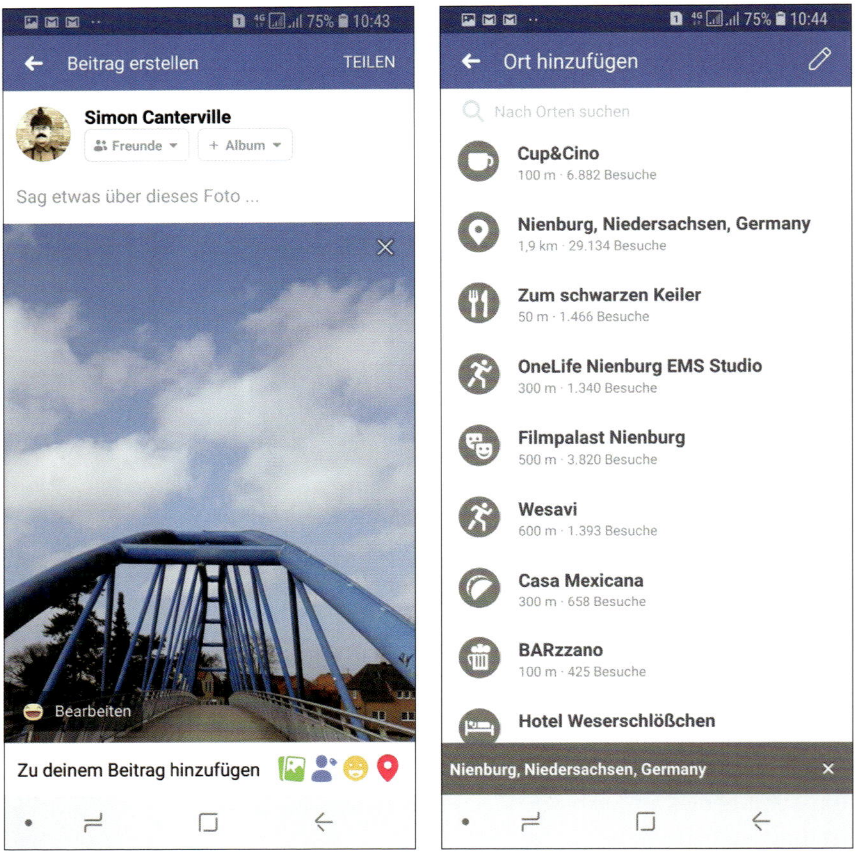

Beitrag schreiben und Orte in der Nähe auswählen.

In der Facebook-App geben Sie nicht nur an, wo Sie sind, sondern auch, was Sie dort tun. Dabei braucht man keinen Text einzugeben, sondern kann über das Symbol mit dem Smiley unter einer Vielzahl von Tätigkeiten und Stimmungen mit Bildsymbolen wählen.

Beim Einchecken können Sie wie bei jeder Facebook-Statusmeldung noch angeben, ob sie öffentlich oder nur für Freunde sichtbar sein soll. Statt einer Statusmeldung im *News Feed* können Sie auch eine Story veröffentlichen, die nur 24 Stunden zu sehen ist. Diese taucht bei den Freunden nicht auf der Pinnwand auf, sondern muss extra bei den Storys abgerufen werden.

Das Symbol *Orte in der Nähe* im Menü der Facebook-App zeigt – auch ohne einzuchecken – interessante Orte, Gastronomie und Läden in der eigenen Umgebung. Um leicht hinzufinden, können Sie sich eine Route auf einer Landkarte anzeigen lassen und nach dem Besuch natürlich auch eine Bewertung abgeben.

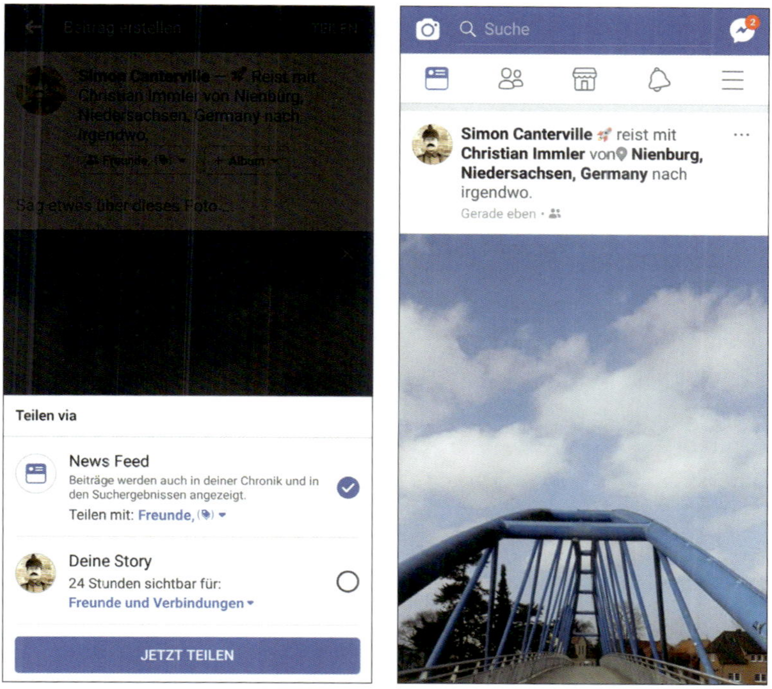

Einchecken und im News Feed veröffentlichen.

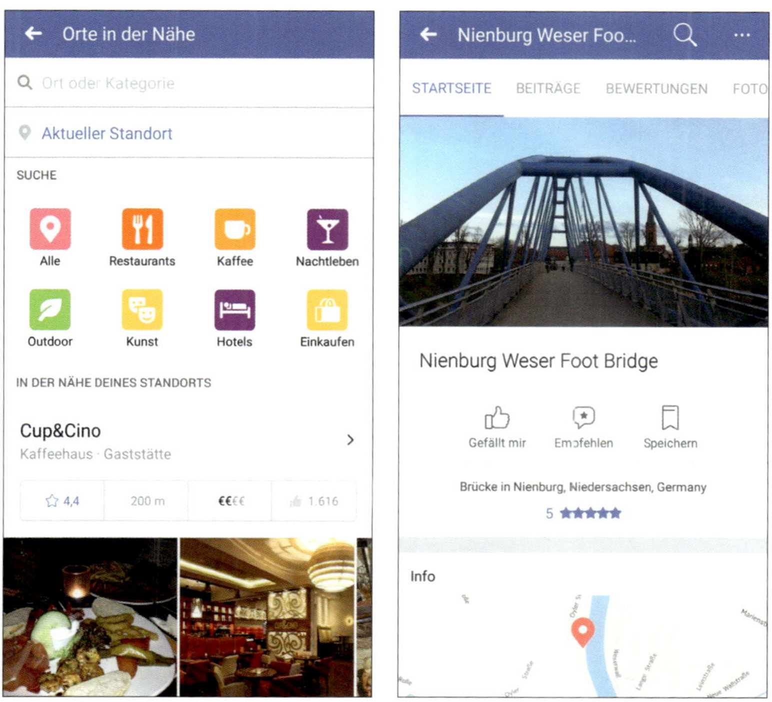

Orte in der Nähe in der Facebook-App.

Wichtige Einstellungen in der Facebook-App

Innerhalb der Facebook-App sollten Sie noch ein paar wichtige Einstellungen vornehmen. Die Einstellungen finden Sie über das Menüsymbol rechts oben. Scrollen Sie dann ganz nach unten zu *App-Einstellungen*.

Schalten Sie hier zuallererst die Funktion *Autoplay* auf *Nur bei WLAN-Verbindungen*, da sie zu einem enormen Datenverbrauch im Mobilfunknetz führen kann. Standardmäßig spielt Facebook seit einiger Zeit Videos – vor allem auch Werbevideos – in der mobilen App automatisch ab. Sie können das automatische Abspielen von Videos auch ganz unterbinden, um nicht ständig von dem damit verbundenen Lärm belästigt zu werden. Ist diese Einstellung ausgeschaltet, erscheint bei Videos zunächst nur ein Platzhalter. Erst beim Antippen wird das Video tatsächlich heruntergeladen und abgespielt. Auf jeden Fall sollten Sie den Schalter *Videos im News Feed starten mit Ton* ausschalten, da es sonst bereits beim Durchblättern des News Feeds lärmen kann. Allerdings werden in dieser Einstellung die Videos bereits im Hintergrund heruntergeladen, was beim Abschalten von *Autoplay* nicht passiert.

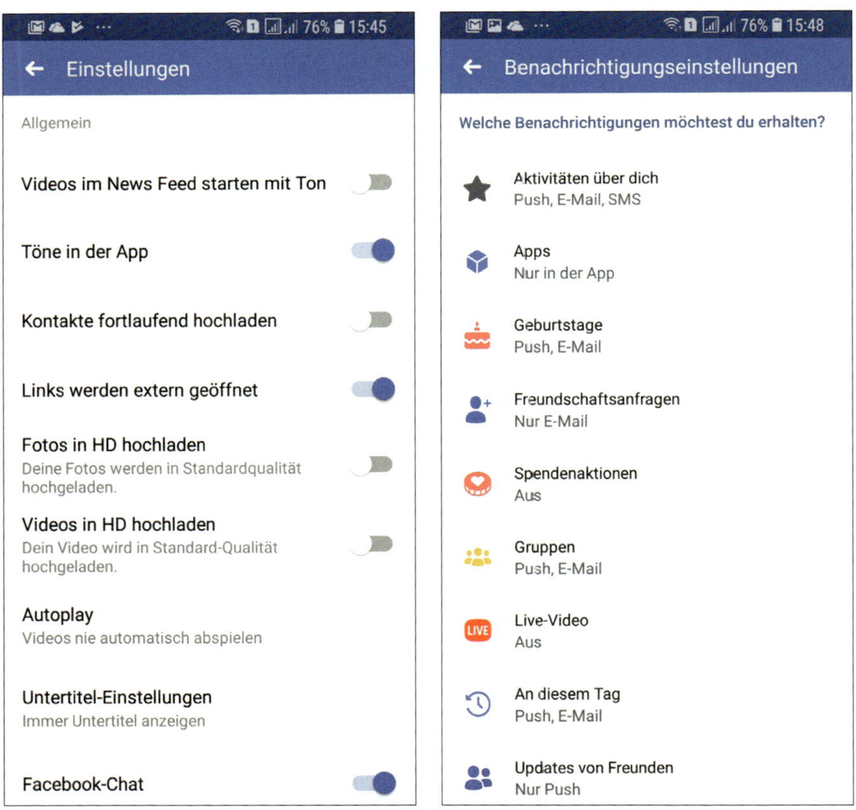

App-Einstellungen und Benachrichtigungseinstellungen in der Facebook-App.

Deaktivieren Sie auch die Schalter *Fotos in HD hochladen* und *Videos in HD hochladen*, da diese Einstellungen ebenfalls zu sehr hohem Datenverbrauch nicht nur bei Ihnen selbst, sondern auch bei allen, die Ihre Beiträge ansehen, führt.

In der Standardeinstellung öffnet Facebook externe Links im eingebauten Browser der App. Dies hat den Nachteil, dass sie nicht in der Verlaufsliste auf anderen Geräten synchronisiert werden und man auch keine Lesezeichen anlegen kann. Weiterhin unterstützt der eingebaute Browser keine Erweiterungen und auch keine Werbeblocker. Aktivieren Sie den Schalter *Links werden extern geöffnet*, um Links aus Facebook im Chrome-Browser oder einem anderen installierten Browser auf dem Smartphone zu öffnen.

Weiterhin sollten Sie in den Benachrichtigungseinstellungen alle weniger wichtigen Benachrichtigungen ausschalten, da das Smartphone sonst bei jeder Kleinigkeit auf Facebook klingelt und blinkt und Sie wichtige von unwichtigen Meldungen nicht mehr unterscheiden können.

Twitter

Twitter ist ein beliebter Kurznachrichtendienst, der zunehmend auch von Firmen und Infoportalen genutzt wird und auf dem besten Weg ist, die klassischen E-Mail-Newsletter zu ersetzen. Twitter hat derzeit 330 Millionen aktive Nutzer, davon etwa 3,8 Millionen in Deutschland. 1,8 Millionen davon twittern mindestens einmal in der Woche selbst. Deutlich mehr als die Hälfte davon nutzen mobile Endgeräte. Jeder Twitter-Nutzer kann Kurznachrichten öffentlich oder nur an bestimmte Personen schreiben. Über 500 Millionen solche Tweets werden täglich veröffentlicht.

INFO: Die Nachrichten, die mit 280 Zeichen geringfügig länger als eine SMS sein dürfen, gehen schneller um die Welt als jede Tickermeldung einer Agentur. Twitter ist längst kein Spielzeug für Internetfreaks mehr, auch das britische Königshaus und der Papst twittern. Auch die Deutsche Bahn nutzt Twitter, um über kurzfristige Änderungen etwa aufgrund von Baustellen zu informieren. Der Duden hat bereits im Jahr 2009 das Verb *twittern* für das Schreiben von Kurznachrichten auf Twitter aufgenommen.

Mit der Twitter-App für Android kann man von unterwegs twittern, Direktnachrichten, Fotos, Videos und Links an Freunde oder auch an alle schicken.

Beim ersten Start der Twitter-App loggen Sie sich mit Ihren Benutzerdaten ein. Wer noch kein Twitter-Konto hat, kann dieses auch in der App anlegen.

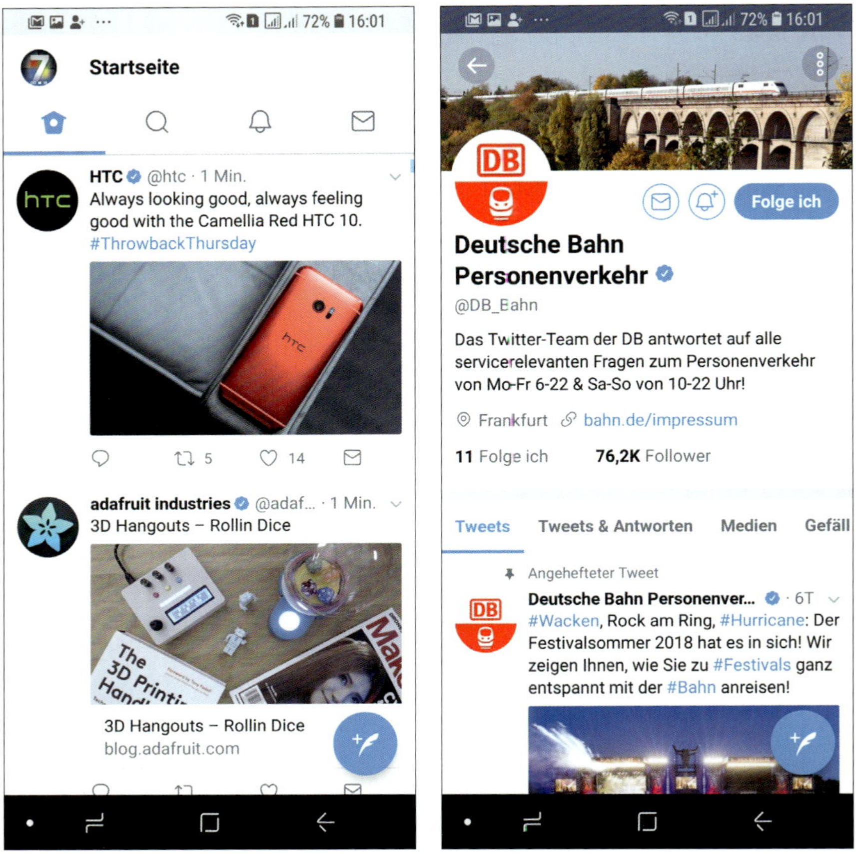

Die Twitter-App für Android und aktuelle Infos der Deutschen Bahn auf Twitter.

Die Twitter-App zeigt beim Start die aktuelle Timeline mit den neusten Tweets der Personen, denen man folgt. Ziehen Sie den Bildschirm nach unten, um die Anzeige zu aktualisieren und neuste Tweets anzuzeigen.

In der Twitter-App können Sie auch Listen, Trends und Erwähnungen sehen. Im eigenen Profil können Sie sich die letzten eigenen Tweets sowie die Follower – die Personen, die Ihre Tweets lesen – anzeigen lassen. Weiterhin kann man in der Twitter-Anwendung den Twitter-eigenen Foto-Upload-Dienst nutzen. Man kann Listen und Trends sehen, Tweets, Themen und Hashtags suchen sowie Tweets von Personen in der eigenen näheren Umgebung finden. Mit dem Briefsymbol oben rechts senden Sie private Nachrichten an einzelne Twitter-Nutzer, die nicht öffentlich zu sehen sind.

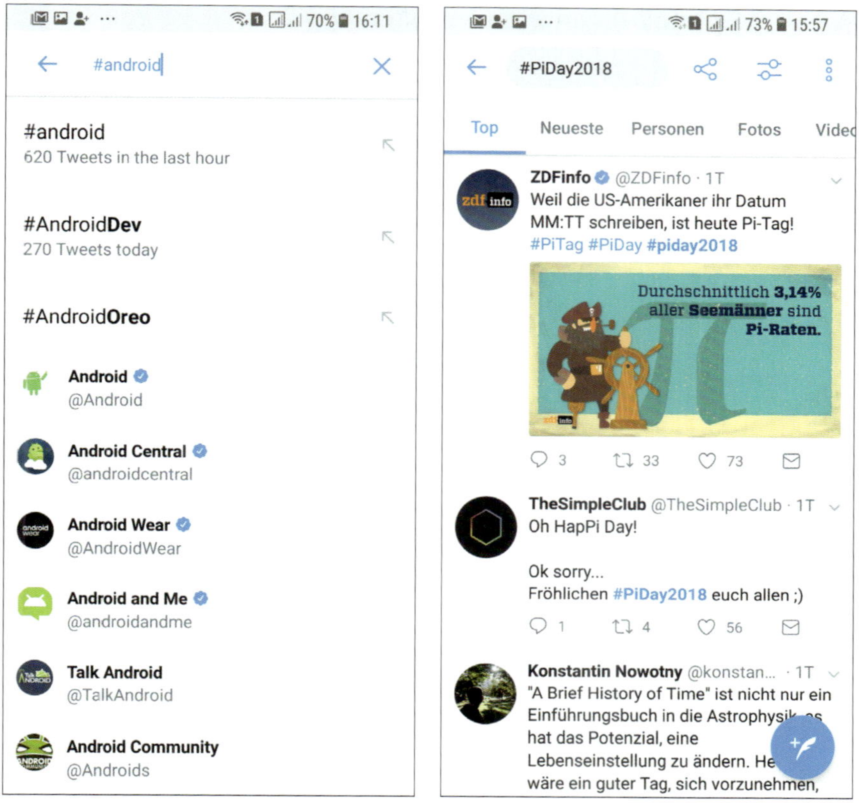

Suche nach Hashtags in der Twitter-App.

Im Suchfeld oben können Sie nach beliebigen Begriffen suchen. Beginnen Sie die Eingabe mit dem #-Zeichen, um nach sogenannten Hashtags – Stichwörtern, unter denen aktuelle Trends zusammengefasst werden – zu suchen, oder suchen Sie mit dem @-Symbol nach Personen.

App-Shortcuts

Über App-Shortcuts (langes Antippen des App-Symbols) lassen sich wichtige Aufgaben schnell aufrufen. Bei Bedarf können diese Shortcuts auf den Startbildschirm gelegt werden, um zum Beispiel bei Twitter zu suchen, etwas zu tweeten oder eine Direktnachricht zu senden.

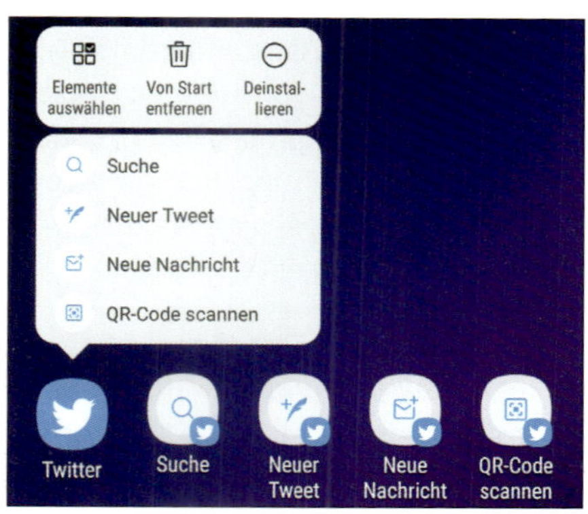

App-Shortcuts für Twitter.

Wichtige Einstellungen in der Twitter-App

Die Einstellungen der Twitter-App erreichen Sie, indem Sie oben links auf Ihr Profilbild tippen und dann *Einstellungen und Datenschutz* wählen. Auch hier sollten Sie gleich als Erstes unter *Datenverbrauch* die Optionen *Automatische Videowiedergabe* und *High-Quality-Video* abschalten.

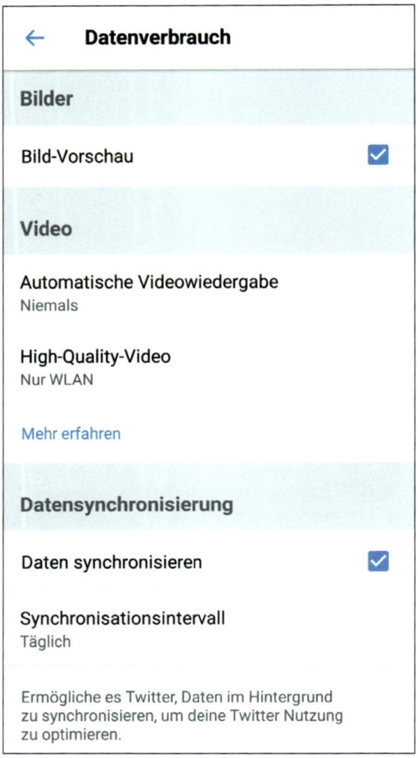

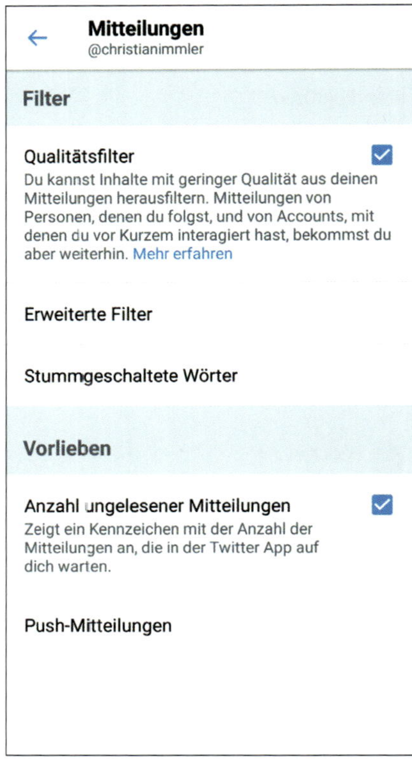

Twitter-Einstellungen und Mitteilungseinstellungen.

ACHTUNG: Theoretisch können Sie sich sogar bei jedem Tweet benachrichtigen lassen. Dies ist standardmäßig aber abgeschaltet. Bei aktiven Twitterern kommen Tweets von anderen Nutzern im Minutentakt an. Hier würde ständig die Benachrichtigung blinken, sodass man wichtige E-Mails oder Termine in der Benachrichtigungsflut gar nicht mehr wahrnehmen würde. Schalten Sie in den *Einstellungen* unter *Bildschrm und Ton* die *Soundeffekte* aus, sonst ertönt bei jedem Tweet ein Geräusch.

Unter *Mitteilungen/Push-Mitteilungen* können Sie festlegen, dass eine Benachrichtigung erscheint, wenn Sie eine Antwort oder eine Erwähnung per Twitter bekommen. Dabei haben Sie die Wahl, ob das für alle Antworten und Erwähnungen gilt oder nur für solche von Benutzern, denen Sie selbst folgen. Über den *Qualitätsfilter* können Sie belanglose Mitteilungen geringer Qualität ausblenden.

Links aus dem Chrome-Browser twittern

Twitter integriert sich automatisch in den Browser. Um einen interessanten Link auf Twitter zu veröffentlichen, brauchen Sie im Chrome-Browser nur auf das Menüsymbol zu tippen und dann *Teilen* zu wählen. In der Liste der verfügbaren Sendemethoden finden Sie unter anderem auch zwei Symbole der Twitter-App, wenn diese installiert ist – eines für Direktnachrichten an eine bestimmte Person und eines für öffentliche Tweets. Vor dem endgültigen Twittern können Sie noch einen Kommentar oder ein Foto hinzufügen. Zusätzlich können Sie aktuelle Standortdaten übertragen, was bei Regionalnachrichten nützlich sein kann. Benutzer können die Anzeige ihrer Tweets nach der Nähe zum eigenen Standort filtern, um gezielt Tweets aus der Umgebung zu sehen.

SMS

SMS verlieren zwar bedingt durch mobile Messenger und E-Mails zunehmend an Bedeutung, was nicht zuletzt an den vergleichsweise hohen Kosten liegt. Sie sind aber immer noch eine beliebte Kommunikationsform, vor allem zwischen Benutzern einfacher Handys, die keinen Internetzugang haben. Außerdem werden SMS teilweise heute noch von Mobilfunkprovidern verwendet, um Konfigurationsdaten auf Handys zu übertragen. Viele Onlinedienste nutzen SMS, um Sicherheitscodes zu verschicken, da sich eine SMS im Gegensatz zu einer E-Mail wirklich nur von der Person lesen lässt, die über das Handy verfügt.

Der Untergang der SMS

In Deutschland werden zurzeit pro Jahr nur noch weniger als 12 Milliarden SMS verschickt, davon etwa 400 Millionen in der Silvesternacht, was jedes Jahr vielerorts zu Zusammenbrüchen der Netze führt. Die Anzahl der versandten SMS wird zugunsten von WhatsApp in Zukunft weiter abnehmen. Im Jahr 2015 wurden in Deutschland nur noch 39,8 Millionen SMS pro Tag verschickt, aber 667 Millionen WhatsApp-Nachrichten. Im besten Jahr 2012 waren es noch 163,8 Millionen SMS pro Tag, was 59,8 Milliarden im Jahr entspricht. Die SMS-Nutzung hat inzwischen wieder das Niveau der »Vor-Smartphone-Ära« vor dem Jahr 2000 erreicht, und das, obwohl mittlerweile neue Anwendungen für SMS entwickelt wurden, etwa mobileTAN für Onlinebanking oder der Parkschein per SMS. Diese SMS dienen zwar nicht der Kommunikation zwischen zwei Menschen, verbessern aber immerhin noch die Statistiken der SMS-Nutzung insgesamt.

Beim Tarifwechsel beachten

Neue SMS-Dienste wie zum Beispiel mobileTAN für Onlinebanking oder Parkgebühren bezahlen machen die SMS auch auf Smartphones noch interessant. Beachten Sie allerdings beim Wechsel auf einen günstigen Smartphone-Tarif, dass einige der preiswerten Anbieter, wie zum Beispiel 1&1, keine Premium-SMS-Dienste unterstützen. Mit diesen SIM-Karten können also keine Parkgebühren oder Fahrscheine per SMS bezahlt werden. Einfache SMS an andere Handys funktionieren aber.

Natürlich kann man auch mit dem Samsung Galaxy S9 SMS senden und empfangen. Kommt eine SMS an, ertönt ein Benachrichtigungston, die LED blinkt und in der Benachrichtigungsleiste erscheint neben den Anzeigen neuer E-Mails und Facebook-Nachrichten ein weiteres Symbol. Ziehen Sie die Benachrichtigungsleiste herunter, um die SMS zu lesen oder zu beantworten.

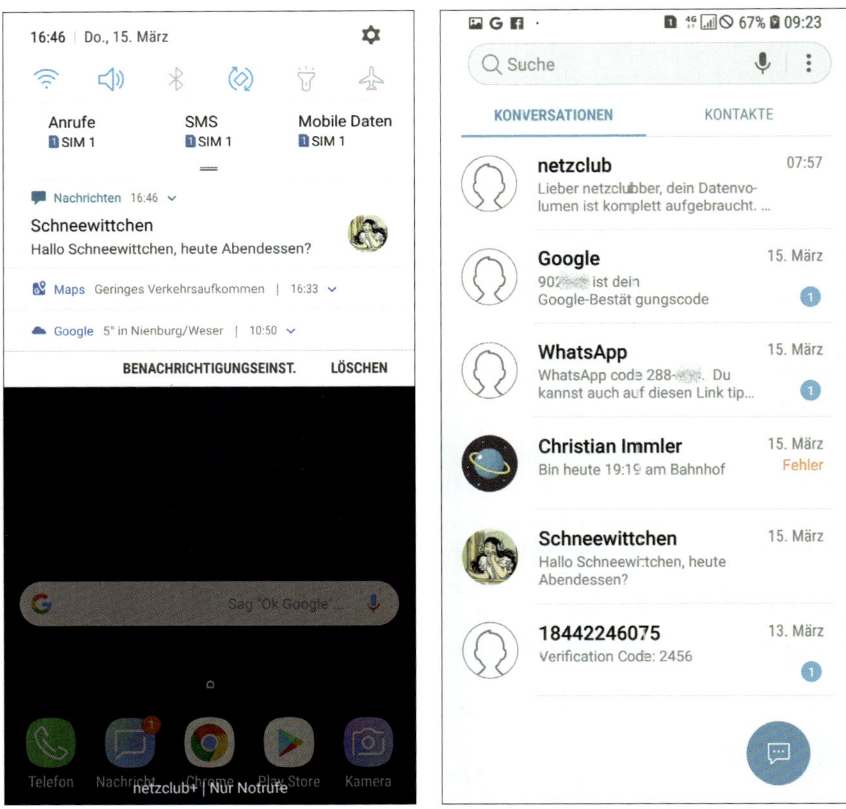

Benachrichtigung beim Eingang von SMS und Liste der SMS in der SMS-App.

Eine SMS zu schreiben, ist ganz einfach. Starten Sie die *Nachrichten*-App, dort finden Sie eine Liste der Konversationen sowie eine Kontaktliste. Hier können Sie ganz einfach SMS beantworten oder gespeicherte Kontaktpersonen finden.

Um eine SMS an eine Nummer zu schicken, die nicht in der Kontaktliste gespeichert ist, tippen Sie auf das Symbol *Neue SMS*. Auch hier können Sie Kontaktpersonen suchen, oder Sie tippen oben im Suchfeld die Nummer des Empfängers manuell ein. Tippen Sie dann auf *Starten*.

Schreiben Sie anschließend unten den Text. Ist dieser länger als 160 Zeichen, wird die SMS automatisch als mehrere SMS verschickt, wobei auch die Verkettung einige Zeichen kostet. In eine doppelte SMS passen also nicht ganz 320 Zeichen.

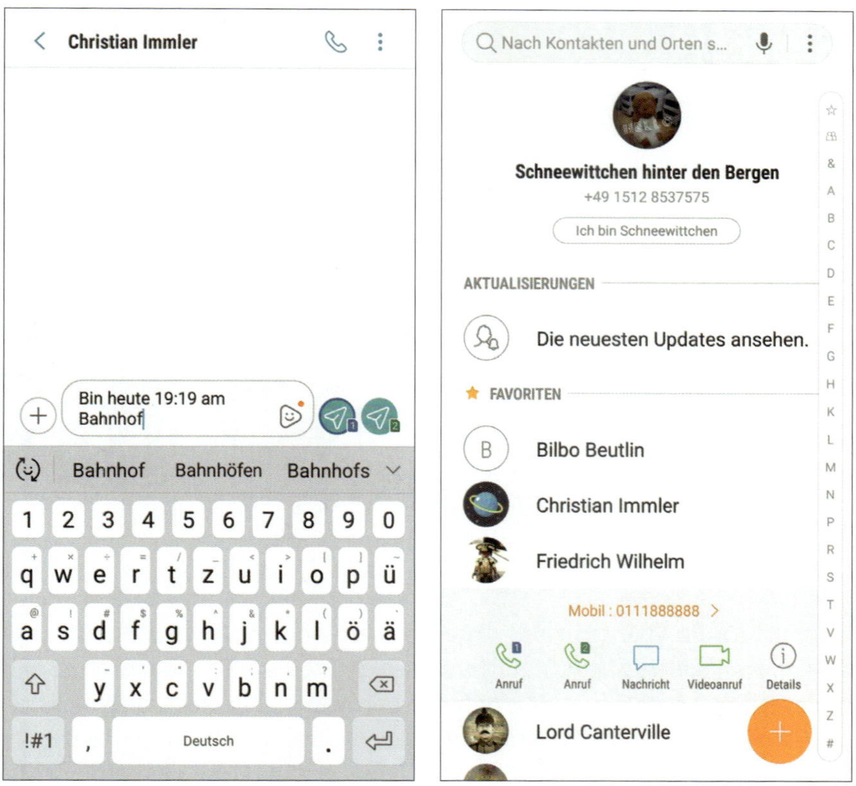

SMS über die SMS-App oder die Kontakte-App schreiben.

In einigen Fällen ist es leichter, den SMS-Empfänger in der Kontakte-App auszuwählen und dann in der Symbolleiste auf das Symbol *Nachricht* zu tippen. Das startet die SMS-App, die Nummer des Empfängers wird direkt übernommen.

INFO: Die MMS, ursprünglich als sehr teurer Nachfolger der SMS geplant, kam selbst in besten Zeiten kaum über 0,5 Millionen pro Tag. Die MMS wurde fast vollständig durch mobile E-Mail und Messenger ersetzt und ist mittlerweile aus den Statistiken komplett verschwunden. Jedoch nicht nur aus historischen Kompatibilitätsgründen unterstützt die SMS-App weiterhin auch MMS, sondern für SOS-Nachrichten wird MMS weiterhin genutzt. Hier werden automatisch mit beiden Kameras Bilder fotografiert und diese mit einem Knopfdruck an eine wichtige Kontaktperson versendet. Das Samsung Galaxy S9 verwendet in solchen Notfällen MMS, da diese auch ohne Internetverbindung funktionieren und auf jedem Handy empfangen werden können.

WhatsApp und andere Messenger

Messenger sind für die private, spontane Kommunikation inzwischen wichtiger als E-Mail. Per Chat kann man sich schnell mit Freunden verabreden oder kurze Informationen in Echtzeit austauschen. Selbstverständlich gehört auch eine Chat-App auf ein Samsung Galaxy S9 – *Google Duo* ist zwar, wie auf fast allen aktuellen Android-Smartphones, bereits vorinstalliert, aber im deutschsprachigen Raum noch wenig verbreitet.

WhatsApp – Chat als SMS-Ersatz

Die Nummer eins der kostenlosen Apps im Google Play Store ist immer wieder der Messenger WhatsApp. WhatsApp ist auf dem besten Weg, die SMS zu ersetzen, und überzeugt durch das Konzept sowie die einfache Installation und Nutzung. WhatsApp ist das Vorbild für diverse ähnliche Messenger-Systeme.

Anfang Februar 2016 gab das Unternehmen WhatsApp bekannt, dass die Marke von 1 Milliarde aktiven Nutzern überschritten wurde und täglich 42 Milliarden Nachrichten versandt wurden. WhatsApp gilt als der am schnellsten wachsende Internetdienst der Geschichte. Im Januar 2018 waren es bereits 1,5 Milliarden aktive Nutzer. In Deutschland nutzten Ende des Jahres 2017 40 Millionen Menschen WhatsApp mindestens einmal pro Woche, 34 Millionen Menschen sogar täglich. WhatsApp ist nach Facebook erst die zweite App, die nicht von Google stammt und die Marke von 1 Milliarde Downloads im Google Play Store überschritten hat.

WhatsApp nutzt die Internetverbindung des Smartphones und nicht den SMS-Dienst. So fallen keine SMS-Kosten an. Die Nutzung ist im Rahmen einer Internetflatrate kostenlos, außerdem kann WLAN zum Versand und Empfang der Nachrichten verwendet werden, was bei SMS nicht möglich ist.

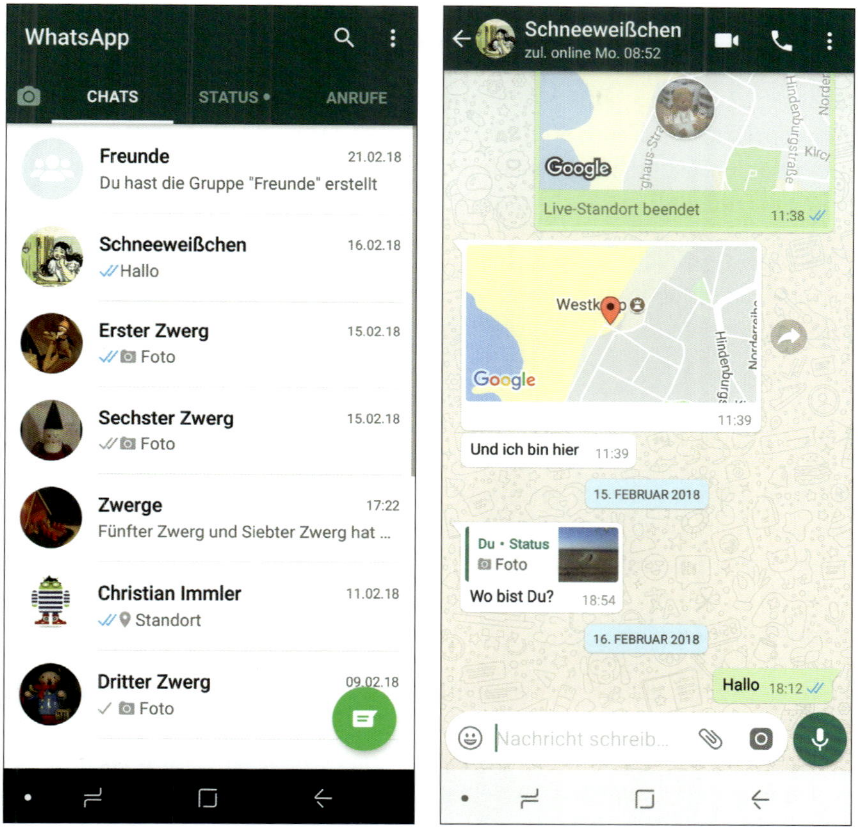

Chatten und Standort senden per WhatsApp.

WhatsApp ist ein Messenger, der speziell für Smartphones entwickelt und nicht vom PC aufs Smartphone portiert wurde. Bei der Installation kann die App automatisch das Adressbuch auf dem Smartphone durchsuchen und alle Kontakte finden, die bereits WhatsApp nutzen. Damit wird die Verwendung so einfach wie SMS, nur kostenlos und nicht auf 160 Zeichen begrenzt. WhatsApp integriert sich automatisch in das Adressbuch auf dem Smartphone, sodass man beim Schreiben einer SMS automatisch gefragt wird, ob man wirklich eine klassische SMS verschicken möchte oder eine Nachricht per WhatsApp. Über das Büroklammersymbol unten rechts lassen sich auch Bilder, Dokumente, Videos und Internetlinks verschicken. Mit dem Mikrofonsymbol zeichnet man Sprachnachrichten auf. Das Smiley links im Eingabefeld schaltet auf die Emoji-Tastatur um.

TIPP: Um sich leicht zu verabreden, kann WhatsApp den aktuellen Standort verschicken. Der Empfänger bekommt einen Google-Maps-Link, in dem die Position des Absenders eingetragen ist. Damit dies wirklich zuverlässig funktioniert, sollte natürlich das GPS auf dem Samsung Galaxy S9 eingeschaltet sein und die Standortdienste müssen aktiviert sein.

WhatsApp bietet auch die Möglichkeit, über die Internetverbindung zu telefonieren. Damit sind zum Beispiel kostenlose Gespräche ins Ausland möglich, wenn beide Gesprächspartner eine Datenflatrate in ihrem Land haben oder ein WLAN nutzen.

WhatsApp-Gespräche verbrauchen nur Datenvolumen, aber keine Gesprächsminuten des Mobilfunkvertrags und schon gar keine überhöhten Tarife für Auslandsgespräche. Auf dem gleichen Weg sind auch Videogespräche möglich.

Zwei WhatsApp-Konten mit Dual Messenger nutzen

Auf dem Samsung Galaxy S9 können Sie zwei WhatsApp-Konten parallel nutzen, was normalerweise auf ein und demselben Smartphone nicht möglich ist. Haben Sie zum Beispiel für die beiden Handynummern der beiden SIM-Karten zwei WhatsApp-Konten, können Sie diese jetzt beide auf einem Samsung Galaxy S9 verwenden.

1. Nach der Installation von WhatsApp erscheint eine Benachrichtigung des *Dual Messenger*. Tippen Sie darauf, und aktivieren Sie auf dem nächsten Bildschirm den Schalter *WhatsApp*, um das zweite WhatsApp-Profil anzulegen.

2. Mit der Kontaktauswahl können Sie für das zweite WhatsApp-Profil die Kontakte einschränken. Lassen Sie diesen Schalter deaktiviert, stehen im zweiten WhatsApp ebenfalls alle Kontakte zur Verfügung.

3. Jetzt können Sie WhatsApp wie bei einer Neuinstallation einrichten und müssen auch einen per SMS erhaltenen Prüfcode bestätigen. In der App-Liste erscheint ein zweites WhatsApp-Symbol. Beide können Sie auf den Startbildschirm ziehen.

INFO: Die App wird nur einmal installiert und dann ein zweites Profil angelegt. Das bedeutet, wenn Sie die erste Installation (ohne Dual-Messenger-Icon) deinstallieren, werden beide Profile entfernt.

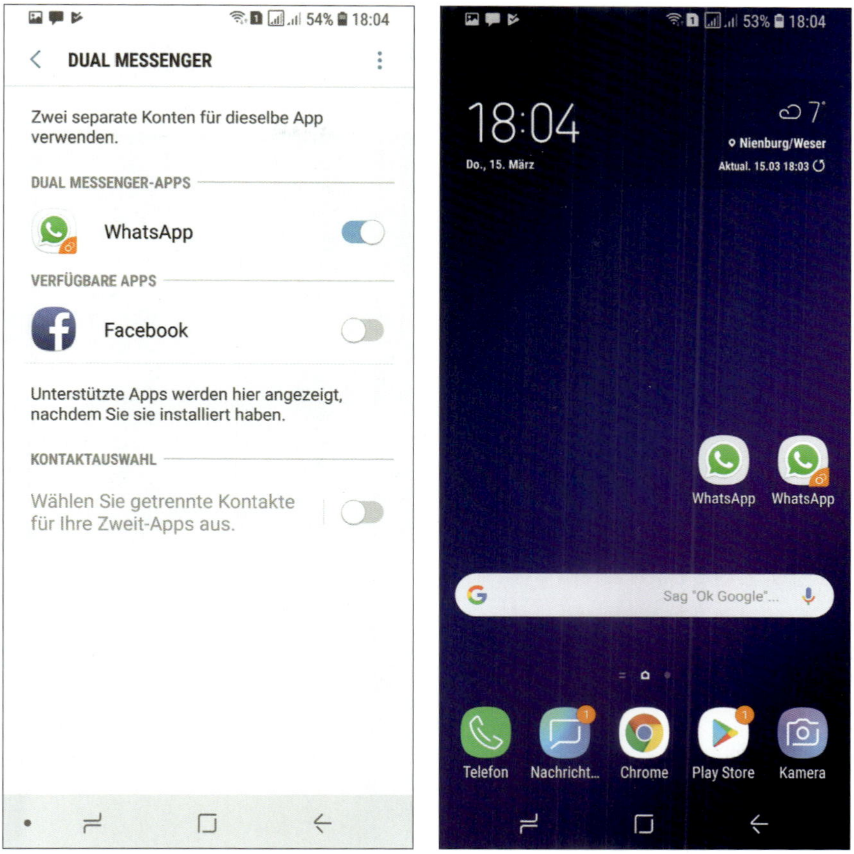

Zwei WhatsApp-Konten auf einem Smartphone.

Wenn Sie nicht gleich bei der Installation das zweite Profil eingerichtet haben, finden Sie den Dual Messenger in den *Einstellungen* unter *Erweiterte Funktionen*. Der Dual Messenger unterstützt neben WhatsApp auch Facebook, Facebook Messenger, Skype, Snapchat, Telegram und Viber. In Zukunft sollen noch weitere Apps unterstützt werden.

Google Duo

Google Duo ist eine App, mit der Videoanrufe mit einem Fingertipp möglich sind. Die übersichtliche Oberfläche zeigt häufig kontaktierte Personen, die durch einfaches Antippen angerufen werden können. *Google Duo* ist auf allen neuen Smartphones mit Android 7 Nougat oder Android 8 Oreo vorinstalliert, auch auf dem Samsung Galaxy S9.

Bei der ersten Anmeldung müssen Sie nur Ihre Telefonnummer bestätigen. Sie erhalten dann per SMS einen Code, der automatisch eingetragen wird, sodass Sie sofort loslegen können.

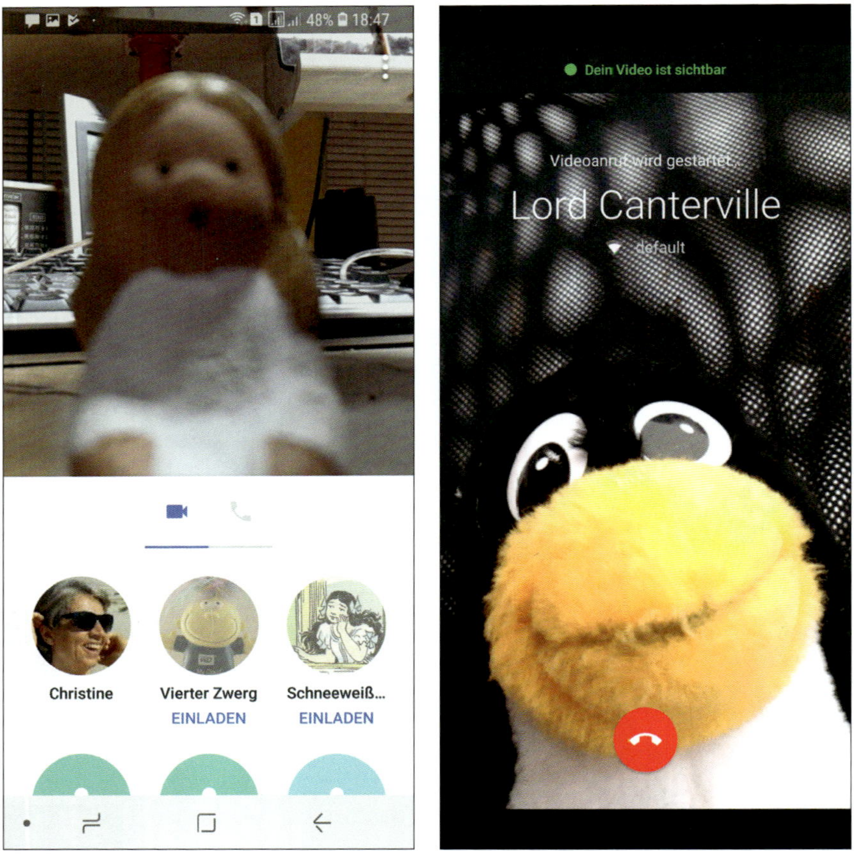

Videotelefonie mit Google Duo.

Mit dem Symbol *Neuer Anruf* können Sie sofort einen Videoanruf starten. Die zuletzt kontaktierten Personen werden direkt auf dem Startbildschirm angezeigt. Die Kontaktliste in Google Duo zeigt alle Personen aus dem eigenen Adressbuch an. Sie können aber nur Personen anrufen, die ebenfalls Google Duo auf ihrem Smartphone haben. Bei allen anderen öffnet sich die SMS-App, um die Person per SMS zu Google Duo einzuladen.

Wenn Sie in den *Einstellungen* die Option *Kuckuck* aktivieren, sieht die angerufene Person bereits eine Live-Vorschau Ihres Kamerabildes. Dies funktioniert nur, wenn beide Gesprächspartner sich gegenseitig in ihren Kontaktlisten haben.

Facebook Messenger

Facebook hat mit seinen Nutzerzahlen alle anderen sozialen Netzwerke längst überholt. Da wundert es nicht, dass auch die Chatfunktion in Facebook den klassischen Chatsystemen immer mehr den Rang abläuft.

Facebook bietet eine eigene Messenger-App an. Diese kann auch im Hintergrund laufen und den Benutzer bei eingehenden Chatnachrichten per LED oder Signalton benachrichtigen. Die klassische Facebook-App für Android bietet seit einiger Zeit keine Chatfunktion mehr an. Beim Versuch, einen Chat zu starten, wird direkt auf den Facebook Messenger verwiesen. Nach der Installation kann der Facebook Messenger auch für SMS verwendet werden. Sie brauchen dann nicht mehr zwischen so vielen Apps zu wechseln und können auf die Standard-SMS-App verzichten.

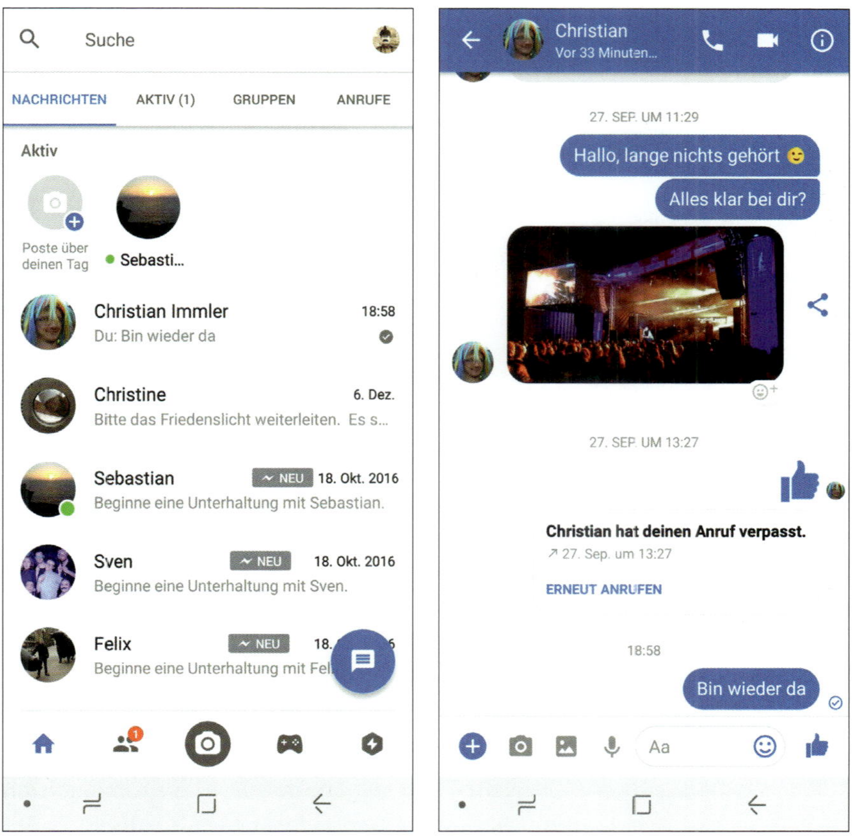

Der Facebook Messenger.

Der Facebook Messenger ermöglicht auch Gruppenunterhaltungen sowie den Versand von Fotos oder Ortsangaben an Facebook-Freunde. Der Messenger sollte ursprünglich die schnelle Facebook-Kommunikation ermöglichen, ohne erst die »große« App zu starten. Allerdings stellt auch der Messenger hohe Ansprüche an die Qualität der Internetverbindung. WhatsApp funktioniert dagegen auch noch bei schwacher Netzabdeckung.

Der Facebook Messenger legt sich standardmäßig über laufende Apps, wenn eine neue Chatnachricht eintrifft. Das sogenannte Chatsymbol zeigt das Profilbild des Chatpartners als rundes Symbol an, das über anderen Android-Apps eingeblendet wird und frei auf dem Bildschirm verschoben werden kann. So kommt man schnell aus einer anderen App wieder in den Chat und wird benachrichtigt, wenn eine neue Nachricht ankommt. Ziehen Sie dieses Chatsymbol an den unteren Bildschirmrand auf das *x*-Symbol, verschwindet es vom Bildschirm.

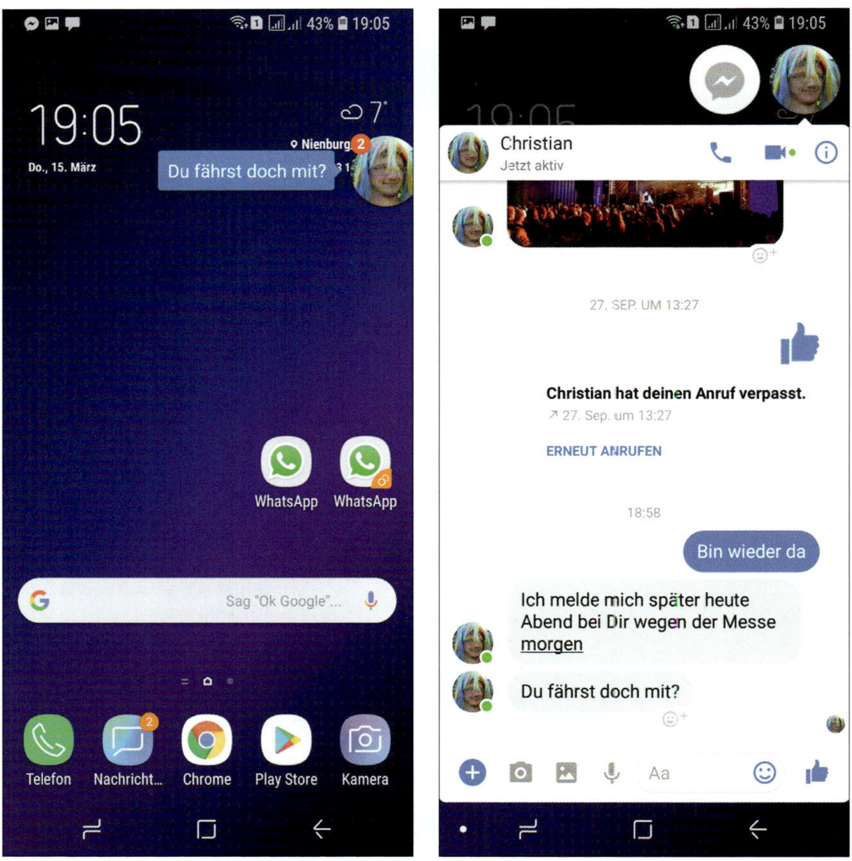

Das Profilbild des Chatpartners als Chatsymbol auf dem Bildschirm. Rechts: Facebook Messenger überlagert den Startbildschirm.

Mit dem Schalter *Chatsymbole* in den *Einstellungen* können Sie die Chatsymbole ein- und ausschalten. Chatbenachrichtigungen werden zusätzlich als Android-Systembenachrichtigung in der Benachrichtigungsleiste angezeigt. Um die *Einstellungen* aufzurufen, tippen Sie im Messenger oben rechts auf Ihr Profilbild. Der *Data Saver* verhindert, dass empfangene Videos und Bilder über die Mobilfunkverbindung automatisch heruntergeladen werden. Stattdessen erscheint ein Downloadlink. Unter *Benachrichtigen und Töne* können Sie in den *Einstellungen* festlegen, wann der Facebook Messenger benachrichtigen soll.

Facebook Messenger auf dem PC

Statt der Facebook-Seite mit dem winzigen Chatfenster kann man auf dem PC im Browser auch über *m.me* chatten. Diese Seite hat ein deutlich übersichtlicheres Design und verhält sich auch sehr flüssig.

Facebook Messenger Lite

Der Facebook Messenger ist für seinen hohen Ressourcenverbrauch berühmt-berüchtigt. Facebook liefert deshalb zusätzlich eine Lite-Version des Messengers, der auf animierte GIFs, Farbspiele und diverse andere Zusatzfunktionen verzichtet. Wer einfach nur kommunizieren will, ist damit besser beraten. Das Versenden von Links und Fotos funktioniert auch mit der Lite-Version. Diese verbraucht deutlich weniger Datenvolumen und Speicher auf dem Smartphone. Die App selbst ist nur etwa 10 MByte groß – gegenüber 138 MByte beim »großen« Messenger – und funktioniert auch bei schwacher Internetverbindung.

Skype

Vom Festnetz ins Ausland telefonieren ist teuer, vom Handy ist es noch teurer. Skype ist auf dem PC schon lange für kostenlose Telefonie im Internet bekannt. Skype funktioniert wie ein Messenger. Man registriert sich einmal mit seinem Namen auf der Skype-Webseite und kann dann alle Freunde, die ebenfalls Skype verwenden, in eine Kontaktliste eintragen und deren Onlinestatus anzeigen lassen. Seit Skype von Microsoft übernommen wurde, kann man sich ganz einfach mit dem Microsoft-Konto anmelden, mit dem man bei Windows 10 am PC angemeldet ist, und benötigt kein eigenes Benutzerkonto mehr.

Beim ersten Start der Android-App müssen verschiedene Berechtigungen gewährt werden, damit Sie mit Skype telefonieren und Daten verschicken können.

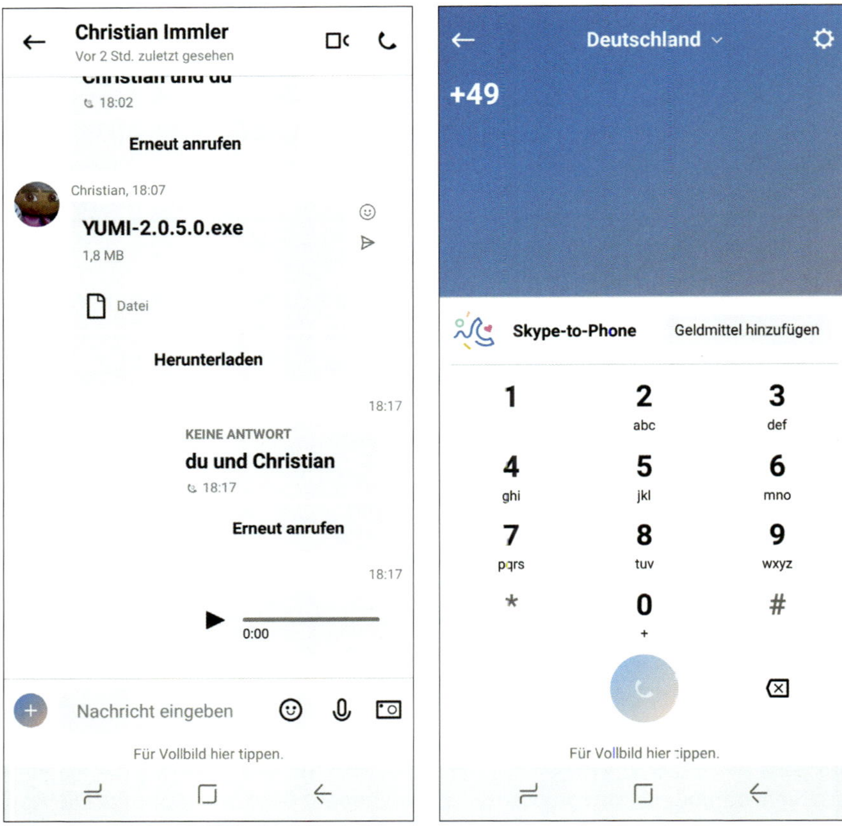

Chat und Telefon in Skype.

Tippen Sie auf einen Namen in der Skype-Kontaktliste, können Sie mit der Person chatten. Mit dem Telefonsymbol oben rechts im Chat rufen Sie die Person an. Mit Skype können Sie nicht nur mit anderen Skype-Nutzern kostenlos telefonieren, sondern auch zu sehr günstigen Preisen in das normale Telefonnetz der meisten Länder der Welt anrufen. Dazu kauft man ähnlich wie bei einer Prepaid-Karte online ein SkypeOut-Guthaben und wählt dann in der App die Telefonnummer. Skype listet die Gebühren für Gespräche in verschiedene Länder unter *www.skype.com/de/rates* auf.

Skype verwendet nicht das Mobilfunk-Telefonnetz, sondern eine Internetverbindung. Die App funktioniert am besten über WLAN, aber auch über UMTS oder LTE. Hier braucht man allerdings eine umfangreiche Datenflatrate, da bei VoIP-Gesprächen erhebliches Datenvolumen anfallen kann. Manche Mobilfunkbetreiber schließen VoIP-Gespräche in ihrer Datenflatrate explizit aus.

> **TIPP:** Für eine gute Gesprächsqualität sollte man sich mit dem Smartphone nicht zu hektisch bewegen und äußere Störquellen meiden.

Wie bei einem klassischen Messenger lassen sich auch Textnachrichten, Bilder und Dateien übertragen. Eingegangene Videonachrichten können gespeichert werden, um sie später auch offline anzusehen.

Auch bei Skype tummeln sich mittlerweile Spammer, die andere Nutzer mit Werbebotschaften belästigen wollen. In Chats und auch bei Anrufen können Sie die betreffende Person ganz einfach blockieren. Tippen Sie oben auf Ihr Profilbild und dann auf das Zahnradsymbol, kommen Sie zu den Einstellungen. Hier können Sie unter *Datenschutz/Blockierte Nutzer verwalten* diese Blockierungen bei Bedarf wieder aufheben. Unter *Anrufe/Anrufer ID* können Sie Ihre persönliche Telefonnummer eintragen, damit diese bei Skype-Anrufen an ein Telefon übertragen wird und der Gesprächspartner erkennen kann, wer anruft.

Datenaustausch über Cloud-Speicherdienste

Cloud-Speicherdienste sind die ideale Lösung, um Dateien aller Art komfortabel zwischen Smartphone und PC oder auch mehreren PCs auszutauschen. Musste man früher Smartphones noch mühsam per USB-Kabel mit dem PC verbinden, um Daten auszutauschen, funktioniert es heute über das Internet vollautomatisch, wenn die Daten in den entsprechenden Verzeichnissen liegen.

Die bekanntesten derartigen Dienste – Google Drive, Dropbox und OneDrive von Microsoft – bieten alle neben PC-Anwendungen auch Android-Apps an. Die verschiedenen Anbieter unterscheiden sich nur in kleinen Details. Wer also bereits einen dieser Dienste auf dem PC nutzt, sollte die passende App auch auf dem Smartphone installieren. Google Drive und OneDrive sind auf dem Samsung Galaxy S9 bereits vorinstalliert.

Samsung Cloud

Samsung bietet mit dem auf dem Samsung Galaxy S9 angemeldeten Samsung-Konto einen Cloud-Speicher an, der zur Sicherung verschiedener Daten des Smartphones genutzt werden kann. Dies ist besonders interessant für Daten, die nicht automatisch im Google-Konto abgelegt werden, wie Lesezeichen des Samsung-Browsers, Texterkennungsdaten der Tastatur, Notizen aus Samsung Notes und Sprachmemos sowie außerhalb des Chrome-Browsers gespeicherte Passwörter.

Die Samsung Cloud ist auf der Startseite im Dateimanager *Eigene Dateien* eingebunden. Hier können Sie beliebige Dateien vom Smartphone in die Samsung Cloud hochladen.

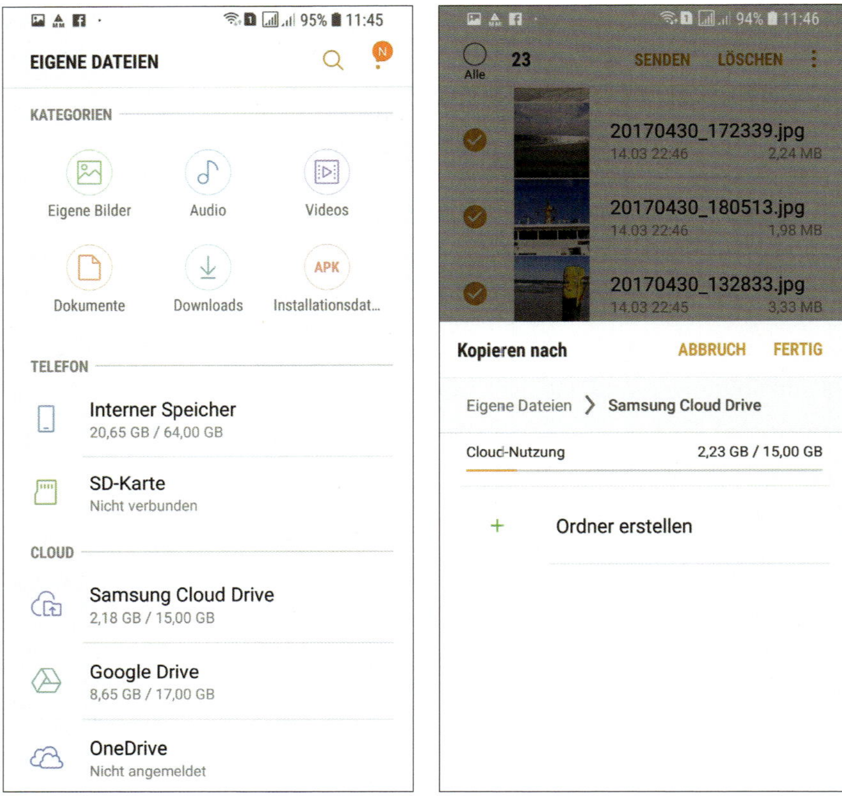

Die Samsung Cloud im Dateimanager.

Google Drive

Google bietet mit Google Drive (*drive.google.com*) allen Benutzern bis zu 15 GByte kostenlosen Onlinespeicherplatz, der für beliebige Dateien genutzt werden kann. Bei regelmäßiger Nutzung und durch Bonusaktionen kann dieser kostenlose Speicherplatz automatisch wachsen.

Die im Ordner *Google* auf dem Samsung Galaxy S9 vorinstallierte Google-Drive-App enthält für viele gängige Dateiformate integrierte Betrachter, um diese Dateien auf dem Smartphone darstellen zu können, ohne spezielle Apps installieren zu müssen. Fotos aus Google Drive werden automatisch in der Fotos-App angezeigt.

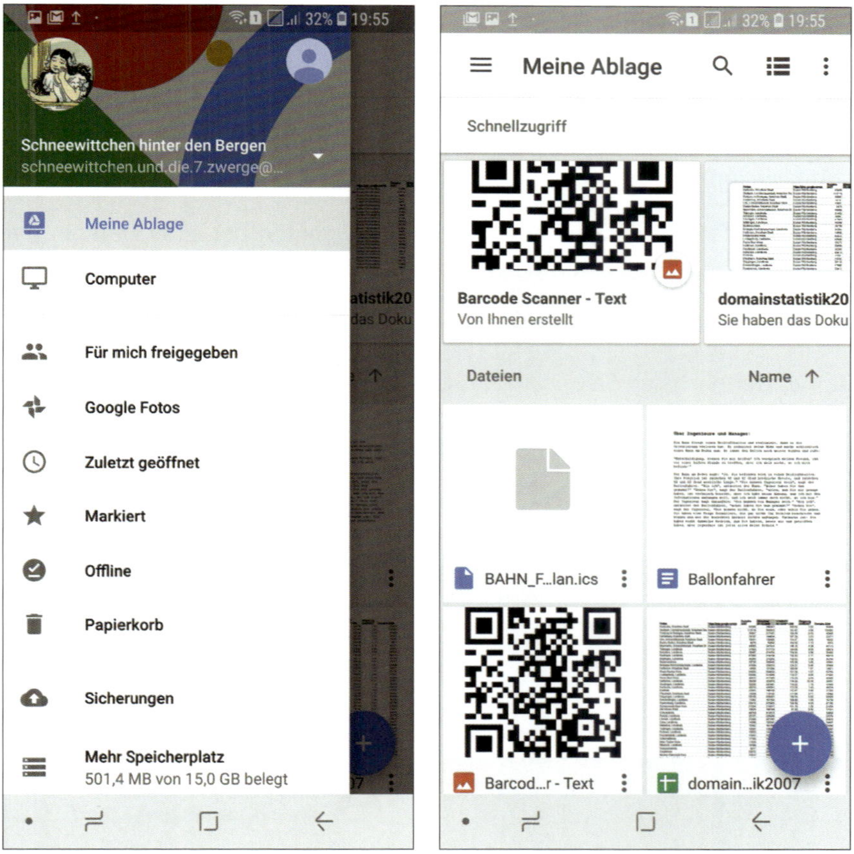

Die Google-Drive-App.

Google Drive ist von allen vergleichbaren Cloud-Speicheranbietern am besten in das Android-Betriebssystem integriert. Dateien lassen sich für andere Personen einfach freigeben und versenden. Umgekehrt bieten sehr viele Android-Apps die Möglichkeit, Dateien auf Google Drive abzulegen und zu teilen oder Google Drive zur Datensicherung zu verwenden.

Bei jeder Datei kann auf dem Smartphone eingestellt werden, ob sie zur Offlinenutzung auf das Gerät heruntergeladen werden soll. Bei jeder Veränderung der Datei wird die Offlinekopie mit der Cloud synchronisiert.

Laden Sie auf dem PC bei *www.google.com/drive/download* das Programm *Google Backup & Sync* für Windows herunter. Damit können Sie auf einfache Weise ein Verzeichnis der lokalen Festplatte automatisch im Hintergrund mit Google Drive synchronisieren und auf diese Weise leicht beliebige Dateien zwischen Smartphone und PC austauschen.

Dateien aus Google Drive für Freunde freigeben

Dateien lassen sich für andere Personen einfach freigeben und versenden. So spart man sich große E-Mail-Anhänge, und die Datei kann leicht aktualisiert werden. Der Empfänger sieht über den freigegebenen Link immer die aktuellste Version.

1. Tippen Sie auf das Symbol mit den drei Punkten bei einer Datei in der Übersicht der eigenen Dateien in der Google-Drive-App.

2. Wählen Sie *Personen einladen*.

3. Auf der nächsten Seite wählen Sie Personen aus, die eine E-Mail zur Freigabe der Datei bekommen sollen. Dabei können Sie auswählen, ob diese die Datei bearbeiten, kommentieren oder nur betrachten dürfen.

4. Die Symbole unten zeigen, wer bereits Zugriff auf die Datei hat. Tippen Sie darauf, wird eine Liste mit kompletten Namen angezeigt, in der Sie auch die einzelnen Zugriffsrechte ändern können.

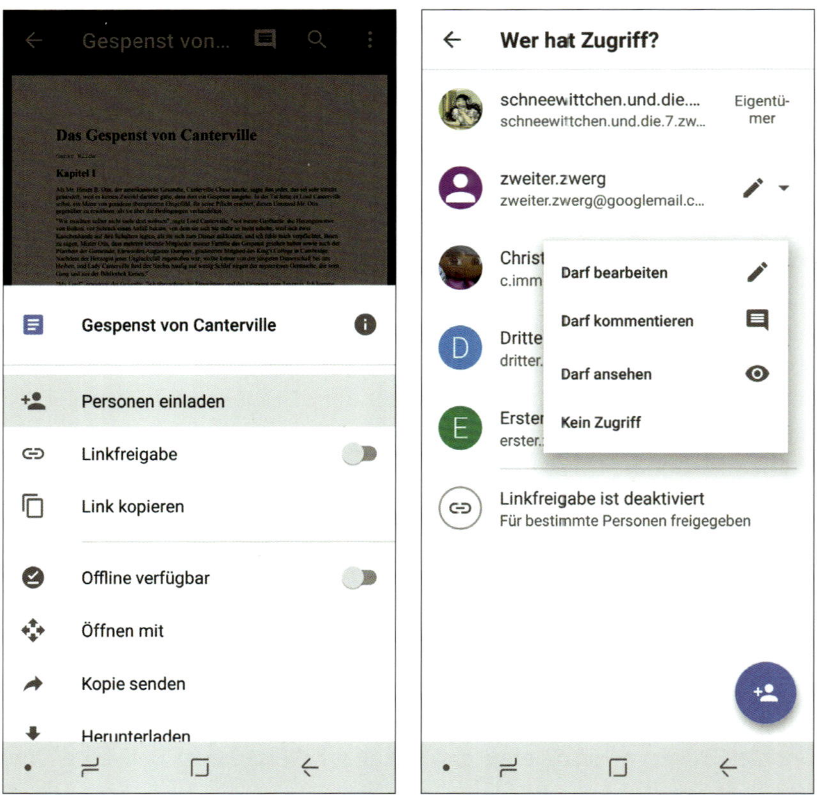

Personen zu einer Datei einladen.

Alternativ können Sie auch über die Option *Linkfreigabe* einen Link generieren, der über beliebige Wege weitergegeben werden kann. Dieser Link bietet dann Zugriff auf die Datei.

ICS-Dateien aus Google Drive in Kalender importieren

Viele Webseiten bieten Termine wie z. B. Feiertage, Schulferien, Messetermine oder auch Bahnfahrpläne im ICS-Format zum Download an. Speichern Sie diese Dateien auf dem PC auf Google Drive, können Sie sie direkt auf dem Smartphone in den Kalender übernehmen.

1. Starten Sie die Google-Drive-App und suchen Sie die zuvor dort abgelegte ICS-Datei. Tippen Sie darauf.
2. Der in der Datei gespeicherte Termin wird angezeigt. Enthält die ICS-Datei mehrere Termine, können Sie auswählen, welche davon Sie importieren möchten.
3. Tippen Sie unten auf *Zum Kalender hinzufügen*. Jetzt wird der Termin in den Kalender übernommen. Wenn Sie mehrere Kalender auf dem Smartphone anzeigen lassen, müssen Sie noch auswählen, in welchen der Termin importiert werden soll.

OneDrive

Auch Microsoft bietet mit OneDrive (*onedrive.com*) eine Cloud-Speicherlösung an. Diese ist in Windows 10 bereits fest integriert und hat dadurch große Beliebtheit gewonnen. Für Nutzer von Windows 7 gibt es bei *onedrive.live.com/about/de-de/download* eine PC-Anwendung, die ein Verzeichnis der lokalen Festplatte im Hintergrund mit dem Cloud-Speicher synchronisiert. Mit der passenden Android-App kann man auch vom Smartphone auf seine Dateien zugreifen und sie mit Freunden teilen. Auf dem Samsung Galaxy S9 ist die OneDrive-App im Ordner *Microsoft Apps* bereits vorinstalliert.

Aus SkyDrive wurde OneDrive

Microsoft hat im Januar 2014 wegen eines Namensstreits mit dem Fernsehsender British Sky Broadcasting (BSkyB) seinen Cloud-Speicherdienst SkyDrive in OneDrive umbenannt. Mit der Anmeldung bekommt man 5 GByte kostenlosen Onlinespeicher. Wer schon länger den Vorgänger SkyDrive nutzte, hat sogar 25 GByte zur Verfügung. Nutzer von Office 365 bekommen 1 TByte Speicherplatz. Bei der Anmeldung über den Empfehlungslink *1drv.ms/1lkdeA1* erhalten Leser dieses Buches 0,5 GByte zusätzlichen Speicherplatz bei OneDrive.

Zur Anmeldung wird ein Microsoft-Konto benötigt. Dies kann mit einer Windows-Installation angelegt worden sein, oder Sie melden sich bei *onedrive.com* oder auch direkt in der App kostenlos neu an. Wer eine E-Mail-Adresse bei Hotmail, MSN oder outlook.com oder ein Benutzerkonto des ehemaligen Windows Live Messengers hat, kann diese Daten auch für OneDrive nutzen.

OneDrive macht an vielen Stellen in der App Werbung für kostenpflichtige Dienste. Solange Ihnen Ihr kostenloser Speicherplatz ausreicht, können Sie diese Werbung einfach wegklicken.

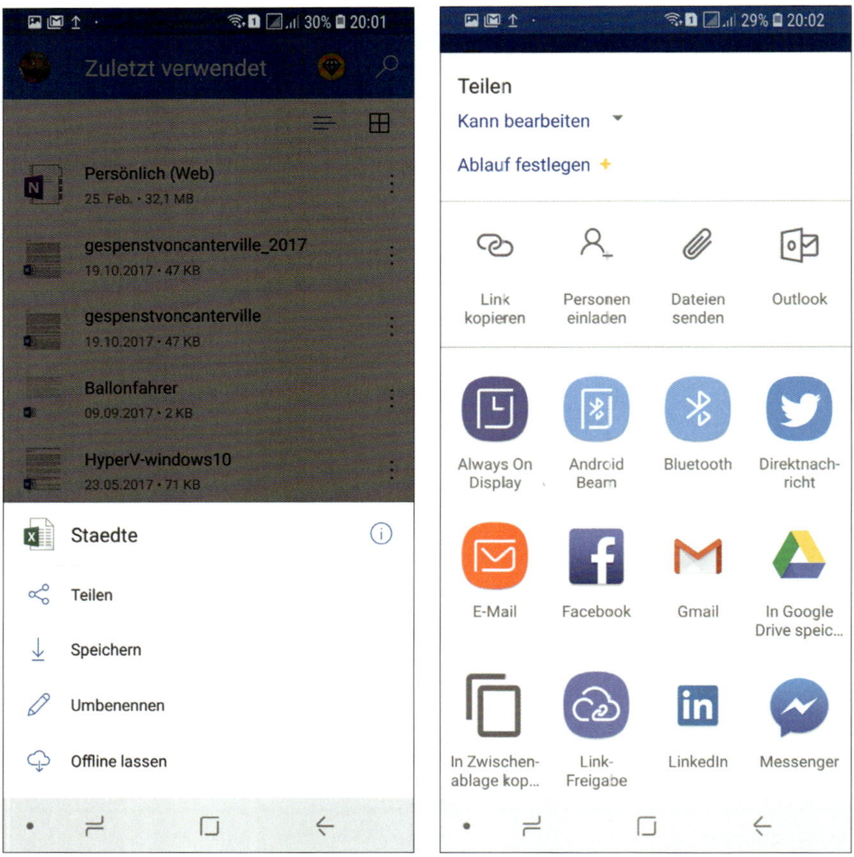

Microsofts Cloud-Speicher OneDrive auf dem Samsung Galaxy S9.

Über das *Teilen*-Symbol im Menü mit den drei Punkten neben jeder Datei können Sie Links auf eigene Dateien bei OneDrive leicht mit Freunden teilen und dabei festlegen, welche Personen die Datei nur sehen dürfen und wer sie auch bearbeiten darf.

In den Einstellungen der OneDrive-App, erreichbar über das *Ich*-Symbol unten rechts, können Sie den automatischen Kamera-Upload aktivieren. Neue Fotos werden dann automatisch in ein privates Album auf OneDrive hochgeladen.

Dropbox

Dropbox ist der bekannteste kostenlose Cloud-Speicherdienst. Die Dropbox-App bietet Zugriff auf alle eigenen Dropbox-Ordner sowie auf die von Freunden freigegebenen. Dateien, die als Favorit markiert sind, werden automatisch zur Offlineverwendung auf das Smartphone heruntergeladen. Wie bei anderen Cloud-Speicherdiensten auch, können einzelne Dateien oder ganze Ordner über Links mit Freunden geteilt werden.

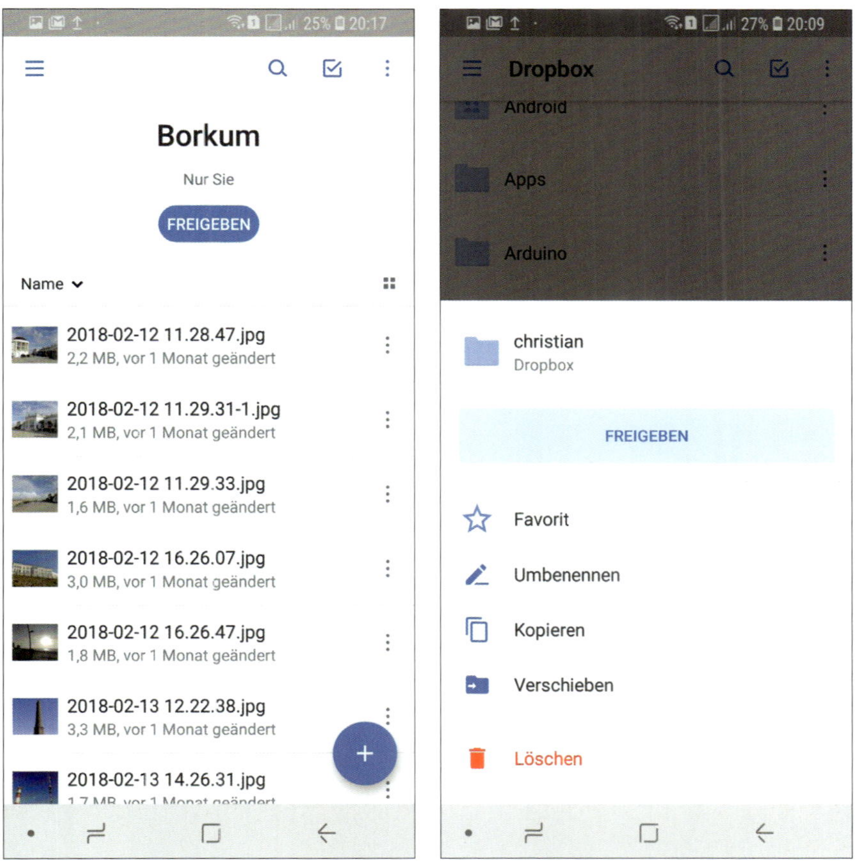

Die Dropbox-App.

Bei der Einrichtung der Dropbox-App können Sie festlegen, dass neue Fotos vom Smartphone automatisch in das Verzeichnis *Camera Uploads* Ihrer persönlichen Dropbox hochgeladen werden sollen. Wählen Sie, um Datenvolumen Ihres Internettarifs zu sparen, die Option *Nur über WLAN*.

TIPP: Dropbox stellt jedem Nutzer 2 GByte kostenlosen Speicherplatz zur Verfügung. Melden Sie sich bei Dropbox über den Link *db.tt/vxUArMd* an, bekommen Sie zusätzliche 500 MByte Willkommensbonus.

KAPITEL 6

Fotos und Multimedia

Ein Smartphone eignet sich bestens als digitaler Bilderrahmen. Dank heutiger Speicherkartengrößen von mehreren GByte kann man Tausende von Fotos bequem mit sich herumtragen. Die vorinstallierte Galerie-App zeigt alle Bilder, die sich im Gerätespeicher oder auf der Speicherkarte des Samsung Galaxy S9 oder in der Samsung Cloud befinden. Diese können vom PC übertragen, aus dem Internet heruntergeladen oder mit der Kamera fotografiert worden sein.

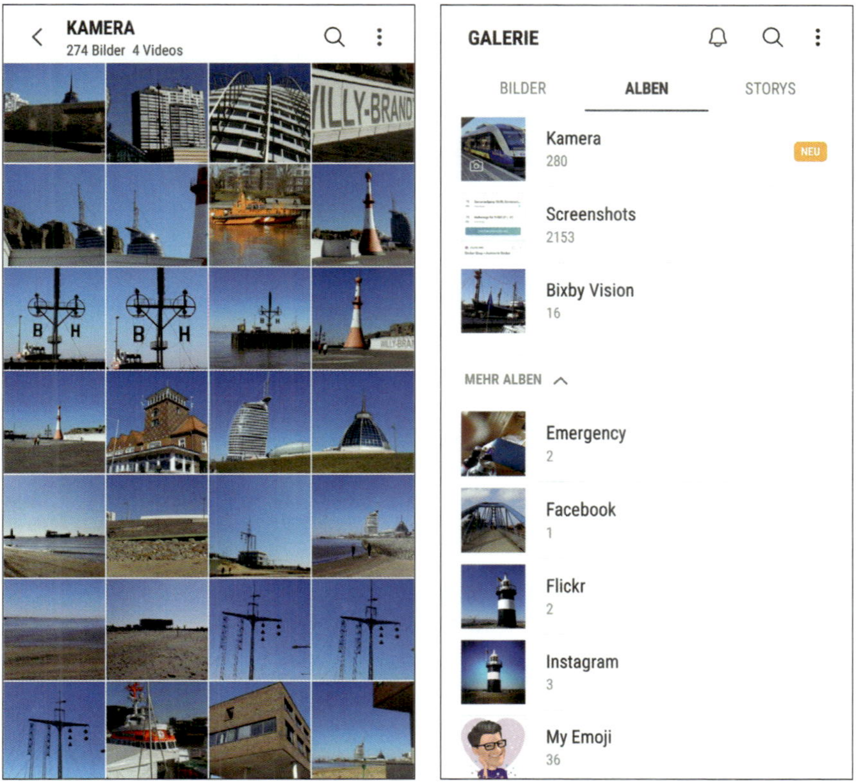

Die Galerie auf dem Samsung Galaxy S9.

Auf der Seite *Bilder* sind alle Fotos chronologisch geordnet, auf der Seite *Alben* nach Ordnern auf der Speicherkarte und im internen Speicher. Mit einer Zweifingerspreizgeste lässt sich die Größe der Vorschaubilder und damit die Anzahl gleichzeitig dargestellter Vorschaubilder verändern.

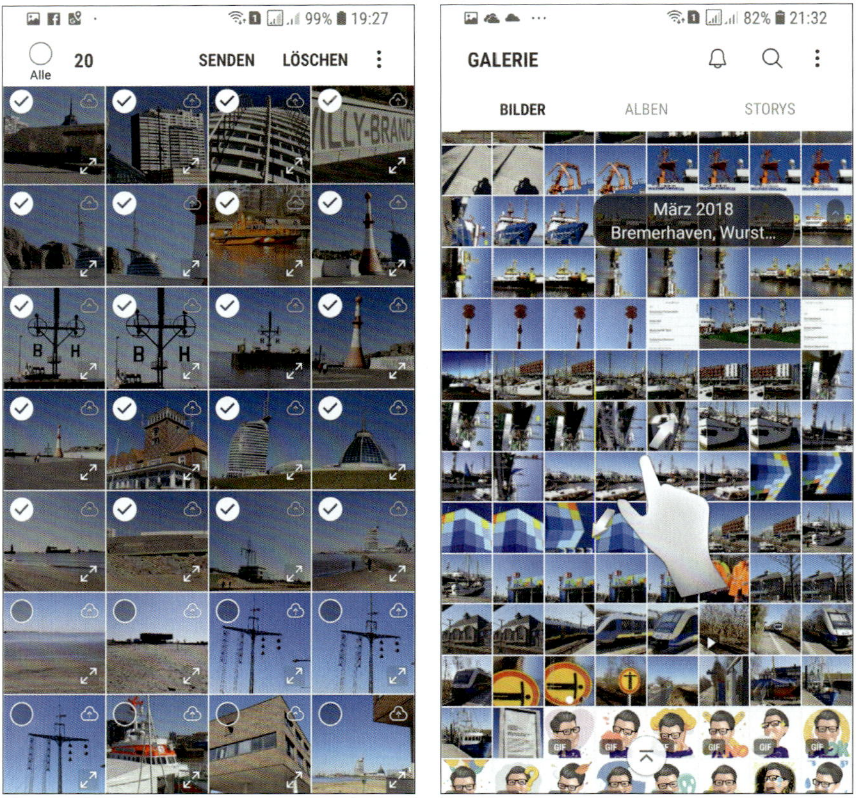

Auswahlmodus und interaktives Verkleinern oder Vergrößern der Vorschaubilder.

Tippen Sie länger auf ein Bild, wird der Auswahlmodus aktiviert. Jetzt können Sie durch Antippen oder Überstreichen mit dem Finger mehrere Bilder markieren und diese dann über das Menü rechts oben in ein Album kopieren oder verschieben, Tags setzen oder eine Diashow mit diesen Bildern starten. Beim Kopieren in ein Album können Sie auch neue Alben anlegen.

Tippen Sie auf eines der Vorschaubilder, wird das Foto groß dargestellt. Tippen Sie oben links auf den Pfeil, um von der Einzelbildansicht wieder zurück zur Galerie zu kommen.

Mit zwei Fingern lässt sich weiterzoomen. Einfaches Wischen mit dem Finger horizontal über den Bildschirm blättert zu den nächsten oder vorherigen Bildern weiter bzw. zurück. Tippen Sie mitten ins Bild, um die Bedienelemente ein- oder auszublenden. Ohne die weißen Leisten wirken Fotos auf dem randlosen Bildschirm des Samsung Galaxy S9 viel besser. Die Navigationsleiste wird ausgeblendet, wenn Sie auf den kleinen Punkt tippen.

Ein Foto in der Galerie-App.

Foto im Vollbildmodus ohne Bedienelemente der Galerie.

Die neue Kamera auf dem Samsung Galaxy S9

Betrachtet man eine Werbung für das Samsung Galaxy S9, fällt erst auf den zweiten Blick auf, dass man damit auch telefonieren kann. Die Kamera scheint das wichtigste Bauteil dieses Smartphones zu sein. Sie kann in vielen Fällen die klassische Digitalkamera ersetzen.

Die Kamera im Samsung Galaxy S9 wurde gegenüber den Vorgängermodellen nochmals deutlich verbessert und gehört zu den besten, die aktuelle Smartphones zu bieten haben. Die Anzahl der Pixel entspricht mit 12 Megapixeln dem Vorgängermodell Samsung Galaxy S8. Neu dagegen sind die verstellbare Blende sowie die Super-Slow-Motion-Funktion.

ACHTUNG: Achten Sie darauf, dass die Kameralinse auf der Rückseite des Smartphones nicht verkratzt, wenn Sie das Gerät in die Tasche stecken und sich dort zum Beispiel auch noch ein Schlüsselbund befindet.

Die Kamera wird über eine eigene Kamera-App auf dem Samsung Galaxy S9 gestartet. Statt auf das Kamerasymbol zu tippen, können Sie auch einfach zweimal kurz hintereinander auf die Einschalttaste des Samsung Galaxy S9 drücken. Das funktioniert auch, wenn das Smartphone im Ruhezustand ist, der Bildschirm also ausgeschaltet ist. Diese Einstellung lässt sich über die Option *Schnellstart* in den Kameraeinstellungen ein- und ausschalten. Bei Verwendung eines Sperrbildschirms ohne PIN oder eine andere Sperre kann man die Kamera direkt vom Sperrbildschirm starten, indem man das Kamerasymbol aus der rechten unteren Bildschirmecke in Richtung Bildschirmmitte zieht.

Die Kamera-App auf dem Samsung Galaxy S9.

Die Bedienelemente der Kamera-App sind so angeordnet, dass sie sich, wenn man das Smartphone im Querformat in beiden Händen hält, bequem mit Daumen und Zeigefingern steuern lassen.

- Die große Schaltfläche rechts ist der Auslöser. Tippen Sie darauf, um ein Bild aufzunehmen. Die Lautstärketasten dienen zusätzlich als Auslöser. In den Kameraeinstellungen können Sie stattdessen auch die Zoomfunktion auf die Lautstärketasten legen.
- Schieben Sie den Auslöser nach oben oder unten, um zu zoomen.
- Nicht immer ist der Autofokus die beste Wahl. Um das Bild an einer bestimmten Stelle scharf zu stellen, tippen Sie dort auf den Bildschirm. Gleichzeitig erscheint ein Glühbirnensymbol, das Sie nach oben oder unten schieben können, um die Helligkeit einzustellen.

Zoom mit der Kamera.

- Unterhalb des Auslösers schalten Sie mit dem roten Punkt den Videomodus ein.
- Ganz rechts oben wird immer das letzte Foto als Minibild angezeigt. Tippen Sie darauf, öffnet sich die Galerie, in der Sie dieses Foto und auch alle anderen betrachten können.

Halten Sie den Finger länger auf dem Auslöser, wird eine Bilderserie, zum Beispiel eine bewegte Szene, aufgenommen. Danach werden die Bilder der Serie angezeigt, und Sie können sich gleich das beste heraussuchen und alle nicht benötigten löschen.

Bilderserie aufnehmen.

Die wichtigsten Symbole auf dem Kamerabildschirm

Der Kamerabildschirm zeigt rechts – in Fingerreichweite des Auslösers – einige Symbole für wichtige Einstellungen. Je nach Kameramodus erscheinen hier auch noch weitere Symbole.

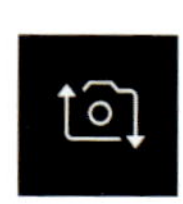

Das Kamerasymbol schaltet zwischen Hauptkamera und Frontkamera um. Das Gleiche funktioniert noch einfacher mit einer horizontalen Wischbewegung über den Kamerabildschirm.

Die Symbole in der Kamera-App links neben dem Auslöser.

Dieses Symbol blendet eine Leiste mit verschiedenen Effektfiltern ein, die direkt in Echtzeit auf das Bild gelegt werden können.

Bei Dunkelheit kann das zu fotografierende Objekt mit der Blitz-LED auf der Rückseite des Samsung Galaxy S9 beleuchtet werden. Im automatischen Modus wird die LED abhängig von der Umgebungshelligkeit bei dunklen Szenen eingeschaltet. Diese sehr helle LED verbraucht viel Akkustrom und sollte daher nur sparsam eingesetzt werden. Bilder mit Blitz wirken oft unecht und sind auch dank des sehr guten Verhaltens der Kamera bei schwachen Lichtverhältnissen auf dem Samsung Galaxy S9 kaum noch nötig.

Fotografiert man mit dem Samsung Galaxy S9 Fotos im Standardseitenverhältnis 4:3, bleibt beim Zeigen auf dem Smartphone immer ein erheblicher Teil des Bildschirms schwarz. Das Symbol *Vollbild* schaltet die Kamera auf das Seitenverhältnis 18,5:9 um. So füllen die Fotos den ganzen Bildschirm aus, lassen sich dafür aber schlecht in Drogeriemärkten ausdrucken, da die Druckautomaten das Seitenverhältnis von Papierfotos (4:3) verwenden.

Geringere Bildauflösung im Vollbildmodus

Im Vollbildmodus wird die Auflösung herabgesetzt: Die maximale Auflösung im Vollbildmodus 18,5:9 beträgt 4.032 x 1.960 Pixel, was 7,9 Megapixeln entspricht. Die maximal mögliche Auflösung der Hauptkamera beträgt 12 Megapixel bei einem Bildformat 4:3 und 4.032 x 3.024 Pixel.

Das Zahnradsymbol ruft die Einstellungen der Kamera auf.

Das Augensymbol ruft die Samsung-Augmented-Reality-App *Bixby Vision* auf, die aus dem aktuellen Kamerabild Orte, Produkte, Texte oder QR-Codes erkennt und auswertet. Weitere Informationen dazu finden Sie am Ende von Kapitel 7 im Abschnitt »Bixby Vision«.

Effekte für Fotos

Die Kamera-App bietet verschiedene Effekte, die direkt in Echtzeit über das auf dem Bildschirm angezeigte Bild gelegt werden, noch bevor man den Auslöser drückt. Tippen Sie auf das Effekte-Symbol, um die Effektpalette einzublenden. Unter den Effekten finden Sie bekannte Optionen wie *Satte Farben* und *Graustufen*, aber auch interessante künstlerische Effekte wie zum Beispiel *Evergreen* oder *Nostalgie*. Wählen Sie den gewünschten Effekt aus, sehen Sie ihn sofort im Bild. Mit der Schaltfläche *Effekt entfernen* unten in der Mitte kehren Sie zum Originalbild zurück.

Die Effektpalette können Sie direkt beim Fotografieren anwenden.

Jeder findet mit der Zeit seine Lieblingseffekte und wendet diese immer wieder an. Das Symbol mit der Uhr zeigt die zuletzt verwendeten Effekte. Hier kann man diese schnell wiederfinden und auswählen.

Tippen Sie mitten ins Bild, um die Effektpalette zu schließen. Der Effekt wird beim Auslösen automatisch angewendet. Mit den beiden eingeblendeten Reglern können Sie die Effektstärke sowie einen Vignetteneffekt einstellen.

Über das Plussymbol rechts unten können Sie weitere Effekte für die Kamera-App aus dem Samsung Galaxy Apps Store herunterladen.

Effekte sparsam verwenden

Für alle Effekte gilt: Setzen Sie sie sparsam und effektvoll ein. Begehen Sie nicht den typischen Anfängerfehler und versehen jedes Bild mit irgendeinem Effekt. Das wirkt einfach nur kitschig, wohingegen sparsam eingesetzte Effekte ein Bild durchaus interessant wirken lassen. Niemand will sich eine Fotosammlung ansehen, bei der jedes Bild einen Effekt hat.

PRO – der Profimodus der Kamera

Im Profimodus, erreichbar über die Leiste links außen im Kamerabild, können Sie manuell scharf stellen sowie Belichtung, Weißabgleich, ISO-Empfindlichkeit und Farbton einstellen.

Dazu werden verschiedene Farbfilter angeboten, die in Echtzeit über das Foto gelegt werden können.

Detaillierte Belichtungseinstellungen im Profimodus der Kamera.

Autofokus-Modus

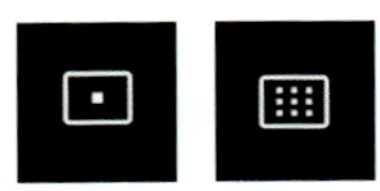

Im Pro-Modus lässt sich auswählen, ob der Autofokus auf die Mitte fokussieren soll oder auf mehrere Bereiche. Dabei erscheinen gelbe Quadrate an Stellen im Bild, wo fokussiert wird.

Multi-Autofokus im Pro-Modus der Kamera.

Helligkeitsmessung

Der Pro-Modus bietet drei Methoden zur Helligkeitsmessung im Bild: *Mittenbetont*, *Matrix* oder *Punkt*. Tippen Sie einen Punkt auf dem Kamerabild an, an dem die Messung erfolgen soll.

Belichtung

Die Belichtungsautomatik findet nicht immer die optimale Belichtung. Besonders bei starkem Gegenlicht oder extrem schwachen Lichtverhältnissen empfiehlt es sich, manuell nachzuhelfen. Tippen Sie auf das Belichtungssymbol, können Sie die Belichtung manuell einstellen.

Verschiedene Belichtungseinstellungen bei Gegenlicht.

Weißabgleich

Je nach Lichtfarbe können Sie einen Weißabgleich beim Fotografieren einstellen. Durch unterschiedliche Einstellungen der Farbtemperatur geben Sie Bildern im grellen Sonnenlicht, bei bewölktem

Tageslicht, beim Licht von Glühbirnen oder Kerzen jeweils ein realistisches Aussehen.

Verschiedene Einstellungen für den Weißabgleich.

Autofokus

Bei Fotos mit großer räumlicher Tiefe empfiehlt es sich, den Autofokusbereich manuell einzustellen. Über einen Regler auf dem Kamerabildschirm legen Sie fest, ob der Autofokus auf Objekte in der Nähe oder eher in größerer Entfernung scharf stellen soll.

Autofokus manuell einstellen.

Filter

Auch der Pro-Modus bietet einige Filter, die in Echtzeit über das Kamerabild gelegt werden können. Allerdings zeigen die Vorschaubilder hier alle das gleiche Motiv und nicht das Kamerabild. Mit dem Stiftsymbol in der Mitte oben können die Filter noch feineingestellt werden.

Filterauswahl im Pro-Modus der Kamera.

Blende

Eine der großen Neuerungen des Samsung Galaxy S9 ist die Kamera mit variabler Blende, die sich wie das menschliche Auge der Umgebungshelligkeit anpasst. Im Automatikmodus passt das Objektiv die Blende automatisch an. Im Profimodus kann die Blende manuell gewählt werden, dabei stehen die Blendenzahlen f1.5 und f2.4 zur Auswahl. Ein Regler auf dem gleichen Bildschirm ermöglicht auch die freie Einstellung der Belichtungszeit. Mit dem Symbol oben in der Mitte wechseln Sie schnell zwischen automatischer und manueller Einstellung.

Einstellung von Blende und Belichtungszeit.

ISO

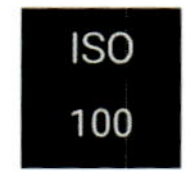

Die Maßeinheit ISO gibt die Lichtempfindlichkeit an. Früher wurde diese durch das Filmmaterial vorgegeben, heute stellt man darüber die Lichtempfindlichkeit des Kamerasensors ein. Bei schwachem Licht braucht man höhere ISO-Werte, bei hellem Licht geringere.

Diese ISO-Werte lassen sich im Pro-Modus der Kamera-App simulieren. Die Belichtungszeit der Kamera wird automatisch an den verwendeten ISO-Wert angepasst.

Verschiedene ISO-Einstellungen und angepasste Belichtungszeiten.

Weitere interessante Kameramodi

Die Samsung-Kamera-App bietet neben der ganz normalen Automatikaufnahme noch weitere spezielle Aufnahmemodi für Sonderfälle an. Wir stellen hier die interessantesten vor. Wischen Sie auf dem Kamerabildschirm von oben nach unten, erscheinen links außen weitere Kameramodi für besondere Fotoszenarien.

Das Symbol *Automatisch* schaltet immer wieder zur normalen Kamerafunktion zurück.

Erweiterte Kameramodi auf dem Samsung Galaxy S9.

Selektiver Fokus

In diesem Modus tippen Sie vor der Aufnahme auf das Motiv, das scharf gestellt werden soll. Anschließend haben Sie nach der Aufnahme die Wahl, ob das ausgewählte Motiv scharf und der Hintergrund unscharf werden soll oder umgekehrt. Je nach den erkannten Objekten ist es in einigen Fällen sogar möglich, sowohl Motiv als auch Hintergrund scharf zu stellen, da die Kamera das fertige Bild aus verschiedenen Einzelbildern zusammensetzt.

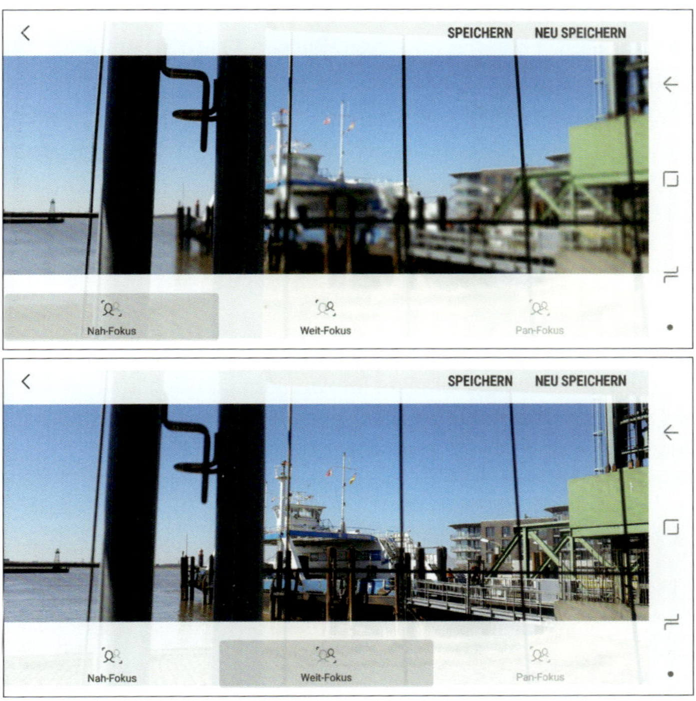

Fokus in einem Foto nachträglich wählen.

Panorama

Mit dieser Funktion fotografieren Sie eindrucksvolle Landschaftspanoramen. Drücken Sie den Auslöser und drehen Sie sich langsam um Ihre eigene Achse. Halten Sie dabei das Galaxy S9 möglichst ruhig. Die Kamera fotografiert automatisch mehrere Fotos nacheinander und setzt diese nahtlos zu einem einzigen Panoramabild zusammen, das mit jedem Bildbetrachter angesehen werden kann.

Panoramafoto mit der Kamera des Samsung Galaxy S9 fotografieren.

Nicht immer hält die Aufnahme genau nach einer Drehung von 360° an. So kann es passieren, dass Objekte, die an einem Bildrand stehen, am anderen Bildrand ein zweites Mal auftauchen. Achten Sie auch darauf, dass keine sich schnell bewegenden Objekte während der Aufnahme in das Bild geraten, da diese sonst mehrfach erscheinen. Sie können jederzeit die Panoramaaufnahme durch Antippen des roten Symbols stoppen, auch bevor die 360° erreicht sind.

Bewegungspanorama

Der Modus *Bewegungspanorama* umgeht das Problem mehrfach auftauchender Objekte. Hier werden bewegte Objekte im Panorama tatsächlich bewegt dargestellt. Das Bewegungspanorama lässt sich mit dem Symbol am linken Bildschirmrand im Panoramamodus umschalten.

Ein mit dem Samsung Galaxy S9 aufgenommenes Panorama.

Die Galerie-App zeigt Panoramafotos zunächst als komplette Vorschau. Tippen Sie darauf, wird das Panorama automatisch bewegt abgespielt und kann auch als Video gespeichert werden, wobei allerdings die Auflösung etwas reduziert wird. Bewegen Sie sich mit einem Fingerstrich oder durch Bewegung des Smartphones interaktiv durch das Panorama.

Panorama in der Galerie-App.

Lebensmittel

Im Modus *Lebensmittel* wird ein runder Bereich in der Mitte scharf gestellt, die Randbereiche werden leicht weichgezeichnet. Weiterhin bietet dieser Modus einen speziellen Farbabgleich, um Fotos von Lebensmitteln besonders appetitlich erscheinen zu lassen.

Links: Aufnahme im Modus »Lebensmittel«, rechts: normale Aufnahme.

Super Slow-Mo

Dieser Aufnahmemodus nimmt ein Video auf, in dem Sie bestimmte Zeitabschnitte festlegen können, die in Superzeitlupe abgespielt werden sollen.

Tippen Sie auf den Auslöser, um mit der Aufnahme zu beginnen, und beenden Sie diese, indem Sie nochmals auf den Auslöser tippen. Während der Aufnahme erscheint oben rechts ein Symbol, mit dem Sie Zeitlupenabschnitte in das Video einfügen.

Bei Videoaufnahmen wird die Auflösung automatisch herabgesetzt.

Hyperlapse

Der Modus *Hyperlapse*, auf Deutsch »Zeitraffer«, nimmt ein Video mit geringerer Bildrate auf, sodass es später schneller und nicht langsamer abgespielt wird als im Original.

Selbstporträts mit der Frontkamera

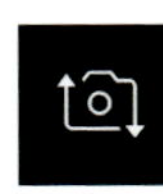

Sich selbst mit dem Handy zu fotografieren, war früher mit viel Zufall und akrobatischem Geschick verbunden. Auf dem Samsung Galaxy S9 können Sie über dieses Symbol oder mit einer horizontalen Wischbewegung in der Kamera-App auf die Frontkamera zum Fotografieren umschalten, wenn das Smartphone quer gehalten wird. Halten Sie es im Hochformat, wischen Sie vertikal.

Jetzt sehen Sie sich selbst auf dem Bildschirm und können wesentlich einfacher Selbstporträts – heute vielfach als Selfies bezeichnet – aufnehmen. Ist die Frontkamera eingeschaltet, werden beim Wischen von links nach rechts andere Kameramodi zur Auswahl angeboten als bei der Hauptkamera.

Selfie

Im Selfie-Modus müssen Sie nicht unbedingt den Auslöser der Kamera antippen, da dann möglicherweise Ihr Arm mit ins Bild käme. Tippen Sie einfach auf den Herzfrequenzsensor auf der Rückseite des Samsung Galaxy S9 neben der Hauptkamera, um die Frontkamera auszulösen. In den Einstellungen der Kamera-App können Sie auch das Zeigen der Handfläche oder Sprachkommandos als Auslöser festlegen.

Selfie-Fokus

Der Modus *Selfie-Fokus* stellt bei einem Selfie nur das Gesicht scharf, der Hintergrund wird leicht verschwommen dargestellt.

Gruppen-Selfie

Im Gruppen-Selfie-Modus können Sie eine größere Gruppe von Personen fotografieren, die nicht auf einmal auf das Bild passen würden. Drehen Sie dazu das Smartphone ähnlich wie bei einer Panoramaaufnahme. Der Rahmen auf dem Bildschirm zeigt, welche Personen bereits aufgenommen wurden.

Die neuen AR Emojis

AR-Emojis sind animierte GIFs, die man in Chats statt klassischer Emojis einfügen kann. Machen Sie im Modus *AR-Emojis* der Kamera-App ein Selfie, wird daraus eine Serie animierter GIFs erstellt, die – glaubt man der Werbung – Ähnlichkeit mit der fotografierten Person haben sollen.

Die automatisch generierten GIFs.

Nach der Fotoaufnahme können Sie noch Haare, Brille und Kleidung der Person anpassen.

AR-Emoji erstellen.

Wichtige Kameraeinstellungen

Über das Zahnradsymbol in der Kamera-App können Sie verschiedene wichtige Einstellungen vornehmen. Diese sind nach Hauptkamera, Frontkamera und allgemeinen Einstellungen, die für beide Kameras gelten, aufgeteilt.

Einstellungen der Hauptkamera – hintere Kamera

Die Hauptkamera hat eine deutlich bessere Qualität und dient zum eigentlichen Fotografieren, während die Frontkamera im Wesentlichen für Selfies und den Videochat verwendet wird, bei dem es auf die Bildqualität nicht so ankommt.

- **Bildgröße** bietet verschiedene Bildauflösungen und Seitenverhältnisse an, vom Quadrat über klassisches 4:3 zum Drucken, 16:9 für typische moderne Monitore bis zu 18,5:9, dem Bildschirmformat des Samsung Galaxy S9. Fotos, die im Pro-Modus der Kamera aufgenommen wurden, können zusätzlich zum normalen JPEG-Format auch als unkomprimierte RAW-Datei gespeichert werden. Bedenken Sie dabei, dass RAW-Bilder ein Vielfaches an Speicherplatz gegenüber JPEG-Bildern verbrauchen. Solange Sie Ihre Fotos nicht regelmäßig mit Profisoftware weiterbearbeiten, können Sie sich das Speichern von RAW-Dateien sparen.

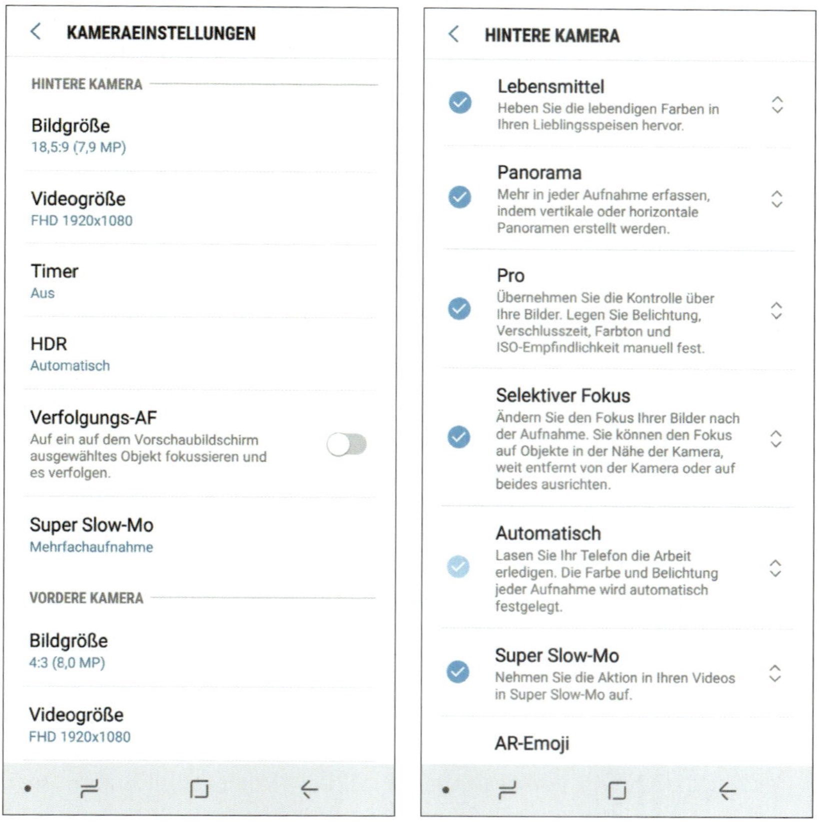

Die Kameraeinstellungen der Hauptkamera auf dem Samsung Galaxy S9.

- **Videogröße** bietet verschiedene Videoauflösungen von UHD bis zu HD zur Auswahl an. Das klassische VGA-Format wird im Gegensatz zu früheren Smartphones der Samsung-Galaxy-S-Serie nicht mehr angeboten. Beachten Sie die Hinweise, dass nicht alle Effekte mit allen Auflösungen funktionieren.

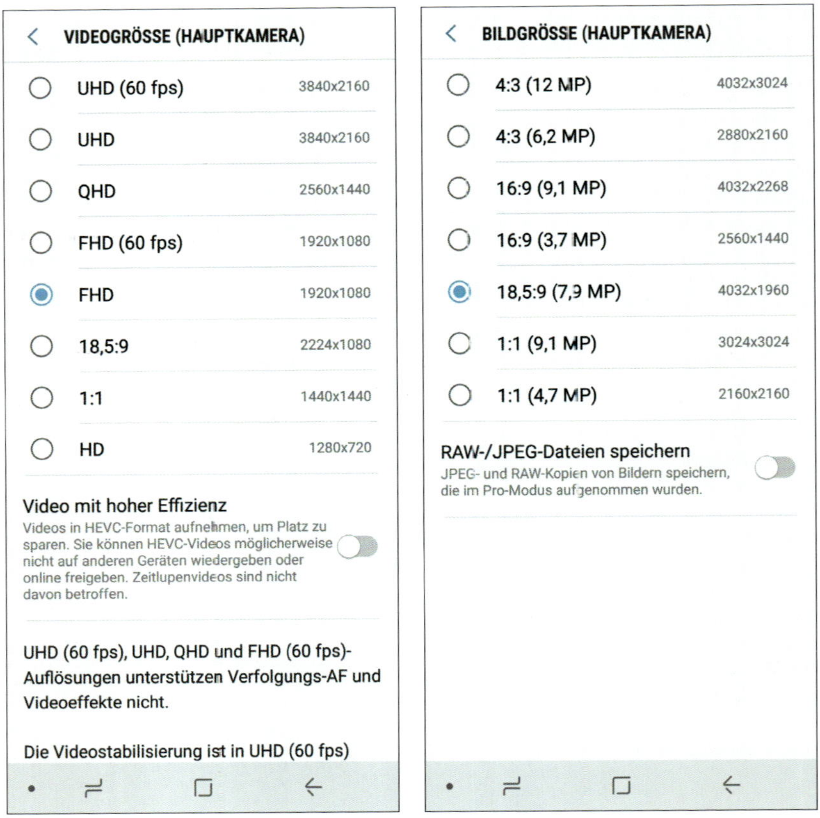

Verschiedene Auflösungen für Bilder und Videos der Hauptkamera.

- **Timer** – Hier wählen Sie eine Verzögerungszeit aus, die die Kamera wartet, nachdem Sie auf den Auslöser getippt haben, bis das Bild automatisch aufgenommen wird. Ist der Schalter *3 Aufnahmen machen* aktiviert, fotografiert die Kamera während der eingestellten Zeit drei Bilder. Sie können sich anschließend das beste aussuchen.
- Um ein schnell bewegtes Objekt beim Filmen scharf zu halten, können Sie es mit der Option **Verfolgungs-AF** auf dem Vorschaubildschirm markieren und dann automatisch fokussieren und verfolgen.
- **Super Slow-Mo** – Hier können Sie wählen, ob in einer Videoaufnahme mehrere Szenen oder nur eine einzelne in *Super Slow-Mo* aufgenommen werden sollen.

Über *Kameramodi bearbeiten* können Sie für beide Kameras festlegen, welche Aufnahmemodi in der Liste zur Auswahl stehen, und auch deren Reihenfolge festlegen. So können Sie nie benötigte Modi ausblenden, um sie nicht bei schnellen Spontanschnappschüssen versehentlich auszuwählen.

Die Liste ausgeblendeter Kameramodi für die Hauptkamera enthält noch einen Sportmodus zum Fotografieren schnell bewegter Objekte und den Modus *AR-Emoji*, den man für die Hauptkamera sicher noch weniger braucht als für die Frontkamera.

HDR-Modus

Die Abkürzung HDR steht für **H**igh **D**ynamic **R**ange (zu Deutsch »hoher Dynamikumfang«) und bezeichnet eine Technik in der Fotografie, die früher teuren Spezialkameras vorbehalten war.

Bei schwierigen Belichtungsverhältnissen wie zum Beispiel gleißendem Tageslicht oder dunklem Kerzenschein wirken Teilbereiche eines Fotos immer zu hell oder zu dunkel. Die HDR-Fotografie bedient sich hier eines Tricks, um auch in dunklen Bereichen eines Fotos noch Details darzustellen. Die Kamera fotografiert im HDR-Modus automatisch drei Bilder mit unterschiedlichen Belichtungseinstellungen und errechnet daraus ein neues Bild mit deutlich höherem Dynamikumfang.

Sie brauchen sich um nichts weiter zu kümmern, als die Kamera möglichst ruhig zu halten, damit die drei Aufnahmen auch wirklich exakt das gleiche Bild zeigen.

Ohne HDR wäre das Schild im Schatten des extrem hellen Tageslichts nicht mehr zu lesen.

Das Samsung Galaxy S9 verwendet automatisch einen HDR-Modus, der nur abgeschaltet wird, wenn sich die Umgebung nicht für HDR-Aufnahmen eignet, wie zum Beispiel bei schnell bewegten Objekten. Über das HDR-Symbol auf dem Kamerabildschirm können Sie jederzeit den HDR-Modus manuell aus- und einschalten.

Einstellungen der Frontkamera – vordere Kamera

Die Frontkamera bietet spezielle Einstellungen, die besonders für Selfies wichtig sind.

- **Bildgröße/Videogröße** – Hier bietet die Frontkamera deutlich weniger Auswahlmöglichkeiten und auch nur geringere Auflösungen an als die Hauptkamera.

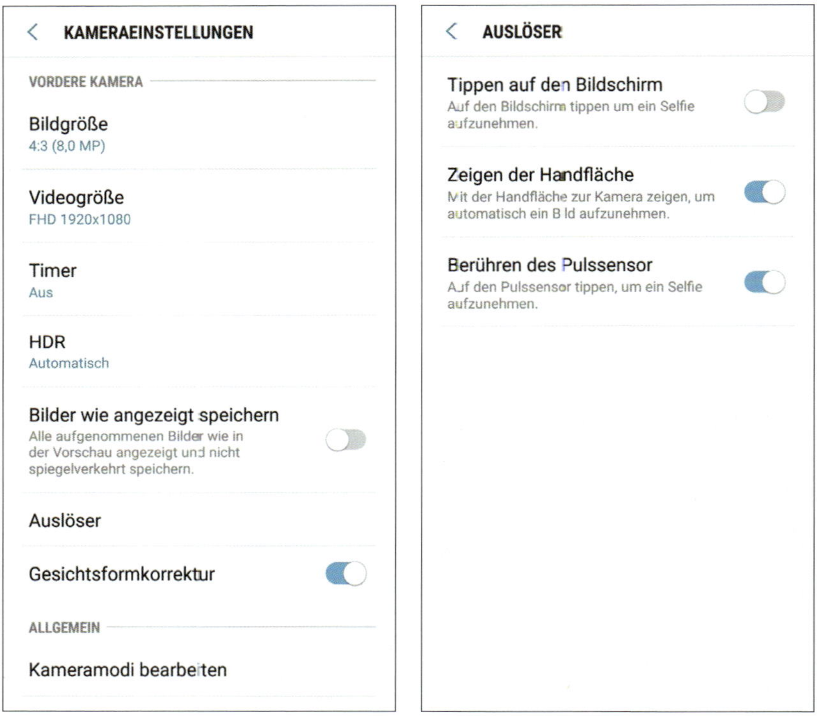

Einstellungen für die Frontkamera.

- **Bilder wie angezeigt speichern** – Die Frontkamera wirkt wie ein Spiegel, man sieht sich dort seitenverkehrt. Ist dieser Schalter aktiviert, werden die aufgenommenen Fotos auch seitenverkehrt, wie in der Vorschau, gespeichert. Ist der Schalter aus, werden die Fotos so gespeichert, wie sie eine Person gegenüber sehen würde.
- **Auslöser** bietet verschiedene Optionen, die Frontkamera ohne die Auslösertaste, sondern über Tippen auf den Bildschirm, Zeigen der Handfläche oder Berühren des Pulssensors auszulösen.
- **Gesichtsformkorrektur** versucht, auch wenn das Smartphone schräg gehalten wird, die Form eines aufgenommenen Gesichts zu korrigieren, um es realistisch abzubilden.

Allgemeine Einstellungen der Kamera-App

- **Kameramodi bearbeiten** – Auswahl und Reihenfolge der angezeigten Kameramodi, für beide Kameras getrennt.
- **Bewegungsaufnahme** nimmt vor einem Foto eine kurze Videosequenz auf. Diese kann in der Galerie-App automatisch vor dem Foto dargestellt werden. Schalten Sie diese Option am besten aus, da bei vielen Schnappschüssen die Sekunden vorher, wenn das Smartphone aus der Tasche gezogen wird, eher stören als nutzen und die Bilder mit dem Bewegungsvideo erheblich mehr Speicherplatz verbrauchen.
- **Videostabilisierung** versucht, das Verwackeln bei Videoaufnahmen aus der freien Hand auszugleichen.
- **Raster** blendet ein hauchfeines Gitternetz im Sucherbild ein, das dabei hilft, den Horizont wirklich gerade auf das Foto zu bekommen. Natürlich werden diese Hilfslinien nicht im endgültigen Foto dargestellt.
- **Geotagging** – Die Kamera-App kann den eigenen Standort auswerten und mit dem Bild speichern, sodass Sie in Fotoalben, z. B. bei Flickr oder Google, wie auch in diversen Apps genau auf einer Karte anzeigen lassen können, wo das Foto aufgenommen wurde.
- **Bilder direkt anzeigen** zeigt ein aufgenommenes Foto direkt nach der Aufnahme auf dem Bildschirm an. Ist diese Funktion ausgeschaltet, wird nach einer Aufnahme wieder das Kamerabild angezeigt, um das nächste Foto aufzunehmen.
- **Schnellstart** ermöglicht es, die Kamera zu starten, indem man aus einer anderen App heraus zweimal schnell hintereinander auf den Ein-/Ausschalter drückt.
- **Speicherort** schaltet zwischen Gerätespeicher und Speicherkarte als Speicherort für neue Fotos und Videos um. Diese Option wird nur bei eingelegter microSD-Karte angezeigt.
- **Sprachsteuerung** schaltet zwischen der Auslösertaste und einer Sprachsteuerung für die Kamera um.
- **Schwebende Kamera-Schaltfläche** – blendet einen zusätzlichen Auslöser in der Kamera ein, der frei auf dem Bildschirm verschiebbar ist. Jeder kann ihn sich an eine Position legen, die bei der typischen Kamerahaltung gut erreichbar ist.
- **Kameraschaltfläche halten** – Drückt man länger auf den Auslöser, werden standardmäßig Serienbilder aufgenommen. Alternativ kann auch ein animiertes GIF erstellt werden oder man schaltet diese Funktion ganz ab. Dann wird immer ein Bild aufgenommen, egal wie lange der Auslöser berührt wird.

- **Drücken der Lautstärketaste** – Hier können Sie die Lautstärketasten an der Seite des Samsung Galaxy S9 beim Fotografieren als Auslöser, zum Drehen von Videos oder zum Zoomen nutzen.
- **Einstellungen zurücksetzen** setzt die Kameraeinstellungen auf die Standardwerte zurück.

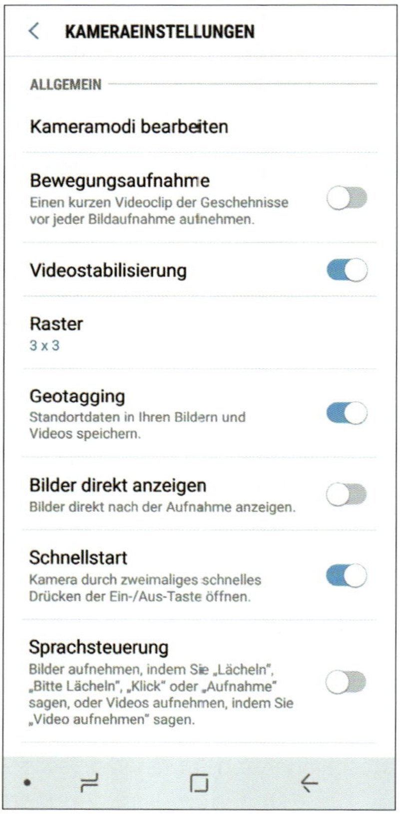

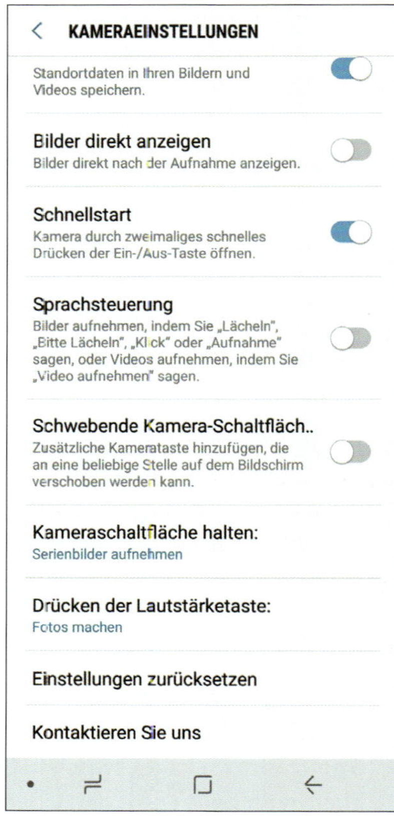

Die neue Kamera-App auf dem Samsung Galaxy S9 bietet diverse Einstellungsmöglichkeiten.

Fotos bearbeiten

Die Kamera des Samsung Galaxy S9 enthält bereits verschiedene Effektfilter, um Fotos zu gestalten. Meistens sind die Fotos bereits gut genug, um sie unverändert zu veröffentlichen.

In einigen Fällen möchte man aber gern noch nacharbeiten. Dazu ist nicht unbedingt ein PC nötig. Verschiedene Apps ermöglichen es, Bilder direkt auf dem Smartphone nachträglich zu bearbeiten.

Bildbearbeitung in der Galerie-App

Die Galerie-App liefert einige Filter, Sticker und ein einfaches Malprogramm, um Bilder schnell zu bearbeiten.

Foto in der Galerie zuschneiden und bearbeiten.

Die Bearbeitungsfunktionen stehen direkt in der Symbolleiste der Bildansicht zur Verfügung.

Dieses Symbol bietet Werkzeuge zum Zuschneiden und Drehen von Fotos. Mithilfe eines Rasters lassen sich schief aufgenommene Fotos gerade ausrichten, um zum Beispiel einen schiefen Horizont, der sehr unprofessionell wirkt, nachträglich zu korrigieren. Durch Ziehen an den Ecken kann ein beliebiger Bildausschnitt gewählt werden. Das Quadratsymbol schneidet das Bild auf ein Quadrat zu.

Bildformat anpassen und Horizont korrigieren.

Das Symbol *Effekte* liefert verschiedene Effekte, die ähnlich den Kameraeffekten sind, aber nachträglich über ein Foto gelegt werden können. Ganz rechts in der Liste finden Sie das Symbol *Verwalten*, mit dem Sie die Anordnung der Effekte in der Liste verändern können. *Herunterladen* lädt weitere Effekte aus dem Samsung Galaxy Apps Store herunter.

Auswahl an Effekten in der Galerie-App.

Das Symbol *Sticker* bietet eine umfangreiche Palette an Smileys und anderen Bildchen an, die in variabler Größe in ein Foto eingebaut werden können. Unter den Stickern sind auch die selbst erstellten AR-Emojis zu finden. Wenn Sie diese nicht brauchen, können Sie sie über das Zahnradsymbol ganz rechts aus der Stickerablage löschen.

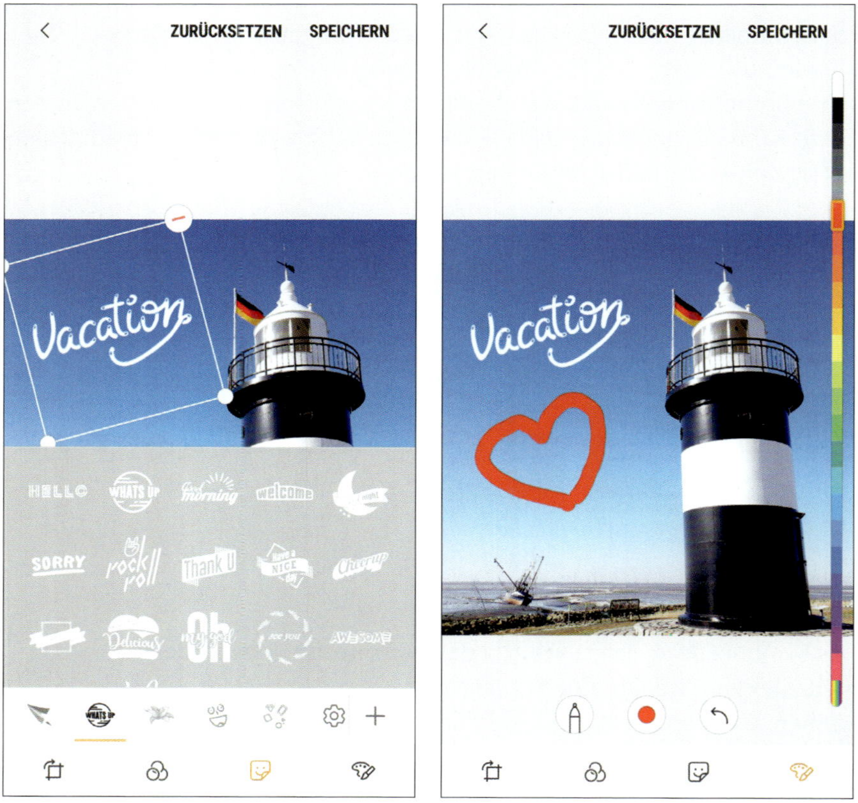

Links: Sticker in ein Foto einbauen, rechts: in ein Foto malen.

Das Symbol *Farbpalette* bietet einfache Malwerkzeuge mit unterschiedlichen Stiften, mit denen Sie in einem Foto malen oder Anmerkungen anbringen können. Mit dem Zurück-Pfeil löschen Sie einzelne gemalte Linien wieder. Das ursprüngliche Foto bleibt davon verschont.

Snapseed

Google liefert mit *Snapseed* eine komfortable App zur Bildbearbeitung und Korrektur mit äußerst intuitiver Bedienung. Bilder lassen sich ausrichten, drehen, zuschneiden sowie mit vielerlei Effekten und Korrekturen versehen. *Snapseed* kann auf dem Smartphone gespeicherte Fotos bearbeiten und auf solche aus Google-Fotos-Alben oder von Google Drive, OneDrive, Dropbox und anderen Cloud-Speichern zugreifen, deren Apps auf dem Smartphone installiert sind. Veränderte Bilder werden im Ordner *Snapseed* auf dem Smartphone gespeichert und können von dort aus geteilt oder auf Google Fotos hochgeladen werden. Aus vielen Apps heraus lassen sich Fotos direkt nach *Snapseed* teilen, um sie dort weiterzubearbeiten.

Unter den Werkzeugen finden Sie unter anderem Funktionen, um einen Bildausschnitt zu wählen. Diesen Bildausschnitt können Sie mit den dargestellten Griffen auf die gewünschte Größe ziehen. Dabei werden verschiedene Vorgaben für das Seitenverhältnis angeboten. Das Werkzeug zur Feinabstimmung bietet verschiedene Einstellungen wie Helligkeit, Kontrast und Sättigung, zwischen denen man mit einer senkrechten Wischbewegung hin- und herwechselt. Eine horizontale Wischbewegung justiert anschließend die Stärke der jeweiligen Einstellung.

Alle Änderungen werden erst durch Antippen des Symbols mit dem Häkchen unten rechts auf das Bild angewendet. Über das Kreuz unten links kommen Sie jederzeit zurück, ohne dass das Bild verändert wird.

Das Vergleichssymbol oben rechts zeigt das Originalbild im Vergleich zum veränderten Bild.

Bei den Filtern finden Sie einige der typischen Effekte, die man von vielen Bildbearbeitungsprogrammen kennt, aber auch interessante Filter, die nicht jede Bildbearbeitung in dieser Form bietet. Hier können Sie das ganze Bild klassisch alt, in Pop-Art oder anderen Darstellungsweisen erscheinen lassen.

Looks (Effekte) und Tools (Werkzeuge) in Snapseed.

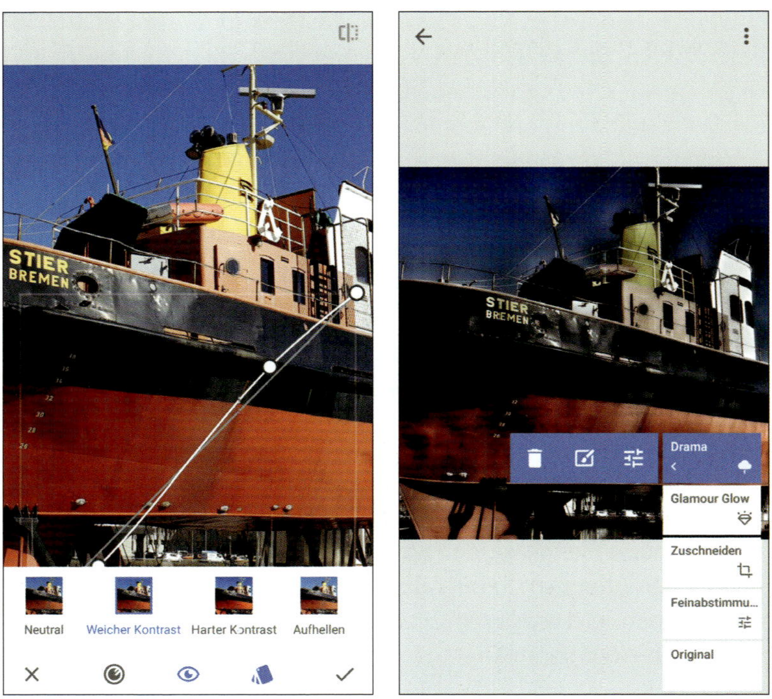

Bildkorrekturen und Effekte mit Snapseed.

Die meisten Filter bieten unterschiedliche Parameter, die sich mit einer vertikalen Wischbewegung auswählen lassen. Eine horizontale Wischbewegung ändert dann die Stärke des jeweiligen Effektes.

Einige Filter zeigen noch weitere Einstellungen. So können Sie beim Fokuseffekt, der einen bestimmten Teil des Bildes zur Hervorhebung scharf belässt, während der Rest mehr oder weniger verschwimmt, nicht nur die Stärke, sondern auch die Form des Effektes einstellen. Durch interaktives Ziehen und Drehen verändern Sie den Effektbereich. Das Kartensymbol in der unteren Symbolleiste bietet je nach Effekt neben einem kreisförmigen Fokusbereich auch verschiedene andere Formen und Farben an.

Der *Grunge*-Filter erzeugt den Eindruck von alten, leicht beschädigten Fotos. Hier können Sie unterschiedliche Effektmuster wählen und diese über eine horizontale Wischbewegung interaktiv anpassen.

Das Ebenensymbol oben bietet die Möglichkeit, alle Änderungen an einem Foto zu sehen und schrittweise nachzuverfolgen, zu ändern oder zurückzunehmen.

Fotos online zeigen und teilen

Wer seine Fotos online speichert, kann jederzeit und von überall darauf zugreifen. Außerdem sind Onlinefotoalben eine komfortable Lösung, um die Fotos Freunden zu zeigen. So braucht man aus dem Urlaub nicht jede Menge Fotos einzeln per E-Mail zu verschicken. Ein Link auf die eigenen Fotos bei Google, OneDrive oder Flickr reicht aus.

Das Samsung Galaxy S9 bietet komfortable Funktionen, um Fotos von der Kamera in die bekannten Onlinefotoalben hochzuladen und umgekehrt die eigenen Alben oder die freigegebenen Alben von Freunden auch auf dem Smartphone zu betrachten.

Google Fotos

Google Fotos (*photos.google.com*) bietet jedem Nutzer die Möglichkeit, seine Fotos online privat zu verwalten und auf Wunsch einzelne Bilder oder ganze Alben mit anderen zu teilen. Picasa, der frühere Onlinefotodienst von Google, wurde inzwischen voll in Google Fotos integriert. Bei Google Fotos können Sie Bilder von Freunden kommentieren oder auch direkt als Beiträge auf Ihrem Google+-Profil veröffentlichen. Die Google-Fotos-App ist auf dem Samsung Galaxy S9 im Ordner *Google* in der App-Liste vorinstalliert.

Private Fotos bei Google Fotos im Browser auf dem PC.

Achtung bei privaten Fotos

Die persönlichen Webalben werden automatisch in der Fotos-App des Smartphones angezeigt, auch Fotos, die mit anderen Kameras fotografiert wurden. Dies gilt auch für Alben, die nur persönlich freigegeben sind und der Öffentlichkeit verborgen bleiben – auf dem Smartphone sind die Bilder alle zu sehen. Denken Sie daran, wenn Sie Ihr Smartphone aus der Hand geben.

Smartphone-Fotos automatisch sichern

In den Einstellungen der Fotos-App können Sie unter *Sichern und synchronisieren* festlegen, dass alle mit dem Samsung Galaxy S9 aufgenommenen Fotos automatisch bei Google in einem privaten Album gesichert werden. Auf diese Weise haben Sie jederzeit vom PC aus Zugriff auf Ihre Fotos, ohne sie manuell übertragen zu müssen. Legen Sie dabei fest, dass die Fotos in der Auflösung *Hohe Qualität* (Breite: 2.048 Pixel) und nicht in Originalgröße gespeichert werden. Dann haben Sie unbegrenzt Speicherplatz bei Google zur Verfügung. Brauchen Sie ein Foto in Originalauflösung, können Sie es aus der Galerie-App versenden.

Bildbearbeitung in der Fotos-App

Tippen Sie in der Fotos-App auf ein Bild, wird dieses im Vollbildmodus angezeigt und Sie können es auch direkt bearbeiten. Hier werden über ein Symbol unten ein paar Filter sowie Bearbeitungswerkzeuge angeboten.

Werkzeuge und Filter in der Fotos-App.

Bei den Werkzeugen zur Bildkorrektur lässt sich die Stärke des Effektes mit Schiebereglern interaktiv einstellen. Alle Filter und Werkzeuge werden erst über die Schaltfläche *Speichern* wirklich auf das Bild angewendet. Über das Menü oben rechts können Sie auch eine Kopie speichern, um das Originalfoto zu behalten.

Mit der Winkelskala unter *Anpassung* lassen sich schiefe Bilder gerade ausrichten. Als Hilfestellung wird ein Gitternetz über das Bild geblendet, das natürlich nicht mit gespeichert wird.

Fotos mit Freunden über E-Mail oder soziale Netzwerke teilen

Die Fotos-App und auch die meisten anderen Android-Apps, die Fotos anzeigen, haben eine Funktion zum Senden von Fotos über verschiedene Kommunikationswege integriert. Tippen Sie dazu in der Anzeige eines Bildes auf das *Teilen*-Symbol unten links.

Wählen Sie *Link erstellen*, wird ein Link zum Foto erzeugt, der auf beliebigen Wegen weitergegeben werden kann. Der Empfänger kann den Link in jedem Browser auf Smartphones, PCs oder anderen Geräten öffnen und so das Bild sehen. Im Gegensatz dazu wird das Bild beim Teilen über Gmail nicht als Link, sondern wirklich als – möglicherweise sehr großer – Dateianhang an die E-Mail gehängt.

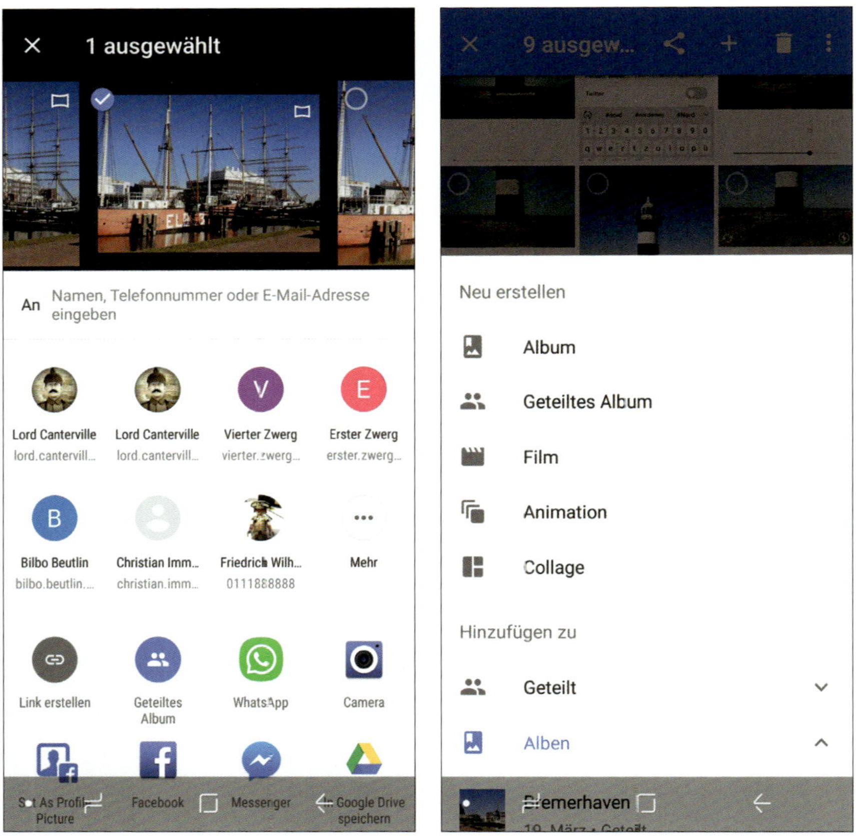

Fotos teilen.

Fotos, die bereits automatisch hochgeladen wurden, können auf die gleiche Weise aus der Fotos-App heraus geteilt oder in ein anderes Album aufgenommen werden, ohne dass sie erneut hochgeladen werden müssen.

Aus der Fotoübersicht der Google-Fotos-App können nicht nur einzelne, sondern auch mehrere Fotos auf einmal freigegeben werden, ohne dass man gleich ein ganzes Album freigeben muss. Dazu wird ein virtuelles Album angelegt, das nur in der Liste *Geteilt* auftaucht.

1. Tippen Sie länger auf ein Foto, wird es markiert und bei allen anderen Fotos erscheinen Markierungskästchen.
2. Wählen Sie jetzt die zusätzlichen Fotos aus und tippen Sie zum Schluss unten auf das *Teilen*-Symbol.
3. Wählen Sie eine Person aus, um eine E-Mail mit den Links zu schicken. Oder wählen Sie *Link erstellen*, dann wird ein Link erzeugt, der genau die gewählten Fotos freigibt. Geben Sie diesen Link per E-Mail, Messenger oder auf anderen Wegen an Ihre Freunde weiter. Diese können dann im Browser die ausgewählten Fotos sehen.

Einmal geteilte Links lassen sich über das Symbol *Geteilt* unten rechts in der Google-Fotos-App später jederzeit wieder aufrufen oder auch löschen.

Fotoalben anlegen

Zur besseren eigenen Übersicht oder auch zum Teilen können Sie bei Google Fotos Ihre Fotos in Alben ordnen.

1. Wählen Sie mehrere Fotos aus und tippen Sie auf das Plussymbol oben. Nachdem Sie ein Foto ausgewählt haben, ziehen Sie mit dem Finger über den Bildschirm, um die folgenden Fotos schnell mit auszuwählen.
2. Tippen Sie dann auf *Album* und geben Sie im nächsten Schritt dem neuen Album einen aussagekräftigen Namen.
3. Hier können Sie auch noch einen Kommentartext und einen Standort hinzufügen.
4. An dieser Stelle können Sie direkt per Drag-and-drop die Reihenfolge der Fotos im Album ändern, was aber auch später noch möglich ist.
5. Über das *Teilen*-Symbol oben rufen Sie einen Link für das Album ab, um diesen an Freunde weiterzugeben.
6. Auf die gleiche Art können Sie später auch weitere Fotos zu einem vorhandenen Album hinzufügen.

Die Alben werden in der Fotos-App unter *Alben* angezeigt. Hier finden Sie auch Alben, die von Google Fotos automatisch erstellt werden.

Selbstverständlich können Sie jedes Album nachträglich bearbeiten, Fotos ergänzen oder aus dem Album entfernen, ohne dass sie gleich bei Google Fotos gelöscht werden. Mit den Symbolen am oberen Bildschirmrand in der Bearbeitungsansicht können Sie dem Album auch nachträglich Ortsangaben und zusätzliche Texte hinzufügen.

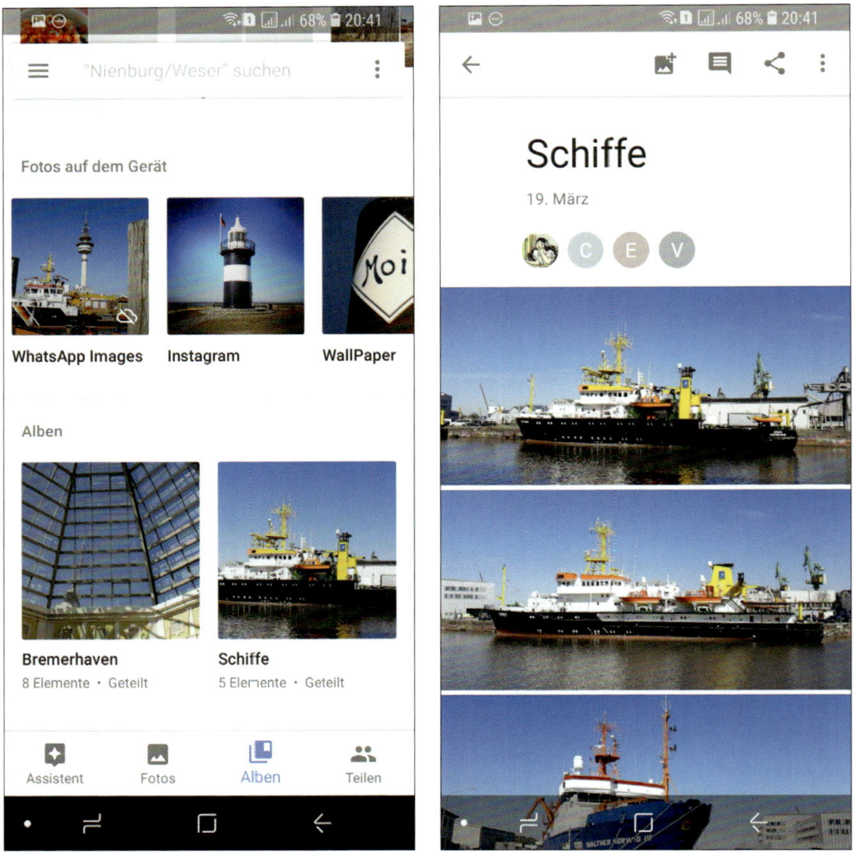

Fotoalben mit Freunden teilen.

OneDrive

Die auf dem Samsung Galaxy S9 vorinstallierte Microsoft-App *OneDrive* bietet auch eine automatische Kamerasicherung für Fotos von Android-Smartphones. Sie finden diese Option in den Einstellungen der OneDrive-App unter *Kameraupload*. Dabei können Sie wählen, ob die Fotos nur über WLAN oder auch über das Mobilfunknetz automatisch gesichert werden sollen, oder dass sogar nur dann Fotos automatisch hochgeladen werden, wenn das Smartphone am Ladegerät angeschlossen ist.

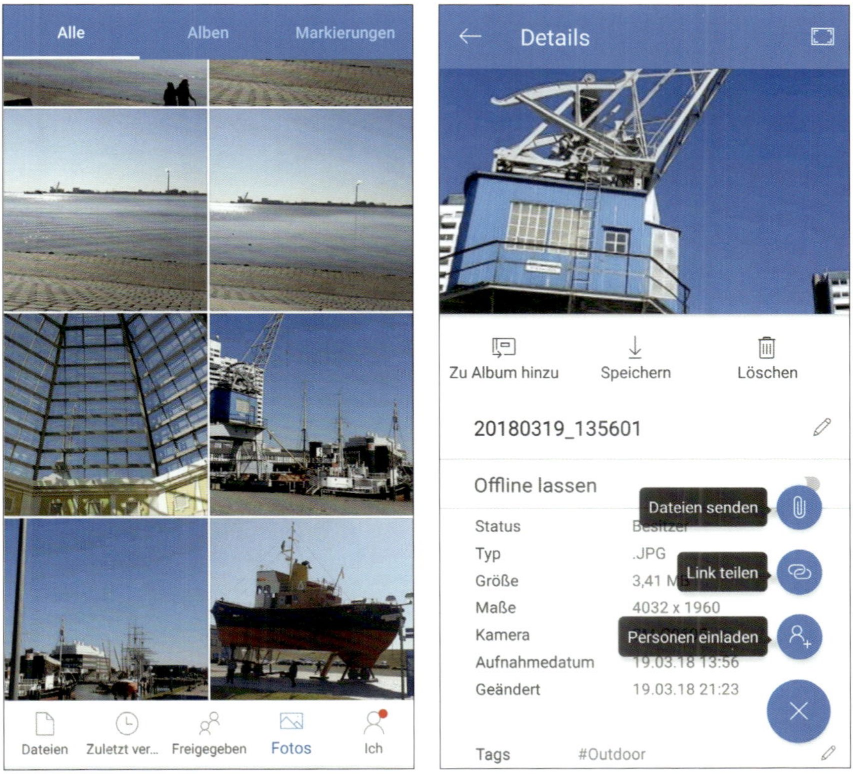

Fotos per OneDrive synchronisieren und Links teilen.

Durch die gute Integration von OneDrive in Windows 10 hat man die Fotos vom Smartphone auf dem PC automatisch sofort zur Verfügung. OneDrive bietet umfangreiche Möglichkeiten, Ordner und Alben anzulegen sowie Fotos für Freunde oder öffentlich freizugeben. Dabei kann entweder ein Bild oder ein Link verschickt werden. Auch später noch kann zu jedem Foto angezeigt werden, wer dafür eine Freigabe erhalten hat.

Bilder über die Samsung-Link-Freigabe versenden

Samsung bietet über die Samsung Cloud einen eigenen Weg zum Freigeben von Fotos an. Dabei wird per SMS oder E-Mail ein kurzer Link verschickt, den der Empfänger im Browser öffnen kann. Das empfangende Gerät muss kein Samsung-Smartphone sein. Alternativ kann auch einfach ein Code generiert werden, den der Empfänger in der Samsung-Link-Freigabe-App eingibt und dann das Foto herunterladen kann. Diese Links und Codes sind immer nur zehn Minuten gültig. Bis dahin muss sich der Empfänger das Bild heruntergeladen haben.

Wählen Sie beim Versenden eines Fotos in der Galerie die Option *Link-Freigabe*. Jetzt können Sie eine oder mehrere Personen aus dem Adressbuch auswählen, denen Sie das Bild online zeigen möchten.

Legen Sie fest, ob Sie einen Code generieren möchten, den Sie selbst dem Empfänger mitteilen, oder ob Sie den Link auf das Bild per SMS, E-Mail oder auf anderen Wegen versenden möchten.

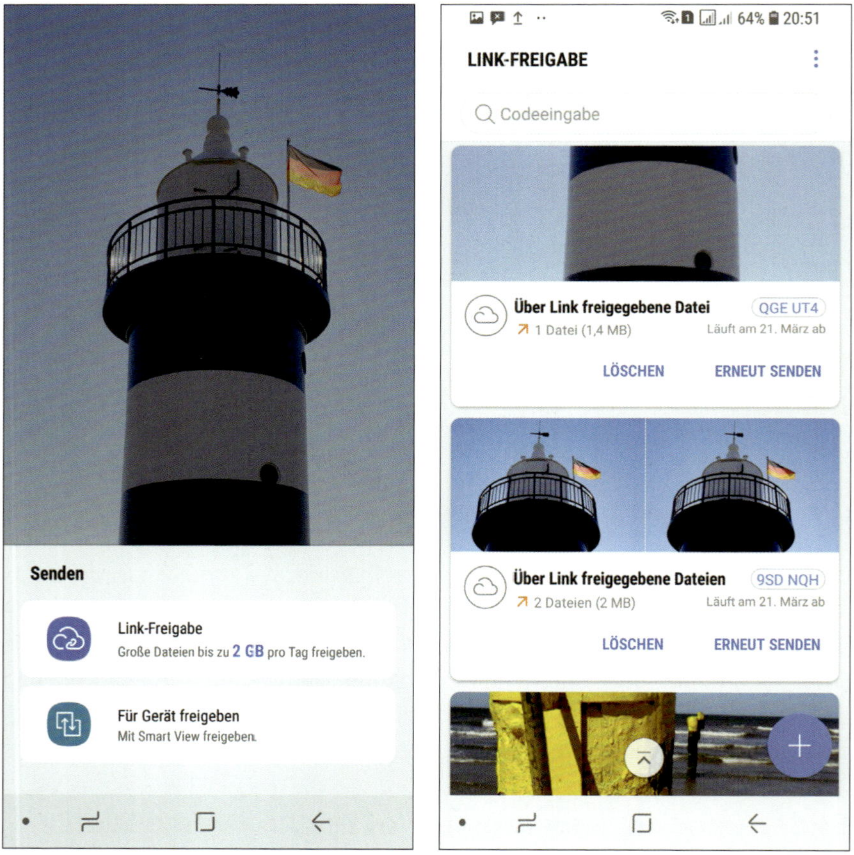

Bild über Samsung Link-Freigabe teilen.

Instagram

Fotos vom Smartphone in ein soziales Netzwerk hochzuladen, ist nichts Neues mehr. Mit *Instagram* (*www.instagram.com*) gibt man dem Bild Stil und veröffentlicht gleich die passende Stimmung mit. Dazu sind jede Menge Farbfilter, Rahmen und Effekte bereits in der App vorgegeben. Weiterhin enthält Instagram eine eigene verbesserte Kamerafunktion, mit der man direkt fotografieren oder auch nachträglich Effekte auf bereits auf dem Smartphone gespeicherte Fotos legen kann. Gerade die Vielzahl und grafische Qualität dieser Effekte und Filter unterscheidet Instagram von ähnlichen Apps und Netzwerken.

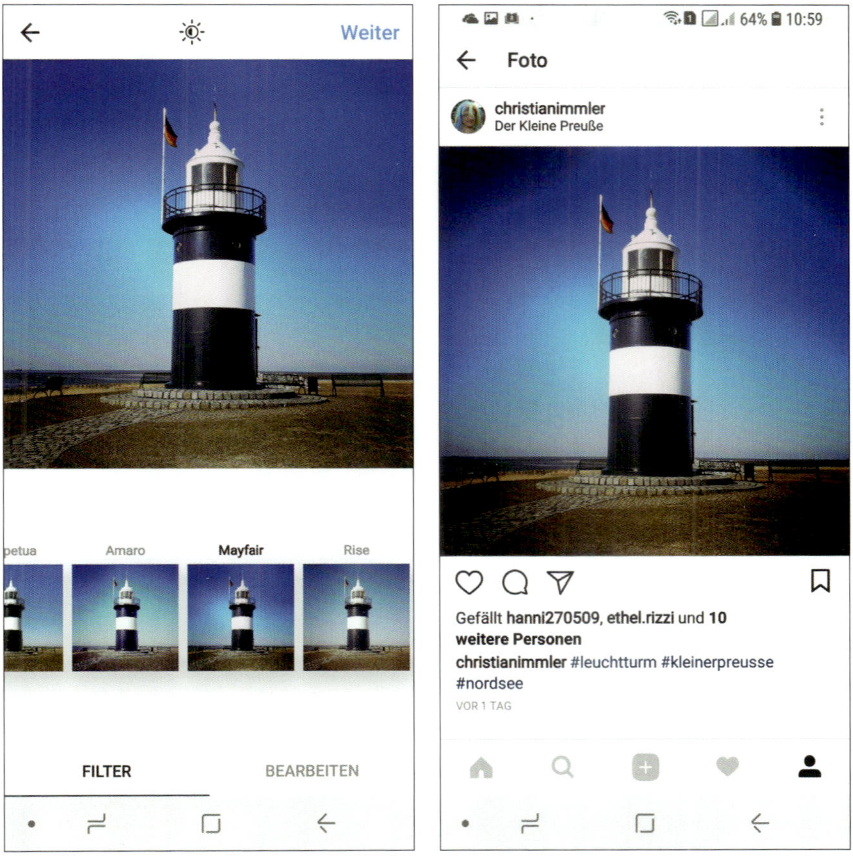

Foto auf dem Smartphone auswählen, mit Filtern aufbessern und auf Instagram und anderen sozialen Netzwerken posten.

Instagram enthält eigene Funktionen eines sozialen Netzwerks. Hier kann man direkt dem Fotostream von Freunden folgen, die auf diese Weise ihr Leben erzählen. Dabei werden üblicherweise Hashtags verwendet, um auch andere Fotos zum Thema zu finden. Nach Eingabe des #-Zeichens und der ersten Buchstaben schlägt die App automatisch passende Hashtags vor. Beim Veröffentlichen auf Instagram kann man seine Fotos auch direkt in anderen sozialen Netzwerken teilen, die mit dem eigenen Instagram-Konto verknüpft sind.

Flickr

Flickr (*www.flickr.com*) ist eine der bekanntesten Onlineplattformen für Fotos. Hier können Sie selbst Onlinefotoalben anlegen und Ihren Freunden Bilder präsentieren. Flickr bietet viele Funktionen eines sozialen Netzwerks, man kann Fotos kommentieren, Gruppen mit Freunden gründen und sich gegenseitig über neue Fotos auf dem Laufenden halten. Flickr hat nach eigenen Angaben 77 Millionen registrierte Nutzer, und etwa 5.000 neue Fotos werden pro Minute hochgeladen. Flickr gehört zu Yahoo!, um eigene Fotos hochzuladen, benötigen Sie eine kostenlose Yahoo-ID.

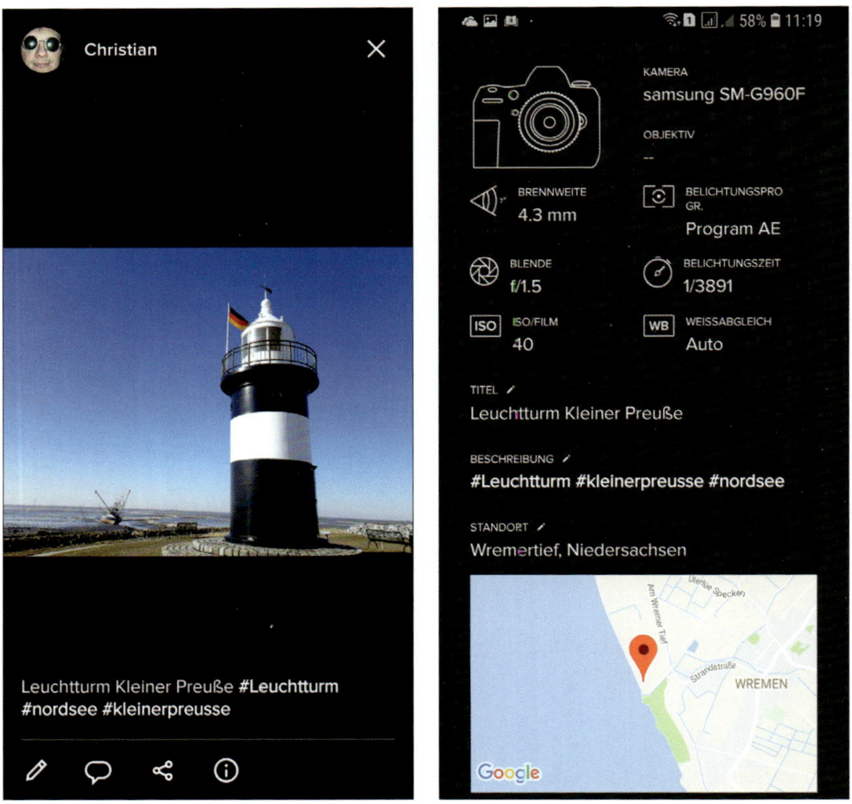

Fotos in der Flickr-App.

Flickr liefert eine eigene App für Android-Smartphones, mit der man jederzeit Zugriff auf seine Fotoalben bei Flickr und die von Freunden hat. Natürlich kann man auch direkt vom Smartphone neue Fotos bei Flickr hochladen.

Nach der Anmeldung mit der persönlichen Yahoo-ID zeigt die Flickr-App den eigenen Fotostream, eigene Fotoalben sowie die letzten Aktualisierungen der Freunde auf einen Blick an. Die Navigation in der App ist intuitiv und weitgehend an das den Nutzern vertraute Design der Flickr-Webseite angelehnt.

Fotografieren mit der Flickr-App

Mit der Flickr-App kann man auch direkt fotografieren. Man braucht nicht die Standard-Kamera-App aufzurufen. Einfach oben rechts in der Flickr-App auf das Kamerasymbol tippen und es startet eine eigene Kamerafunktion. Auf der Seite *Details* können Sie noch einen Bildkommentar hinzufügen.

Filter in der Kamerafunktion der Flickr-App.

Besonders interessant sind die Filter im rechten Bildschirmbereich, mit denen man den Fotos eine persönliche Note oder auch ein besonders kitschiges Aussehen verpassen kann. Tippen Sie links auf das Symbol mit dem Pinsel, können Sie Belichtung, Weißabgleich, Helligkeit, Kontrast und andere Bildeigenschaften vor dem Hochladen noch anpassen.

Die Bearbeitungsfunktionen der Flickr-App können auch für bereits hochgeladene Fotos genutzt werden. Tippen Sie in der Vollbildansicht eines Fotos auf das Stiftsymbol, wird das Foto auf das Smartphone heruntergeladen und kann dort zugeschnitten, bearbeitet oder mit Filtern versehen werden.

Im nächsten Schritt laden Sie das Foto bei Flickr hoch. Es erscheint dann automatisch in Ihrem persönlichen Fotostream. Je nachdem, welche Privatsphäre-Einstellungen Sie festgelegt haben, können nur Sie, Ihre Freunde oder jeder das Foto sehen. Um mehr Übersicht bei Ihren Fotos zu haben, ordnen Sie das Bild gleich in ein Album ein. Natürlich können Sie auch über die bekannte *Senden*-Funktion der meisten Android-Apps Fotos auf Flickr veröffentlichen, wenn die Flickr-App installiert ist.

Musik auf dem Samsung Galaxy S9

Digitale Musik unterwegs zu hören, gehört zum Alltag. Portable MP3-Player haben längst Walkman und tragbare CD-Spieler abgelöst und sind selbst schon wieder auf dem Rückzug.

Fast jeder hört seine Musik nur noch auf dem Smartphone über Kopfhörer, deren Musikqualität mit dem, was man aus Walkman-Zeiten kannte, nicht mehr zu vergleichen ist.

Google Play Musik ist eine Musikplayer-App, die in Android 8 Oreo den ehemaligen Musikplayer ersetzt. Sie spielt lokal auf dem Smartphone gespeicherte Musik ab sowie Musik aus dem Cloud-Speicher. Der Google Play Musik Store ist integriert. Gekaufte Musiktitel werden direkt im Player angezeigt und abgespielt.

Auf dem Samsung Galaxy S9 verzichtet Samsung auf seinen eigenen Musikplayer früherer Smartphone-Modelle und liefert nur noch *Google Play Musik* vorinstalliert mit.

Achtung Kostenfalle

Tippen Sie beim ersten Start der Google-Play-Musik-App auf *Nein danke* und nicht auf *Abonnieren*, da Sie sonst den Google-Musik-Dienst abonnieren, der zwar 30 Tage lang kostenlos ist, aber wer denkt schon daran, so etwas rechtzeitig wieder abzumelden. Die App funktioniert auch in der kostenlosen Version. Lediglich das Streaming-Angebot von Google ist kostenpflichtig.

Google Play bietet seit einiger Zeit auch in Deutschland einen Downloadshop für Musik an. Zusammen mit diesem Angebot startete auch ein Cloud-Dienst, auf dem jeder Nutzer kostenlos bis zu 100.000 eigene Songs speichern und dann von jedem Gerät über sein persönliches Google-Konto anhören kann.

Die Bedienung ähnelt den bekannten Musikplayern auf anderen Plattformen: In jeder Ansicht ist ganz unten der gerade laufende Titel zu sehen. Mit den Bedienelementen lassen Sie die Musik pausieren oder springen zum nächsten Titel der aktuellen Wiedergabeliste.

Sie können beliebige Titel zu einer Wiedergabeliste zusammenfassen, indem Sie auf das Symbol mit den drei Punkten rechts in einem Musiktitel tippen. Mit dem Lupensymbol oben rechts finden Sie jeden Titel Ihrer Musiksammlung. Mit der Funktion *Schnellmixe* lassen sich automatisch nach Interpreten Wiedergabelisten erzeugen und abspielen.

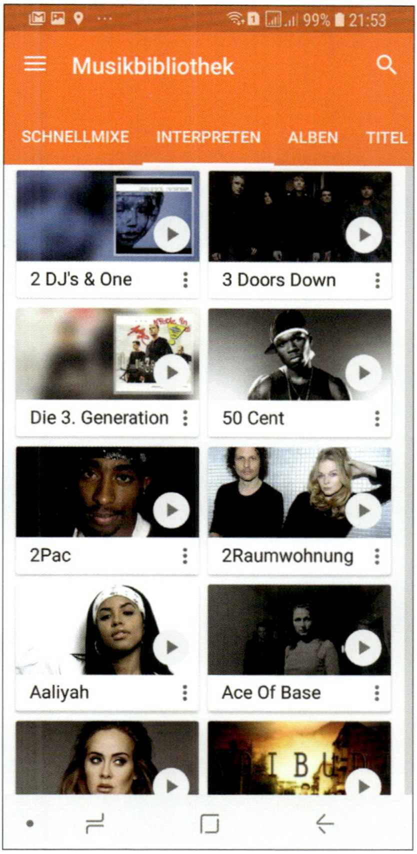

Google Play Musik auf dem Samsung Galaxy S9.

Während die Musik läuft, können Sie andere Apps nutzen. Tippen Sie einfach auf die Home-Taste. Der Musikplayer verschwindet in den Hintergrund, die Musik läuft weiter. In der Benachrichtigungsleiste ist ein Symbol für den Musikplayer zu sehen. Ziehen Sie die Benachrichtigungsleiste nach unten, erscheint der gerade abgespielte Titel. Ein Klick darauf bringt Sie wieder zum Musikplayer zurück.

Um unterwegs Datenvolumen zu sparen, sollten Sie in der Seitenleiste die Option *Nur heruntergeladene* aktivieren. Damit verhindern Sie, dass über Playlisten oder die zufällige Wiedergabe Musik aus dem Cloud-Speicher über eine Mobilfunkverbindung heruntergeladen wird.

Die Seitenleiste blenden Sie ein, indem Sie auf das Menüsymbol oben links in der Ecke tippen.

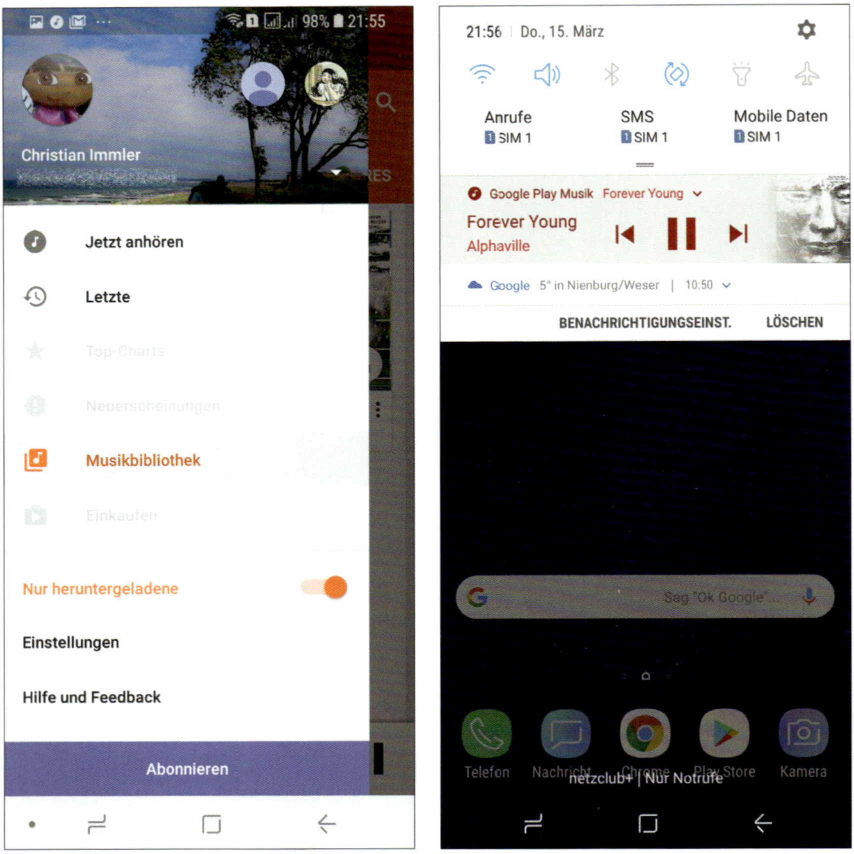

Links: Nur heruntergeladene Musik abspielen, rechts: Benachrichtigung des Musikplayers.

Das Widget *Google Play Musik* zeigt den aktuellen oder zuletzt gespielten Titel und stellt die Steuerelemente des Medienplayers direkt auf dem Startbildschirm dar.

Falsche Albumbilder

Wundern Sie sich nicht, wenn der Musikplayer falsche Albumbilder bei lokal gespeicherter Musik anzeigt. Dies ist leider ein gängiges Problem aller Musikplayer-Apps, wenn Musik auf verschiedenen Plattformen verwendet wird. In der MP3-Datei eingebettete Grafiken werden korrekt angezeigt.

Einige Systeme verwenden aber zusätzliche Albumbilder im JPEG-Format. Wenn sich solche Bilder auf der Speicherkarte befinden, werden sie von den Musikplayern unterschiedlich und oft falsch zugeordnet.

Neue Musik aus dem Google Play Store kaufen

Der Google Play Store bietet Musik zum Kauf direkt auf dem Smartphone an. Sie erreichen dieses Musikangebot sowohl über die Google-Play-App als auch direkt aus der Seitenleiste des Google Musik Players.

Lassen Sie sich auf der Startseite inspirieren oder suchen Sie gezielt nach Musiktiteln oder Alben. Die meisten Titel werden einzeln verkauft. In viele Titel kann man online hineinhören, ohne sie gleich kaufen zu müssen. Beim Kauf mehrerer Titel ist das ganze Album oft günstiger.

Gekaufte Musik steht automatisch auf allen Geräten zur Verfügung, die mit demselben Google-Konto angemeldet sind. Für Leute, die sehr viel aktuelle Musik hören, ist ein monatliches Abonnement oft günstiger als der Kauf der einzelnen Titel.

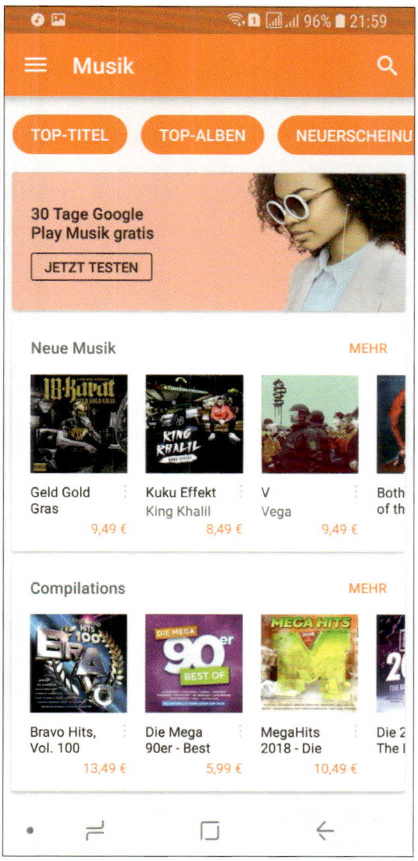

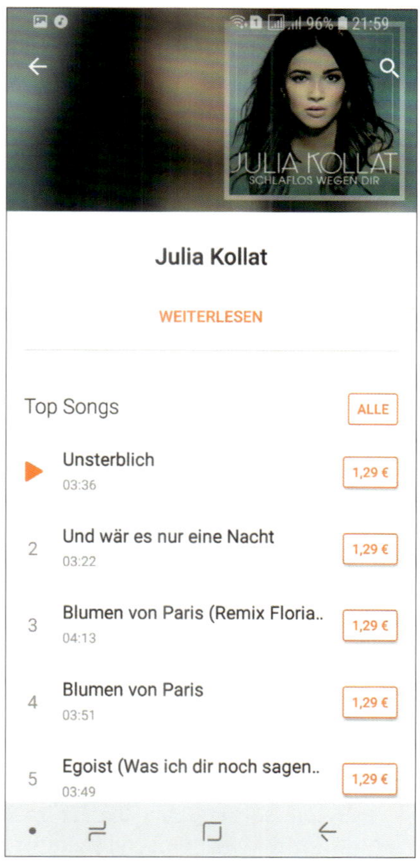

Musik im Google Play Store kaufen.

Einige wenige Alben werden auch kostenlos angeboten. Allerdings sind zum Download wie auch bei kostenlosen E-Books Zahlungsinformationen im Google-Konto notwendig, wie zum Beispiel gültige Kreditkartendaten oder ein Prepaid-Guthaben.

DRM in Google Play Musik

Musik, Filme und E-Books aus dem Google Play Store sind durch ein DRM (**D**igital **R**ights **M**anagement) geschützt. Das bedeutet, die Medien sind nur auf bestimmten Geräten nutzbar und können nicht auf andere Geräte übertragen werden. In den meisten Fällen heißt das, man kann gekaufte Inhalte auf allen Geräten nutzen, die über das eigene Google-Konto angemeldet sind, aber nicht an andere Nutzer weitergeben.

Lautsprecher und Kopfhörer per Miniklinke anschließen

Wer auf dem Samsung Galaxy S9 genüsslich Musik hören oder Filme ansehen möchte, wird bald merken, dass die Lautsprecher trotz des eingebauten Dolby Atmos alles andere als optimal sind.

Dolby Atmos kann über ein Symbol in den Schnelleinstellungen jederzeit ein- und ausgeschaltet werden.

Das Samsung Galaxy S9 hat unten neben der USB-Buchse eine 3,5-mm-Klinkenbuchse zum Anschluss von Kopfhörern, um in Ruhe, ohne zum Beispiel im Zug seine Mitmenschen zu belästigen, Musik zu hören. Beim Einstecken eines Kopfhörers werden die internen Lautsprecher automatisch abgeschaltet.

Zu Hause oder beim Musikhören mit mehreren Leuten schließen Sie an diese Buchse besser Lautsprecher an, die noch mehr Klang bieten. Dabei sollten Sie Aktivlautsprecher mit eingebautem Verstärker und eigener Stromversorgung oder gleich eine Stereoanlage verwenden. Die Leistung des Audioausgangs am Smartphone reicht sonst nur für eine schwache Lautstärke.

Um den Klang noch weiter zu verbessern, verfügt die Google-Play-Musik-App über einen eigenen Equalizer, der sich hinter dem Menüpunkt *Einstellungen* versteckt.

Wer gern mit Musik einschläft, kann in den Einstellungen über den *Ruhemodus-Timer* eine Zeit einstellen, nach der die Musik automatisch anhält.

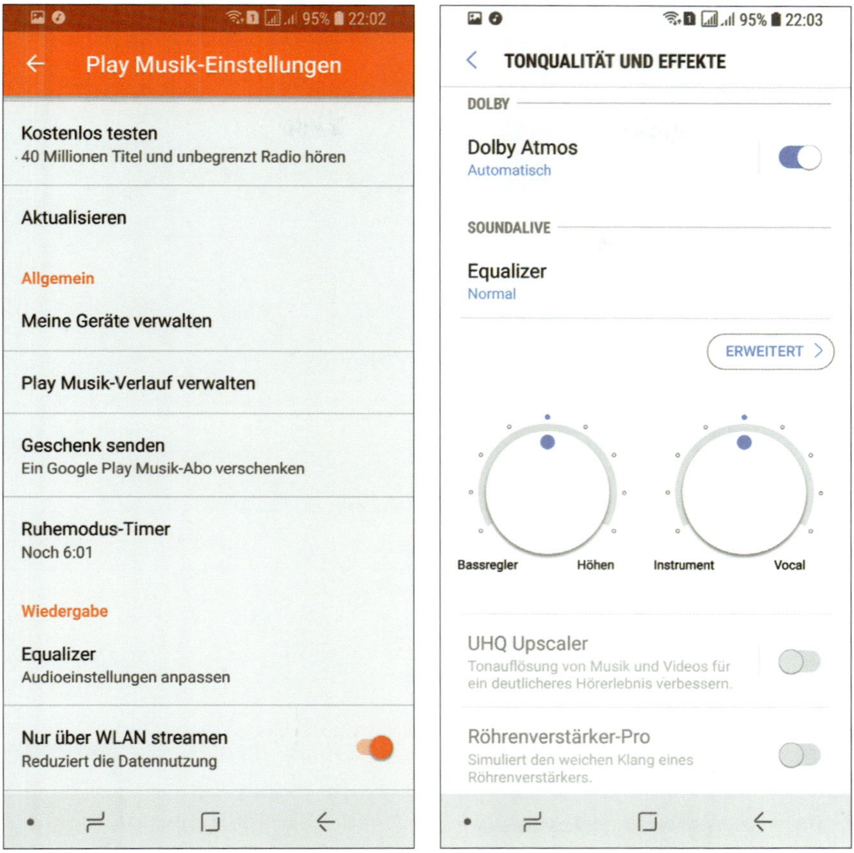

Einstellungen und Equalizer in Google Play Musik.

Eigene Musik in der Cloud speichern und auf dem Smartphone erleben

Der Cloud-Dienst Google Play Musik bietet jedem Nutzer kostenlosen Speicherplatz für bis zu 100.000 Songs. Laden Sie auf dem PC über *play.google.com/music* Ihre Musikbibliothek hoch, um mit allen Geräten darauf zugreifen zu können. Hier können Sie auch direkt im Browser Ihre gekauften oder selbst gespeicherten Musiktitel anhören.

Laden Sie über die Schaltfläche *Musik hochladen* eigene Musik in Ihren persönlichen Cloud-Speicher. Nach dem Hochladen können die Musiktitel auf allen Geräten, die mit dem eigenen Google-Konto angemeldet sind, angehört werden.

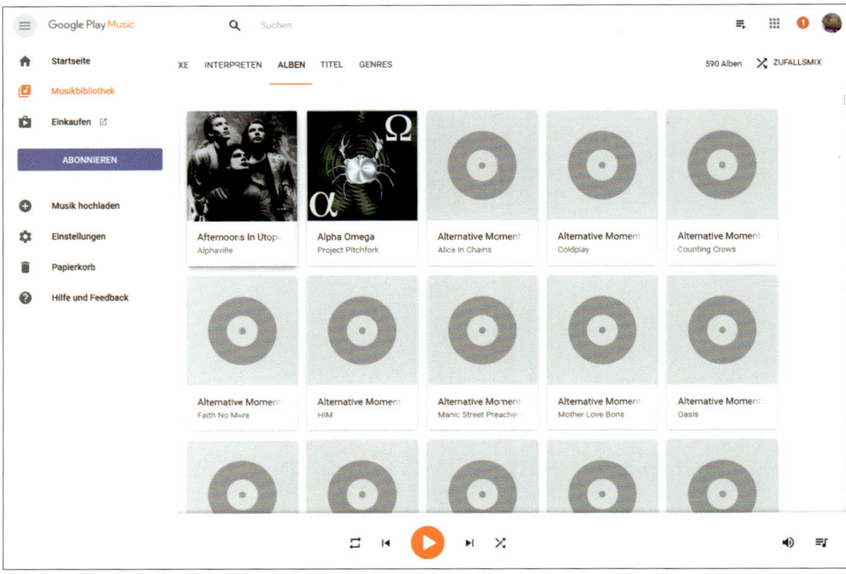

Google Play Musik im Browser auf dem PC.

Videos und YouTube

YouTube ist mehr denn je die beliebteste Quelle für Videos aller Art im Internet. YouTube bietet zwar die für mobile Geräte optimierte Webseite *m.de.youtube.com*. Deutlich komfortabler ist aber die YouTube-App, die eine speziell für Android-Smartphones optimierte Darstellung bietet. Diese App ist auf dem Samsung Galaxy S9 vorinstalliert.

INFO: Pro Tag werden über zwei Milliarden Videos auf YouTube betrachtet, und pro Minute wird über 100 Stunden neues Videomaterial hochgeladen. YouTube verursacht etwa 10 % des gesamten Internetdatenverkehrs. Bedenken Sie bei der Nutzung von YouTube über das Mobilfunknetz das zu übertragende Datenvolumen von Videos. Hier kommt man schnell an die Grenzen der Smartphone-Flatrates.

Nach der Anmeldung mit dem auf dem Smartphone installierten Google-Konto hat man in der YouTube-App direkten Zugriff auf eigene Playlisten und Favoriten. Die Suchfunktion sowie die Listen mit Videos des gleichen Anbieters oder ähnlichen Videos anderer Anbieter stehen so, wie man sie vom PC kennt, auch in der YouTube-App zur Verfügung.

Natürlich lassen sich alle Videos auch im Vollbildmodus abspielen. Dazu braucht man das Smartphone nur quer zu halten. In diesem Modus sind die Symbole für *Zurück*, *App-Liste* und *Home* deaktiviert, sodass Sie sie nicht versehentlich betätigen können. Um zurück zum Startbildschirm zu kommen, wischen Sie vom rechten Bildschirmrand ins Bild, um diese Symbolleiste einzublenden, oder drücken Sie fest auf die Home-Taste unter dem Bildschirm.

Sie können auch das Samsung Galaxy S9 wieder in die Senkrechte drehen. Damit wird der Vollbildmodus beendet und alle Bedienelemente stehen wieder wie gewohnt zur Verfügung.

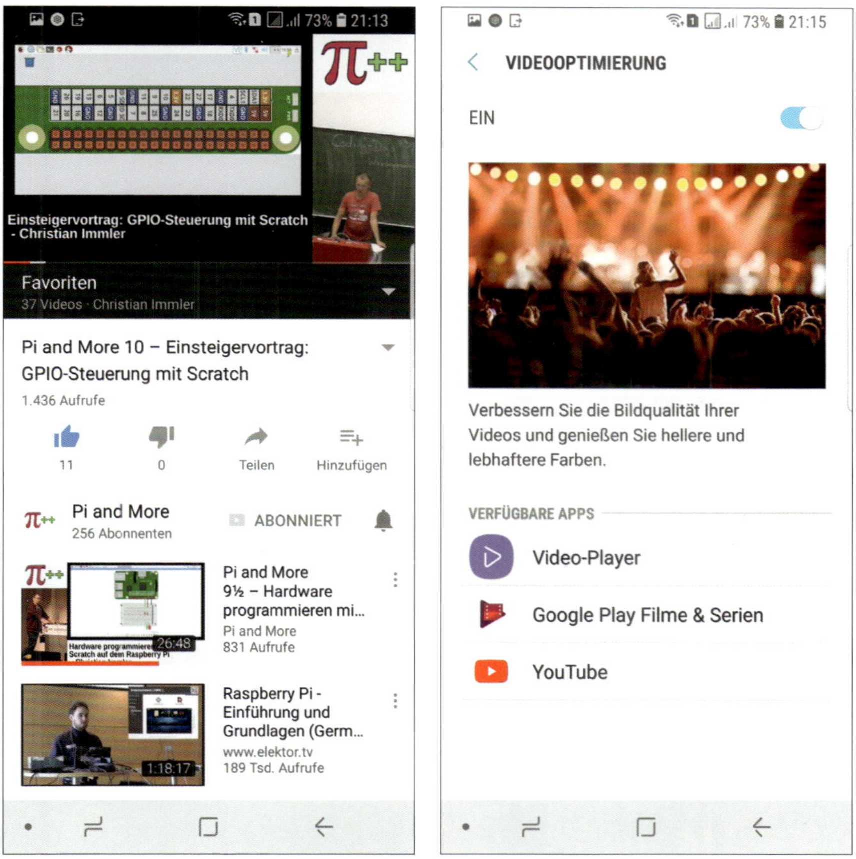

Die YouTube-App und Videooptimierung auf dem Samsung Galaxy S9.

Auch die Funktionen, Videos zu bewerten oder Links an Freunde zu verschicken, sind in der App enthalten. Dabei werden alle installierten Kommunikations-Apps wie E-Mail, Facebook, Twitter, Google+ und weitere unterstützt.

Videooptimierung

Beim ersten Start der YouTube-App auf dem Samsung Galaxy S9 erscheint ein Hinweis, die Videooptimierung einzuschalten. Tippen Sie auf die Benachrichtigung, um das zu tun. Sie finden die Einstellung zur Videooptimierung auch später noch in den *Einstellungen* unter *Erweiterte Funktionen*. Die Videooptimierung funktioniert auch mit einigen anderen Video-Apps auf dem Samsung Galaxy S9.

Mit der YouTube-App können Sie auch eigene Videos, die mit der Smartphone-Kamera aufgenommen wurden, direkt auf YouTube hochladen, ohne dass Sie einen PC dafür benötigen.

KAPITEL 7

Unterwegs mit dem Samsung Galaxy S9

Wer unterwegs ist, braucht eine Landkarte oder einen Stadtplan des Urlaubsortes. Landkarten auf dem Smartphone haben gegenüber ihren auf großformatiges Papier gedruckten Vorgängern einige Vorteile. Sie können deutlich aktueller sein als Pläne aus Papier, die auch in Urlaubsregionen höchstens einmal im Jahr erneuert werden, und der eigene Standort lässt sich per GPS direkt auf der Karte anzeigen. Hinzu kommt eine präzise Suchfunktion, die selbst kleine Orte oder einzelne Straßen in Sekundenschnelle findet.

Google Maps

Google Maps hat sich zur wichtigsten Quelle für Landkarten und geografische Informationen im Internet entwickelt. Genauso einfach, wie die Suchmaschine Google irgendetwas im Internet findet, findet Google Maps die genaue Position in der realen Welt. Auf allen Android-Smartphones ist eine App für Google Maps vorinstalliert, die noch mehr Funktionen bietet als die browserbasierte Maps-Version. Das Menüsymbol oben links blendet ein Seitenmenü ein, über das man weitere Informationen in der Karte anzeigen lassen kann.

Mit zwei Fingern lässt sich die Kartenansicht, die normalerweise nach Norden ausgerichtet ist, drehen. Tippen Sie auf das Kompass-Symbol, wird die Karte wieder genordet.

Im unteren Bildschirmbereich erscheint eine Symbolleiste, die Sie nach unten schieben können, um den ganzen Bildschirm für die Karte zur Verfügung zu haben. Das Ebenensymbol rechts oben blendet weitere Kartenebenen wie Radwege, Satellitenbild oder Geländeformationen ein. Schieben Sie die Symbolleiste nach oben, zeigt die App Gastronomie, Läden und Fotos aus der auf dem Kartenausschnitt dargestellten Region.

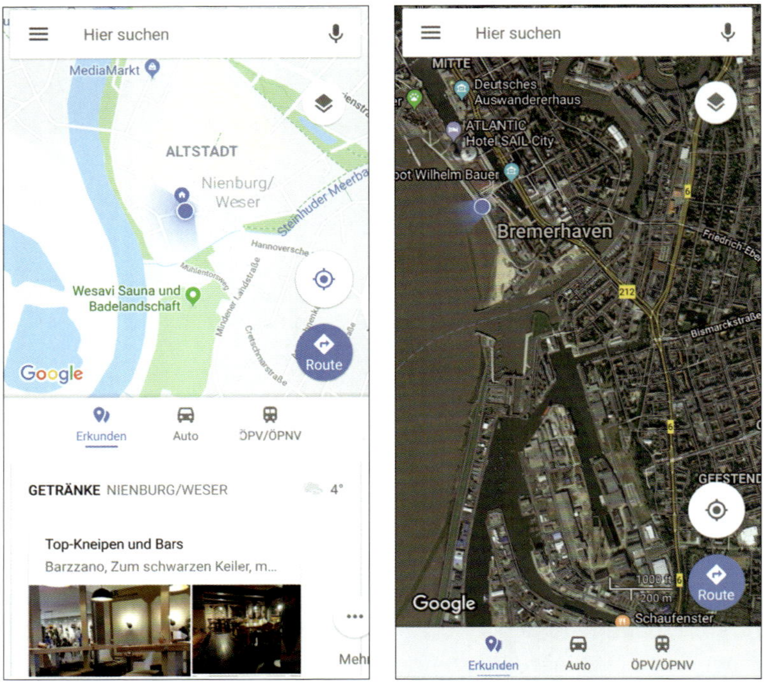

Google-Maps-App auf dem Samsung Galaxy 9.

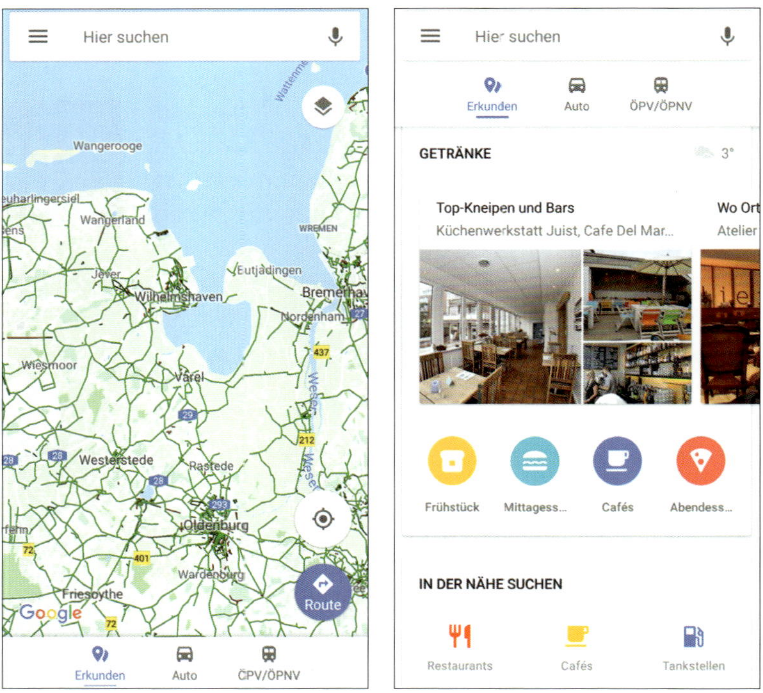

Radwege und interessante Orte in der Umgebung.

ACHTUNG: Bedenken Sie, dass die Satellitenbilder ein deutlich höheres Datenvolumen verursachen als die simple Vektorgrafik.

Google Maps findet über das Suchfeld nicht nur Orte, sondern auch Straßennamen, Läden, Hotels und Restaurants. Dabei wird immer zuerst in der unmittelbaren Umgebung gesucht. Verschieben Sie den Kartenausschnitt, erscheint eine Schaltfläche, um im neuen Bereich zu suchen. Tippen Sie unten auf das Suchergebnis, erscheinen weitere Informationen. Dies funktioniert bei Sehenswürdigkeiten sowie bei zahlreichen Hotels und Gastronomiebetrieben.

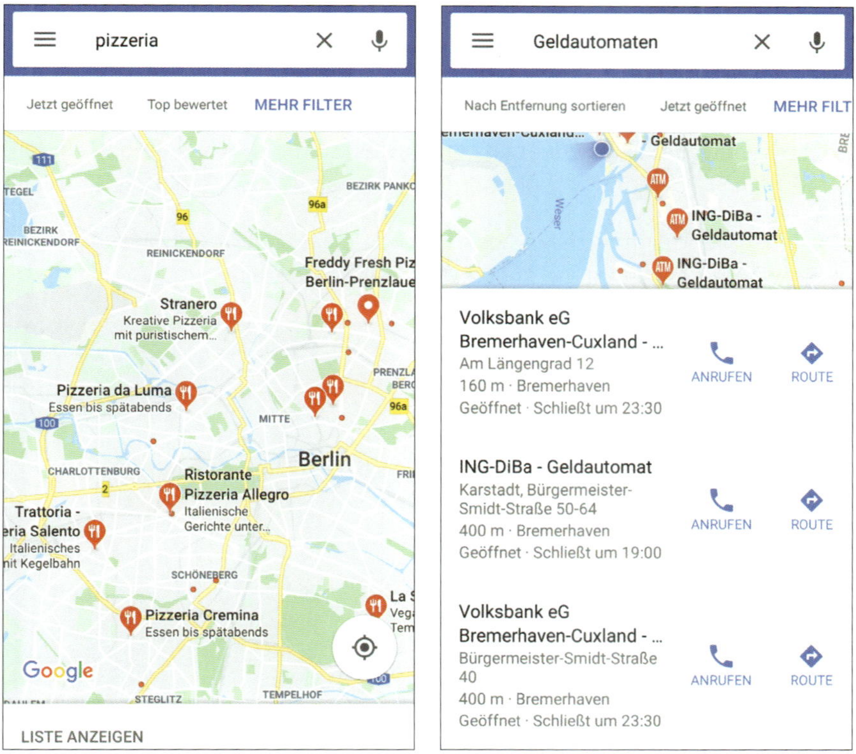

Suche nach Pizzerien, Hotels, Geldautomaten oder anderen regionalen Suchbegriffen.

Google Maps kann den eigenen Standort innerhalb von Gebäuden deutlich exakter bestimmen als andere Kartenanbieter. Google kennt nicht erst seit der Street-View-Diskussion die Standorte von Millionen WLANs sehr genau. Anhand der Koordinaten des WLANs, in dem ein Gerät angemeldet ist, lässt sich dessen Standort gut ermitteln. Wenn GPS oder WLAN auf dem Smartphone ausgeschaltet sind, erscheint beim Start von Google Maps eine entsprechende Meldung. Das Standortsymbol unten rechts zeigt den Kartenausschnitt um den eigenen Standort. Um Google Maps sinnvoll verwenden zu können, müssen Sie beim ersten Start die Anfrage nach Standortinformationen zulassen.

Plus Codes

Einem Freund einen beliebigen Punkt auf der Karte mitzuteilen, ist nicht immer ganz einfach, besonders bei Punkten in der freien Landschaft, die sich nicht über eine Adresse finden lassen.

1. Suchen Sie den gewünschten Punkt aus der Karte und halten Sie den Finger länger an diese Stelle, bis eine rote Kartenmarkierung erscheint und die exakten Koordinaten dieses Punktes angezeigt werden. Tippen Sie dann links unten auf *Weitere Infos*.

2. Auf dem nächsten Bildschirm können Sie diesen Punkt als Lesezeichen speichern oder dorthin routen. Der Plus Code in der letzten Zeile unten bezeichnet diesen Punkt ebenfalls genau. Tippen Sie darauf, wird der Plus Code in die Zwischenablage kopiert und Sie können ihn auf beliebigem Weg weitergeben. Da es sich nur um eine kurze Zeichenfolge handelt, können Sie Plus Codes sogar per Telefon oder SMS weitergeben.

3. Der Empfänger gibt diesen Code in das Suchfeld auf Google Maps ein und bekommt den geteilten Punkt auf der Karte angezeigt.

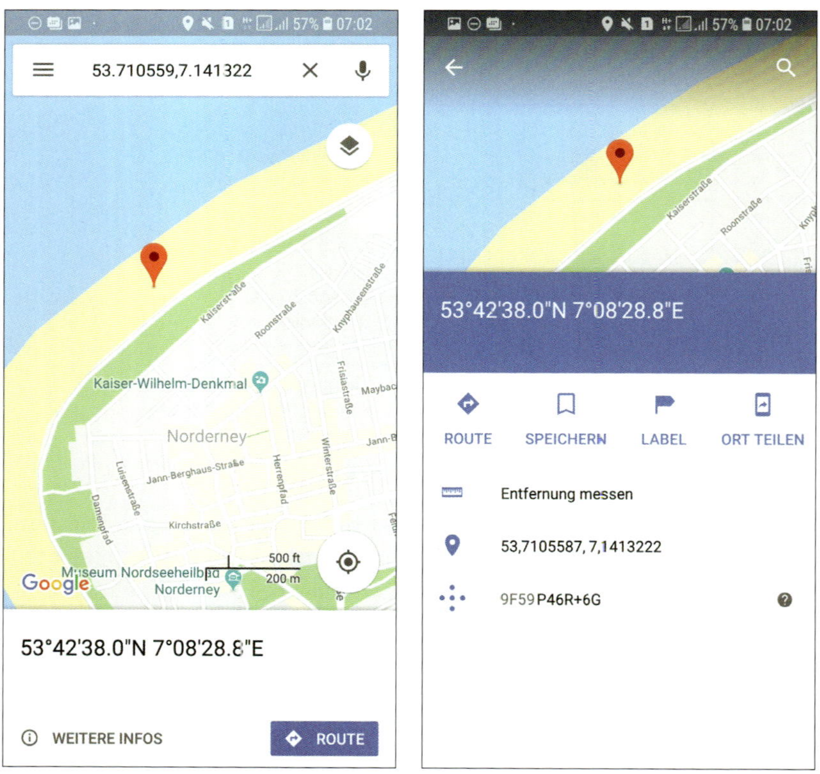

Plus Codes zur Bezeichnung eines Punktes auf der Karte.

Google Maps offline nutzen

Bewegen Sie sich in Gegenden mit schlechter Mobilfunkversorgung oder im Nicht-EU-Ausland, ist die Onlinenutzung von Google Maps nicht möglich oder mit hohen Roamingkosten verbunden. Laden Sie sich deshalb die für eine Reise benötigten Kartenbereiche zu Hause über WLAN herunter, um sie dann vor Ort offline nutzen zu können.

1. Suchen Sie den gewünschten Ort und ziehen Sie dann den Balken mit dem Suchergebnis unterhalb der Kartenanzeige nach oben.
2. Die nächste Seite zeigt Informationen zum Ort und meistens auch einige Fotos. Tippen Sie hier auf *Herunterladen*.
3. Jetzt können Sie den herunterzuladenden Kartenbereich noch verschieben. Tippen Sie dann auf *Herunterladen*. Beachten Sie, dass ein Kartenausschnitt für eine Offlinekarte höchstens 120.000 km² groß sein kann.

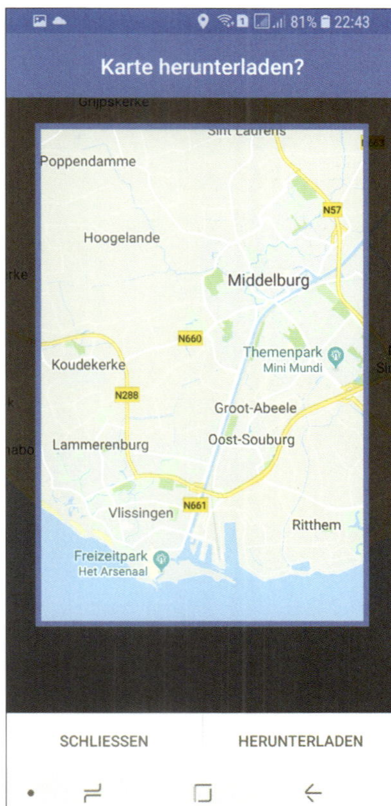

Karten zur Offlinenutzung (z. B. im Ausland) herunterladen.

Da Kartenmaterial regelmäßig aktualisiert wird, haben die Offlinekarten nur eine begrenzte Gültigkeitsdauer von 30 Tagen. Mit dem Zahnradsymbol in der Liste der Offlinekarten kommen Sie in die *Einstellungen*. Hier können Sie festlegen, ob die Offlinekarten bei Ablauf automatisch aktualisiert werden. Dabei sollten Sie die Standardeinstellung beibehalten, dass die Karten wegen der großen Datenmenge nur über WLAN aktualisiert werden.

Routenplanung mit Google Maps

Google Maps enthält einen vollwertigen Routenplaner. Hier kann man wahlweise optimale Strecken für Autofahrer, Fußgänger oder Radfahrer errechnen lassen. Dabei wird neben der Entfernung auch die voraussichtliche Zeit für den Weg ermittelt. Bei Radrouten ist die angegebene Zeit nur für extrem sportliche Radrennfahrer zu erreichen. Hier muss Google noch nachbessern. Die Routenplanung für öffentliche Verkehrsmittel funktioniert inzwischen in Deutschland ebenfalls sehr zuverlässig.

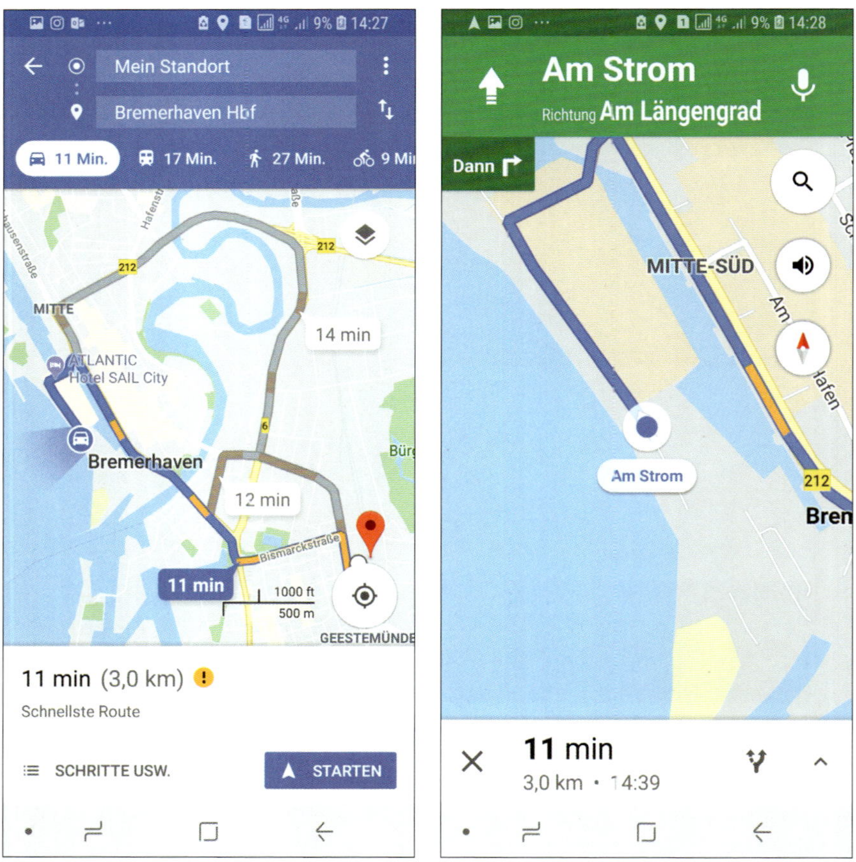

Routenplanung und Navigation für Autofahrer.

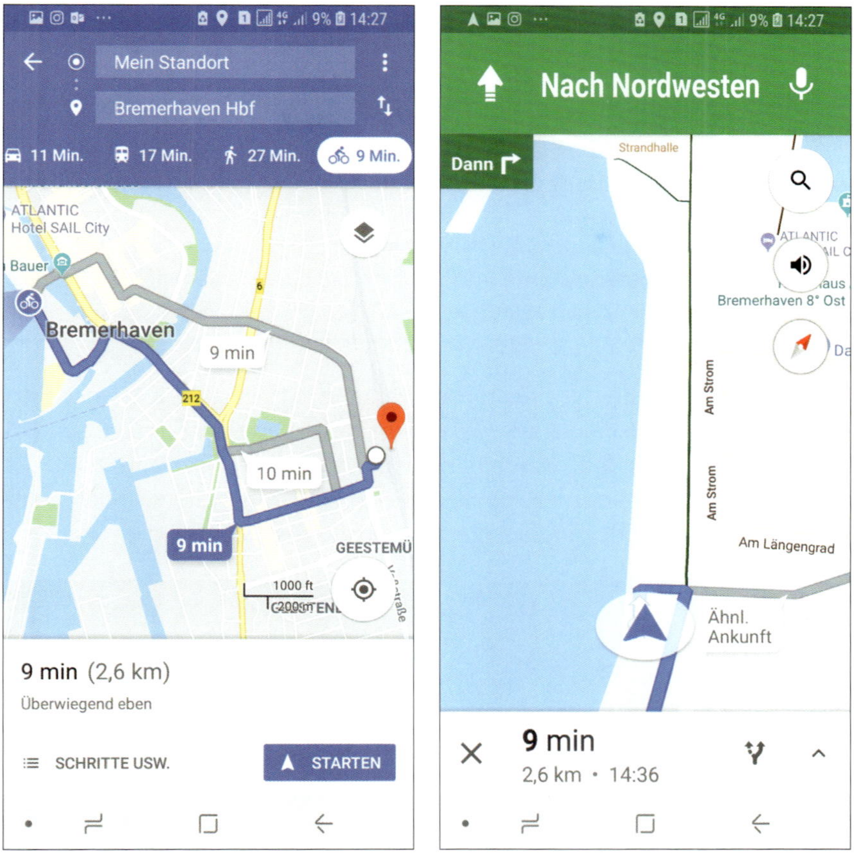

Die gleiche Route für Fahrradfahrer.

Suchen Sie in Google Maps den Zielort und tippen Sie auf die blaue Schaltfläche *Starten* unten rechts. Danach starten Sie die Berechnung der Route vom aktuellen Standort. Wählen Sie oben das gewünschte Verkehrsmittel aus. Hier können Sie auch noch einen anderen Startpunkt oder Routenoptionen einstellen. Während der Fahrt zeigt Google Maps wie ein klassisches Navigationssystem Fahrtangaben mit Pfeilen an und spricht auch dazu. Tippen Sie unten auf die Zeitangabe, erhalten Sie eine Wegbeschreibung. Tippen Sie vor Fahrtbeginn auf das schwarze Banner, um diese Wegbeschreibungen offline herunterzuladen, damit die Daten auch zur Verfügung stehen, wenn Sie unterwegs mal keine Internetverbindung haben.

Auf Autobahnen zeigt ein Farbcode die aktuelle Verkehrslage an. Dabei steht Grün für problemlos, Gelb für dichten Verkehr und Rot für Stau bzw. Staugefahr. Die Daten werden automatisch anhand der Fahrzeuge ermittelt, die sich auf der Strecke befinden und die Google-Maps-Navigation nutzen. Wird die

Verkehrslage nicht angezeigt, schalten Sie sie über das Menüsymbol unten rechts in der Navigationsansicht ein.

Schneller nach Hause finden

Tragen Sie in Google Maps unter *Meine Orte* Adressen für *Zuhause* und *Arbeit* ein, schlägt Google Maps, wenn Sie sich woanders aufhalten, automatisch Routen vor, wie Sie wieder nach Hause kommen. Sie können in den Start- und Zielfeldern der Routenplanung auch einfach *Zuhause* eingeben, ohne jedes Mal Ihre Adresse eintippen zu müssen.

Planen Sie eine Route mit öffentlichen Verkehrsmitteln, gehen Sie genauso vor und tippen dann im blauen Feld oberhalb der Karte auf das Bahnsymbol bei den Zeitangaben. Jetzt werden die nächsten Verbindungen angezeigt. Die aktuellen Fahrpläne kommen direkt aus den Auskunftssystemen der Deutschen Bahn sowie anderer regionaler Verkehrsbetriebe.

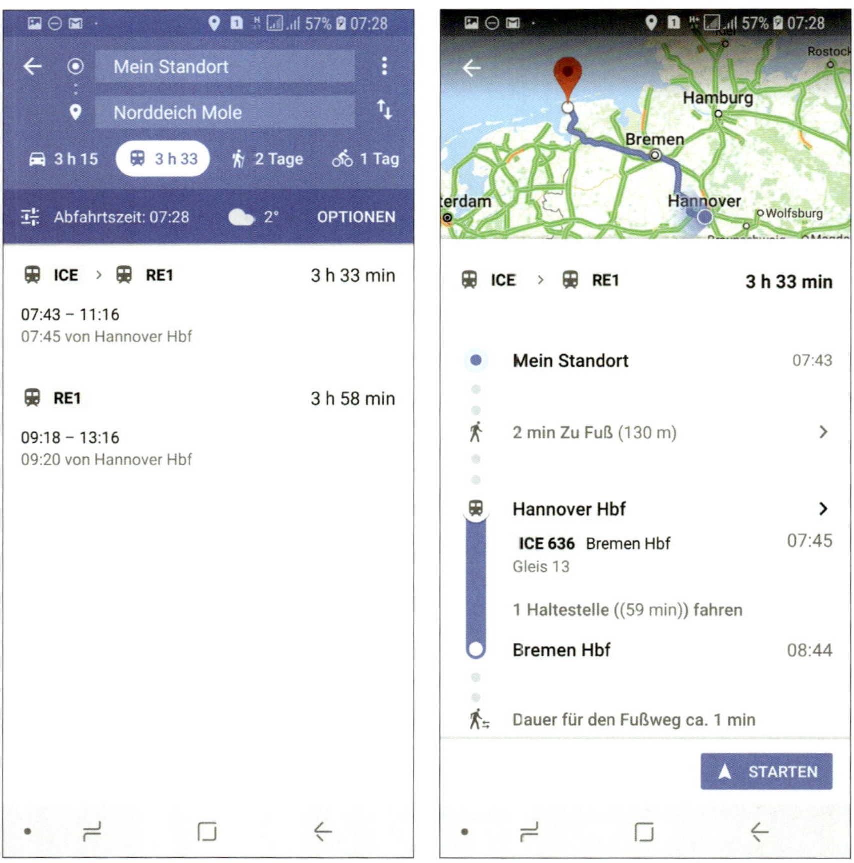

Fahrplanauskunft in Google Maps.

Tippen Sie auf eine Verbindung, erhalten Sie Details zu den Zügen sowie Umsteigebahnhöfe und -zeiten. Fußwegstrecken am Start- oder Zielort lassen sich auf einem Kartenausschnitt detailliert anzeigen. Mit dem Einstellungssymbol links wählen Sie andere Abfahrts- oder Ankunftszeiten.

Offline-Navigation nur für Autofahrer

Wenn Sie Offlinekarten nutzen, wird nur die Navigation für Autofahrer angeboten. Eine Routenplanung mit öffentlichen Verkehrsmitteln sowie Wegbeschreibungen für Radfahrer und Fußgänger stehen offline nicht zur Verfügung.

Google Earth

Beim Google-Vorzeigeprodukt Android darf natürlich der faszinierende interaktive Weltatlas Google Earth nicht fehlen. Mit einem Fingerstrich kann man um die ganze Welt reisen und über die Suchfunktion Orte, Plätze und sogar ausgewählte Geschäfte und Hotels finden.

Google Earth auf dem Samsung Galaxy S9.

Da Google Earth erwartungsgemäß sehr hohe Anforderungen an die Hardware stellt, läuft die App auf einfacheren Smartphones nicht. Die dreidimensionalen Gebäudemodelle sind nur auf High-End-Smartphones mit 3D-Grafikprozessor zu sehen. Auf dem Samsung Galaxy S9 ist Google Earth natürlich in voller Pracht zu erleben.

Google Earth verwendet eine komfortable Multitouch-Navigation über Fingergesten mit einem oder zwei Fingern:

- Streichen Sie mit einem Finger über den Bildschirm, um den Globus zu drehen.
- Durch das Auseinander- und Zusammenziehen zweier Finger und gleichzeitiges Drehen können Sie die Karte heranzoomen bzw. wieder herauszoomen und Ihren Blickpunkt ändern.
- Ziehen Sie zwei Finger über den Bildschirm, um die Ansicht zu neigen.
- Durch Doppeltippen mit einem Finger wird die Karte herangezoomt.
- Durch Doppeltippen mit zwei Fingern können Sie herauszoomen.

Über das Seitenmenü lassen sich verschiedene Kartenstile anzeigen, die wichtige Orte, Straßen oder Sehenswürdigkeiten einblenden. Die Anzeige von Fotos aus dem Bilderdienst Panoramio ist in der Google-Earth-App weggefallen, da dieser Dienst eingestellt wurde. Wikipedia-Informationen werden nicht mehr als eigene Symbole angezeigt, sondern sind jetzt in den Beschreibungen angezeigter Sehenswürdigkeiten verlinkt.

Google Street View in Google Earth.

Google Street View kann innerhalb der Google-Earth-App ebenfalls verwendet werden. Ziehen Sie dazu das Männchen unten links an die gewünschte Position in den Straßen einer Stadt. Die Straßen, für die Street-View-Ansichten verfügbar sind, werden dann auf der Karte blau hervorgehoben.

Postkarten

Haben Sie ein schönes Motiv auf Google Earth gefunden, können Sie es als virtuelle Postkarte an Freunde verschicken. Tippen Sie dazu auf das Kamerasymbol oben rechts, erscheint eine Liste von Apps, über die die Postkarte geteilt werden kann. Dabei werden ein Foto sowie ein Link auf die genaue Position mit Blickrichtung und Zoomfaktor in Google Earth verschickt.

Postkarte in Google Earth verschicken.

Fahrplanauskunft

Onlinefahrpläne gehörten schon zu Zeiten der ersten WAP-Handys zu den beliebtesten und meistgenutzten mobilen Anwendungen. Das hat sich bis heute nicht geändert. Ein aktueller Fahrplan ist für jeden, der unterwegs ist, unverzichtbar.

DB Navigator

Der *DB Navigator*, die Routenplaner-App der Deutschen Bahn, bietet eine Online-Fahrplanauskunft mit Echtzeitdaten zur aktuellen Verkehrslage. Hier findet man schnell die Information, ob ein Zug pünktlich ist und Anschlüsse passen. Anhand der eigenen Position kann die nächste Haltestelle in der Umgebung gefunden werden.

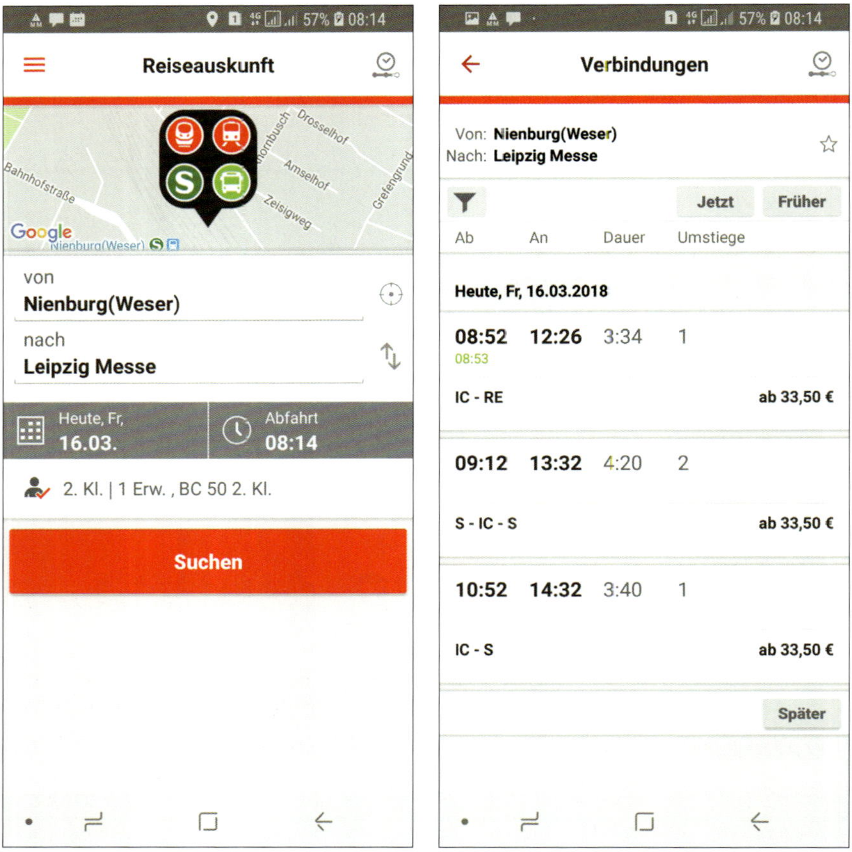

Aktueller Fahrplan mit dem DB Navigator.

Man braucht keine Fahrplantabellen zu wälzen, sondern gibt nur Start und Ziel ein und die App sucht alle möglichen Verbindungen innerhalb eines bestimmten Zeitraums. Am Zielort zeigt die App einen Lageplan des Bahnhofs sowie Haltestellen des Nahverkehrs in der Nähe.

Beim ersten Start sollten Sie der App Zugriff auf Standort, Kontakte und Kalender geben. Dann können geplante Fahrten direkt als Termin in den Kalender eingetragen werden, und Sie können Adressen aus dem Adressbuch als Ziel einer Reise angeben, ohne die nächste Haltestelle kennen zu müssen.

Melden Sie sich außerdem mit Ihrem DB-Kundenkonto bei der App an, dann brauchen Sie Ihre Onlinetickets nicht mehr unbedingt auszudrucken, sondern können sie direkt auf dem Smartphone speichern oder auch aus der App heraus Fahrkarten kaufen. Bei einer Kontrolle im Zug zeigen Sie nur noch den QR-Code auf dem Smartphone-Bildschirm vor.

Der bessere DB Navigator

Mit dem Update im Juli 2015 verlor der *DB Navigator* einiges an Qualität. Auf einmal gingen wichtige Funktionen verloren, die man gerade, wenn es zu Problemen kommt, bei schlechten Internetverbindungen im Zug oder knappen Umsteigezeiten, dringend braucht. Die Möglichkeit, Fahrpläne offline auf dem Smartphone zu haben oder die aktuellen Abfahrtstafeln häufig genutzter Bahnhöfe direkt auf dem Startbildschirm, wurde zugunsten einer blassen inhaltslosen Grafik aufgegeben. Viele Daten, die früher kompakt dargestellt wurden, sind jetzt erst nach vielen Klicks und langem Scrollen auf fast leeren Bildschirmseiten zu finden – ausgesprochen lästig, wenn man mit einer Hand am Smartphone durch einen Bahnhof einem verspäteten Zug nachrennt.

Besonders ärgerlich: Die übersichtlichen Informationen zu Verspätungen, die während der Fahrt wichtig sind, wurden aus der App gestrichen. Früher konnte man auf einen Blick sehen, welche Anschlusszüge erreicht werden und welche Alternativen es gibt, wenn es mal zu spät wird.

Mehrere Tausend 1-Sterne-Bewertungen im Google Play Store bereits in den ersten Tagen nach Veröffentlichung des Updates sprechen eine eindeutige Sprache.

Mit einem Trick kommt man aber noch immer an die ältere, bessere Version des *DB Navigator*, die weiterhin alle aktuellen Fahrplandaten zeigt. Die ältere Version ist an einem Farbverlauf im Logo zu erkennen. Der unabhängige **Uptodown** App Store (*de.uptodown.com/android*) liefert zu den meisten Apps zusätzlich zur aktuellen auch ältere Versionen. Suchen Sie dort den *DB Navigator* und scrollen Sie ganz nach unten zu den vorherigen Versionen. Nach der Installation des *DB Navigator 15.04.P06.00* wird die App bei den eigenen Apps im Google Play Store angezeigt, obwohl sie nicht von dort installiert wurde. Schalten Sie hier gleich das automatische Update aus, sonst haben Sie möglicherweise schon Sekunden später wieder die neue Version auf Ihrem Smartphone. Weitere Informationen finden Sie unter *wp.me/p1mbVt-e4*.

Wettervorhersage

Das aktuelle Wetter ist immer ein Gesprächsthema. Ändern kann man es zwar nicht, aber zumindest das Beste daraus machen. Internetseiten mit Wettervorhersagen gibt es wie Sand am Meer, und jeder hat darunter schon seine Lieblingsseite gefunden. Nur sind die meisten Wetterseiten mit viel Multimedia-Aufwand und jeder Menge Werbung gestaltet, sodass es nicht einfach ist, die wirklichen Wetterdaten zu finden, falls die Seiten auf dem kleinen Smartphone-Bildschirm überhaupt dargestellt werden. Wesentlich komfortabler ist eine der kostenlosen Wetter-Apps, die die Wettervorhersage für den Heimatort oder das Urlaubsziel direkt aufs Smartphone bringen.

Die Wetter-App auf dem Samsung Galaxy S9

Samsung liefert auf dem Galaxy S9 eine vorinstallierte Wetter-App mit. Ein Widget auf dem Startbildschirm zeigt das Wetter am eigenen Standort an.

Die vorinstallierte Wetter-App.

Tippen Sie auf das Wettersymbol im Widget, zeigt eine neue Bildschirmseite die Wettervorhersage für die kommenden Tage oder Stunden. Tippen Sie auf *Standorte*, sehen Sie eine Liste aller bereits eingetragenen Standorte. Tippen Sie auf *Hinzufügen*, können Sie weitere Standorte auswählen, deren Wetterdaten angezeigt werden sollen. Über die Schaltfläche *Karten* oben in der Städteliste können Sie eine neue Stadt für die Wetteranzeige interaktiv auf einer Karte suchen.

Mit einer senkrechten Wischgeste im Widget oder einer waagerechten Wischgeste in der App wechseln Sie zwischen den eingetragenen Städten. In den Einstellungen der App legen Sie fest, ob die Wetterdaten auch im Kalender angezeigt werden sollen. Samsung verwendet auf dem Samsung Galaxy S9

Wetterdaten von *The Weather Channel* und nicht mehr wie früher von *Accu-Weather*, deren Vorhersage zu den weniger zuverlässigen gehört.

Weitere Wetter-Widgets

Samsung bietet außer dem Standard-Wetter-Widget noch weitere Widgets an, die auch Vorhersagen für die nächsten Tage oder eine Uhr enthalten. Tippen Sie länger auf eine freie Stelle auf dem Startbildschirm und dann auf *Widgets*, um ein Widget dem Startbildschirm hinzuzufügen.

Wetter in der Google-App

Die Google-App zeigt das Wetter für den aktuellen Standort an. Dazu muss in den Einstellungen der Google-App unter *Mein Feed* der Schalter *Feed anzeigen* aktiviert sein. Tippen Sie auf die Wetteranzeige, erscheint eine detaillierte Vorhersage für die nächsten Tage.

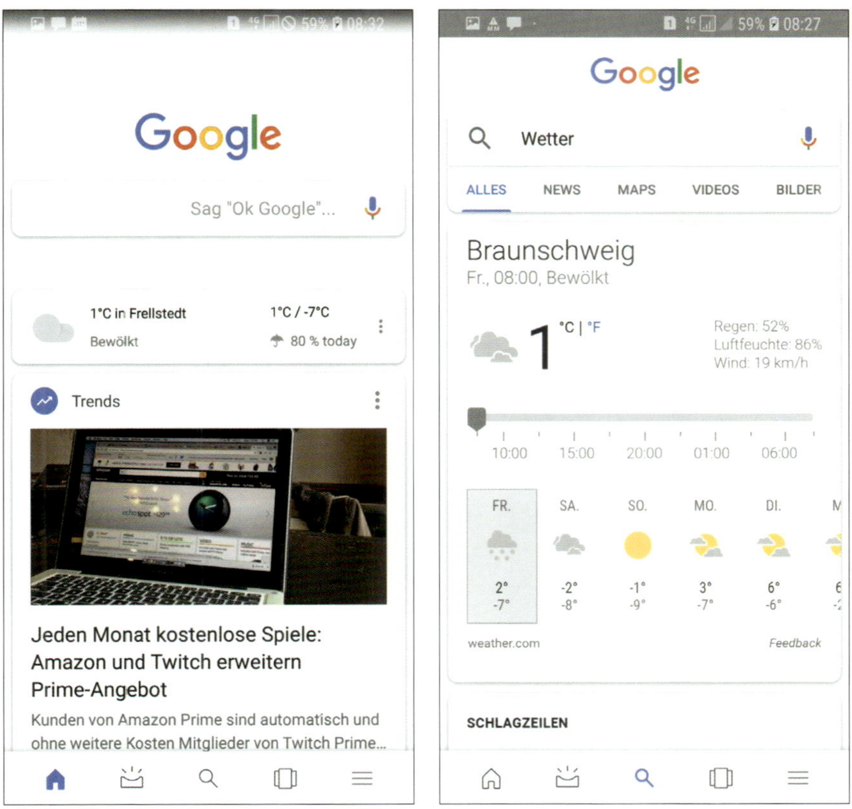

Das aktuelle Wetter und eine Vorhersage in der Google-App.

Schalten Sie in den Einstellungen der Google-App unter *Widget* die Option *Updates anzeigen* ein, zeigt das Google-Suchfeld auf dem Startbildschirm zusätzlich das Wetter am aktuellen Standort an.

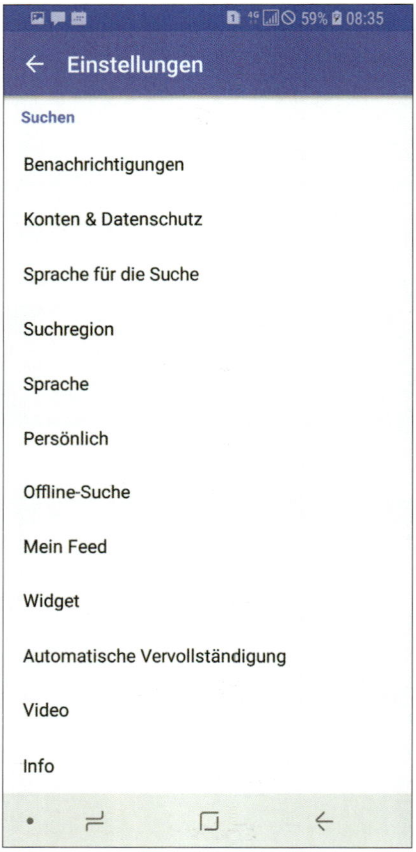

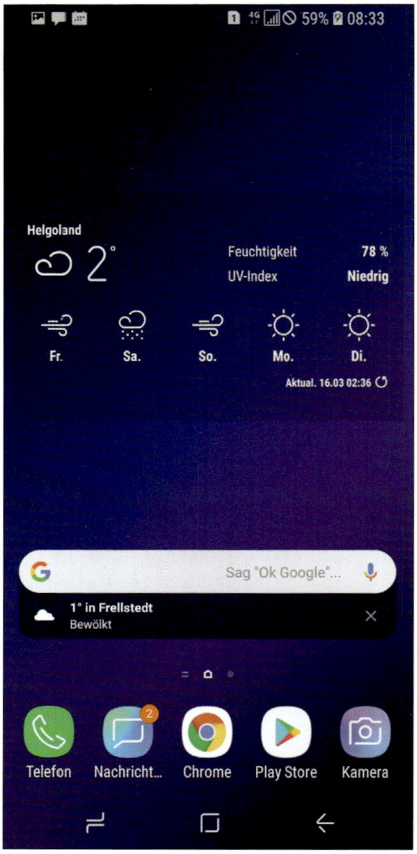

Links: Einstellungen der Google-App, rechts: Startbildschirm mit Wetter-Widgets von Samsung und Google.

Telefonnummern, Hotels, Geldautomaten finden

Wer früher unterwegs eine Telefonnummer oder ein Hotel suchte, musste in eine Telefonzelle gehen und dort im Telefonbuch nachschlagen. Das war damals schon umständlich – heute sogar noch mehr, werden doch die Telefonzellen immer seltener, und in denen der neuen Generation hängen auch keine Telefonbücher mehr aus. Wesentlich bequemer ist die Suche auf dem Smartphone.

Regionale Suchergebnisse in der Telefon-App

Auf der Seite *Orte* der Telefon-App finden Sie unter anderem Restaurants oder Geschäfte. Namen können hier auch im Suchfeld eingegeben werden. Das Samsung Galaxy S9 sucht dann automatisch in der Umgebung des eigenen Standorts nach passenden Orten und Telefonnummern und zeigt diese an. Soweit verfügbar, werden Webseite und Öffnungszeiten angezeigt. Ein Kartenausschnitt zeigt die Adresse, um leicht dorthin zu finden.

Zur Verwendung dieser Funktion muss beim ersten Mal eine Seite mit Geschäftsbedingungen bestätigt werden. Weiterhin müssen die Standortdienste auf dem Smartphone aktiviert werden. Wenn dies bei einem neu eingerichteten Smartphone noch nicht gemacht wurde, zeigt die Telefon-App beim ersten Aufruf einen entsprechenden Hinweis an. Schalten Sie hier die Standorteinstellungen ein.

Regionale Suchergebnisse in der Telefon-App und Kategorien wählen.

Tippen Sie auf *Alle anzeigen*, finden Sie noch mehr Kategorien mit interessanten Orten. Allerdings ist diese Liste in Deutschland noch lange nicht vollständig.

Tippen Sie auf Ihr gefundenes Lieblingslokal und dann ganz unten auf *Als Kontakt speichern*, um diesen Eintrag in die Kontakte-App zu übernehmen. Sie brauchen dann nicht mehr zu suchen und finden den Eintrag auch schnell, wenn Sie sich an einem anderen Ort aufhalten, an dem die Regionalsuche ihn nicht finden würde.

Über das Google-Maps-Symbol kommen Sie direkt aus dem Kontakt auf Google Maps, selbst wenn der Ort dort nicht bekannt ist.

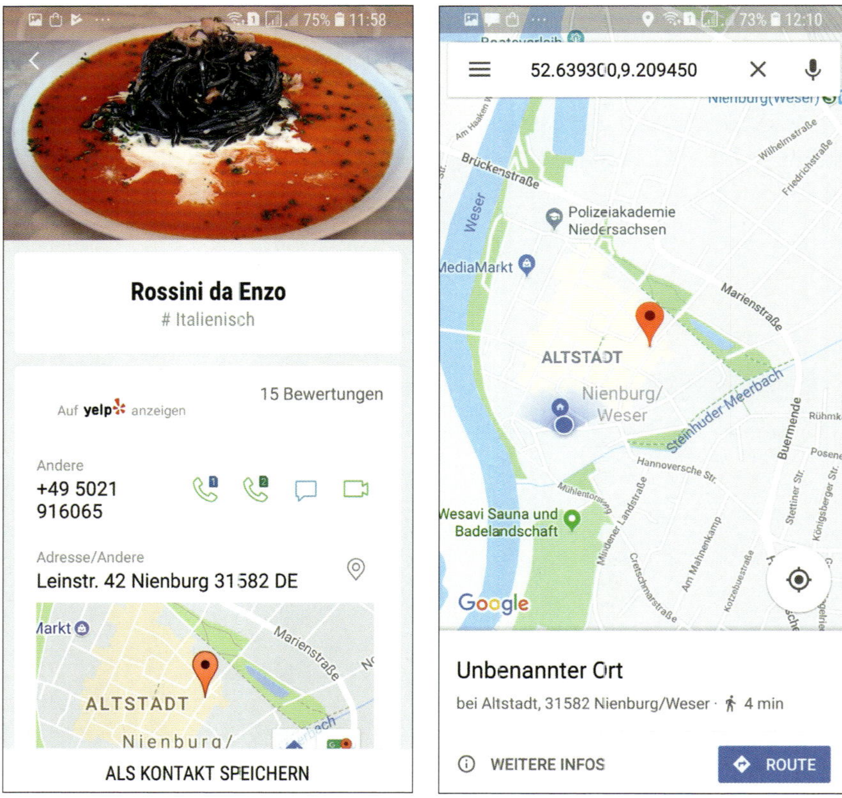

Lokal aus der Regionalsuche in Kontakte übernehmen und auf Google Maps finden.

Regionale Google-Suche

Google bietet ein Firmen-, Kneipen- und Restaurantverzeichnis, das mit Daten verschiedener Anbieter gefüllt wird. Hier findet man unter anderem auch diverse Nutzerbewertungen, die allerdings wie überall mit Vorsicht zu genießen sind. Die regionale Google-Suche zeigt neben Kneipen und Restaurants auch Hotels, Geldautomaten, Veranstaltungen und viele andere interessante Orte. Hier lassen sich die gefundenen Nummern auch direkt antippen und anrufen.

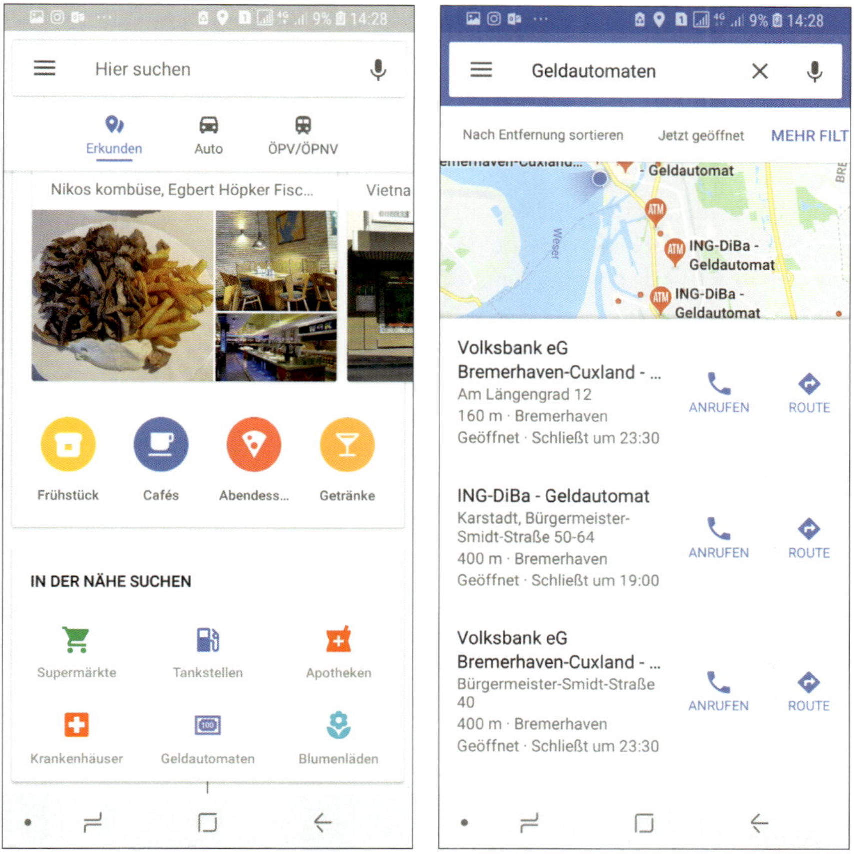

Regionale Suche innerhalb der Google-Suche.

Die regionale Google-Suche braucht nicht eigens als App installiert zu werden. Der Dienst ist in die Google-Suche und auch in Google Maps auf dem Smartphone integriert und bietet verschiedene Kategorien an. Die Ergebnisse werden direkt als Liste oder auf einer Landkarte dargestellt. Dabei werden die eigenen Standortinformationen genutzt, um Suchergebnisse in der Umgebung zu liefern.

Bixby Vision

Bixby Vision ist eine Erweiterung der Kamera-App, die Gegenstände und Sehenswürdigkeiten auf Fotos erkennt und weitere Informationen dazu findet. Weiterhin erkennt Bixby Vision Texte und kann diese automatisch mithilfe des Google Übersetzers übersetzen.

Tippen Sie auf das Bixby-Symbol im Kamerafenster, versucht Bixby Vision, im aktuellen Bild etwas zu erkennen. Tippen Sie nicht auf den Auslöser, Bixby Vision arbeitet in Echtzeit mit der Kamera. Wählen Sie in der Symbolleiste unten, wonach Bixby Vision suchen soll: Text, Bild oder Gegenstand, Ort, Essen, Weinflasche, QR-Code.

Wenn etwas erkannt wurde, erscheinen im Bild Stichwörter oder Vorschaubildchen, um ähnliche Fotos bei Pinterest oder Shopping-Ergebnisse zum Produkt zu finden. Letzteres funktioniert in Deutschland allerdings bis jetzt erst bei wenigen Produkten. Für die besten Ergebnisse halten Sie hier die Kamera direkt auf Markenlogos. Die reine Erkennung von Objekten funktioniert noch nicht besonders gut.

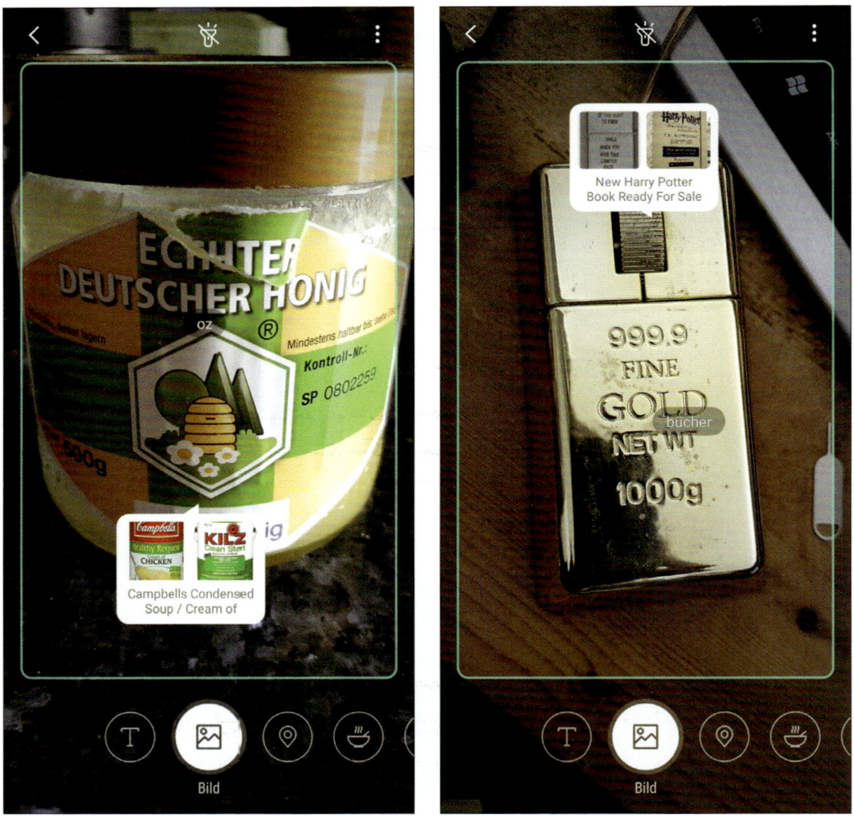

Bixby Vision versucht, Objekte zu erkennen, was noch oft fehlschlägt.

Im Modus *Essen* versucht Bixby Vision, ein Gericht anhand des Fotos zu erkennen und Nährwertangaben oder ein Rezept dazu zu finden.

Unterwegs versucht Bixby Vision, im Kamerabild Sehenswürdigkeiten, Restaurants oder Geschäfte in der Nähe zu erkennen. Im Bild wird die Lage oder wenigstens ungefähr die Richtung angezeigt. Tippen Sie auf eine Ortsmarke, erscheinen weitere Informationen sowie ein Link zu Google Maps.

Bixby Vision sucht Nährwertangaben zu Lebensmitteln.

Weiterhin kann man mit der Kamera ein Schild, eine Bedienungsanleitung oder eine Speisekarte fotografieren und von Google in Echtzeit in eine andere Sprache übersetzen. Tippen Sie dazu auf das *Text*-Symbol in Bixby Vision und ziehen danach den grünen Rahmen möglichst genau um den zu übersetzenden Text, da andere Objekte im Bild die Erkennungsqualität stören könnten. Wählen Sie die Sprache des zu erkennenden Textes und die Zielsprache. Der erkannte Text wird übersetzt und anstelle des Originals im Kamerabild angezeigt.

TIPP: Zur Veröffentlichung fremdsprachiger Texte ist der Google Übersetzer wie jede andere Art automatischer Übersetzung völlig ungeeignet. Die App dient nur dazu, sich ein ungefähres Bild vom Inhalt eines fremdsprachigen Textes zu machen. Besonders bei Sprachen, bei denen man nicht einmal den leisesten Hauch einer Ahnung hat, was ein Text bedeutet, kann eine automatische Übersetzung hilfreich sein.

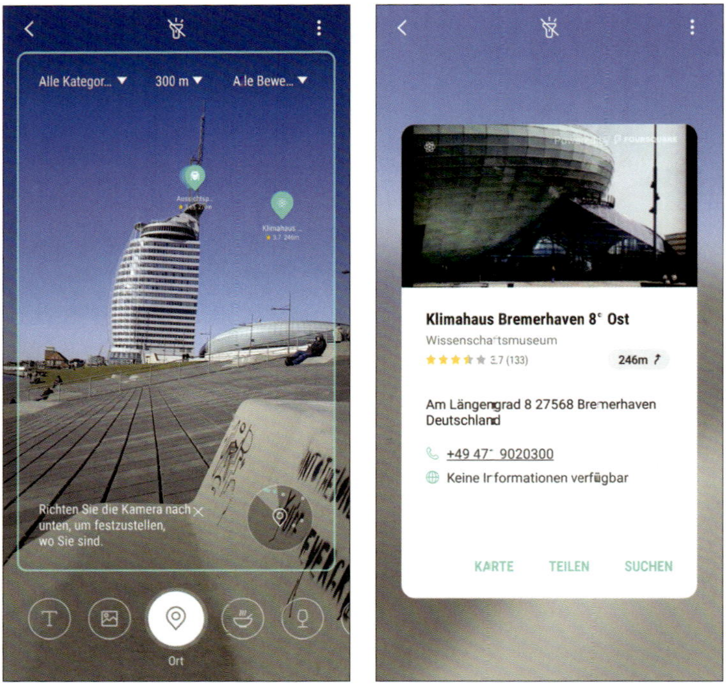

Interessante Orte in der Nähe.

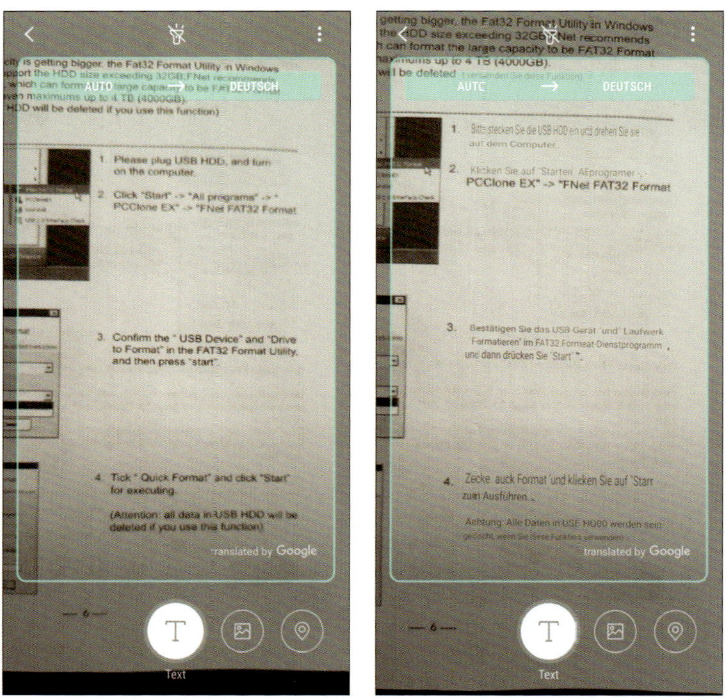

Bixby Vision und der Google Übersetzer.

Kapitel 8

Coole Apps

Jeder Computer wird erst durch die installierten Programme interessant. Das gilt natürlich auch für Android-Smartphones.

Immer wieder veröffentlichen Zeitschriften und Webseiten die angeblich besten Apps. Aber welche sind die besten? Niemand installiert sich Apps aus Sammlerleidenschaft nur um der Apps willen. Man installiert das, was man braucht, und da muss jeder für sich selbst beurteilen, was wichtig ist und was nicht.

Große Teile dieses Buches handeln von Apps und natürlich nur von den besten zu jedem Thema. In diesem Kapitel werden noch einige Apps zu Themen vorgestellt, die bisher unerwähnt blieben.

Dateimanager

Was dem Android-Betriebssystem bis heute fehlt, ist ein leistungsfähiger Dateimanager. Offenbar gehen die Entwickler der Plattform davon aus, dass Anwender sich für die einzelnen Dateien auf ihren Geräten nicht interessieren, früher heruntergeladene Dateien einfach wieder neu herunterladen und, wenn der Speicher voll ist, ein neues Smartphone kaufen.

Der Samsung-Dateimanager – Eigene Dateien

Samsung liefert auf dem Galaxy S9 einen Dateimanager mit Namen *Eigene Dateien* im Ordner *Samsung* in der App-Liste mit, der zwar nicht den Funktionsumfang externer Dateimanager bietet, aber für die meisten alltäglichen Aufgaben völlig ausreicht. Hier können Sie Dateien löschen, kopieren, verschieben, über verschiedene Kommunikationskanäle senden oder auch neue Ordner anlegen.

Der Dateimanager hat gegenüber früheren Versionen ein verbessertes Design und unterstützt auch Verbindungen zu Google Drive und OneDrive. Das Samsung Cloud Drive ist ebenfalls integriert.

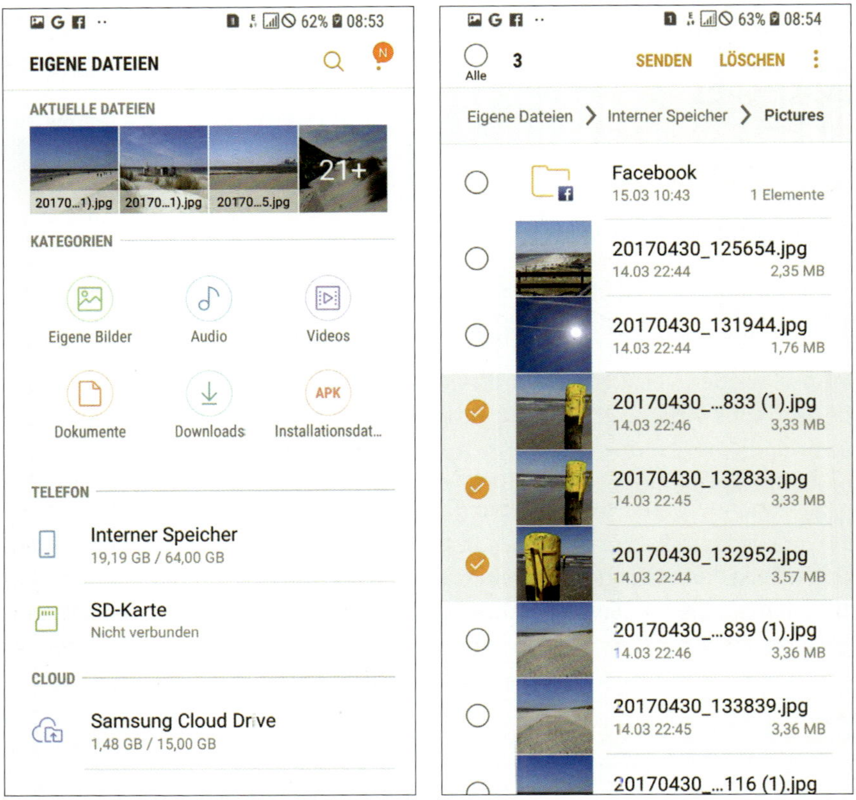

Der Dateimanager »Eigene Dateien« auf dem Samsung Galaxy S9.

Halten Sie den Finger länger auf einer Datei, schaltet der Dateimanager in einen Auswahlmodus um, in dem Sie mehrere Dateien markieren können. Tippen Sie dann oben rechts auf das Menüsymbol mit den drei Punkten, können Sie die ausgewählten Dateien kopieren, verschieben, löschen oder über die Schaltfläche *Senden* verschicken. Dabei werden alle für diesen Dateityp geeigneten Kommunikationskanäle zur Auswahl angeboten.

Vorsicht

Der Dateimanager hat zwar nur Zugriff auf den Benutzerbereich des internen Speichers sowie der Speicherkarte und nicht auf die Systempartition – Sie sollten aber trotzdem die Dateien im Verzeichnis *Android* und in den untergeordneten Verzeichnissen nicht verändern oder verschieben.

Vorinstallierte Office-Apps

In den Anfangszeiten der Smartphones waren es im Wesentlichen Geschäftsleute, die diese Geräte nutzten. Heute sieht das anders aus, ein Smartphone ist ein alltäglicher Begleiter der mobilen Internetgeneration. Dennoch gibt es auch diverse nützliche Apps für büroähnliche Funktionen auf dem Samsung Galaxy S9.

Microsoft Office für Android

Wer öfter längere Texte schreibt, möchte diese auch unterwegs korrigieren oder in einer Besprechung Änderungen einfügen. Das ist oftmals schwierig, weil der Computer mit dem Originaltext gerade nicht zur Hand ist. Microsoft liefert eine vereinfachte Form von Microsoft Office für Android, mit der sich Dokumente auf dem Smartphone lesen und auch bearbeiten lassen. Diese Office-Apps sind auf dem Samsung Galaxy S9 im Ordner *Microsoft Apps* in der App-Liste vorinstalliert. Über die Office-Apps können Sie gleichermaßen auf lokal auf dem Smartphone gespeicherte Dateien wie auch auf Dokumente auf OneDrive zugreifen. Auf diese Weise können Sie ganz einfach Ihre Dokumente vom PC auf dem Smartphone bearbeiten, Sie brauchen sie nur zu Hause in den persönlichen OneDrive-Ordner zu legen und haben dann unterwegs jederzeit Zugriff darauf. Beim ersten Start der Office-Apps müssen Sie sich dazu einmal mit Ihrem Microsoft-Konto anmelden, da einige Funktionen ein Office-365-Abonnement voraussetzen und Sie sich damit außerdem bei OneDrive identifizieren.

Word

In der Textverarbeitung Word stehen einfache Bearbeitungsfunktionen zur Verfügung, um schnell an einem Text etwas zu korrigieren oder Schrift und Farbe zu ändern. Änderungen am Text werden standardmäßig automatisch gespeichert. Fortgeschrittene Funktionen wie Verknüpfungen, Indexerstellung oder auch den Überarbeitungsmodus sucht man dagegen vergebens.

Dieses Symbol in der oberen Symbolleiste schaltet zwischen der Layout-Darstellung und einer zum leichteren Bearbeiten optimierten Fließtext-Darstellung um.

Über das *Teilen*-Symbol können Sie aus allen Office-Apps Dokumente, die auf OneDrive gespeichert sind, für andere Benutzer freigeben. Bei jeder Freigabe können Sie wählen, ob die Empfänger der E-Mail das Dokument nur anzeigen lassen oder auch bearbeiten dürfen. Zusätzlich ist es auch möglich, lokal gespeicherte Dokumente aus den Office-Apps heraus als E-Mail-Anhang zu verschicken.

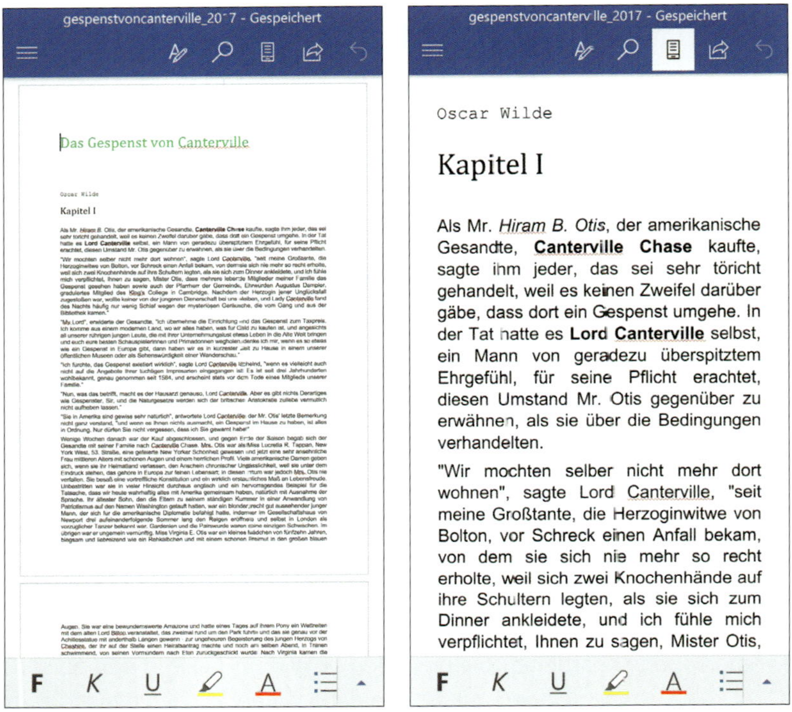

Textansicht und Bearbeitungsmodus in der Word App für Android.

Office-Dokumente formatieren und für andere Personen freigeben.

Excel

Auch die Tabellenkalkulation Excel ist in einer App-Version vorinstalliert, mit der Sie Tabellen anzeigen und bearbeiten können. Die Bedienung und auch die Syntax der Funktionen in Excel für Android entsprechen denen der PC-Version. Tippen Sie oben links auf das Symbol *fx*, wird eine Liste aller verfügbaren Funktionen angezeigt.

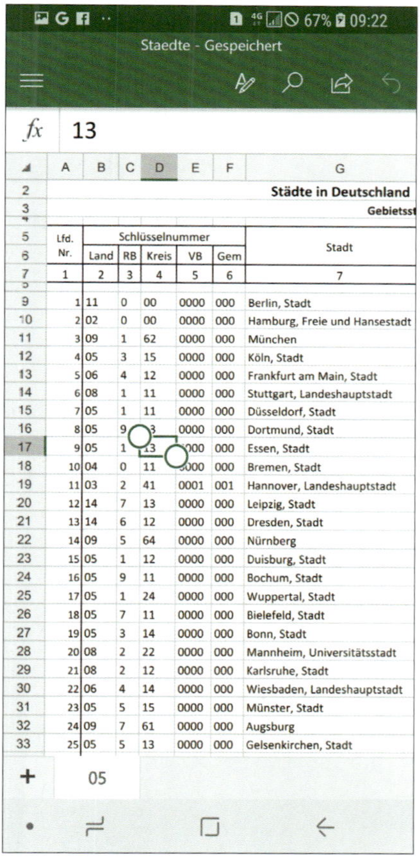

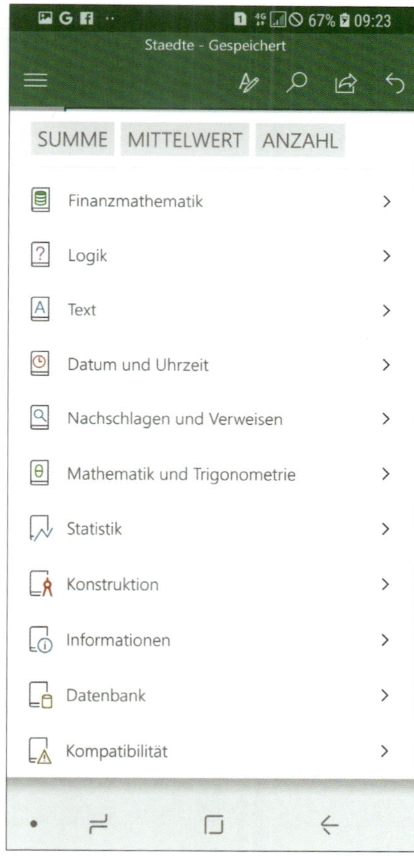

Die Tabellenkalkulation Excel für Android.

Trigonometrische und finanzmathematische Berechnungen sind in der Tabellenkalkulation ebenso möglich wie die Statistik oder Umrechnung zwischen Zahlensystemen. Selbst die Logik- und Verweisfunktionen aus Excel zum Bezug zwischen verschiedenen Bereichen einer Tabelle wurden umgesetzt. Enthält eine Tabelle Funktionen, die von der mobilen Version nicht unterstützt werden, kann die Tabelle nur angezeigt, aber nicht bearbeitet werden, damit keine Inhalte verloren gehen.

INFO: Manche alles besser wissenden Medien werfen den mobilen Office-Lösungen eingeschränkte Funktionalität vor. Gerade bei Tabellenkalkulationen gilt aber die alte Administratorenweisheit: Weniger als 10 % der Anwender nutzen mehr als 10 % der Funktionen eines Programms. Dass Excel für Android keine Pivot-Tabellen und keine Was-wäre-wenn-Analysen mit verschiedenen Datenszenarien verarbeitet, wird nur einen sehr kleinen Anwenderkreis stören.

Rechner

Samsung liefert auf dem Samsung Galaxy S9 einen einfachen Taschenrechner mit, der für den Alltag in den meisten Fällen ausreicht.

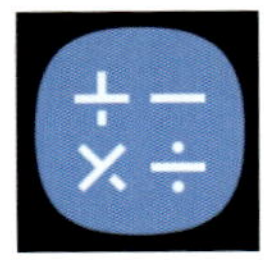

Dieser bietet sogar ein paar wissenschaftliche und trigonometrische Funktionen. Sie erscheinen, wenn man das Smartphone quer hält. Das Linealsymbol schaltet auf den Einheitenumrechner zur Umrechnung verschiedener Maßeinheiten für Fläche, Länge, Temperatur, Volumen, Masse und Dateneinheiten (MB, GB etc.) um.

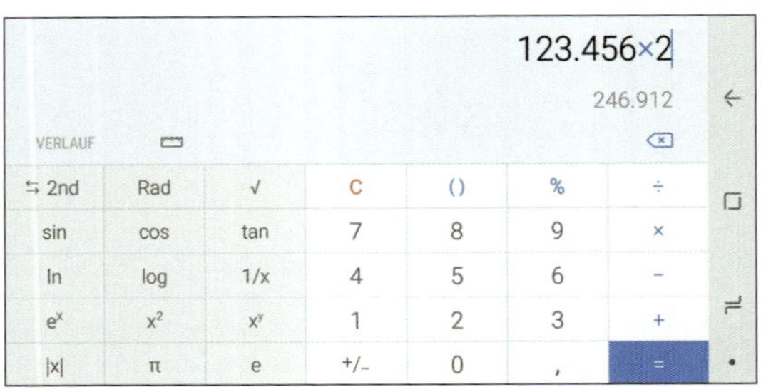

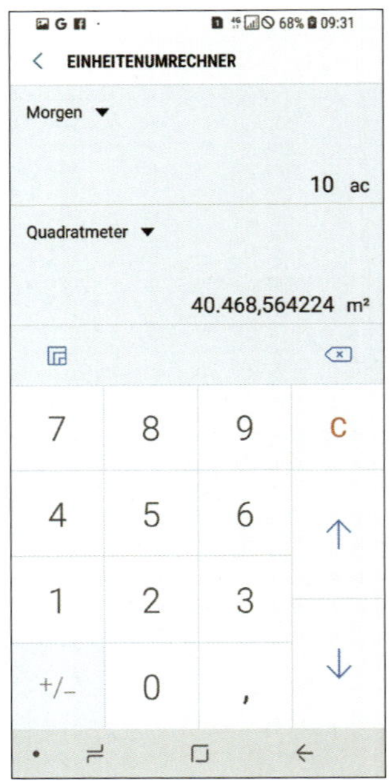

Der Taschenrechner mit Einheitenumrechnung.

Notizen

Lange vor der Ära der Smartphones hatte Ernest Hemingway einen Notizblock neben seinem Bett liegen, um, wenn er nachts aufwachte, Ideen und Kommentare zu seinen unvollendeten Werken niederzuschreiben. Diese musste er dann am nächsten Morgen allerdings mühsam in seine Manuskripte nachtragen. Heute kann man Tag und Nacht und überall Notizen auf dem Smartphone machen. Allerdings beinhaltet Android standardmäßig keine App für Notizen.

Samsung Notes

Samsung liefert mit *Notes* einen ganz einfachen Notizblock auf dem Galaxy S9 mit, in dem Sie Textnotizen oder auch handschriftliche Notizen erstellen können. Diese Notizen lassen sich nach Stichwörtern durchsuchen und auch versenden, Sie können Fotos, Freihandzeichnungen und kurze Sprachnotizen anfügen.

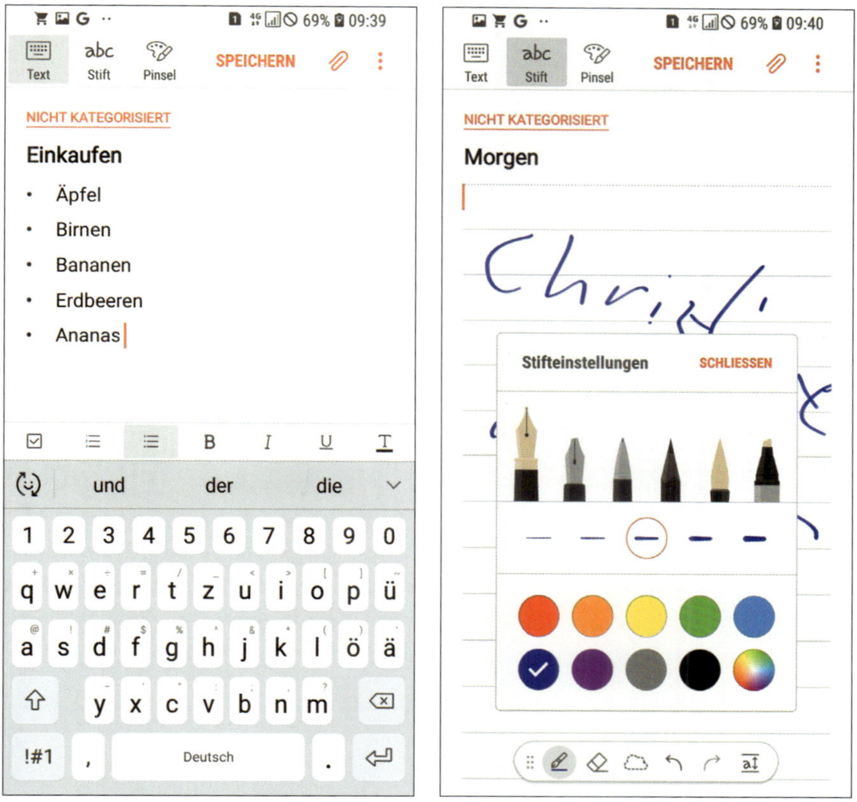

Der Notizblock auf dem Samsung Galaxy S9.

Sprachnotizen mit der App Diktiergerät

Die vorinstallierte App *Diktiergerät* bietet eine einfache Möglichkeit, kurze Sprachnotizen aufzuzeichnen. Dabei gibt es drei verschiedene Betriebsarten. Im Standardmodus werden Sprachnotizen als Audiodateien aufgenommen, die jederzeit in der App wieder abgespielt werden können. Der Modus *Interview* reagiert auf Sprache aus beiden Richtungen, der Ober- und Unterseite des Smartphones.

Sprachnotizen können später abgespielt und dabei auch unwichtige Stellen herausgeschnitten werden. Anschließend lassen sie sich über die installierten Kommunikations-Apps als Audiodatei versenden. Im Modus *Sprache zu Text* versucht die App, den gesprochenen Text direkt in geschriebenen Text umzuwandeln, statt als Audiodatei aufzuzeichnen. Sprechen Sie hier besonders deutlich und halten Sie das Smartphone etwa 20 cm vom Mund entfernt.

E-Books

Das Samsung Galaxy S9 mit seinem hochauflösenden Bildschirm eignet sich geradezu ideal, um unterwegs E-Books zu lesen. Die digitalen Bücher wiegen nichts, verbrauchen keinen Platz in der Tasche, und man braucht auch nicht daran zu denken, ein Buch für längere Bahnfahrten oder Wartezeiten mitzunehmen – das Smartphone hat man sowieso immer dabei.

Amazon Kindle

Der Onlinebuchhändler Amazon machte mit seinem E-Book-Lesegerät Kindle das Lesen von E-Books erst richtig populär. Anstelle eines »echten« Kindle kann man auch die Kindle-App nutzen, um seine bei Amazon gekauften E-Books unterwegs zu lesen. Amazon verwendet für den Kindle ein eigenes Dateiformat, das die anderen E-Book-Reader nicht lesen können. Diese App bietet natürlich auch Zugang zum Onlineshop, der innerhalb der App in einem für Smartphones optimierten Format dargestellt wird, sowie zu den kostenlosen Büchern.

Kindle für Samsung

Auf dem Samsung Galaxy S8 gab es noch eine spezielle Kindle-App für Samsung, die jeden Monat ein kostenloses E-Book lieferte. Dieses Angebot gibt es auf dem Samsung Galaxy S9 nicht mehr.

Auch die kostenlosen Bücher muss man bei Amazon »kaufen«. Dazu ist ein Amazon-Kundenkonto erforderlich, das man aber auch schnell im Kindle-Shop anlegen kann, wenn man noch nie bei Amazon eingekauft hat. Nach der »Bestellung« wählt man nur noch das Gerät aus, auf dem man das Buch lesen möchte, falls man mehrere Kindle oder Geräte mit Kindle-App in Verwendung hat. Die Bücher werden automatisch über Amazons eigene Whispersync-Technologie direkt auf das Smartphone zugestellt, ohne dass Sie noch irgendetwas dazu tun müssen.

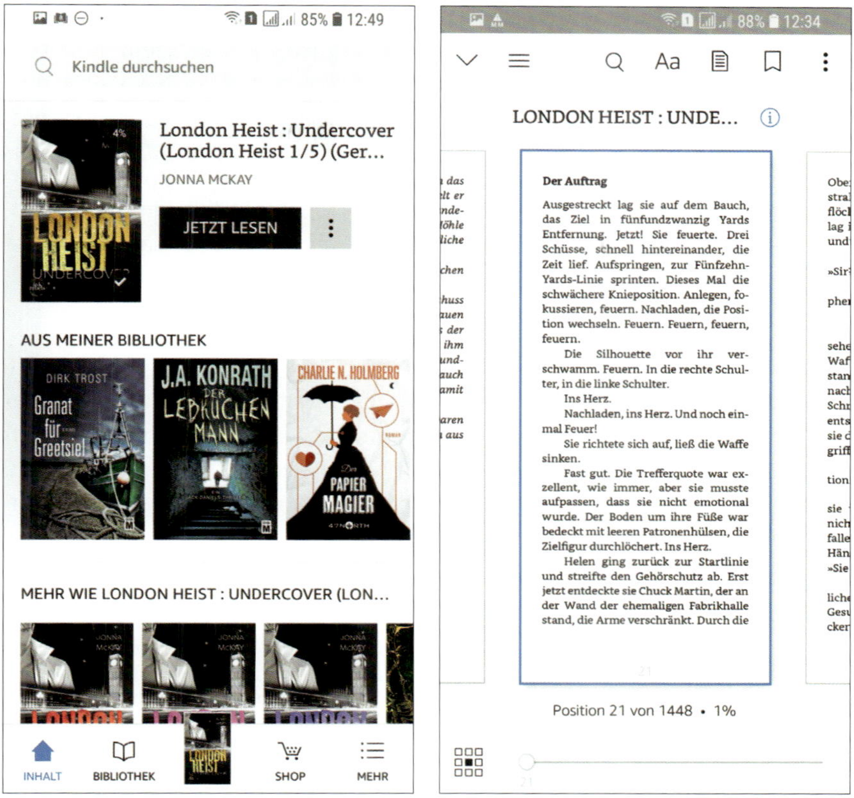

Die Kindle-App auf dem Samsung Galaxy S9.

In der Kindle-App finden Sie alle gekauften sowie die kostenlos heruntergeladenen Bücher. Bei den bereits angelesenen Büchern zeigt eine kleine Prozentzahl die aktuelle Leseposition im Buch.

Tippen Sie auf ein Buch, öffnet sich dieses in einem angenehm zu lesenden Vollbildmodus auf dem Bildschirm. Im Buch kann man mit Fingergesten blättern. Statt mit dem Finger über den Bildschirm zu wischen, reicht auch ein kurzes Antippen am rechten Bildschirmrand, um eine Seite weiterzublättern. Tippt man auf den linken Bildschirmrand, kommt man wieder eine Seite zurück. Tippt man kurz in die Bildschirmmitte, werden oben Bedienelemente der App und unten die aktuelle Position im Buch angezeigt.

Das Symbol oben links öffnet eine Seitenleiste mit Buchinformationen. Hier finden Sie auch das Inhaltsverzeichnis, um schnell zu einem bestimmten Kapitel zu springen.

Fahren Sie mit zwei Fingern gleichzeitig von oben nach unten über den Bildschirm, stellen Sie damit die Helligkeit ein. Beim Lesen in der Nacht schalten

Sie am besten auf den augenfreundlichen Nachtmodus um, der helle Schrift auf dunklem Grund zeigt und so den Leser nicht so stark blendet. Außerdem können Sie je nach Lesegewohnheit die Schriftgröße auf ein angenehmes Maß einstellen.

Sie können jederzeit die aktuelle Position als Lesezeichen speichern, um so wichtige Textstellen schnell wiederzufinden. Tippen Sie dazu in die alleräußerste rechte obere Bildschirmecke. Die Lesezeichen erreichen Sie später über den Menüpunkt *Notizen und Markierungen*.

Suche, Wörterbuch, Übersetzer und Wikipedia im Kindle

Markieren Sie ein einzelnes Wort durch längeres Antippen, können Sie dieses in Wikipedia nachschlagen. Über die Symbolleiste können Sie diesen Begriff auch per Volltextsuche im Buch suchen oder über den Browser im Internet. Auch eine Online-Übersetzung einzelner Wörter ist möglich. Amazon verwendet dazu – untypisch für Android – den Bing Translator von Microsoft.

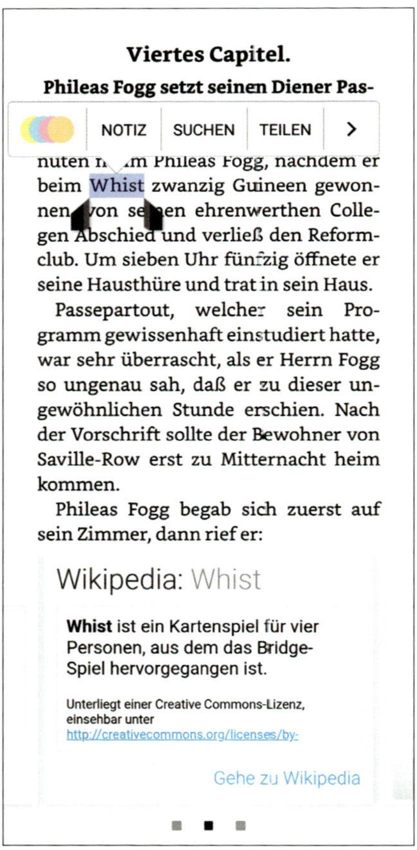

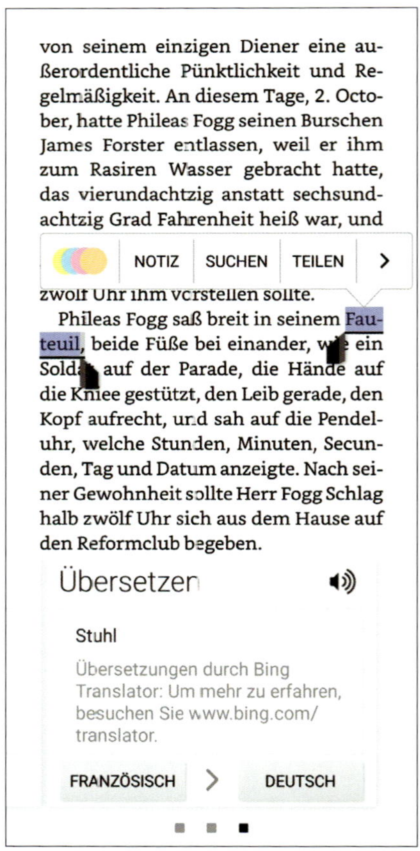

Wikipedia und Online-Übersetzung in der Kindle-App.

Amazon bietet das *Duden Universalwörterbuch* sowie verschiedene fremdsprachige Wörterbücher kostenlos für alle Kindle-Nutzer an. Beim ersten Mal müssen Sie es nur herunterladen, brauchen dazu aber Ihr gerade geöffnetes E-Book nicht zu verlassen. Schieben Sie den Wikipedia-Kasten nach links, erscheinen ein Kasten für die Übersetzung mit Bing und das Wörterbuch. Der Link *Vollständige Definition* in der Kurzbeschreibung, nach dem Herunterladen des Wörterbuches, blendet das *Duden Universalwörterbuch* mit der ausführlichen Begriffsbeschreibung ein. Mit der Zurück-Taste kommen Sie aus dem *Duden Universalwörterbuch* wieder zurück ins E-Book. Im Gegensatz zur Wikipedia-Suche und dem Bing Translator kann das *Duden Universalwörterbuch* nach dem erstmaligen Download offline genutzt werden.

Die fremdsprachigen Wörterbücher können auch als eigene App unabhängig von der Kindle-App genutzt werden.

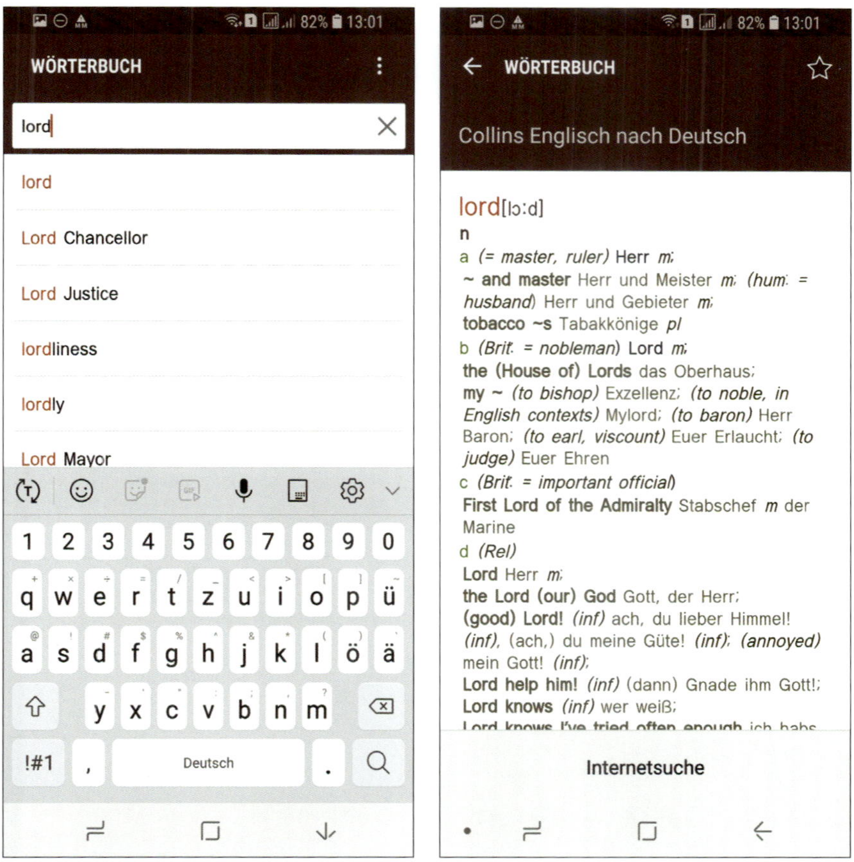

Fremdsprachige Wörterbücher von Amazon.

Gesundheit und Fitness

Ein Smartphone, das man immer bei sich hat, ist ideal dafür geeignet, Fitness- und Gesundheitsdaten zu erfassen.

Samsung liefert auf dem Galaxy S9 die App *Samsung Health* vorinstalliert mit, mit der man Fitnessziele festlegen und die erzielten Fortschritte überprüfen kann. Durch regelmäßiges Erfassen von Gesundheitsinformationen kann man seinen eigenen Gesundheitszustand im Blick behalten.

Samsung Health beinhaltet einen Schrittzähler, der über den Bewegungssensor die gelaufenen Schritte mitzählt, wenn das Samsung Galaxy S9 in der Tasche steckt. Weitere Fitness- und Trainingsdaten können direkt in der App eingetragen werden. Zusätzlich besteht die Möglichkeit, Daten eines Fitnessarmbands automatisch zu erfassen oder die App mit einer Samsung Gear Smartwatch zu verbinden.

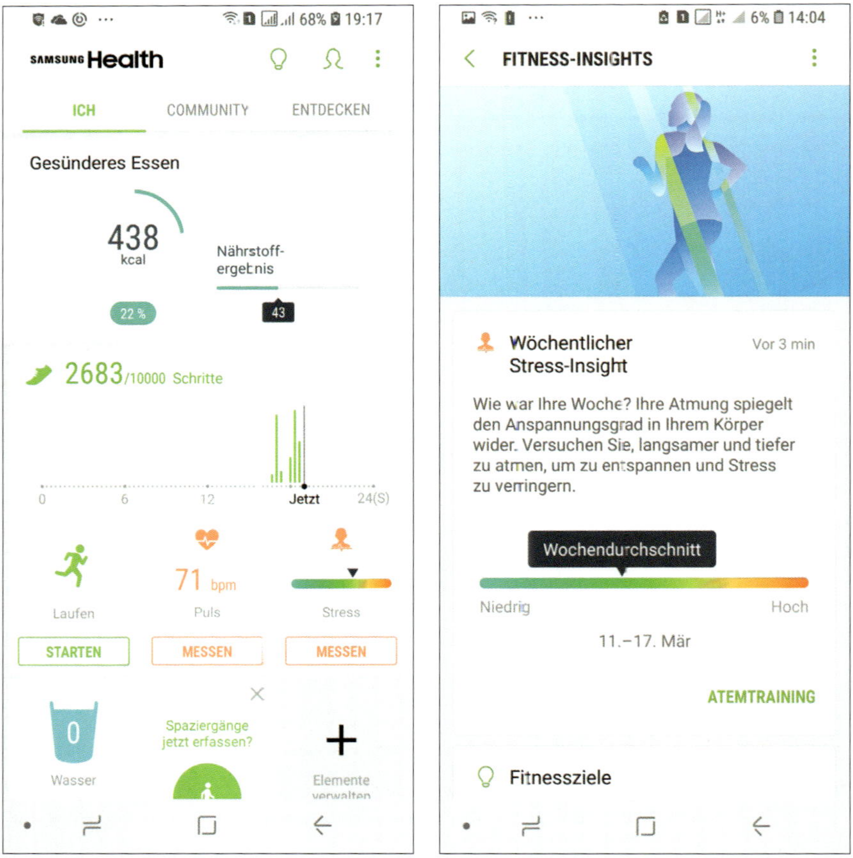

Die App Samsung Health auf dem Samsung Galaxy S9.

Im Samsung Galaxy S9 ist auf der Rückseite neben der Kamera ein Herzfrequenzsensor eingebaut, damit können Sie Ihren Puls und Stresspegel messen. Legen Sie einen Finger auf diesen Sensor und halten Sie das Smartphone möglichst ruhig, um einen genauen Wert zu messen. Die Messwerte werden automatisch in der App gespeichert und können jederzeit als Tabelle oder Grafik – wie die anderen Fitnessdaten auch – angezeigt werden.

Die App kann auch die täglich gegessenen Lebensmittel auswerten. Allerdings besteht die mitgelieferte Lebensmitteldatenbank vorrangig aus Fertiggerichten der großen Supermarktketten. Auch Nutella und Coca-Cola weit oben in den Favoritenlisten der Lebensmittelvorschläge lassen doch deutliche Zweifel an der Seriosität der Lebensmitteldatenbank in dieser Gesundheits-App aufkommen.

Der Game Launcher

Für alle, die gern auf dem Smartphone spielen, bietet das Samsung Galaxy S9 den Game Launcher in den *Einstellungen* unter *Erweiterte Funktionen/Spiele*.

Der Game Launcher erscheint nach seiner Aktivierung als spezielles Ordnersymbol auf dem Startbildschirm. Neu installierte Spiele werden automatisch in diesem Ordner angezeigt. Über den Menüpunkt *Spiel hinzufügen* lassen sich weitere Apps, die nicht automatisch als Spiele erkannt wurden, mit aufnehmen. Die Schaltfläche *Mehr Spiele finden* führt zu Spielen im Google Play Store, die von Samsung beworben werden.

In den Einstellungen des Game Launchers, erreichbar über das Menüsymbol oben rechts, können Sie die Symbole installierter Spiele auf dem Startbildschirm und in der App-Liste ausblenden. Diese werden dann nur noch im Game Launcher angezeigt. Schalten Sie in den Einstellungen auch die Marketing-Informationen aus, um nicht über Benachrichtigungen mit Werbung belästigt zu werden.

Möchten Sie während eines Spiels die volle Leistung des Samsung Galaxy S9 zur Verfügung haben, können Sie über das Symbol unten links in der Symbolleiste, das der Game Launcher hinzufügt, alle Energiesparfunktionen während eines Spiels abschalten oder aber umgekehrt ein Spiel mit geringerer Leistung laufen lassen, um Energie zu sparen. Hier lässt sich auch eine EDGE-Berührungssperre aktivieren, die verhindert, dass man versehentlich in einem Spiel die Seitenbildschirme berührt und ungewollte Funktionen auslöst.

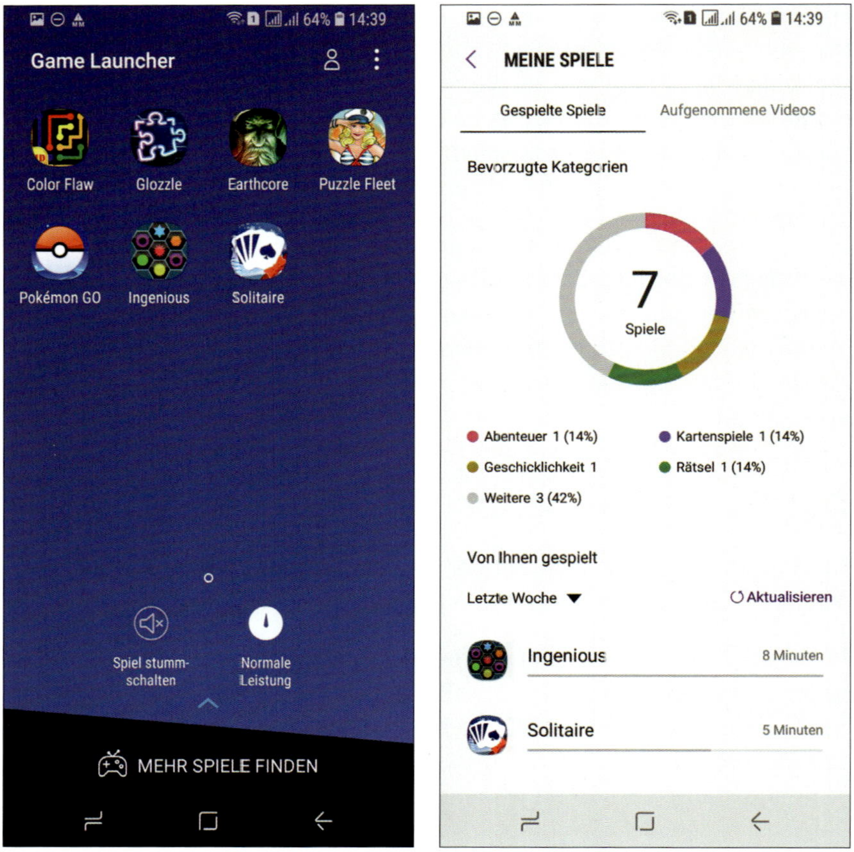

Der Game Launcher auf dem Samsung Galaxy S9.

Kapitel 9

Insidertipps zur Bedienung

Die Bedienung der Samsung-Experience-Oberfläche auf dem Samsung Galaxy S9 erfolgt weitgehend intuitiv, sodass man kaum etwas falsch machen kann. Aber natürlich gibt es wie bei jedem System einige Tricks, auf die man nicht sofort kommt, zumal Samsung die Oberfläche gegenüber dem klassischen Android deutlich verändert hat.

Hintergrundbilder

Das Hintergrundbild des Bildschirms, sei es auf dem PC oder auf dem Smartphone, ist ein höchst emotionales Thema. Die einen vertreten äußerst vehement die Meinung, der Bildschirmhintergrund sei das Unwichtigste überhaupt, anderen liegt dieses Bild so am Herzen, dass es je nach Tageslaune ständig geändert werden muss.

Auf dem Samsung Galaxy S9 stehen einige vorinstallierte Hintergrundbilder zur Auswahl, aber wer möchte schon, dass sein Smartphone aussieht wie alle?

Tippen Sie etwas länger auf den Startbildschirm und dann auf das Symbol *Hintergründe*. Jetzt erscheint der neue Katalog *Samsung Themes*. Wählen Sie in der Leiste am oberen Bildschirmrand eines der vorinstallierten Hintergrundbilder aus und tippen Sie auf *Als Hintergrundbild festlegen*. Damit wird es automatisch als Hintergrundbild übernommen.

Bilder, die den Modus *Endloshintergrund* unterstützen, werden gleichzeitig auf Startbildschirm, Sperrbildschirm und Always-On-Bildschirm angezeigt und bewegen sich bei Bewegungen des Smartphones leicht mit.

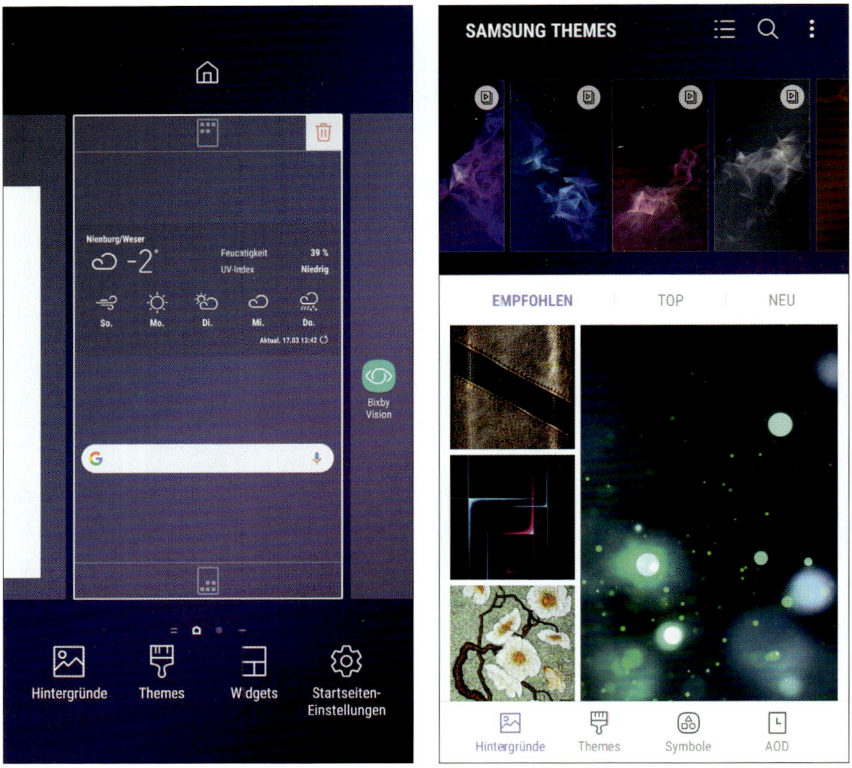

Mitgelieferte Hintergrundbilder auf dem Samsung Galaxy S9 auswählen.

Neue Bildschirmthemen

Über Bildschirmthemen lässt sich die Oberfläche des Samsung Galaxy S9 noch stärker verändern als nur über Hintergrundbilder. Themen verändern Farben, Symbole sowie Schriftarten und wirken sich nicht nur auf den Startbildschirm und die App-Liste aus, sondern auch auf einige der vorinstallierten Samsung-Apps.

Der Katalog *Samsung Themes* enthält eine Vielzahl von Themen, wovon einige kostenpflichtig sind. Schalten Sie in den Listen unter *Top* oder *Neu* von *Alle* auf *Kostenlos* um, um nur kostenlose Themen zu sehen. Das Kategoriesymbol oben rechts neben der Lupe blendet eine Liste ein, in der Sie Themen nach Farben oder Kategorien finden können.

Eigene Hintergrundbilder aus der Galerie

Noch wesentlich persönlicher ist ein eigenes selbst fotografiertes Hintergrundbild auf dem Smartphone. Wählen Sie dazu bei den Hintergrundbildern ganz links oben *Meine Hintergrundbilder* und auf dem nächsten Bildschirm

Aus Galerie. Jetzt werden alle auf dem Smartphone gespeicherten Fotos angezeigt. Wählen Sie das gewünschte Foto aus. Danach können Sie den *Startbildschirm*, den *Sperrbildschirm* oder gleich beide wählen. Die meisten Fotos haben ein anderes Seitenverhältnis, als für das Hintergrundbild benötigt wird. Wählen Sie den passenden Bildausschnitt, indem Sie das Bild einfach waagerecht verschieben. Jetzt brauchen Sie nur noch auf *Als Hintergrund festlegen* zu tippen, und das Foto wird als Hintergrund auf dem Startbildschirm übernommen. Der *Bewegungseffekt* bewegt das Hintergrundbild leicht, wenn das Smartphone geneigt wird.

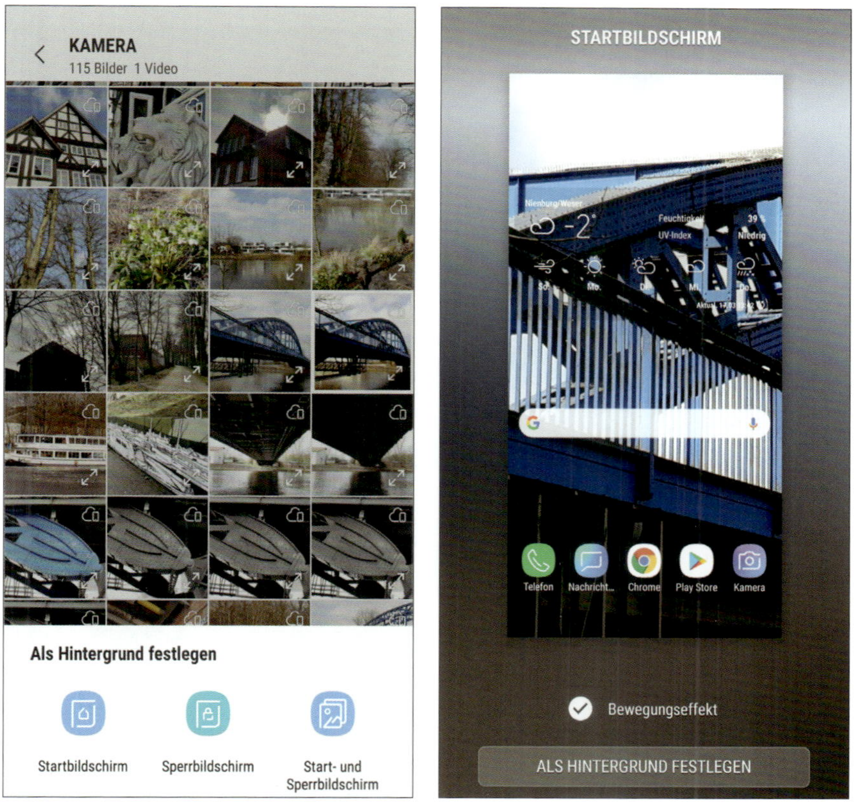

Eigenes Foto als Hintergrundbild verwenden.

Betrachten Sie gerade Fotos in der Galerie und finden dabei eines, das Sie gern jeden Tag als Bildschirmhintergrund sehen möchten, brauchen Sie nicht den Umweg über den Startbildschirm zu gehen. Tippen Sie oben rechts auf das Menüsymbol und wählen Sie den Menüpunkt *Als Hintergrund festlegen*. Auch hier haben Sie noch die Möglichkeit, den Bildausschnitt durch Verschieben genau festzulegen.

Startbildschirm und App-Liste anpassen

Nicht nur das Aussehen, auch die Funktionen des Startbildschirms und der App-Liste lassen sich dem persönlichen Geschmack anpassen und erweitern.

Um mehr App-Symbole gleichzeitig auf dem Startbildschirm und in der App-Liste zu sehen, können Sie die dort verwendete Rastergröße ändern. Tippen Sie länger auf den Startbildschirm und dann auf das Symbol *Startseiteneinstellungen*. Jetzt können Sie unter *Startbildschirmgitter* und *App-Bildschirmgitter* zwischen verschiedenen Rastergrößen wählen.

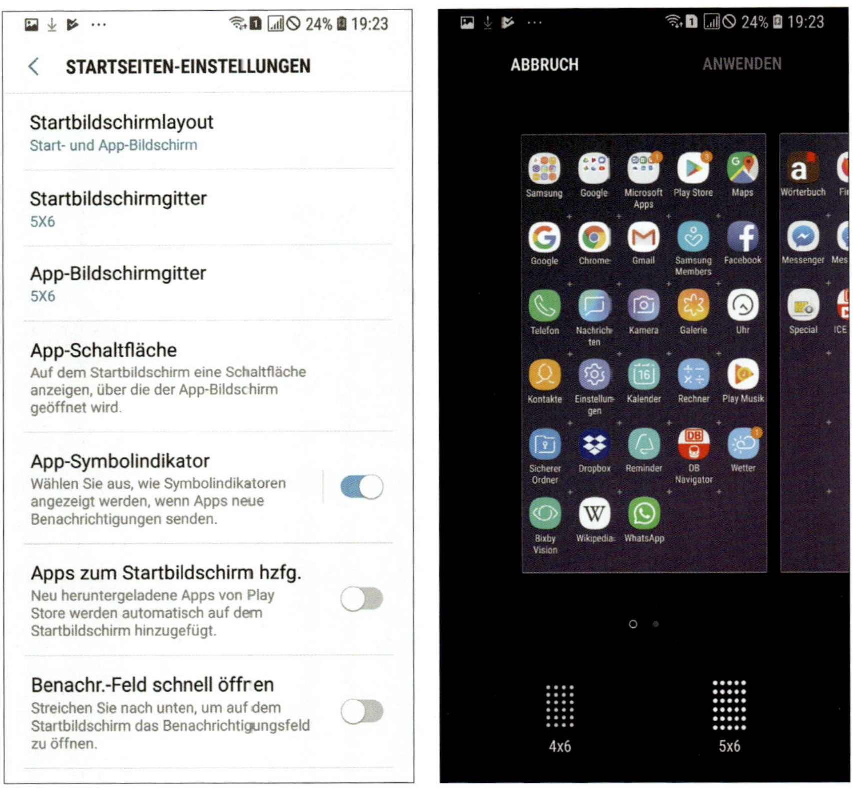

Raster des Startbildschirms und App-Bildschirms ändern.

Unter *Startbildschirmlayout* können Sie statt der üblichen Trennung zwischen Startbildschirm und App-Liste auf die App-Liste ganz verzichten und alle installierten Apps auf mehreren Seiten des Startbildschirms darstellen, zwischen denen Sie mit horizontalen Wischbewegungen hin- und herwechseln. Die aktuelle Anordnung der App-Symbole auf dem App-Bildschirm wird auf dem Startbildschirm übernommen und dazu werden zusätzliche Startbildschirmseiten angehängt.

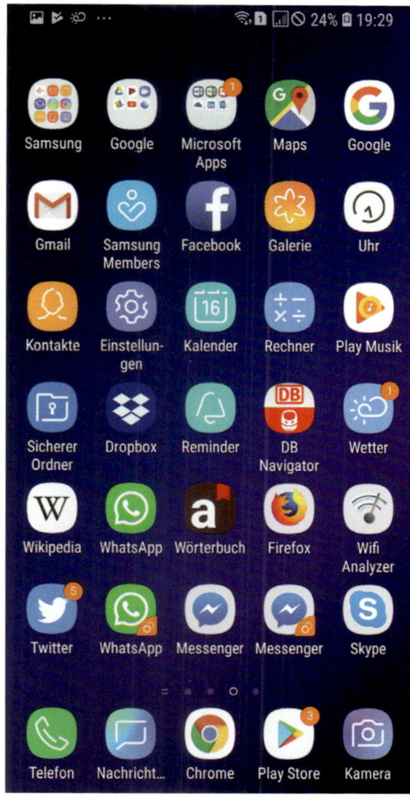

Alle Apps ohne eigene App-Liste auf Startbildschirmseiten darstellen.

Die Option *App-Schaltfläche* blendet wie im Original-Android oder in früheren Versionen der Samsung-Benutzeroberfläche in der Schnellstartleiste unten eine Schaltfläche ein, um die App-Liste anzuzeigen. Dann wird nicht mehr über eine vertikale Wischbewegung auf dem Startbildschirm umgeschaltet. Für die Menü-Schaltfläche geht der Platz für eine App auf dem Startbildschirm verloren.

Apps ausblenden ermöglicht es, einzelne Apps in der App-Liste nicht mehr anzuzeigen, ohne sie zu deinstallieren. Auf dem gleichen Weg können sie jederzeit wieder eingeblendet werden.

Das Smartphone als Lupe

Bei Arbeiten mit Kleinteilen ist es manchmal praktisch, eine Lupe und eine Taschenlampe zur Hand zu haben. Das Widget *Vergrößerung* macht das Samsung Galaxy S9 zur Lupe.

Der Vergrößerungsfaktor der Lupe lässt sich variabel einstellen. Die eingebaute Taschenlampe hilft, die Kleinteile noch besser zu erkennen. Das Symbol *Aufnahme* macht einen Schnappschuss des Bildes, der auf dem Bildschirm stehen bleibt. So kann man das Smartphone beiseitelegen und hat wieder beide Hände frei. Das Bild lässt sich auch als Foto speichern.

Verbesserungen der Samsung-Experience-Oberfläche

Die Samsung-Benutzeroberfläche war auf früheren Samsung-Smartphones bei vielen Nutzern unbeliebt. Sie galt als träge und mit unnützen Funktionen überfrachtet. Samsung hatte die Benutzeroberfläche für das Samsung Galaxy S8 gründlich überarbeitet. Das Samsung Galaxy S9 verwendet die gleiche Oberfläche, die nochmals erweitert und an Android 8 Oreo angepasst wurde. Einige selten gebrauchte Funktionen werden jetzt über *Galaxy Apps* zum nachträglichen Download angeboten. Gegenüber der Standard-Android-Oberfläche bietet die aktuelle Oberfläche Samsung Experience einiges an zusätzlichem Bedienkomfort.

Einstellungen mit Suchfunktion

Ziehen Sie die Benachrichtigungsleiste vom oberen Bildschirmrand herunter und tippen Sie oben rechts auf das *Einstellungen*-Symbol. Die Einstellungen erscheinen in übersichtlich geordneten Kategorien, die weitgehend dem Android-Standard entsprechen.

Nicht immer ist es ganz einfach, eine bestimmte Einstellung innerhalb der verschachtelten Struktur zu finden. Auf dem Hauptbildschirm der *Einstellungen* finden Sie oben ein Suchfeld. Geben Sie hier einen Suchbegriff ein. Schon während der Eingabe werden passende Einstellungen vorgeschlagen. Tippen Sie oben rechts auf das Profilbild, erscheinen die Einstellungen des Samsung-Kontos.

Mehrere Apps gleichzeitig sehen

Die Samsung-Experience-Oberfläche auf dem Samsung Galaxy S9 bietet die Möglichkeit, mehrere Apps gleichzeitig auf dem Bildschirm zu nutzen. Allerdings muss diese Funktion von den jeweiligen Apps unterstützt werden.

Tippen Sie unten links auf die Taste zur Anzeige der App-Liste. Bei Apps, die die sogenannte Multi-Window-Ansicht unterstützen, wird ein Symbol mit zwei gestapelten Rechtecken angezeigt. Tippen Sie darauf, erscheint diese App in der oberen Bildschirmhälfte. Jetzt können Sie in der unteren Hälfte eine weitere App wählen.

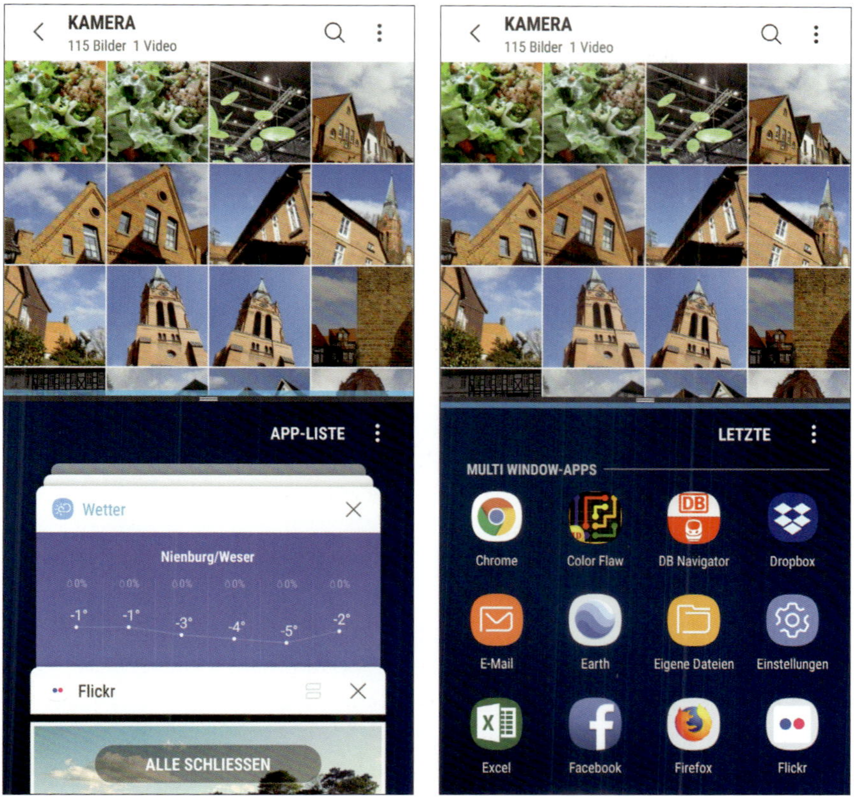

Apps in geteilter Bildschirmansicht auswählen.

Tippen Sie auf *App-Liste*, werden statt der geöffneten Apps alle App-Symbole angezeigt.

Durch Verschieben der Trennlinie lassen sich die Größen der App-Fenster ändern. Tippen Sie kurz auf diese Linie zwischen den Apps, um eine Symbolleiste mit fünf Symbolen einzublenden:

- App-Paar-Symbol auf den Startbildschirm legen. Dieses Symbol startet die beiden angezeigten Apps in dieser Anordnung auf einmal.
- App-Fenster am oberen Bildschirmrand in etwa einem Vierten der Bildschirmhöhe andocken.
- App-Fenster austauschen.
- App in beweglichem Fenster darstellen.
- App schließen.

Ziehen Sie an den Kanten dieses Fensters, um die Größe zu verändern. Wenn Sie auf den Startbildschirm wechseln, während eine App in einem beweglichen Fenster geöffnet ist, erscheint ein verschiebbares App-Symbol. Tippen Sie darauf, öffnet sich das App-Fenster wieder.

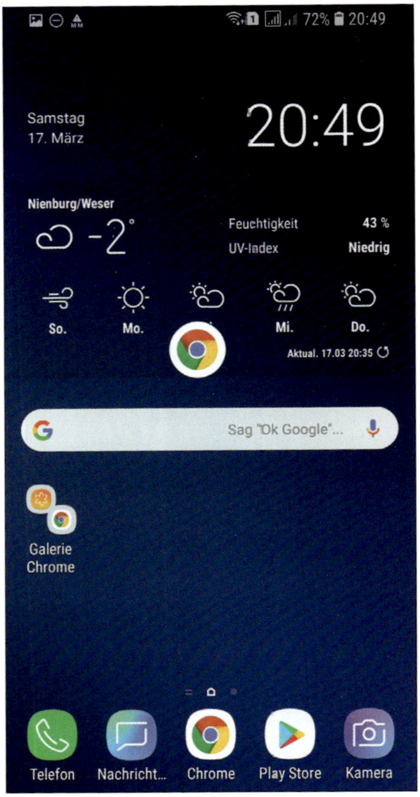

Links: Verschiebbares App-Symbol und Symbol für App-Paar, rechts: Einstellungen für Multi-Window-Modus.

In den *Einstellungen* unter *Erweiterte Funktionen/Multi-Window* können Sie einstellen, dass bei langem Drücken auf das Symbol für aktuelle Apps in der Navigationsleiste die aktuell als Vollbild dargestellte App in einer Bildschirmhälfte dargestellt wird. Außerdem können Sie festlegen, dass eine Wischgeste von einer der oberen Bildschirmecken in Richtung Bildschirmmitte die aktuelle App in einem verschiebbaren Fenster anzeigt.

Schriftgröße und Bildschirmzoom

Um mehr Informationen auf dem Bildschirm zu sehen oder umgekehrt alles etwas größer und leichter erkennbar zu machen, können Sie in den *Einstellungen* unter *Anzeige* die Schriftart und den Bildschirmzoom unabhängig voneinander einstellen. Die Schriftgröße beeinflusst nur die Darstellung von Systemschriften, wohingegen der Bildschirmzoom auch alle grafischen Elemente auf dem Bildschirm vergrößert oder verkleinert.

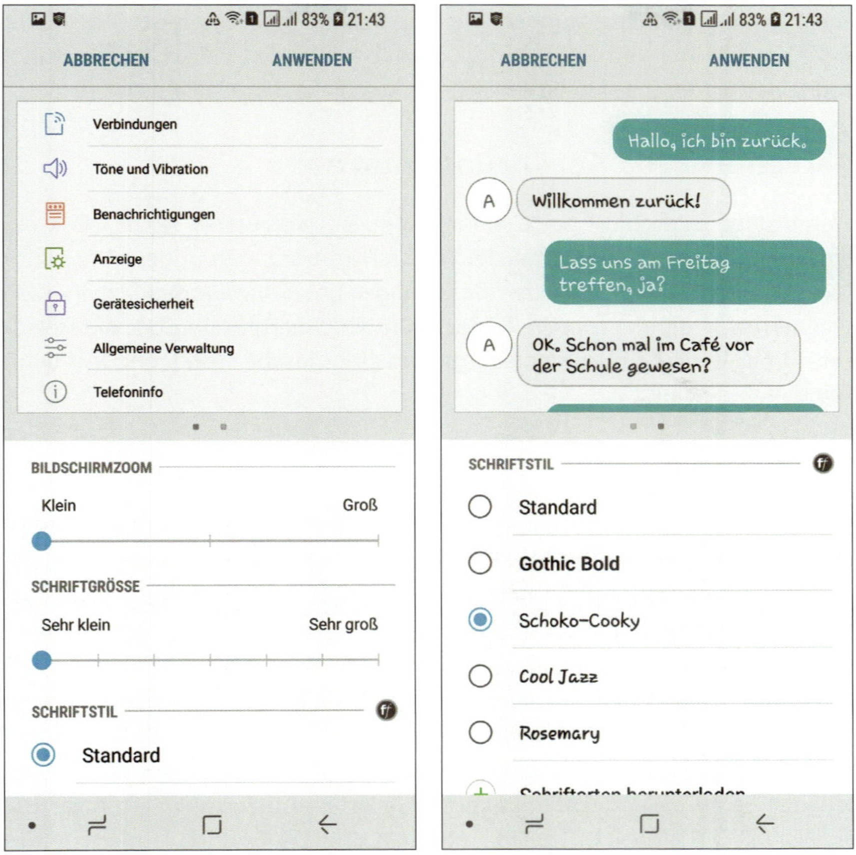

Zwei verschiedene Vorschauseiten zeigen die Veränderung von Schriftart, -Größe und Bildschirmzoom.

In der oberen Bildschirmhälfte sehen Sie die Auswirkung der Einstellungen direkt. Weiter unten besteht die Möglichkeit, eine andere Systemschrift auszuwählen.

Blaufilter

Das bläuliche Leuchten des Smartphone-Bildschirms stört beim Einschlafen. Wer sein Samsung Galaxy S9 spät abends noch verwendet, sollte in den *Einstellungen* unter *Anzeige/Blaufilter* den Blaufilter aktivieren, der den Bildschirm leicht gelblich erscheinen lässt. Diese Einstellung kann manuell oder automatisch über einen Zeitplan geregelt werden.

Einhändiger Betrieb

Sehr große Smartphones wie das Samsung Galaxy S9+ lassen sich nur schwer mit einer Hand bedienen. Die Option *Einhändiger Modus* unter *Erweiterte Funktionen* in den *Einstellungen* erleichtert den einhändigen Betrieb, indem der ganze Bildschirm und auch die Eingabefelder der Bildschirmtastaturen verkleinert in der unteren linken oder rechten Ecke dargestellt werden.

Versehentliche Berührung sperren

Wenn keine Bildschirmsperre eingerichtet ist, passiert es leicht, dass ein Smartphone, das in der Tasche steckt, durch Berührungen ungewollte Aktionen startet. Aktivieren Sie in den *Einstellungen* unter *Anzeige* den Schalter *Versehentliche Berührung sperren*. Damit prüft das Smartphone über die Helligkeits- und Annäherungssensoren, ob es in einer Tasche steckt, und löst dann keine Aktionen aus.

Download-Booster

Das Samsung Galaxy S9 unterstützt drahtlose Internetverbindungen über LTE, die schneller sind als manche WLAN-Verbindung. Normalerweise wird die Mobilfunk-Datenverbindung getrennt, wenn sich das Smartphone im WLAN befindet. Mit dem Download-Booster können Sie über 30 MByte große Dateien schneller herunterladen, wenn Sie WLAN und LTE gleichzeitig nutzen. Allerdings wird das verbrauchte Datenvolumen dann auch auf Ihre LTE-Flatrate angerechnet. Der Download-Booster kann in den *Einstellungen* unter *Verbindungen/ Weitere Verbindungseinstellungen/Download-Booster* jederzeit ein- und ausgeschaltet werden. Wenn diese Funktion aktiviert ist, nutzen auch alle Apps, die auf *Nur über WLAN herunterladen* eingestellt sind, WLAN und LTE gleichzeitig.

Funktionen für den Seitenbildschirm

Das Samsung Galaxy S9 sieht mit seinen abgerundeten Kanten nicht nur schick aus, es liegt durch die sich daraus ergebenden schmaleren Kanten an der Unterseite auch griffiger in der Hand. Ein wesentliches Merkmal sind jedoch die zusätzlichen Möglichkeiten, die der jetzt auch von der Seite sichtbare Bildschirm bietet.

Seiten-Paneele

Der Startbildschirm zeigt im oberen Teil des rechten Bildschirmrandes eine Griffleiste. Schieben Sie diese in Richtung Bildschirmmitte, erscheinen mehrere sogenannte Seiten-Paneele. Diese Seiten-Paneele überlagern die aktuell dargestellte Bildschirmansicht und bieten so die Möglichkeit, schnell auf wichtige Informationen, Apps und Kontakte zuzugreifen. Jede weitere Wischbewegung blendet ein anderes Seiten-Paneel ein, auf diese Weise kann man zwischen unterschiedlichen Paneelen wechseln.

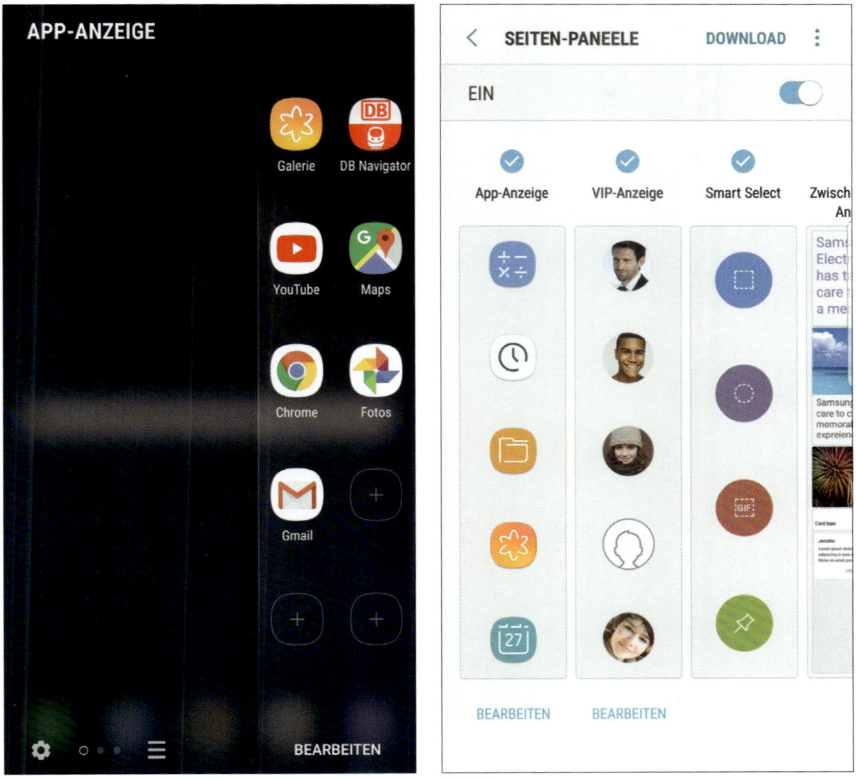

App-Anzeige als Seiten-Paneel und Einstellungen für Seiten-Paneele.

Jedes der Paneele zeigt beim ersten Aufruf einen kurzen Informationstext zur Bedienung. Tippen Sie auf eines der Plussymbole, um weitere Apps oder Kontakte zum Paneel hinzuzufügen. Per Drag-and-drop können Sie die Anordnung der Apps auf dem Paneel verändern.

Tippen Sie auf das Zahnradsymbol unten links, um zu den Einstellungen für die Seiten-Paneele zu gelangen. Dort wählen Sie aus, welche Seiten-Paneele angezeigt werden sollen. Neben den standardmäßig verwendeten Seiten-Paneelen sind noch einige andere vorinstalliert. Mit dem Symbol *Bearbeiten* unterhalb der Vorschaubilder der Paneele können Sie für einige Paneele weitere Einstellungen vornehmen.

Weitere Paneele werden über den Samsung Apps Store zum Download angeboten. Bei den standardmäßig inaktiven Seiten-Paneelen finden Sie unter anderem ein Wetter-Paneel sowie die nützlichen *Quick Tools*, die einen Kompass, ein Lineal sowie eine in der Helligkeit verstellbare Taschenlampe anbieten.

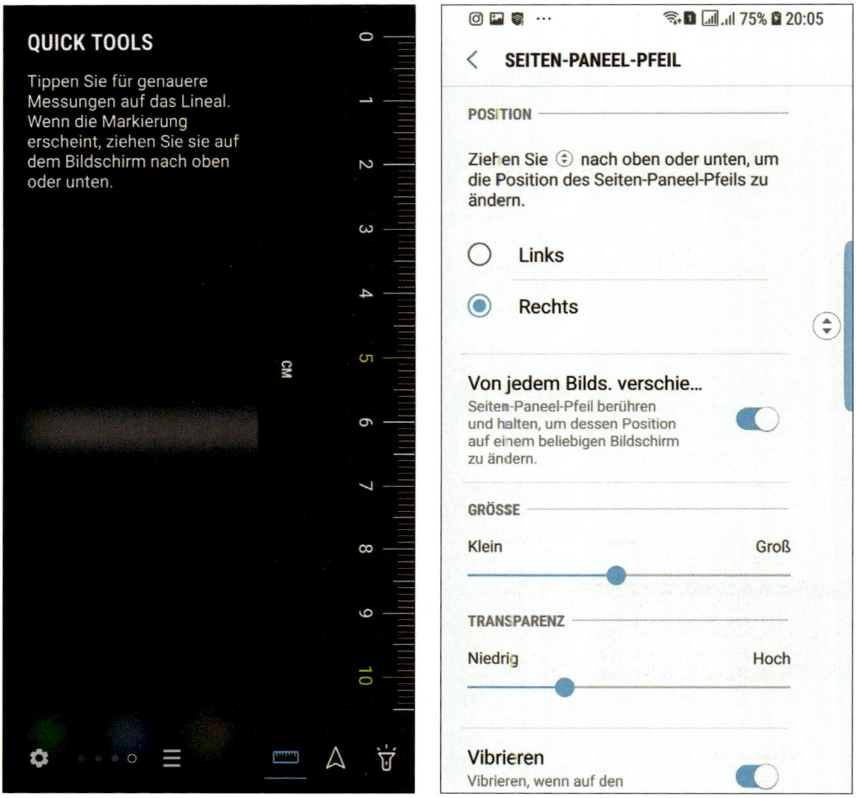

Lineal aus den Quick Tools und Einstellungen für Seiten-Paneele.

Der Menüpunkt *Seiten-Paneel-Pfeil* in der Liste der Seiten-Paneele führt zu einer Einstellungsseite, auf der Sie die Position, Größe und Transparenz des Grifffeldes für die Seiten-Paneele festlegen können. Die Zusatzfunktionen des Seitenbildschirms werden nur auf einer Seite – links oder rechts – angezeigt.

Tippen Sie in der Liste der Seiten-Paneele auf den Pfeil oben links. Hier können Sie Seiten-Paneele und auch das Seitenlicht bei Bedarf abschalten, wenn Sie beim Bedienen von Apps versehentlich oft den Seitenbildschirm aufrufen.

VIP-Anrufer auf dem Seitenbildschirm

Der Seitenbildschirm kann in einer bestimmten Farbe leuchten, wenn das Smartphone mit dem Bildschirm nach unten auf dem Tisch liegt und eine der als VIP gekennzeichneten Personen anruft.

Eines der Seiten-Paneele enthält die VIP-Kontakte, die automatisch aus den Favoriten ausgewählt sind. Natürlich können Sie jederzeit andere Kontakte als VIP anzeigen. Schieben Sie dazu einen der VIP-Kontakte nach oben auf das Papierkorbsymbol. Tippen Sie dann auf die freigewordene Fläche, um einen anderen Kontakt auszuwählen. Auf die gleiche Weise können Sie auch die Reihenfolge der VIP-Kontakte auf dem Bildschirm ändern.

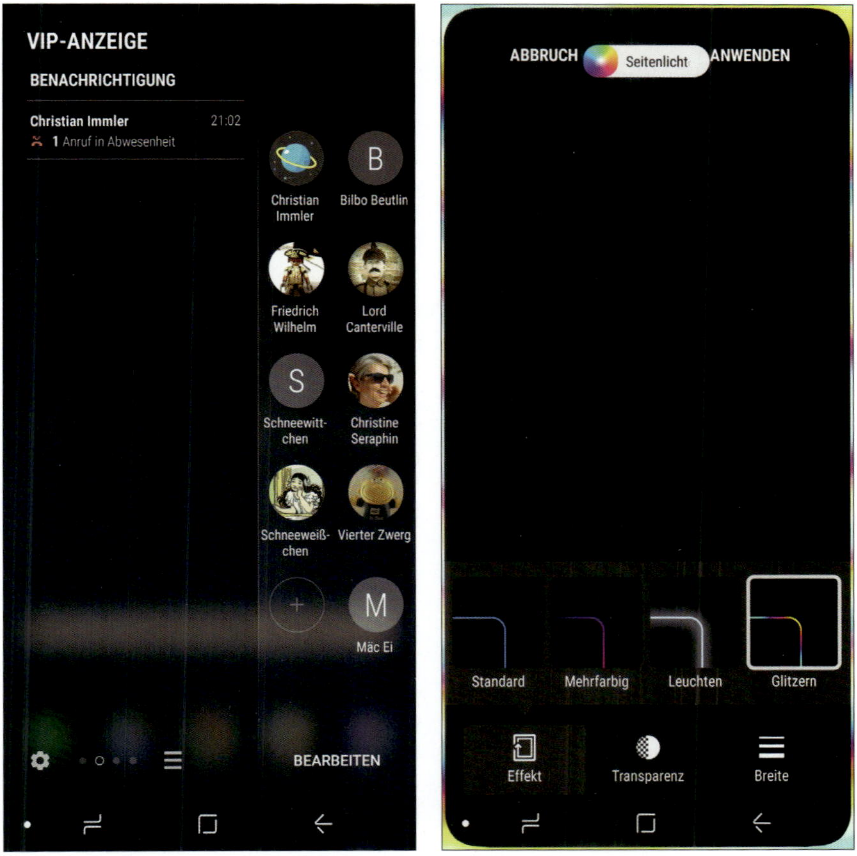

Links: Ein VIP-Kontakt hat in Abwesenheit angerufen, rechts: Einstellungen fürs Seitenlicht.

Die VIP-Kontakte bringen nicht nur bei Anrufen den Seitenbildschirm zum Leuchten, sondern helfen auch, die betreffenden Personen schnell zu erreichen. Tippen Sie auf einen der Kontakte im Seiten-Paneel, erscheinen zwei Symbole, um die Person anzurufen oder eine SMS oder E-Mail zu schicken. Tippen Sie darauf, können Sie, wenn mehrere Telefonnummern oder E-Mail-Adressen gespeichert sind, die gewünschte auswählen oder eine als Standard definieren.

Anrufe von VIP-Kontakten in Abwesenheit werden zusätzlich zur normalen Benachrichtigung auch mit einer kleinen Meldung auf dem VIP-Anzeige-Paneel angezeigt.

In den *Einstellungen* unter *Anzeige/Seitenbildschirm/Seitenlicht* legen Sie den Lichteffekt fest, wie der Seitenbildschirm aufleuchten soll, wenn das Samsung Galaxy S9 mit dem Bildschirm nach unten auf dem Tisch liegt.

Über das Symbol *Seitenlicht* in den Schnelleinstellungen lässt sich das Aufleuchten des Seitenbildschirms bei Anrufen auf Wunsch ein- und ausschalten.

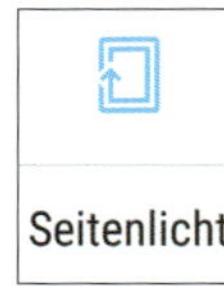

Seitenuhr

Die Seitenuhr zeigt die Uhrzeit in kleiner Schrift auf dem Seitenbildschirm an, während der Hauptbildschirm dunkel bleibt. In den *Einstellungen* unter *Gerätesicherheit/Uhr und FaceWidgets/Uhrenstil* können Sie statt des typischen Always-On-Bildschirms diese Darstellung auswählen.

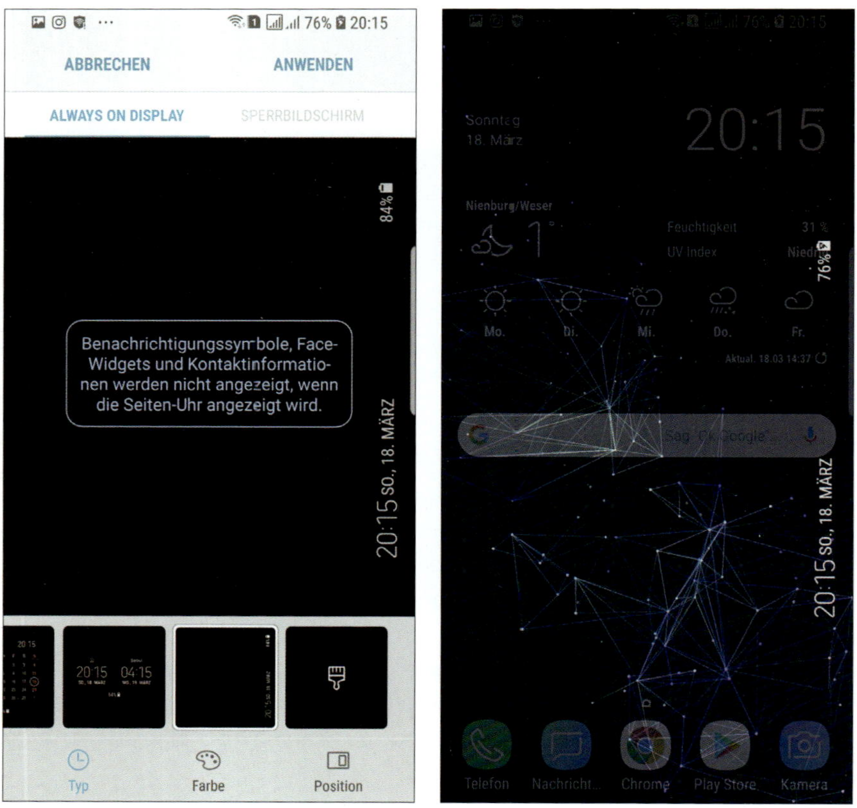

Einstellungen für die Seitenuhr.

Bixby Home

Bei der ersten Vorstellung des Samsung Galaxy S8 im Jahr 2017 wurde als große Neuheit der interaktive Sprachassistent Bixby angekündigt, der ähnlich wie "OK Google", Cortana bei Windows oder Siri auf dem iPhone das Gerät komplett per Spracheingabe steuern sollte. Das Samsung Galaxy S9 hat, wie auch schon sein Vorgänger, auf der linken Seite unter den Lautstärketasten eine eigene Taste, um Bixby zu starten. Mit der Auslieferung der ersten Geräte wurde dann bekannt, dass der Bixby-Sprachassistent bis auf Weiteres nur in Südkorea und den USA funktioniert, was bis heute so ist.

Was von Bixby übrig geblieben ist, ist Bixby Home, eine zusätzliche Startbildschirmseite, die aktuelle Aufgaben und Informationen anhand der eigenen Aktivitäten anzeigt – ähnlich wie der Google Assistant. Der Bixby-Home-Bildschirm besteht aus mehreren sogenannten Karten, die unterschiedliche Informationen anzeigen. Tippen Sie auf eine dieser Karten, wird die zugehörige App aufgerufen.

Jede Karte hat oben rechts ein Menü mit drei Optionen:

- **Oben anheften** – zeigt diese Karte immer ganz oben auf dem Bixby-Home-Bildschirm.

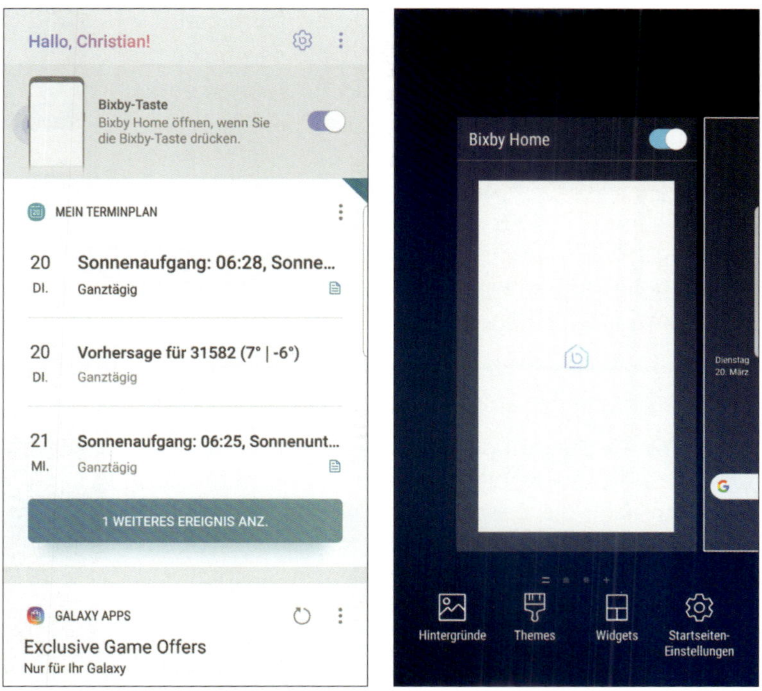

Links: Bixby Home, rechts: Wischgeste für Bixby Home abschalten.

- **Momentan ausblenden** – blendet die Karte aus. Gibt es neue Informationen zum gleichen Thema, wird sie wieder angezeigt.
- **Nicht erneut anzeigen** – zeigt keine gleichartigen Karten der jeweiligen App mehr an.

Der Bixby-Home-Bildschirm wird durch eine Wischbewegung nach rechts auf dem Startbildschirm oder durch Drücken der Bixby-Taste aufgerufen.

Bixby Home abschalten

Wenn Sie Bixby Home nicht verwenden, weil Sie zum Beispiel den Google Assistant nutzen, schalten Sie ihn ab. Tippen Sie länger auf den Startbildschirm, wischen Sie auf die Seite ganz links und deaktivieren Sie oben den Schalter *Bixby Home*. Damit erscheint Bixby Home nicht mehr bei einer Wischgeste nach rechts auf dem Startbildschirm. Den Schalter, um Bixby Home auch beim Druck auf die Bixby-Taste nicht mehr aufzurufen, finden Sie über das Zahnradsymbol oben auf dem Bixby-Home-Bildschirm.

Gerätewartung liefert Infos zum Gerätestatus

Die *Gerätewartung* in den *Einstellungen* liefert auf einen Blick eine Übersicht über den Akkuladestand sowie den freien und verfügbaren Speicherplatz. Zusätzlich sind Funktionen enthalten, die das Smartphone auf Sicherheitsrisiken prüfen.

Die Startseite der Gerätewartung zeigt einen Indexwert zum Gerätestatus. Solange dieser auf *Ausgezeichnet* steht, brauchen Sie nichts zu tun. Wird ein Problem angezeigt, sollten Sie einmal auf *Jetzt beheben* tippen, um die erkannten Probleme zu beheben und wieder eine möglichst hohe Leistung des Smartphones zur Verfügung zu haben.

Schneller Zugriff auf die Gerätewartung auf dem Startbildschirm

Im Menü der Gerätewartung oben rechts finden Sie eine Option, um ein Symbol auf dem App-Bildschirm hinzuzufügen. Sie brauchen dann die Gerätewartung nicht mehr mühsam über die *Einstellungen* zu starten. Noch komfortabler ist das angebotene Widget, das Daten zum belegten Speicher und Arbeitsspeicher direkt auf dem Startbildschirm anzeigt. Über das Widget können Sie direkt eine Optimierung starten.

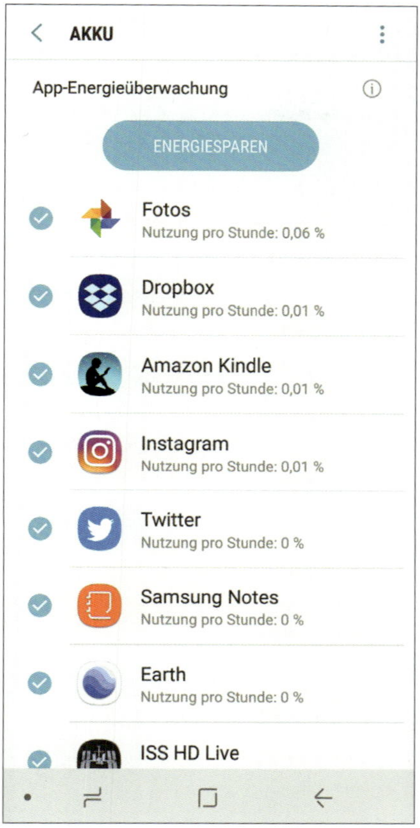

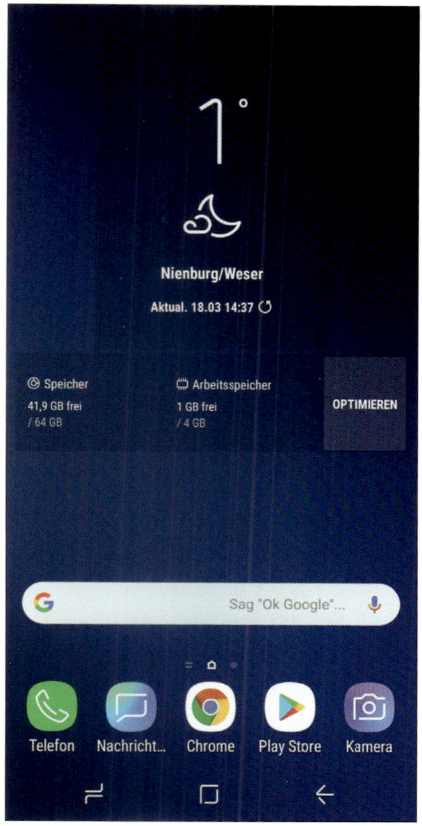

Die Gerätewartung lässt sich auch über ein vorinstalliertes Widget starten, das die Daten direkt auf dem Startbildschirm zeigt.

Akkuverbrauch anzeigen

Wie bei jedem batteriebetriebenen Gerät ist auch auf dem Samsung Galaxy S9 der Akku immer viel zu schnell leer, obwohl er deutlich mehr Energie liefert als bei den meisten anderen Smartphones. Bei keiner anderen Zahl in den Datenblättern oder der Werbung für Smartphones beweisen Hersteller so viel Fantasie wie bei Stand-by- und Gesprächszeiten. Angaben von mehreren Hundert Stunden können nur unter extremen Laborbedingungen gelten, wenn optimaler Netzempfang besteht und keine einzige App sich im Hintergrund Daten holt. Um im Alltag Laufzeiten von mehr als einem Tag zu erreichen, ist bewusstes Akkusparen mit den richtigen Einstellungen wichtig.

Die Gerätewartung zeigt sehr detailliert an, welche Apps oder Systemkomponenten den Akku leer saugen. Neben den großen Stromfressern GPS, Bluetooth und WLAN sorgen auch die Hintergrundbeleuchtung sowie einige Apps mit viel Hintergrundaktivität, wie zum Beispiel Messenger oder Cloud-Speicherdienste, dafür, dass der Akku nicht so lange hält wie erwartet. Tippen Sie auf das Akkusymbol in der Gerätewartung. Auf dem nächsten Bildschirm tippen Sie auf die Schaltfläche *Akkuverbrauch*, um eine detaillierte Akkuverlaufskurve zu sehen.

Auf diese Weise lassen sich Stromfresser gezielt abschalten oder betreffende Apps bei Akkuknappheit nicht mehr nutzen. Nur eingeschränkt nützlich ist die Vorhersage, wie lange es noch dauern wird, bis der Akku voraussichtlich komplett leer oder wieder voll aufgeladen ist, da sie von einem konstant gleichbleibenden Stromverbrauch ausgeht, was im Alltag aber nie gegeben ist.

Die Akkuverbrauchsanzeige in der Gerätewartung.

Tipps für sparsamen Akkuverbrauch

- Schon der mittlere Stromsparmodus in der Gerätewartung bringt ein paar Stunden mehr Akkulaufzeit.
- Verringern Sie die Bildschirmhelligkeit. Ziehen Sie dazu die Benachrichtigungsleiste zweimal herunter und schieben Sie den Helligkeitsregler ein Stück nach links.
- Wenn Sie sich außerhalb eines WLANs befinden, schalten Sie WLAN aus. Wer nicht immer daran denken will, WLAN ein- und auszuschalten, sollte zumindest in den erweiterten WLAN-Einstellungen den Schalter *WLAN-Energiesparmodus* aktiviert lassen.
- Der Flugmodus spart noch mehr Strom. Schalten Sie das Smartphone in Regionen mit schlechter Mobilfunkabdeckung in den Flugmodus, da die Sendeleistung stark erhöht wird, um zu versuchen, eine Mobilfunkverbindung aufzubauen.

- Schließen Sie die App *Maps* und andere Karten-Apps, wenn Sie sie nicht nutzen. Laufen diese Apps im Hintergrund, verwenden sie GPS und verbrauchen somit mehr Strom.
- Schalten Sie die automatische Synchronisation in den Einstellungen des Google-Kontos für alle Dienste ab, die Sie nicht so oft benötigen. Das spart Strom, allerdings zulasten des Komforts, da Sie jetzt die Datensynchronisierung manuell vornehmen müssen.
- Laden Sie größere Dateien, vor allem System-Updates nur herunter, wenn das Smartphone an die Stromversorgung angeschlossen ist.
- Um zu verhindern, dass sich der Bildschirm versehentlich einschaltet und damit Strom verbraucht, wenn das Samsung Galaxy S9 in einer Tasche steckt, schalten Sie in den *Einstellungen* unter *Anzeige* die Option *Versehentliche Berührung sperren* ein.

Die App-Energieüberwachung

Das Samsung Galaxy S9 versetzt Apps, die länger als drei Tage nicht verwendet wurden, in einen speziellen Energiesparmodus, in dem sie kaum noch Hintergrundaktivitäten ausführen und daher meistens auch keine Benachrichtigungen über neue Ereignisse mehr empfangen.

In der Liste *App-Energieüberwachung* unter *Gerätewartung/Akku* sehen Sie bei jeder App die Nutzungszeit pro Stunde und können einzelne Apps manuell in den Stand-by-Zustand versetzen. Wählen Sie dazu die Apps in der Liste aus oder tippen Sie auf *Energiesparen*, um alle laufenden Apps in den Energiesparmodus zu versetzen. Sobald eine App manuell gestartet wird, wird sie automatisch wieder in den Normalzustand versetzt und empfängt auch wieder Benachrichtigungen.

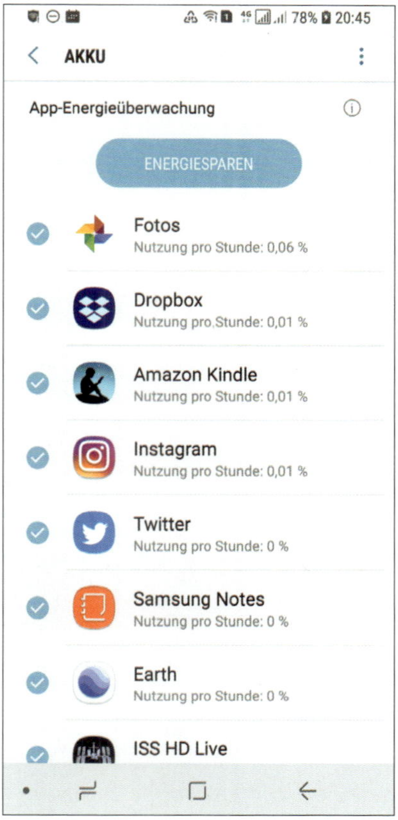

Apps für die App-Energieüberwachung auswählen.

Der Energiesparmodus

Um Akku zu sparen, können auf dem Samsung Galaxy S9 zwei verschiedene Stufen im Energiesparmodus eingerichtet werden, bei denen je nach persönlichem Nutzerverhalten bestimmte Funktionen abgeschaltet werden.

Tippen Sie auf das Symbol *Energie sparen* in der erweiterten Benachrichtigungsleiste oder auf *Mittel* in der Akkuanzeige der Gerätewartung, um den mittleren Energiesparmodus einzurichten.

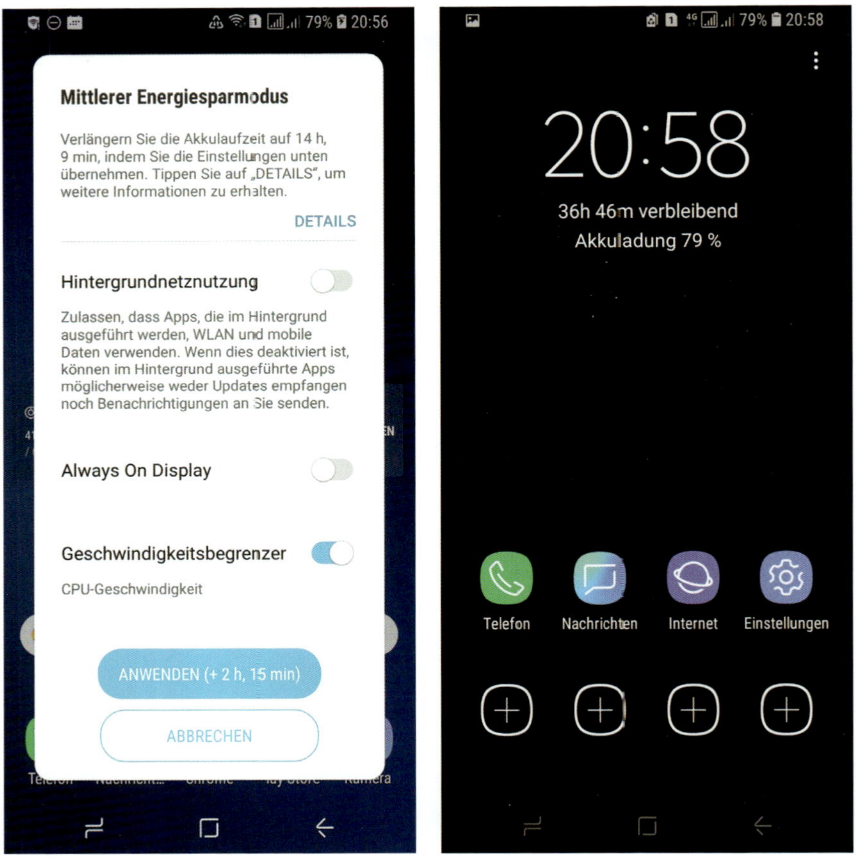

Der mittlere und maximale Energiesparmodus.

Im mittleren Energiesparmodus wird die maximale CPU-Leistung eingeschränkt, die Bildschirmhelligkeit und Bildschirmauflösung werden herabgesetzt, die *Hintergrundnetznutzung* sowie das *Always On Display* werden ganz abgeschaltet.

Die Gerätewartung schätzt die Zeit, wie lange das Smartphone im mittleren Energiesparmodus noch genutzt werden kann. Allerdings ist diese Schätzung sehr ungenau und zeigt oft eine nur unwesentlich längere Laufzeit als im normalen Modus.

Maximaler Energiesparmodus

Das Samsung Galaxy S9 bietet zusätzlich einen sogenannten *Maximalen Energiesparmodus* an, mit dem Sie noch einige Stunden erreichbar sind, selbst wenn der Akku schon fast leer ist. In diesem Modus zeigt der Startbildschirm nur noch eine stark vereinfachte Darstellung in geringer Auflösung ohne Widgets und Hintergrundbild, die mobile Datenverbindung wird ausgeschaltet, solange der Bildschirm aus ist, und WLAN sowie Bluetooth werden komplett deaktiviert. Weiterhin wird die Nutzung auf wenige vorher ausgewählte Apps begrenzt, um im Hintergrund laufende Stromfresser abzuschalten.

Der schlanke Startbildschirm ist extrem stromsparend gestaltet. Tippen Sie auf eines der Plussymbole, um weitere Apps zuzulassen. Hier werden nur wichtige Apps angeboten, die zur Kommunikation nötig sein könnten. Über das Menü des Startbildschirms oben rechts schalten Sie diesen Energiesparmodus wieder aus.

INFO: Das Symbol in den Schnelleinstellungen schaltet immer auf den zuletzt verwendeten Energiesparmodus. Tippen Sie länger auf dieses Symbol, kommen Sie zu den *Einstellungen*, in denen Sie zwischen den Energiesparmodi wechseln können.

Der Leistungsmodus für besondere Fälle

Möchten Sie im Gegenteil die volle Leistung des Samsung Galaxy S9 für Spiele oder Unterhaltung nutzen, ohne dabei auf den Stromverbrauch zu achten, bietet ein Symbol in den Schnelleinstellungen einen Leistungsmodus an.

Hier können Sie spezielle Voreinstellungen für Spiele oder Unterhaltungsmedien oder auch einen Hochleistungsmodus mit maximaler Helligkeit und Bildschirmauflösung wählen. Ein wichtiger Vorteil dieses Leistungsmodus ist, dass Sie sich nicht mehr zu merken brauchen, welche Einstellungen Sie hochgesetzt haben, wenn Sie später einmal wieder auf einen sparsamen Modus zurückschalten möchten.

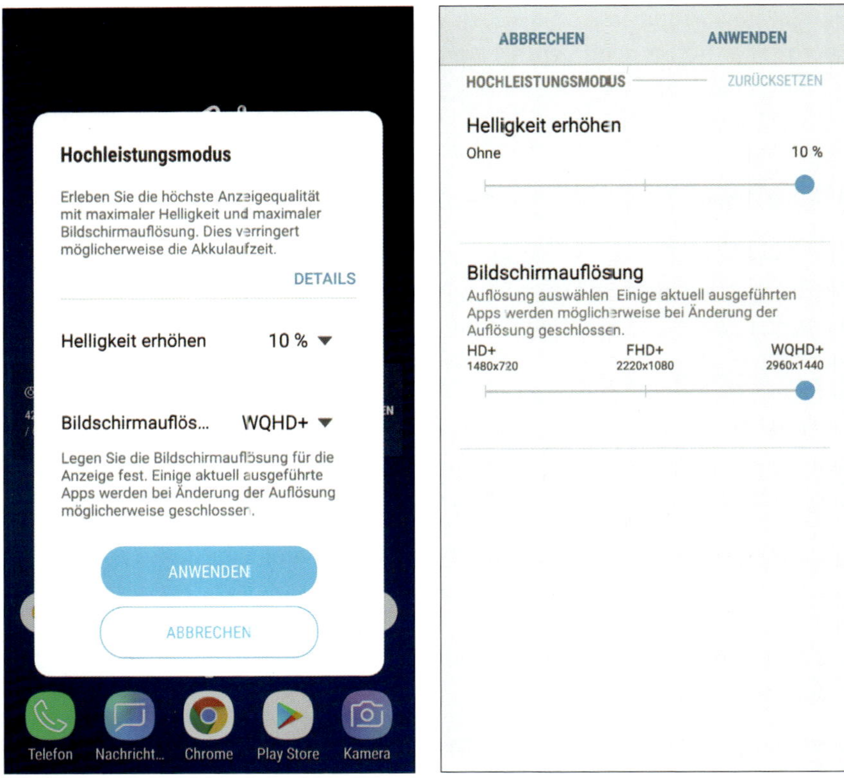

Verschiedene Einstellungen für den Leistungsmodus.

Speicherauslastung optimieren

Die Gerätewartung bietet zwei Speicheranzeigen, die grundsätzlich unterschiedliche Daten anzeigen:

- **Speicher** – gespeicherte Dateien im Gerätespeicher, Apps, Bilder, Musik, zwischengespeicherte Dateien.
- **Arbeitsspeicher** – Speicherauslastung des Arbeitsspeichers durch laufende Apps.

Im Bereich *Speicher* können Sie sich detailliert anzeigen lassen, welche Arten von Dateien wie viel Platz im Benutzerspeicher verbrauchen. Die Schaltfläche *Bereinigen* löscht nur den Cache und Temporärdateien. Hier gehen keine persönlichen Daten verloren. Allerdings ist der Speicherplatzgewinn im Verhältnis zum Gesamtspeicher oft auch nur gering. Deutlich mehr bringt es, in regelmäßigen Abständen nicht mehr benötigte große Dateien wie z. B. Videos zu löschen. Tippen Sie dazu auf die entsprechende Kategorie, können Sie einzelne oder alle Dateien zum Löschen auswählen.

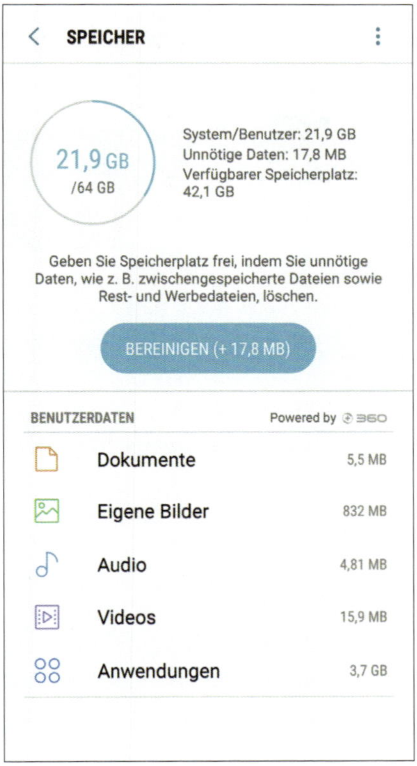

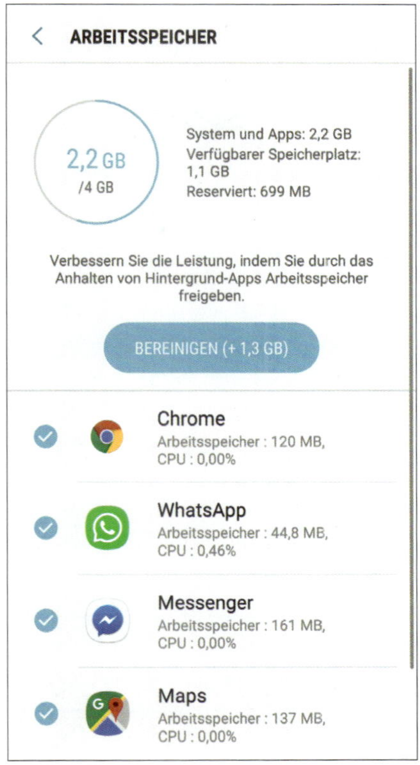

Speicher- und Arbeitsspeicher-Anzeige in der Gerätewartung.

Von Apps belegten Arbeitsspeicher freigeben zu können, hört sich auf den ersten Blick gut an, bringt aber kaum etwas. Beim Beenden von Apps wird der Speicher kurzfristig freigegeben, Apps mit Hintergrundaktivitäten starten aber gleich danach automatisch wieder neu und belegen den Speicherplatz wieder. Eine leider erkennbare Wirkung ist ein deutlich erhöhter Akkuverbrauch durch den Neustart der Apps und die vermehrten Schreibzugriffe auf den Arbeitsspeicher.

Gesten- und Bewegungssteuerung

Das Samsung Galaxy S9 lässt sich nicht nur über den Touchscreen steuern, sondern auch mit verschiedenen Bewegungsgesten. Je nach persönlichen Vorlieben schalten Sie nur bestimmte Steuerungsmöglichkeiten ein oder aus. Ungewohnte Steuermechanismen können leicht zu unbeabsichtigten Reaktionen des Gerätes führen.

Mit Gesten steuert man das Smartphone, ohne den Bildschirm zu berühren. Oberhalb des Bildschirms neben der LED befindet sich der Sensor für die

Gestenerkennung. Gesten werden aus einer Entfernung von etwa 7 cm am besten erkannt. Bei größerem Abstand oder bei dunklen Handschuhen versagt die Gestenerkennung.

Tippen Sie in den *Einstellungen* auf *Erweiterte Funktionen*, können Sie einzelne Gesten aktivieren oder deaktivieren.

Smart Stay

Smart Stay sorgt dafür, dass der Bildschirm sich nicht ausschaltet, solange man darauf blickt. Zur Augenerkennung wird die Frontkamera verwendet. Es muss also ausreichend Umgebungslicht vorhanden sein, damit die Option *Smart Stay* funktioniert, und die Frontkamera darf nicht gerade von einer App verwendet werden. Diese Augenerkennung ist nicht zu verwechseln mit der Iriserkennung zum Entsperren des Smartphones.

Screenshot

Mit dieser Einstellung können Sie Screenshots des aktuellen Bildschirminhalts erstellen, indem Sie mit der Handkante quer über den Bildschirm streichen. Mit der Einstellung *Smart Aufnahme* legen Sie fest, ob nach dem Screenshot für kurze Zeit automatisch einfache Funktionen zur Bildbearbeitung und zum Senden des Screenshots eingeblendet werden sollen.

Direktanruf

Wird auf dem Bildschirm gerade eine Seite mit Kontaktdetails einer Person angezeigt, kann man diese Person direkt anrufen, indem man das Samsung Galaxy S9 ans Ohr hält. Haben Sie bei einer Person mehrere Telefonnummern eingetragen, wird die Standardnummer gewählt.

Tippen Sie in der Kontakte-App auf dem *Details*-Bildschirm einer Person länger auf die gewünschte Telefonnummer einer Person. Hier erscheint ein Auswahlmenü. Wählen Sie dort *Als Standard festlegen*. Bei der Nummer wird ein Häkchen angezeigt, das sie als Standard kennzeichnet.

Smart Alert

Lag das Gerät mit ausgeschaltetem Bildschirm auf dem Tisch, meldet sich ein Vibrationsalarm, wenn Sie Anrufe oder Nachrichten verpasst haben und Sie es das nächste Mal in die Hand nehmen.

Einfache Stummschaltung

Klingelt das Telefon in einer unpassenden Situation, legen Sie es einfach mit dem Bildschirm nach unten auf den Tisch oder halten die flache Hand auf den Bildschirm. Damit verstummt das Klingeln, ohne dass der Anrufer etwas davon bemerkt. Mit der gleichen Bewegung lassen sich auch Alarmtöne des Weckers und laufende Musik zum Schweigen bringen. Musik wird dabei nicht nur stumm geschaltet, sondern pausiert automatisch. Sie können später an der gleichen Stelle weiterhören.

Benachrichtigungsleiste mit dem Fingerabdruckscanner steuern

Die Benachrichtigungsleiste mit einer Hand herunterzuziehen, gelingt besonders auf dem großen Bildschirm des Samsung Galaxy S9+ nicht immer. Der Schalter *Fingersensorgesten* in den *Einstellungen* unter *Erweiterte Funktionen* ermöglicht es, die Benachrichtigungsleiste herunterzuziehen, indem man mit einem Finger über den Fingerabdruckscanner von oben nach unten streicht, was beim Halten des Smartphones in einer Hand problemlos möglich ist. Umgekehrt klappt die Benachrichtigungsleiste wieder ein, wenn man von unten nach oben über den Fingerabdruckscanner streicht.

Bildschirm leicht aktivieren

Wenn das Samsung Galaxy S9 auf dem Tisch liegt und sich der Bildschirm automatisch ausgeschaltet hat, können Sie ihn mit einer Bewegung der flachen Hand über dem Annäherungssensor wieder einschalten.

Aktivieren Sie dazu in den *Einstellungen* unter *Eingabehilfe/Geschicklichkeit und Interaktion* die Option *Bildschirm leicht aktivieren*.

Der einfache Modus

Wem die Standardoberfläche zu kleinteilig oder zu unübersichtlich ist, kann das Samsung Galaxy S9 auch im sogenannten einfachen Modus betreiben. Dabei handelt es sich um eine vereinfachte Oberfläche, auf der Apps und Kontakte mit großen Symbolen dargestellt werden. Die Schrift wird in allen Apps vergrößert.

Links neben der ersten Startbildschirmseite befindet sich im einfachen Modus eine weitere Bildschirmseite, auf der Sie wichtige Kontaktpersonen als Symbole hinzufügen können.

Startbildschirmseiten und App-Liste im einfachen Modus.

Um in den einfachen Modus zu wechseln, tippen Sie in den *Einstellungen* unter *Anzeige* auf *Einfacher Modus* und anschließend auf *Anwenden*. Mit der Option *Standardmodus* kommen Sie jederzeit wieder zurück. Im Gegensatz zu früheren Smartphones der Samsung-Galaxy-Serie sind die Apps und Einstellungen im einfachen Modus auf dem Samsung Galaxy S9 nicht mehr eingeschränkt. Auch der Bixby-Home-Bildschirm wird jetzt im einfachen Modus dargestellt.

Daten zwischen zwei Smartphones übertragen

Für die Verbindung zweier Geräte per WLAN braucht man üblicherweise einen Router, der unterwegs allerdings nicht überall vorhanden ist. Es gibt jedoch auch Möglichkeiten, Daten zwischen zwei Smartphones ohne Internetverbindung zu übertragen.

Daten per Bluetooth übertragen

Bluetooth ist eine drahtlose Übertragungstechnik mit einer Reichweite von wenigen Metern, mit der Sie Daten zwischen verschiedenen Geräten übertragen können. Fast alle Smartphones unterschiedlichster Betriebssysteme und selbst ältere Handys unterstützen Bluetooth. Per Bluetooth können Sie auch Daten auf PCs oder die Fotodruckautomaten in Drogerie- und Elektronikmärkten übertragen. Das Samsung Galaxy S9 unterstützt den aktuellen Bluetooth-Standard 5.0, der auch kompatibel zu älteren Geräten ist.

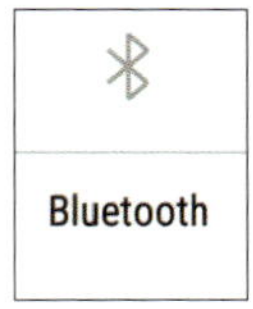

Da Bluetooth viel Strom frisst, empfiehlt es sich, es nur einzuschalten, wenn es wirklich benutzt wird. Ein Symbol in den Schnelleinstellungen ermöglicht es, Bluetooth jederzeit ein- und wieder auszuschalten. Bei Bluetooth verwendet jedes Gerät einen eigenen Namen, unter dem es von anderen Geräten identifiziert werden kann. Damit sich die Geräte gegenseitig finden, müssen sie sichtbar geschaltet werden. Das Samsung Galaxy S9 ist automatisch immer dann sichtbar, wenn der Bluetooth-Einstellungen-Bildschirm sichtbar ist.

1. Möchten Sie ein Foto oder eine andere Datei vom Samsung Galaxy S9 per Bluetooth auf ein anderes Smartphone übertragen, schalten Sie auf beiden Geräten Bluetooth ein und machen Sie sie sichtbar (wird seit Android 5 automatisch geregelt).

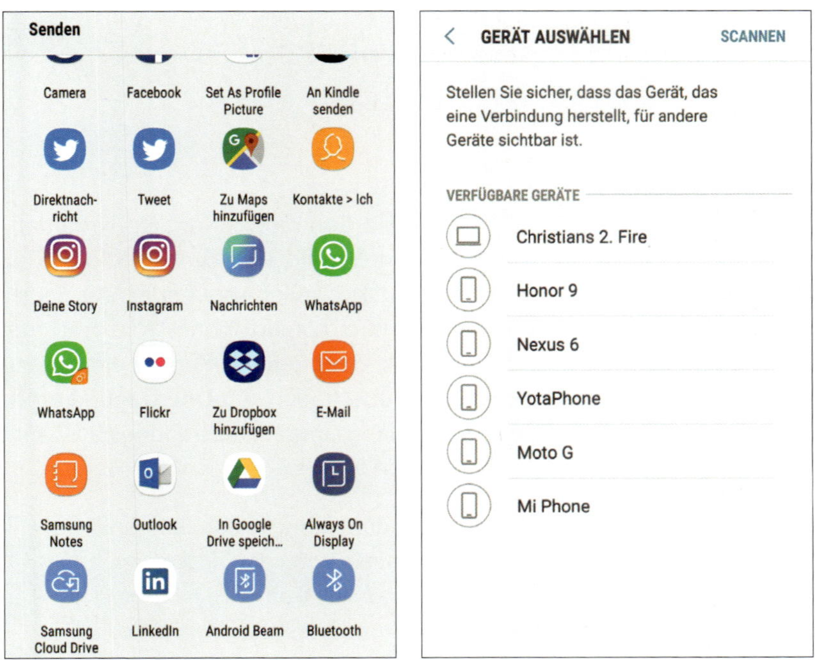

Foto per Bluetooth übertragen.

2. Wählen Sie in der entsprechenden App das zu sendende Objekt, zum Beispiel ein Foto, und tippen Sie auf das *Senden*-Symbol. Wählen Sie in der Liste der Apps zum Teilen *Bluetooth*.
3. Jetzt erscheint eine Liste der sichtbaren Geräte in der Nähe. Wählen Sie hier das Gerät aus, an das das Foto gesendet werden soll.
4. Auf dem empfangenden Gerät müssen Sie die Annahme der Datei noch bestätigen. So wird verhindert, dass jemand unbemerkt per Bluetooth auf das eigene Smartphone zugreift.
5. Nach erfolgreicher Übertragung erscheint auf dem empfangenden Gerät eine Benachrichtigung, aus der heraus Sie die Datei direkt öffnen können.

Daten per Wi-Fi Direct übertragen

Wi-Fi Direct ist ein Standard zur Übertragung von Daten direkt zwischen zwei WLAN-fähigen Geräten, ohne dass ein Router dazwischengeschaltet ist. Wi-Fi Direct ist eine schnelle Alternative zum altbekannten Bluetooth, wird aber bis jetzt noch längst nicht von allen Geräten unterstützt.

Die Schaltfläche *Wi-Fi Direct* ganz oben in den WLAN-Einstellungen scannt nach Wi-Fi-Direct-Geräten in der Nähe. Das Senden einer Datei funktioniert ähnlich wie bei Bluetooth. Wählen Sie auch hier in der Liste der Apps zum Teilen *WiFi Direct*. Anschließend wählen Sie das gewünschte Gerät aus.

Daten per NFC übertragen

Die Abkürzung NFC steht für **N**ear **F**ield **C**ommunication, ein Verfahren zur Datenübertragung über wenige Zentimeter. NFC wird zum drahtlosen Bezahlen an Kassenterminals und für Zugangskontrollen verwendet. Das Samsung Galaxy S9 kann wie viele aktuelle Android-Smartphones NFC nutzen, um kleine Informationen wie einen Weblink, Google-Maps-Koordinaten oder eine Visitenkarte auf ein anderes Handy zu übertragen. Zur Übertragung größerer Datenmengen ist NFC wegen seiner langsamen Übertragungsrate von nur 424 KBit/s nicht geeignet.

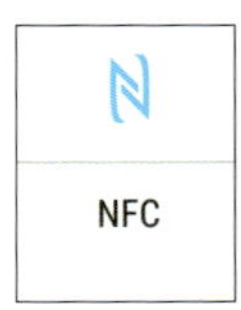

1. Tippen Sie auf das *NFC*-Symbol in den Schnelleinstellungen oder schalten Sie in den *Einstellungen* unter *Verbindungen/ NFC und Zahlung* NFC und auch *Android Beam* ein. NFC benötigt im Ruhezustand so wenig Strom, dass es bedenkenlos immer eingeschaltet bleiben kann.

2. Starten Sie die gewünschte App und lassen Sie sich dort die Daten anzeigen, die übertragen werden sollen, beispielsweise einen Adressbucheintrag, einen Weblink oder einen Kartenausschnitt in Google Maps.

3. Wählen Sie die *Teilen*-Funktion der App und dort *Android Beam*.

4. Halten Sie jetzt die beiden Smartphones mit den Rückseiten gegeneinander, bis sie sich berühren. Auf dem Bildschirm erscheint der Hinweis *Halten Sie das andere Gerät näher, um den Inhalt freizugeben*.

5. Auf dem anderen Smartphone erscheint eine Meldung, wie die Daten angenommen werden sollen. Gibt es nur eine Möglichkeit, weil z. B. nur ein Browser installiert ist oder ein Standardbrowser eingerichtet ist, wird dieser sofort gestartet.

NFC für Bezahlung verwenden

NFC ermöglicht sicheres Bezahlen mit dem Handy an Supermarktkassen, ohne dass eine Mobilfunkverbindung benötigt wird, da die Daten nur auf dem Smartphone gespeichert werden und über eine verschlüsselte NFC-Verbindung mit dem Kassenterminal ausgetauscht werden. Wegen der Reichweite von nur wenigen Zentimetern ist dieses Übertragungsverfahren sehr gut vor Missbrauch geschützt. Allerdings hat sich diese Bezahlweise in Deutschland noch nicht durchgesetzt. Die großen Mobilfunkanbieter bieten jeweils eigene Bezahldienste auf Basis von NFC an, der von Samsung gelieferte Bezahldienst *Samsung Pay* wird in Deutschland nicht unterstützt. In Berlin haben im Rahmen des Projekts *www.zahl-einfach-mobil.de* einige große Ladenketten, unter anderem Galeria Kaufhof, Kaiser's, Obi, Real, Rewe, Penny, Telekom, Telefónica und Vodafone, in ihren Läden das Bezahlen per NFC-Smartphone möglich gemacht.

Samsung Smart Switch

Für die meisten Nutzer ist das Samsung Galaxy S9 nicht ihr erstes Android-Smartphone, oft nicht einmal das erste von Samsung. Natürlich will man seine persönlichen Daten vom alten Smartphone auf das neue übertragen – und das gilt nicht nur für die Daten, die über das Google-Konto automatisch synchronisiert werden. Kontakte und Termine, die nur auf dem Telefon gespeichert sind, Anrufprotokolle, SMS, Notizen, Fotos, Musik und Dokumente werden über das Google-Konto nicht synchronisiert und müssten sonst mühsam über einen PC auf das neue Smartphone übertragen werden.

Samsung bietet über Google Play und auch über *Galaxy Apps* die kostenlose App *Samsung Smart Switch* an, mit der sich beim Umstieg von einem anderen halbwegs aktuellen Android-Smartphone die persönlichen Daten ganz einfach per Wi-Fi Direct vom alten auf das neue Smartphone übertragen lassen. Diese App muss auf dem alten Smartphone installiert werden, auf dem Samsung Galaxy S9 ist sie bereits im Ordner *Samsung* in der App-Liste vorinstalliert.

Daten per USB-Kabel übertragen

Sie können die Daten des alten Smartphones per USB-Kabel oder drahtlos übertragen. Die Methode mit dem USB-Kabel funktioniert fast immer, drahtlose Übertragung nur mit moderneren Smartphones, die Wi-Fi Direct unterstützen.

1. Samsung liefert zwei USB-Adapter mit. Schließen Sie den mit dem großen USB-Anschluss am Samsung Galaxy S9 an und auf der anderen Seite des Adapters das alte Smartphone mit seinem vorhandenen Datenkabel.

2. Auf dem alten Smartphone erscheint eine Benachrichtigung über eine USB-Verbindung. Wählen Sie dort die Option *Daten übertragen* oder *Mediendateien übertragen – MTP*.

3. Starten Sie das auf dem Samsung Galaxy S9 vorinstallierte *Smart Switch* und wählen Sie die Option *USB-Kabel* und danach *Empfangen*.

4. Starten Sie die App auch auf dem alten Gerät. Wenn das alte Smartphone bereits mindestens Android 6 Marshmallow verwendet, müssen Sie der App alle geforderten Berechtigungen gewähren, da sonst die jeweiligen Daten nicht übertragen werden können. Frühere Android-Versionen kannten diese Berechtigungsanfragen noch nicht.

5. Nachdem die Verbindung hergestellt wurde, wählen Sie die Daten aus, die übertragen werden sollen. Kontakte, die im Google-Konto gespeichert sind, brauchen nicht übertragen zu werden. Bilder und Musik, die auf der Speicherkarte des alten Smartphones liegen, brauchen Sie ebenfalls nicht zu übertragen. Hier ist es einfacher, die Speicherkarte direkt in das neue Samsung Galaxy S9 zu stecken.

6. Tippen Sie ganz unten in der Liste auf *Übertragen*, um die Übertragung zu starten. Danach startet die eigentliche Datenübertragung, die je nach Datenmenge einige Minuten dauert.

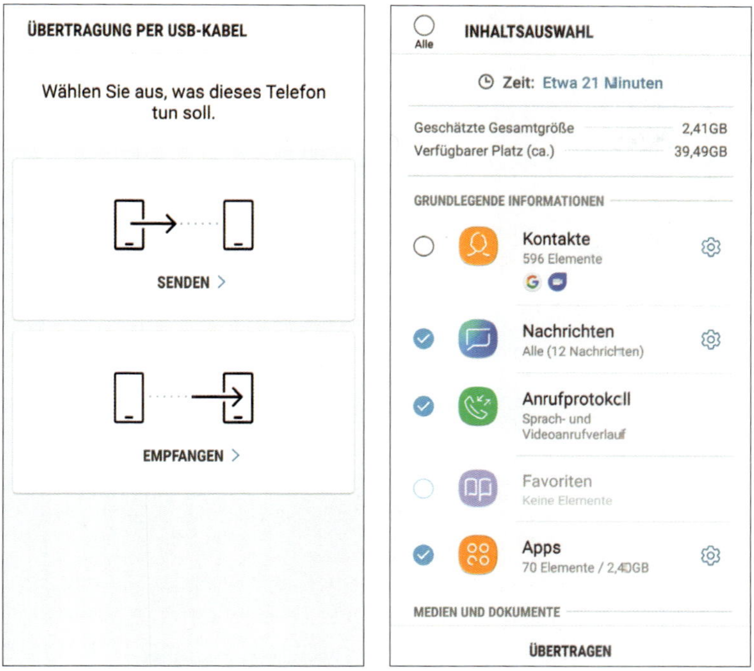

Verbindung zwischen einem älteren Android-Smartphone und einem Samsung Galaxy S9 herstellen und Daten zur Übertragung auswählen.

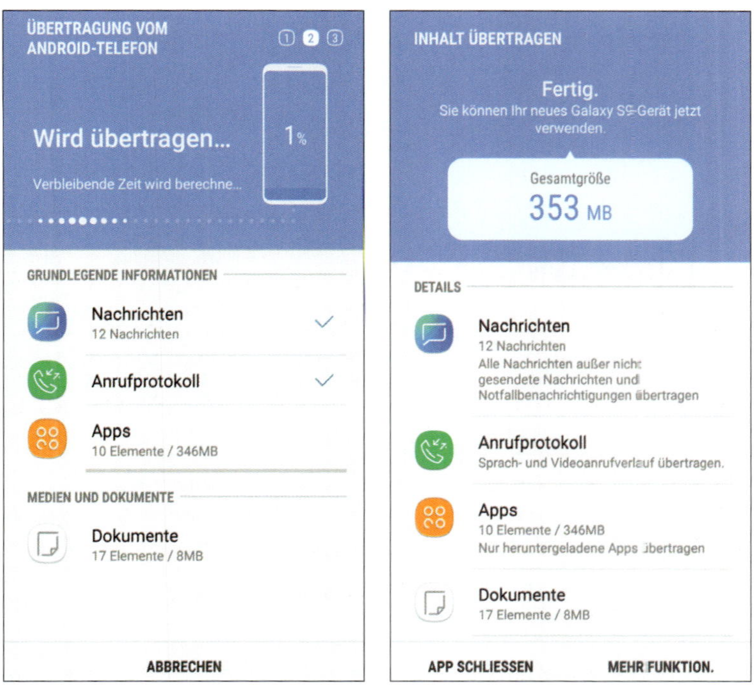

Daten von einem älteren Android-Smartphone auf einem Samsung Galaxy S9 empfangen.

Drahtlose Datenübertragung

Handelt es sich bei dem alten Smartphone um ein moderneres Gerät, können Sie die Daten auch drahtlos über Wi-Fi Direct übertragen.

1. Starten Sie auch in diesem Fall auf beiden Geräten die App *Smart Switch*.
2. Wählen Sie auf dem Samsung Galaxy S9 die Option *Drahtlos* und danach *Empfangen*. Wählen Sie auf dem alten Gerät ebenfalls die Option *Drahtlos*.
3. Wählen Sie im Dialogfeld *Auswahl des alten Geräts* auf dem Samsung Galaxy S9 die Option *Android*.

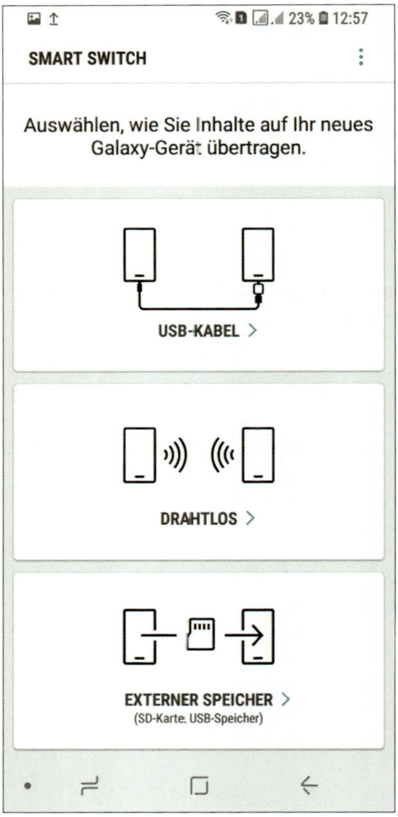

Drahtlose Datenübertragung von einem anderen Smartphone mit Smart Switch.

4. Folgen Sie auf beiden Geräten den Anweisungen auf dem Bildschirm. Je nach Gerätetyp müssen verschiedene Anfragen bestätigt und in manchen Fällen auch eine PIN eingegeben werden.
5. Wählen Sie anschließend auf dem alten Gerät die Inhalte, die auf das neue Smartphone übertragen werden sollen, und tippen Sie dann auf *Senden*.

6. Bestätigen Sie danach auf dem neuen Samsung Galaxy S9 die Meldung über zu empfangende Inhalte. Danach startet die eigentliche Datenübertragung, die je nach Datenmenge einige Minuten dauert.

Mit dem Notebook über das Smartphone ins Internet

Moderne Smartphones liefern zumindest in Großstädten mit guter HSPA- oder LTE-Versorgung Datenübertragungsraten, die mit DSL über Telefonkabel durchaus mithalten können. Da bietet es sich an, unterwegs das Smartphone als mobilen Internetzugang für das Notebook zu nutzen. Allgemein wird dieses Verfahren als Tethering bezeichnet, abgeleitet von dem englischen Wort für »anbinden«.

Tethering

Mobilfunkbetreiber sehen das Tethering gar nicht gern, da es auf dem Smartphone auf einmal ein Vielfaches an Datenvolumen erzeugt. Am Anfang versuchte man, Tethering technisch zu verhindern, was aber allein über die SIM-Karte nur schwer möglich ist, da das Smartphone eine normale Internetverbindung aufbaut und der PC von außen nicht zu sehen ist. Einige US-amerikanische Netzbetreiber lesen den User-Agent-String des Browsers aus und verhindern damit Netzwerkdatenverkehr, der von PC-Browsern verursacht wird. Auch hierzulande kursieren Gerüchte, Mobilfunkanbieter wollten in Zukunft die Modemnutzung in den preisgünstigen Tarifen technisch unterbinden.

Bei den meisten günstigen Flatrate-Tarifen für Smartphones wird nach wenigen Hundert MByte – zum mobilen Surfen in einem Monat meist ausreichend – auf unattraktive GPRS-Geschwindigkeit abgebremst. Per Tethering mit dem Notebook kann man dieses Datenvolumen schon nach wenigen Stunden erreichen. Für den Rest des Monats hat man dann keinen Spaß mehr an der Flatrate. Die teureren Datenflatrates für Surfsticks beinhalten deutlich mehr Übertragungsvolumen. Natürlich spricht nichts dagegen, eine solche SIM-Karte in ein Smartphone zu stecken und dieses für das Tethering zu nutzen. Allerdings haben die typischen Notebook-Surftarife meist höchst unattraktive Preise beim Telefonieren.

Smartphone als mobiler WLAN-Hotspot

Das Samsung Galaxy S9 bietet eine Möglichkeit, einen mobilen WLAN-Hotspot einzurichten. Sie können sich dann mit anderen Geräten wie Notebooks, Tablets, Spielkonsolen oder E-Book-Readern per WLAN am Smartphone anmelden und die Mobilfunkverbindung des Smartphones als Internetzugang nutzen.

1. Schalten Sie in den Schnelleinstellungen den *Mobile Hotspot* ein. Ein Symbol in der Statusleiste markiert den aktiven WLAN-Hotspot. Er wird sofort auf den anderen Geräten als verfügbar angezeigt. Die WLAN-Verbindung des Samsung Galaxy S9 wird getrennt.

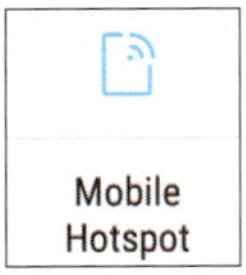

2. Ziehen Sie die Benachrichtigungsleiste herunter und tippen Sie auf die Benachrichtigung, um den mobilen Hotspot einzurichten.
3. Der Bildschirm zeigt anschließend den Namen des Hotspots, der auf den Geräten eingegeben werden muss, sowie das Passwort an. Tippen Sie auf das Passwort, können Sie dieses ändern.
4. Über den Menüpunkt *Mobile Hotspot Konfiguration* im Menü oben rechts können Sie den Namen des Hotspots, die Verschlüsselung und auch das Passwort ändern. Wählen Sie hier WPA2-PSK, da es bei begrenztem Mobilfunkdatenvolumen besonders ärgerlich ist, wenn ein Fremder das eigene Smartphone als Hotspot nutzt.
5. In den *Timeout-Einstellungen* können Sie festlegen, nach welcher Inaktivitätszeit der mobile Hotspot automatisch deaktiviert werden soll.
6. Der mobile Hotspot wird auf den anderen Geräten in der Liste verfügbarer WLANs angezeigt. Hier brauchen Sie nur noch das Passwort einzugeben und die Verbindung herzustellen.

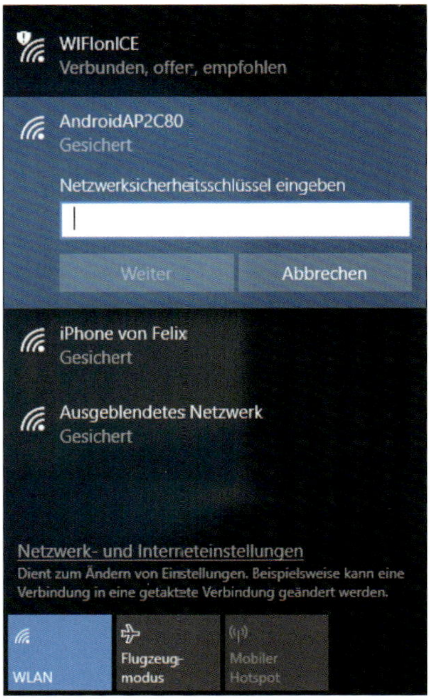

Windows 10 Notebook mit dem WLAN-Hotspot auf dem Android Smartphone verbinden.

Stromverbrauch und Reichweite

Bedenken Sie, dass die Reichweite bei Weitem nicht so groß ist wie die eines klassischen WLAN-Routers. Außerdem verbraucht die Nutzung als WLAN-Hotspot sehr viel Strom des Smartphone-Akkus. Schließen Sie am besten das Smartphone die ganze Zeit ans Ladegerät an und beenden Sie den WLAN-Hotspot, sobald Sie ihn nicht mehr benötigen.

Das Smartphone mit dem PC verbinden

Das Samsung Galaxy S9 muss nicht mehr unbedingt mit dem PC verbunden werden, um Daten zu synchronisieren. Fast alle Daten lassen sich auch drahtlos über Cloud-Dienste austauschen. Die Synchronisation von Adressbuch und Kalender erfolgt automatisch über das Google-Konto. Weitere Daten wie Anrufprotokolle, SMS oder Notizen, die Google nicht synchronisiert, lassen sich mit dem Samsung-Konto synchronisieren.

Es gibt aber auch noch Fälle, in denen eine USB-Verbindung mit einem PC durchaus nützlich sein kann, zum Beispiel um eine größere Musiksammlung vom PC aufs Smartphone zu bringen oder umgekehrt Fotos von der Smartphone-Kamera unterwegs ohne Internetverbindung auf den PC zu übertragen. Auch lassen sich Smartphones mit ihrer großen Speicherkapazität als tragbarer Datenspeicher statt eines USB-Sticks oder gar als Sicherungsmedium für persönliche Daten nutzen. Vom PC hat man per USB-Kabel Zugriff auf den internen Gerätespeicher wie auch die Speicherkarte im Samsung Galaxy S9.

1. Schließen Sie das Samsung Galaxy S9 über das mitgelieferte USB-Kabel an den PC an.
2. Auf dem Samsung Galaxy S9 wird automatisch der Verbindungsmodus *Dateien übertragen* ausgewählt. In diesem Modus können Sie Fotos importieren, Dateien öffnen und auch digitale Medien zwischen PC und Smartphone synchronisieren. Sie müssen nur beim ersten Mal den Datenzugriff zulassen.
3. In der Benachrichtigungsleiste erscheint eine Benachrichtigung. Ziehen Sie diese Leiste nach unten, können Sie auf die USB-Verbindung tippen, um alternativ das Gerät als Kamera mit dem PC zu verbinden (*Bilder übertragen*), falls dieser den Standard-Verbindungsmodus nicht unterstützt, oder an einem fremden PC auch einfach nur aufzuladen.

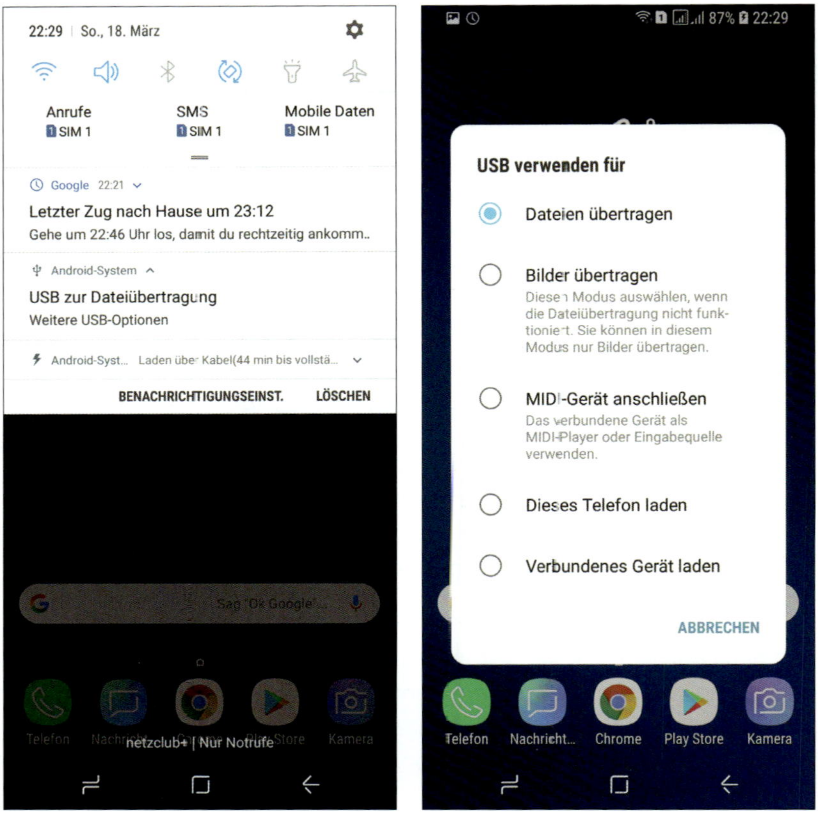

USB-Verbindung auf dem Samsung Galaxy S9.

4. Bei der ersten Verbindung mit dem PC werden USB-Treiber installiert. Auf dem Smartphone müssen Sie bei der ersten Verbindung eine Android-Systemberechtigung bestätigen, ohne die die USB-Verbindung nicht funktioniert.

5. Das interne Speicherlaufwerk des Samsung Galaxy S9 sowie auch die Speicherkarte erscheinen im Windows-Explorer auf dem PC. Jetzt können Sie Daten in beide Richtungen kopieren.

Die Dockingstation DeX

Mit der Dockingstation DeX wird das Samsung Galaxy S9 zum komfortablen PC-Ersatz. DeX ist nicht nur eine Ladestation, sondern verfügt über Anschlüsse für Monitor, Tastatur und Maus. Beim Einstecken des Samsung Galaxy S9 in die DeX schaltet das Smartphone auf einen Desktopmodus um, der mehrere Apps in mehreren Fenstern zulässt.

Hard-Reset – Zurücksetzen auf Werkseinstellungen

Möchten Sie das Samsung Galaxy S9 verkaufen, sollten Sie es vorher auf die Werkseinstellungen zurücksetzen, um sicherzugehen, dass alle Daten gelöscht werden. Umgekehrt sollte man ein gebraucht gekauftes Smartphone auch als Erstes auf die Werkseinstellungen zurücksetzen, um eventuell darauf gespeicherte bösartige Software zu beseitigen. Bei einem solchen Hard-Reset werden alle Daten im Gerätespeicher gelöscht. Die Daten auf der Speicherkarte bleiben erhalten. Bevor Sie das Samsung Galaxy S9 komplett zurücksetzen, um es zu verkaufen oder im Servicefall zurückzuschicken, entfernen Sie erst Ihr Google-Konto vom Gerät. Nehmen Sie auch die Speicherkarte und die SIM-Karte heraus und geben Sie diese nicht an den zukünftigen Eigentümer weiter.

1. Tippen Sie in den *Einstellungen* unter *Cloud und Konten* auf *Konten* und wählen Sie *Google*.
2. Tippen Sie auf *Konto entfernen* und bestätigen Sie die Sicherheitsabfrage. Danach wird das Google-Konto vom Samsung Galaxy S9 entfernt.

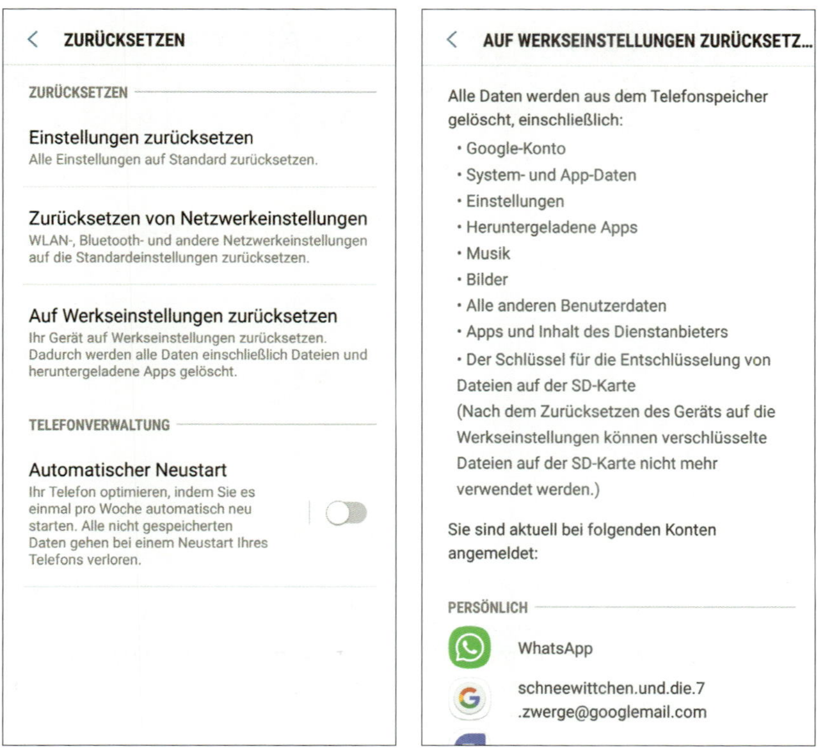

Zurücksetzen auf Werkseinstellungen.

3. Tippen Sie in den *Einstellungen* unter *Allgemeine Verwaltung* auf *Zurücksetzen* und wählen Sie auf dem nächsten Bildschirm *Auf Werkseinstellungen zurücksetzen*.

4. Jetzt sehen Sie noch einmal eine Übersicht aller Konten, bei denen Sie mit dem Smartphone angemeldet sind. Die Verbindungen zu diesen Konten werden gelöscht, die Daten der Konten selbst bleiben in der Cloud erhalten. Tippen Sie ganz unten auf *Zurücksetzen*. Verwenden Sie ein Sperrmuster, PIN oder Passwort, muss auch dieses erst noch einmal eingegeben werden. Zuletzt müssen Sie noch das Passwort des Samsung-Kontos eingeben.

5. Erst danach wird das Samsung Galaxy S9 tatsächlich **unwiderruflich** zurückgesetzt.

Im Gegensatz dazu setzt *Einstellungen zurücksetzen* nur die Einstellungen zurück, behält aber alle Daten und Apps auf dem Smartphone.

Kapitel 10

Die Sicherheitsproblematik bei Android

Onlinekriminelle greifen dort an, wo es sich lohnt – und das sind nicht mehr nur PCs. Daher ist es nicht verwunderlich, dass Android-Smartphones und -Tablets immer stärker in den Fokus der Malware-Autoren rücken, denn nur wenige Anwender haben eine Sicherheitslösung installiert. Das macht es den Tätern leicht, Angriffe mit relativ geringem Aufwand erfolgreich umzusetzen und persönliche Daten sowie wertvolle Firmeninformationen zu stehlen.

Die Angreifer setzen auf Varianten von Schadcode-Apps, die bereits in Umlauf waren, und manipulierte Kopien von eigentlich harmlosen Applikationen. Die Kriminellen versenden Kurznachrichten an teure Rufnummern und haben es auf persönliche Daten der Nutzer abgesehen, beispielsweise Kontakte und Telefonnummern, sowie das Anmelden bei kostenpflichtigen Diensten. So kann ein Angriff auf dem Smartphone sehr schnell viel teurer werden als ein Virus auf dem PC.

In letzter Zeit hat sich die Anzahl gefährlicher Apps für Android nach Medienberichten um ein Vielfaches erhöht. Allerdings sind diese Berichte mit Vorsicht zu lesen, dort werden häufig schon Werbe-Apps, die Standortdaten auslesen, als gefährlich eingestuft.

Android macht es Malware-Autoren deutlich leichter als andere Plattformen, Schadcode zu verbreiten. Google bietet mit seinem Play Store zwar eine wichtige und von einem Großteil der Anwender auch vorrangig genutzte Quelle zur Installation von Apps. Hersteller können Apps aber auch über eigene Webseiten oder alternative Downloadportale anbieten.

Im Gegensatz zu anderen Plattformen ist auch eine Installation von Apps über einfache Downloadlinks im Browser, E-Mail-Anhänge, Speicherkarten oder per USB-Kabel vom PC möglich. Sicherheitskritische und bösartige Anwendungen können ungehindert ihren Weg auf die Geräte finden. Keine zentrale Qualitätskontrolle kann das verhindern oder solche Apps gar nachträglich von den Geräten entfernen. Google prüft im Play Store hochgeladene Apps nicht automatisch auf technische Risiken, sondern erst dann, wenn ein konkreter Verdachtsfall vorliegt. Selbst wenn der Google Play Store eine App sperrt, heißt das noch lange nicht, dass sie damit von allen Smartphones dieser Welt verschwindet.

Ein Android-Smartphone unterliegt also ähnlichen Sicherheitsrisiken wie ein PC, im Gegensatz zu Windows Mobile und dem iPhone, deren Systeme deutlich geschlossener sind.

Da jeder Gerätehersteller selbst für die Betriebssystem-Updates verantwortlich ist, kommt es hier teilweise zu erheblichen Verzögerungen beim Schließen kritischer Sicherheitslücken.

Stand der Sicherheitsupdates-anzeigen

Das Samsung Galaxy S9 zeigt in den *Einstellungen* unter *Telefoninfo/Softwareinformationen* in der Zeile *Android Sicherheitspatch-Ebene* das Datum der aktuellsten Sicherheitsupdates an. Auf diese Weise lässt sich der aktuelle Updatestand bei neu aufgetauchten Sicherheitslücken feststellen, da nicht jedes kleine Update bereits eine höhere Versionsnummer zeigt. Google stellt etwa monatlich aktuelle Sicherheitsupdates für Android zur Verfügung.

Die größten Sicherheitsprobleme

- Das größte Sicherheitsproblem bei Smartphones sind die Nutzer und weniger die Technik. Installieren Sie nicht, ohne nachzudenken, irgendwelche Apps. Besonders kostenlose Apps, die Funktionen versprechen, die das Smartphone technisch gar nicht leisten kann, sind extrem verdächtig.
- Auch ein zweites Problem ist eher menschlich: Phishing in E-Mails und sozialen Netzen. Auf dem Smartphone sind gefälschte Links schwerer zu erkennen als in einem E-Mail-Programm auf dem PC. Lesen Sie E-Mails noch genauer. Besonders falsche Rechtschreibung und einfältiges Deutsch deuten auf Phishing hin.
- Ein weiteres großes Sicherheitsrisiko ist Rooting. Viele Medien versprechen unbedarften Nutzern damit Wunder. Tatsächlich öffnen Sie mit Rooting alle sicherheitskritischen Bereiche des Smartphones und machen es damit extrem anfällig für Malware.

Stille SMS

Stille SMS sind SMS, die auf dem Smartphone nicht angezeigt werden und auch keine Benachrichtigung erscheinen lassen. Diese spezielle Art von SMS wird im großen Stil von Polizei, Zoll und Verfassungsschutz eingesetzt, um die Standorte von Smartphones zu ermitteln.

Obwohl sie auf den Endgeräten nicht angezeigt werden, erscheinen diese stillen SMS natürlich in den Versandprotokollen der Mobilfunkprovider, einschließlich Angaben zur Funkzelle, in der sie an das dort eingebuchte Handy zugestellt wurden. Die Behörden lassen sich diese Protokolle aushändigen und werten die Daten ihrer versendeten SMS entsprechend aus.

Da die stillen SMS direkt mit dem Mobilfunkmodul des Smartphones kommunizieren, ohne Betriebssystemfunktionen zu nutzen, lassen sie sich auch mit externen Apps nicht anzeigen oder gar blockieren.

Gestohlenes oder verlorenes Smartphone wiederfinden

Die Gefahr eines Virus ist bei Android sehr gering, wesentlich höher ist das Risiko, dass das neue Smartphone gestohlen wird oder man es einfach irgendwo liegen lässt. Sie können sich einigen Ärger sparen und die Chance erhöhen, das Gerät wiederzubekommen, wenn Sie rechtzeitig Vorsorge treffen.

- Schreiben Sie die Seriennummer und die IMEI des Smartphones auf. Diese brauchen Sie, um es im Falle eines Verlustes eindeutig zu identifizieren. Sie finden diese Angaben auf dem Strichcode-Aufkleber auf der Rückseite des Samsung Galaxy S9 unter der Schutzfolie sowie in den *Einstellungen* unter *Telefoninfo*. Die beiden SIM-Kartensteckplätze haben jeweils eine eigene IMEI.
- Schalten Sie in den *Einstellungen* unter *Google/Standort* die Optionen *Google-Standortfreigabe* und *Google-Standortverlauf* ein, um die Ortung über Google optimal nutzen zu können. Unter *Google-Standortverlauf* sehen Sie die Zeitpunkte, wann Ihr Gerät zum letzten Mal den Standort gespeichert hat.
- Schalten Sie in den *Einstellungen* unter *Google/Sicherheit* die Option *Mein Gerät finden* ein.

Mein Gerät finden

Mit der App *Mein Gerät finden* können Sie vom Smartphone aus Ihre anderen Android-Geräte finden, die mit dem gleichen Google-Konto angemeldet sind. Über den Gastzugang in der App können Sie Freunden helfen, ihre Geräte zu finden. Hier melden Sie sich zeitweilig mit einem anderen Google-Konto an, das nur auf diese App, nicht aber auf die anderen Daten Zugriff hat.

Auf der Seite *android.com/find* finden Sie nach der Anmeldung mit dem persönlichen Google-Konto auf dem PC alle Android-Geräte, die in diesem Google-Konto registriert sind. Mit einem Klick auf *Klingeln lassen* können Sie das Gerät klingeln lassen, um es zu finden, wenn Sie es irgendwo in der Nähe verlegt haben. Das funktioniert auch, wenn das Smartphone lautlos gestellt ist. Voraussetzung ist natürlich, dass das Gerät eine Internetverbindung hat. War das Gerät zuletzt in einem WLAN angemeldet, wird dies ebenfalls angezeigt, was auch ein Hinweis auf den letzten Standort sein kann.

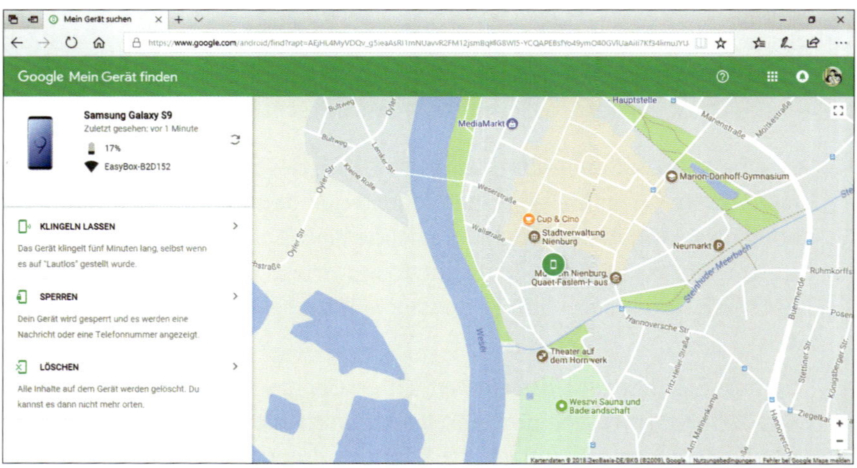

Smartphone über »Mein Gerät finden« auf dem PC orten.

Wenn Sie nicht mehr davon ausgehen können, es zurückzubekommen, können Sie im äußersten Notfall alle Daten auf dem Smartphone löschen. Bedenken Sie dabei: Nach dem Zurücksetzen kann das Smartphone über Google nicht mehr geortet werden. Bei der Wiederinbetriebnahme muss man sich mit dem zuletzt auf dem Gerät verwendeten Google-Konto anmelden.

Samsungs Find my Mobile

Samsung bietet bei *findmymobile.samsung.com* einen ähnlichen Dienst an. Hier müssen Sie sich mit Ihrem Samsung-Konto anmelden. Zusätzlich zu den Funktionen, die auch Google kennt, können Sie hier die Anrufliste des Smartphones auslesen und Daten in die Samsung Cloud hochladen, die sonst verloren wären, falls Sie Ihr Smartphone nicht zurückbekommen. Weiterhin können Sie das Smartphone in den maximalen Energiesparmodus versetzen, um es so möglicherweise noch länger orten zu können.

Android Smart Lock

Smart Lock ist eine Methode zum sicheren Zugriff auf ein Gerät, ohne jedes Mal ein Passwort oder ein Entsperrmuster einzugeben. Zunächst muss eine PIN, ein Passwort oder ein Sperrmuster eingerichtet sein, da das Gerät sonst nicht gesperrt ist. Nur dann ist in den *Einstellungen* unter *Gerätesicherheit* die Option *Smart Lock* aktiv. Hier können Sie jetzt z. B. vertrauenswürdige Bluetooth-Geräte wie Smartwatches hinzufügen. Wenn diese in der Nähe sind, entsperrt sich das Smartphone automatisch.

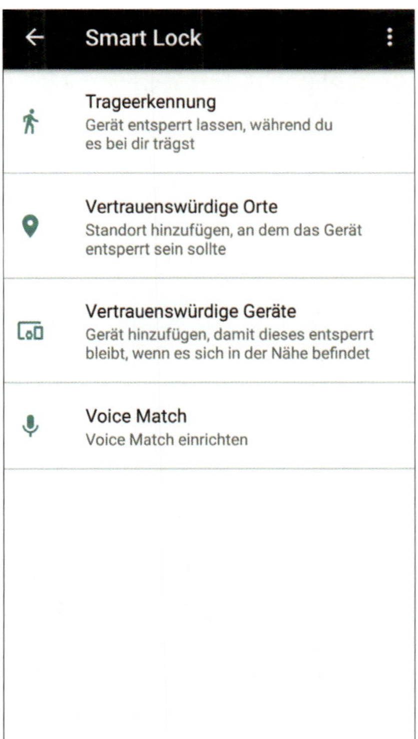

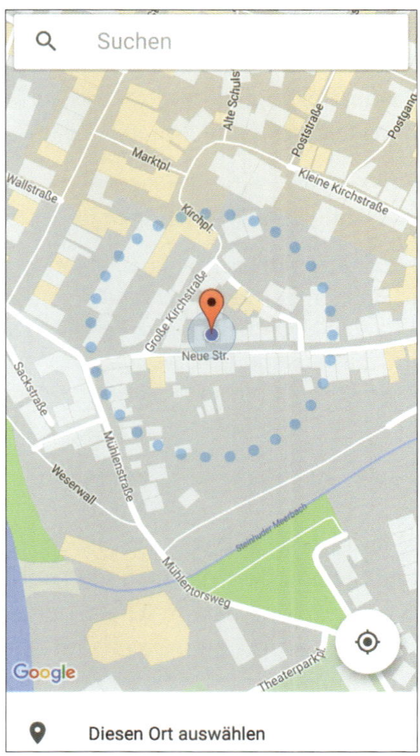

Vertrauenswürdige Geräte und Orte hinzufügen.

Die *Trageerkennung* lässt das Smartphone automatisch entsperrt, solange es in der Hand gehalten oder in der Jacken- oder Hosentasche herumgetragen wird. Sowie Sie es aber irgendwo ablegen, wird es wieder automatisch gesperrt. Die *Trageerkennung* nutzt dazu die Daten der Bewegungs- und Lagesensoren. Allerdings kann die *Trageerkennung* nicht erkennen, wenn Sie das Gerät einer anderen Person in die Hand geben. Aber in diesen Fällen ist davon auszugehen, dass die andere Person das Smartphone auch benutzen darf – warum würden Sie es sonst weitergeben?

Vertrauenswürdige Orte

Mit Smart Lock können Orte festgelegt werden, an denen das Gerät automatisch entsperrt wird. Die Positionsbestimmung innerhalb von Gebäuden ist nur auf etwa 80 m genau. Daher werden manchmal falsche Hausnummern angezeigt, was Sie aber nicht weiter zu stören braucht.

Um Smart Lock zu aktivieren, verlassen Sie die Einstellungen-App und drücken einmal auf den Einschalter, um das Gerät zu sperren. Jedes Mal, wenn Sie an den Smart-Lock-Einstellungen etwas verändern, müssen Sie das Sperrmuster oder Passwort eingeben.

Sie können auch an einem vertrauenswürdigen Ort das Smartphone jederzeit sperren, sodass es nur über die Eingabe von PIN, Passwort oder Sperrmuster wieder freigeschaltet werden kann. Schalten Sie dazu den Bildschirm kurz aus und wieder ein und tippen Sie danach ganz unten auf das Schloss-Symbol.

Wichtige Voraussetzungen für Smart Lock

Damit Smart Lock funktioniert, muss in den *Einstellungen* unter *Verbindungen/Standort* der Standortzugriff eingeschaltet sein. Weiterhin muss in den *Einstellungen* unter *Gerätesicherheit/Andere Sicherheitseinstellungen/Trust Agents* der Schalter *Smart Lock (Google)* aktiviert sein.

Der sichere Ordner

Smartphones sind sehr persönliche Geräte, die man besonders wegen der darauf befindlichen Informationen nur ungern aus der Hand gibt. Das Samsung Galaxy S9 bietet einen sicheren Ordner an, in dem man nur selbst Zugriff auf die darin enthaltenen Daten und Apps hat. Zur Identifizierung muss man ein Sperrmuster eingeben oder den Fingerabdruckscanner berühren. So bleiben private Daten für andere Personen, die das Smartphone kurzfristig in den Händen haben, unsichtbar.

Wenn Sie den sicheren Ordner zum ersten Mal aktivieren, müssen Sie ein Entsperrmuster, eine PIN oder ein Passwort festlegen oder einen gespeicherten Fingerabdruck verwenden, um den sicheren Ordner später nutzen zu können. So sind Ihre privaten Daten immer geschützt, wenn das Smartphone irgendwo herumliegt, wo jemand anders Zugriff darauf haben könnte.

Tippen Sie auf das Symbol *Sicherer Ordner* in der App-Liste, müssen Sie sich mit dem Fingerabdruckscanner oder dem Entsperrmuster, Passwort oder der PIN identifizieren. Der sichere Ordner enthält standardmäßig bereits einige Samsung-Apps. Alle Daten, die Sie mit diesen Apps im sicheren Ordner neu erstellen, sind auch nur im sicheren Ordner zugänglich.

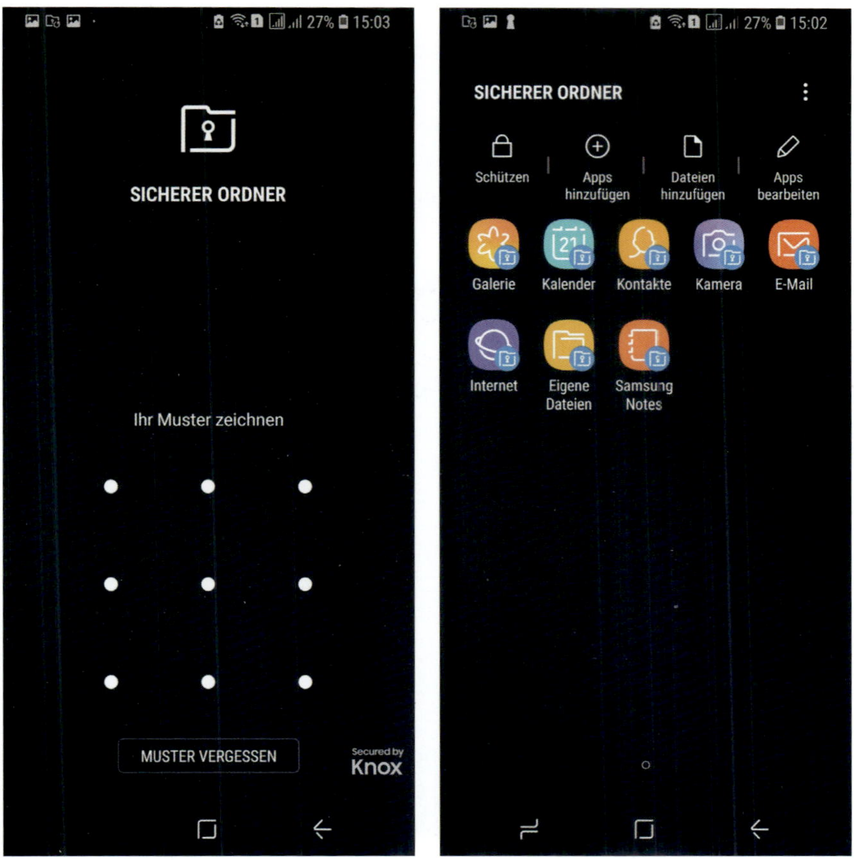

Sicheren Ordner öffnen und anzeigen.

Über die Symbole *Apps hinzufügen* und *Dateien hinzufügen* können Sie weitere Apps oder Daten aus anderen Apps in den sicheren Ordner verschieben oder kopieren. Um Fotos, Videos, Musik oder eigene Dateien im öffentlichen

Modus auszublenden und nur noch im sicheren Ordner anzuzeigen, markieren Sie in der jeweiligen App die entsprechenden Daten, z. B. Fotos in der Galerie, tippen auf das Menüsymbol und dann auf *Zu Sicherer Ordner verschieben*. Starten Sie diese Apps aus dem sicheren Ordner, tippen Sie auf *Aus sicherem Ordner verschieben*, um bestimmte Daten wieder in den allgemein zugänglichen Bereich zu verschieben.

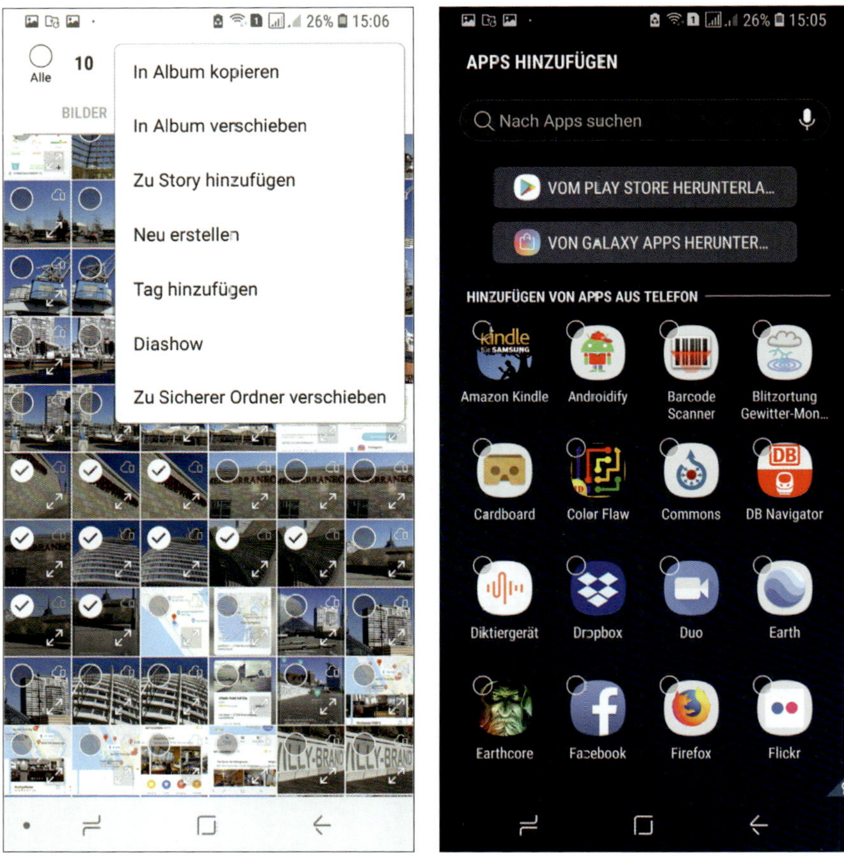

Fotos in sicheren Ordner verschieben und Apps hinzufügen.

Im Menü des sicheren Ordners können Sie diesen umbenennen und ein anderes Symbol verwenden, um ihn in der App-Liste unauffälliger zu machen. In den *Einstellungen* können Sie festlegen, dass der sichere Ordner erst nach einer bestimmten Zeit wieder gesperrt wird, damit Sie sich, wenn Sie zwischendurch eine andere App verwenden, nicht erst wieder identifizieren müssen.

Weiterhin können Sie hier Apps und Konten hinzufügen, die ausschließlich oder mit einem anderen Konto im sicheren Ordner zu nutzen sind.

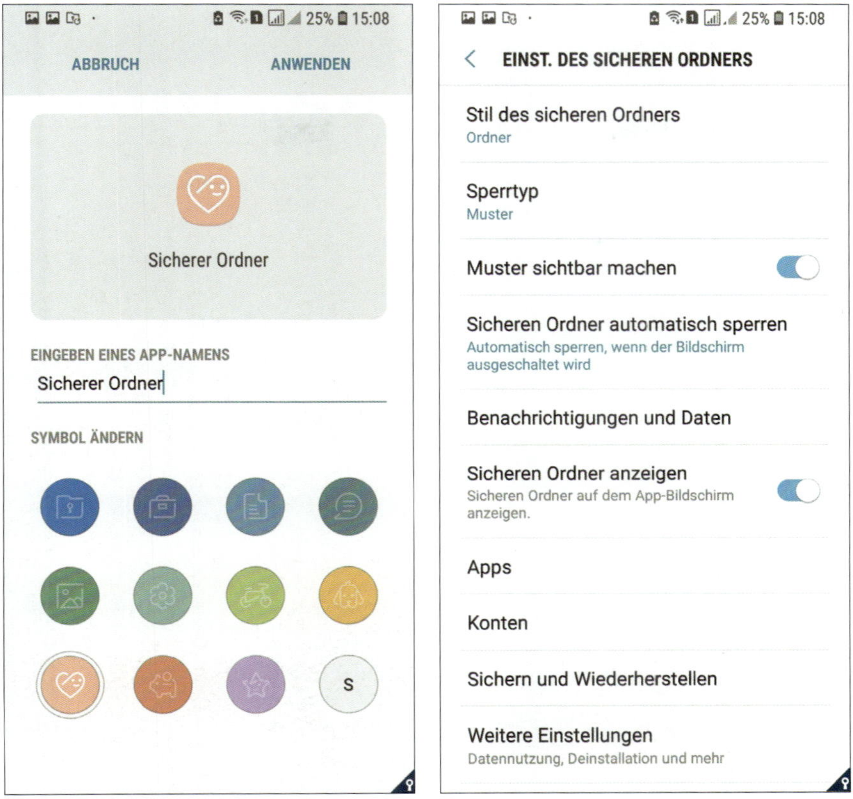

Sicheren Ordner umbenennen und Einstellungen für den sicheren Ordner.

Google Play Protect warnt vor gefährlichen Apps

Google Play Protect untersucht das Smartphone regelmäßig auf gefährliche Apps, da selbst bei Apps aus dem Google Play Store nicht auszuschließen ist, dass sie nach einiger Zeit bösartige Daten nachträglich herunterladen und ausführen, die bei der Einstellung und Überprüfung im Google Play Store noch nicht bekannt waren. Diese Überprüfung erfolgt automatisch bei jedem Update einer App aus dem Google Play Store, aber auch im Hintergrund für Apps aus anderen Quellen.

Play Protect wird über das Seitenmenü des Google Play Store aufgerufen. Hier sehen Sie jederzeit den aktuellen Überprüfungsstatus. Achten Sie darauf, dass unter *Play Protect* die Option *Gerät auf Sicherheitsbedrohungen prüfen* eingeschaltet ist. Damit wird das Smartphone automatisch auf bekannte gefährliche Apps überprüft.

Um auch vor bisher unbekannten Apps besser geschützt zu werden, sollten Sie die Option *Erkennung schädlicher Apps verbessern* ebenfalls aktivieren.

App-Überprüfung durch Google Play Protect.

Sicherheitsüberprüfung in der Gerätewartung

Samsung liefert in der *Gerätewartung* einen einfachen Malware-Scanner mit, der das Gerät und installierte Apps überprüfen kann. Die Schaltflächen im unteren Bildschirmbereich führen nur zu Werbelinks.

F-Secure SAFE

F-Secure SAFE ist eine umfassende Sicherheitslösung für Android-Smartphones. Die App schützt vor Viren und Trojanern sowie Spyware, die private Daten ausliest. Der Browserschutz schützt vor Malware und Phishingseiten, ein spezieller sicherer Browser für Onlinebanking überprüft vor der Eingabe privater Daten die Sicherheit der besuchten Bankseite. Zusätzlich gibt es die Möglichkeit, das Smartphone zu orten und im Fall eines Diebstahls alle Daten von Gerät und Speicherkarte zu löschen.

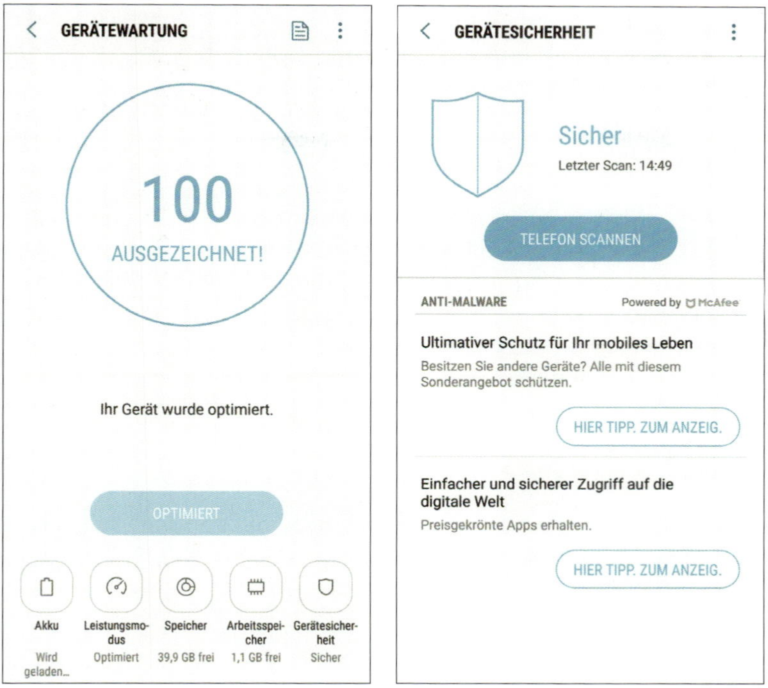

Gerätesicherheit in der Gerätewartung.

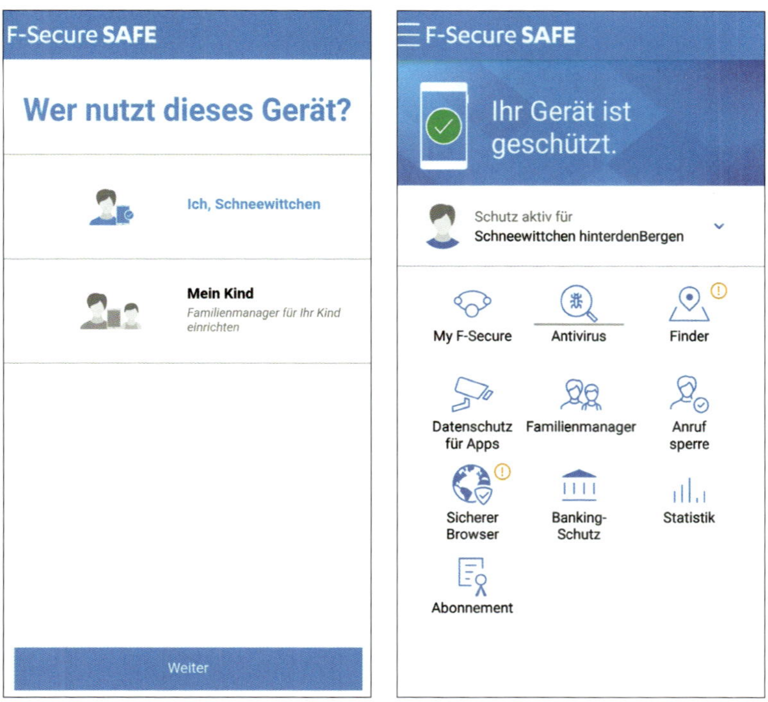

F-Secure SAFE – umfassende Sicherheitslösung für Smartphones.

Weiterhin beinhaltet F-Secure SAFE einen Kinderschutz, der Onlineaktivitäten der Kinder begrenzt und im Browser sowie bei Suchergebnissen jugendgefährdende Inhalte herausfiltert.

F-Secure SAFE sechs Monate kostenlos

F-Secure SAFE muss, wie jedes Sicherheitsprogramm auf dem PC, regelmäßig aktualisiert werden, um neue Bedrohungen zu erkennen. Die kostenlose Version funktioniert einen Monat lang. Leser dieses Buches bekommen sechs Monate lang F-Secure SAFE für drei Geräte. Beachten Sie dazu die Hinweise auf der letzten Seite dieses Buches.

Der Notfallmodus

Ich wünsche keinem, in einen derartigen Notfall zu geraten und möglicherweise tagelang auf das Handy angewiesen zu sein, ohne die Möglichkeit zu haben, an eine Steckdose zu kommen. Manövrierunfähig auf See oder verletzt in einer unwegsamen Gegend kann ein Handy lebensrettend sein – nur halten die Akkus heutiger Smartphones im Fall der Fälle oft nicht mal mehr einen Tag.

Samsung hat dieses Problem erkannt und einen eigenen Notfallmodus in das Samsung Galaxy S9 eingebaut. Der Notfallmodus kombiniert die Akkusparfunktionen des maximalen Energiesparmodus mit wichtigen Funktionen, die in einem Notfall lebensrettend sein können und die man unter Stress auf dem Smartphone nur mühsam findet.

Wenn Sie in einen Notfall geraten, drücken Sie länger auf den Ausschalter. Auf diesem Bildschirm kann der *Notfallmodus* aktiviert werden.

Notruf

Probieren Sie den Notfallmodus einmal in Ruhe aus, damit er in einem tatsächlichen Notfall vertraut ist, aber tippen Sie auf keinen Fall zum Ausprobieren auf das Notrufsymbol. Hier wird ein echter Notruf an die Notrufnummer 112 ausgelöst!

Der Notfallmodus zeigt einen äußerst stromsparenden niedrig auflösenden Bildschirm und schaltet WLAN, Bluetooth und andere Stromfresser aus. Solange der Bildschirm ausgeschaltet ist, wird auch sämtlicher Datenverkehr im Hintergrund deaktiviert.

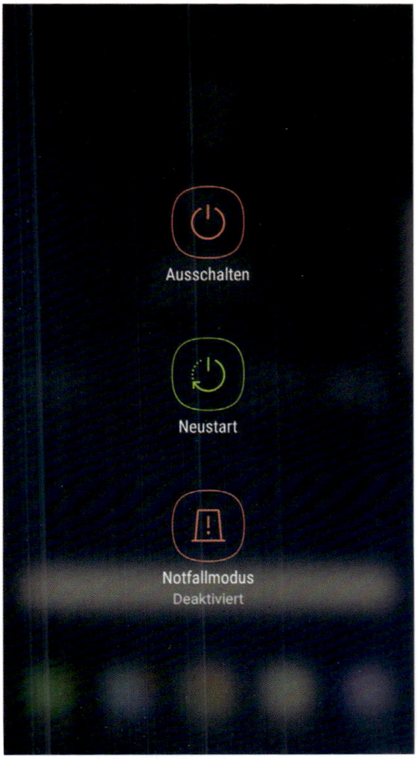

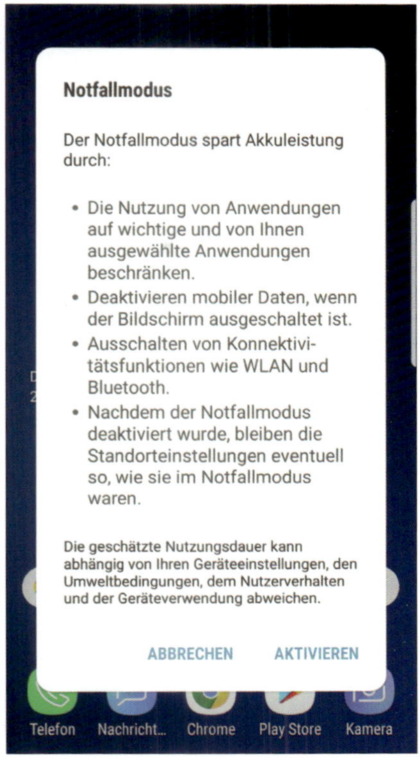

Notfallmodus aktivieren.

Der Startbildschirm im Notfallmodus schaltet sich nach sehr kurzer Zeit aus, um maximal Strom zu sparen. Er zeigt unten jederzeit die verbleibende Akkukapazität sowie die geschätzte Stand-by-Zeit an. Wichtige Funktionen für den Notfall sind bereits auf dem Startbildschirm angeordnet.

- Die *Taschenlampe* schaltet die Foto-LED ein. Diese sollte allerdings mit Bedacht verwendet werden, da sie relativ viel Strom verbraucht.
- Der *Notfallalarm* lässt eine laute Sirene ertönen, mit der man sich in einer unübersichtlichen Umgebung, wie zum Beispiel nach einem Erdbeben, Brand oder Hochwasser, den Hilfskräften bemerkbar machen kann.
- Das Symbol *Eigenen Standort senden* schickt eine SMS mit den Google-Maps-Koordinaten des eigenen Standorts an vorher festgelegte Notfallkontakte. Hier können Sie auch selbst noch andere Personen auswählen, die diese SMS bekommen sollen.
- Über das Pluszeichen können Sie eine weitere App auf den Startbildschirm bringen. Hier werden nur Apps angeboten, die im Notfall wichtig sein könnten, unter anderem Google Maps oder Facebook (wegen des Safety Checks).

Legen Sie über den Menüpunkt *Notfallkontakte verwalten* die wichtigsten Kontakte fest, die die Standortnachricht im Notfall durch einfaches Antippen bekommen, ohne dass Sie extra noch Kontakte auszuwählen brauchen.

SOS-Nachrichten

Wenn Sie in den *Einstellungen* unter *Erweiterte Funktionen* die Option *SOS-Nachrichten senden* aktivieren, können Sie, indem Sie schnell dreimal hintereinander auf den Ein-/Ausschalter drücken, automatisch einen Hilferuf an wichtige Kontaktpersonen senden.

Dies funktioniert auch im normalen Modus des Samsung Galaxy S9. Dazu muss nicht eigens der Notfallmodus aktiviert sein. Diese Hilfenachricht kann auch Bild- und Tonaufnahmen enthalten, die automatisch kurz vor dem Versenden mit beiden Kameras aufgenommen werden. Die Nachricht wird als MMS gesendet, da dies auch ohne Internetverbindung über einfaches Mobilfunknetz möglich ist und MMS bei nicht ausreichendem Mobilfunknetz so lange wiederholt werden, bis sie erfolgreich übermittelt werden konnten.

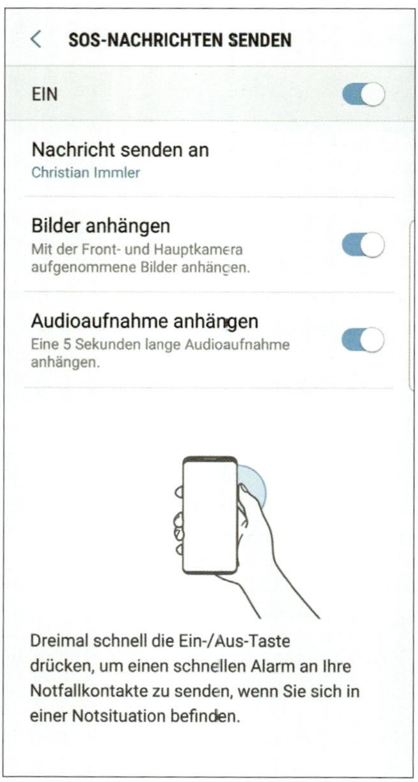

Einstellungen für SOS-Nachrichten.

Die SOS-Nachrichten sind kein Ersatz für einen Notruf an eine Notrufzentrale. Sie dienen nur dazu, eine vertraute Person über die eigene Notlage zu informieren. Diese Person kann dann weitere Hilfsmaßnahmen einleiten.

In diesem Sinne viel Spaß mit dem Samsung Galaxy S9 und dass Sie Notfallmodus und SOS-Nachrichten nie wirklich brauchen werden!

Christian Immler und das Markt+Technik Team

Stichwortverzeichnis

A

Adressbuch 95
Adressbuch auf PC bearbeiten 110
Akku 19
- Bluetooth 349
- kabellos aufladen 19
- Notfall 372
- Schnellladegerät 19
- sparen 339

Akkuverbrauch 339
Always On Display 66
Android 15
- Benutzeroberfläche 41
- Marktanteil 15

Annäherungssensor 78, 347
Anonymes Browsen 172
Anruf 78
Anruf, entgangener 80
Anrufliste 76
APK-Datei 151
App-Energieüberwachung 341
App-Ordner 46
Apps 137, 309
- auf Speicherkarte verschieben 148
- auf Startbildschirm 43
- Berechtigungen einschränken 140
- deinstallieren 147
- entfernen 45
- finden 155
- installieren 139
- kaufen 144
- mehrere gleichzeitig anzeigen 328
- prüfen 369
- Uhr 131
- unbekannte Quellen 152

App-Shortcuts 107, 117, 196, 217
App-Übersicht 52
AR-Emojis 255
Augenerkennung 346
Augmented Reality 244
Autofokus 246, 248

B

Bahnfahrplan 297
Bcc 196
Belichtungsautomatik 247
Benachrichtigungen 18, 57, 68
- Einstellungen 70

Benachrichtigungsleiste 56, 58
- E-Mail 192
- mit Fingerabdruckscanner herunterziehen 347
- Musikplayer 279
- schneller öffnen 58
- SMS 220

Benchmark 11
Benutzeroberfläche 41, 323
- einfacher Modus 347

Betriebssystem-Update 362
Bewegungsaufnahme 261
Bewegungspanorama 252
Bewegungssteuerung 345
Bildbearbeitung 262, 265, 269
Bildschirmauflösung 12
Bildschirmdrehung 124, 125
Bildschirmhelligkeit 58, 340
Bildschirmsperre 54
Bildschirmtastatur 122
Bildschirmthemen 324
Bildschirmzoom 330
Bitte nicht stören 73
Bixby 117
Bixby Home 117, 337
Bixby-Taste 50
Bixby Vision 149, 305
Blaufilter 331
Blende 249
Bloatware 153
Bluetooth 59, 349
- Headset 80
- Smart Lock 365

Browser 157
- Alternativen 181
- Chrome 166
- Desktop-Darstellung 161

Firefox ... 181
Lesezeichen ... 160
offline lesen ... 163
Schnellzugriff ... 157
Seite senden ... 170
Tabs ... 161, 167
Twitter ... 219
Zoom ... 159
Browserkennung ... 161

C

Cc ... 196
Chat ... 222
Chrome ... 166
Datensparmodus ... 174
Downloads ... 171
Inkognito-Modus ... 172
Standardbrowser ... 175
Tabs ... 167
teilen ... 170
twittern ... 219
vereinfachte Ansicht ... 168
Cloud-Speicherdienste ... 231
Cookies ... 172
CSV-Format ... 111
Cursorsteuerung ... 129
CustomROM ... 140

D

Dateimanager ... 309
Datenautomatik ... 88
Datenflatrate ... 88, 355
Datennutzung ... 93
Datenschutz ... 173
Datensparmodus ... 94, 174
Daten übernehmen ... 26
Datenübertragung ... 26
Bluetooth ... 349
NFC ... 350
USB-Kabel ... 352
von älteren Smartphones ... 351
zwischen zwei Smartphones ... 348
Datenverbrauch reduzieren ... 94
Datenvolumen ... 93, 185, 186
Musik ... 279
YouTube ... 284
Datum einstellen ... 65
DB Navigator ... 119, 297
Desktop-Darstellung ... 161
Diebstahlschutz ... 363
Digitaler Bilderrahmen ... 239
Diktiergerät ... 315
Direktanruf ... 346
Dockingstation DeX ... 358
Dolby Atmos ... 282
Download-Booster ... 332
Downloadportal ... 151, 361
DRM ... 282
Dropbox ... 237
Dual Messenger ... 224
Dual SIM ... 21
Duden Universalwörterbuch ... 319

E

E-Book ... 316
Eigene Dateien ... 309
Einfacher Modus ... 347
Einfache Stummschaltung ... 347
Eingabehilfe ... 347
Einhändiger Modus ... 332
Einheitenumrechner ... 314
Einschalter ... 50
Einschalter, Kamera ... 242
Einstellungen ... 63
Benachrichtigungsleiste ... 58
Bewegung und Gesten ... 346
Datennutzung ... 93
Datenschutz ... 173
Google-Konto ... 41
Google Play ... 142
IMEI ... 363
Kalender ... 118
Kamera ... 244, 256
Kontakte ... 98
NFC ... 350
Standort ... 363
Suche ... 63
suchen ... 328
Trust Agents ... 366
WLAN ... 23
zurücksetzen ... 360
E-Mail ... 191
Anhang ... 197
App ... 208
beantworten ... 193
Betreffzeile ... 194

einrichten 199, 205
Konten verknüpfen 203
Konto löschen 207
lesen 192
Mailserver 207
schreiben 194
Emojis 126, 255
Energiesparmodus 342
Entgangene Anrufe 80
Ersteinrichtung 19, 22
EU-Roamingverordnung 91
Euro-Tarif 91
Excel 313

F

Facebook 210
einchecken 211
Einstellungen 214
Messenger 227
Messenger Lite 229
Status 211
Fahrplanauskunft 297
Fair Use Policy 92
Favoriten 160
Find my Mobile 365
Fingerabdruck 31
Firefox 181
Firefox Sync 182
Fitnessarmband 320
Flatrate 85, 87
Flickr 276
Flugmodus 60, 340
Fotoeffekte 245, 263
Foto-LED 61, 244
Fotos 239
Alben 271
automatisch sichern 268
bearbeiten 262, 269
Dropbox 238
Flickr 276
Hintergrundbild 324
Instagram 274
Kontaktfoto 102
Link-Freigabe 273
OneDrive 272
teilen 270
Frontkamera 243, 254
F-Secure SAFE 370

G

Galaxy Apps 153
Galerie 239
Bildbearbeitung 263
Fotos per E-Mail senden 198
Hintergrundbild 325
Game Launcher 321
Geldautomaten finden 304
Geotagging 261
Geräteortung 363
Gerätewartung 338
Malware-Scanner 370
Schätzung Energieverbrauch 343
Speicheranzeige 344
Symbol auf Startbildschirm 338
Gesichtserkennung 30
Gestensteuerung 345
Gesundheit 320
GIFs 127, 255
Gmail 39, 40, 110, 191
Gmail, Filterregeln 198
Gmailify 203
GMX 200, 201
GO Contact Sync Mod 111
Google 16, 176
Google+ 193
Google-App 176
Google Assistant 34, 52, 121, 178
Google-Bildersuche 177
Google Chrome 166
Google-Dienste 33
Google Drive 197, 232
ICS-Dateien 235
Sicherung 26
Google Duo 225
Google Earth 295
Google Fotos 267
Google Kalender 40, 112
Google-Konto 24, 96, 357
anlegen 38
auf dem PC 40
Google Play 139
Termine 112
Google Mail 191
Google Maps 287
offline nutzen 291
Plus Code 290
Routenplaner 292
Verkehrslage 293

Google Play Musik ... 278, 283
Schnellmixe ... 278
Google Play Protect ... 369
Google Play Store ... 25, 137
Alternativen ... 151
Musik ... 281
PC-Version ... 145
Updates ... 142
Google Sprachsuche ... 178
Google Street View ... 297
Google-Suche ... 176
GPS ... 62, 177, 287
Gruppen-Selfie-Modus ... 255

H

Hard-Reset ... 359
Hashtag ... 275
HDR-Fotos ... 259
Herzfrequenzsensor ... 321
Hintergrundbild ... 323
Hochformat ... 125
Home-Taste ... 50, 51
Hotels finden ... 304
Hotspot ... 187
HTML5 ... 181
Hyperlapse ... 254

I

ICE-Notfallkontakte ... 106
ICS-Datei ... 235
IMAP ... 205, 208
IMEI ... 363
Inkognito-Modus ... 172
Instagram ... 274
Instant Messenger ... 222
Intelligenter Scan ... 28
Intelligente Textauswahl ... 169
Internet ... 157
IP68 ... 14
Iris-Scanner ... 32
ISO ... 250

K

Kalender ... 56, 112
Kamera ... 241
Auflösung ... 257
Aufnahmemodi ... 250
Bixby Vision ... 244
Blende ... 249
Blitz ... 244
Effekte ... 245
Einstellungen ... 256
Essen ... 253
Flickr ... 277
HDR ... 259
Instagram ... 275
Lebensmittel ... 253
Lupe ... 327
Panorama ... 252
Profimodus ... 246
Seitenverhältnis ... 244
Selektiver Fokus ... 251
Sportmodus ... 259
Standortdaten ... 261
Timer ... 258
Zeitauslöser ... 258
Zoom ... 242
Klingelton ... 81
Kontakte ... 95
Anrufer in Adressbuch übernehmen ... 99
Direktanruf ... 346
E-Mail schreiben ... 195
Favoriten ... 77
neu ... 98
sortieren ... 97
verknüpfen ... 101
VIP ... 334
Kontaktfoto ... 102
Kontaktgruppen ... 105
Kontaktverwaltung ... 96
Kopfhörer ... 282
Kurzwahl ... 77

L

Lautlos ... 59
Lautsprecher ... 79, 282
Lautstärketaste ... 50
Leistungsmodus ... 343
Lesezeichen ... 160
Chrome ... 166
Firefox ... 181
LineageOS ... 140
Link-Freigabe ... 273
LTE ... 13, 91, 332
Lupe ... 327

M

Mailbox 85, 86
Mailserver 207
Malware 361
Malware-Scanner 370
Maximaler Energiesparmodus 343
Mein Gerät finden 364
Messenger 222
Microsoft-Apps 137, 229, 272
Microsoft-Apps, Office 311
Microsoft-Konto 209
Microsoft Outlook 209
Micro-USB-Ladegerät 19
Mikrofon 79
MMS 84, 222
Mobilfunktarife 87
Multi-Window-Ansicht 328
Musik 278
  Albumbilder 280
  Benachrichtigungsleiste 279
  Datenvolumen sparen 279
  Equalizer 282

N

Nano-SIM-Karte 20
Navigationsleiste 50
Netzausbau 89
Netzqualität 88
NFC 350
Nicht-stören-Modus 73
Notebook 355
Notes 315
Notfallalarm 373
Notfallkontakte 106
Notfallmodus 372
Notizen 314
Notruf 372, 375
Notrufverordnung 107

O

Office 311
Offlinekarte 291
Offline lesen 163
Offline-Modus 60
OneDrive 209, 235
  Fotos 272
  Office-Dokumente 311
Onlinebanking 220
Onlinefotoalben 267
Ortung 363
Outlook 110, 111, 205, 209

P

Panoramafotos 252
Panoramio 296
Passwort 28
Passwort vergessen 39
PayPal 145
Persönliche Daten 104
Phishing 362
Picasa 267
PIN 28
Plus-Code 290
POP3 .... 205, 208
Premium-SMS 220
Prepaid-Guthabenkarte 145
Profil 104

Q

QR-Code 149
  Apps installieren 150
  Scanner im Samsung-Browser 165
Querformat 124

R

RAW-Datei 257
Rechner 314
Regionale Suche 304
  Google 304
  Telefon-App 303
Remote-Ortung 363
Restaurants finden 304
Roaming 91
Roamingkosten 187
Rooting 362
Routenplaner 292, 297
Rufnummernunterdrückung 87
Rufumleitung 85

S

Samsung-Apps 34
Samsung Apps Store 333
Samsung-Browser 157
Samsung Cloud 231, 273
Samsung Experience 16, 41, 323, 328
Samsung Find my Moblle 365
Samsung Health 320

Samsung-Konto ... 36
Kontakte ... 96
synchronisieren ... 357
Termine ... 112
Samsung Smart Switch ... 351
Samsung Up ... 14
Schnelleinstellungen ... 58
Schnelleinstellungen anpassen ... 62
Schnellstartleiste ... 48
Schriftart ... 330
Screenshot ... 346
Seitenbildschirm ... 332
Seitenlicht ... 336
Seiten-Paneele ... 332
Seitenuhr ... 336
Selbstporträt ... 254
Selfie ... 254
Selfie-Fokus ... 255
Selfie-Modus ... 255
Seriennummer ... 363
Sicherer Ordner ... 366
Sicherheit ... 96, 361
Sicherheitsupdates ... 362
SIM-Karte ... 20, 22
Auswahl ... 38, 76
Einstellungen ... 82, 85
Telefonnummern speichern ... 96
Skype ... 229
Smart Alert ... 346
Smart Aufnahme ... 346
Smart Lock ... 365, 366
Smart Stay ... 346
Smiley ... 126
SMS ... 191, 219
bei unpassenden Anrufen ... 83
Kontakte-App ... 97
Premium-SMS ... 220
still ... 363
SnapBizCard ... 109
Snapseed ... 265
SOS-Nachrichten ... 222, 374
Soziale Netzwerke ... 210
Spam ... 194
Sperrbildschirm ... 54
Benachrichtigungen ... 68
entgangene Anrufe ... 80
Fingerabdruck ... 31
Iriserkennung ... 32
Sicherheit ... 27
Sperrmuster ... 28
Spiele ... 321
Spracheingabe ... 127
Sprachnotizen ... 315
Sprachsteuerung ... 178
Sprachsteuerung, Kamera ... 261
Sprachsuche ... 178
SSL ... 207
Stadtplan ... 287
Standardbrowser ... 175
Standort ... 62, 211, 363
Standortbestimmung ... 177
Standortdienste ... 303
Startbildschirm ... 43
Hintergrund ... 323
maximaler Energiesparmodus ... 343
Notfallmodus ... 373
Rastergröße ... 326
Seiten anordnen ... 49
Suchfeld ... 176
Uhr ... 131
Wetter ... 300
Sticker ... 127
Stille SMS ... 363
Suche ... 176
Fotos ... 177
in Apps ... 180
Synchronisieren ... 95

T

Tabellenkalkulation ... 313
Tarif ... 87
Taschenlampe ... 61, 327, 373
Taschenrechner ... 34, 314
Tastatur ... 122
Cursorsteuerung ... 129
einhändige Bedienung ... 129
Emojis ... 126
Symbolleiste ... 125
wischen ... 128
Tastaturstreichsteuerung ... 129
Tasten ... 50
Tastentöne ... 82
Technische Daten ... 13
Telefon-App ... 75
Telefonieren ... 75, 191
Anruf beenden ... 78
Direktanruf ... 346
ins Ausland ... 229

Klingelton 81
stumm 347
WhatsApp 224
Telefonkonferenz 80
Telefonnummer 75
eigene herausfinden 78
hinzufügen 98
speichern 95
Temporärdateien 172
Termine 113
Erinnerung 114
suchen 116
Wiederholung 114
Termineinladung 120
Terminkalender 112
Tethering 355
Textauswahl 169
Texterkennung 130
Textverarbeitung 311
Thunderbird 205
T-Online 200
Tonwahltastatur 79
Touchscreen 17
Trageerkennung 366
Twitter 215

U

Übersetzen 307
Uhr 131
Uhrzeit einstellen 64
Unerwünschte Anrufer blockieren 86
Unicode 126
Unterbrechungen 73
Uptodown 299
USB Typ C 14, 19
USB-Verbindung 357

V

vCard 108
VCF-Datei 108
Verfolgungs-AF 258
Vergrößerung 327
Verlaufsliste 172
Versehentliche Berührung sperren 332
Vibrationsalarm 59
Videostabilisierung 261
VIP-Kontakte 334
Visitenkarte 104, 107
Visitenkarte scannen 109

W

WEB.DE 200, 201
Wecker 131, 132
Werbung 70
Werkseinstellungen 359
Wetter 54, 299
Google 301
Widget 300
WhatsApp 222
Widget
Uhr 134
Wetter 300
Wi-Fi 23
Wifi Analyzer 186
Wi-Fi Direct 350, 354
Wikipedia 183, 318
WLAN 22, 59, 185
Download-Booster 332
Hotspot 187, 355
im ICE 190
öffentlich 187
Signalstärke 186
Verschlüsselung 23
Word 311
Wörterbuch 164, 165, 319
Wortvorschläge 122
WPS 23
WQHD+ 12

Y

YouTube 284

Z

Zeitlupe 254
Zeitraffer 254
Zeitzone festlegen 65
Zifferntastatur 130
Zoom 18, 159
Zoom, Kamera 262
Zubehör 13
Zugangssperre 27
Zurücksetzen 359
Zurück-Taste 53